D1619408

BETTY HINTERER / HILDE KUCHER

GRABNERHOF-KOCHBUCH

Stocker
stv

Betty Hinterer / Hilde Kucher

DIE GUTE ÖSTERREICHISCHE KÜCHE

GRABNERHOF KOCHBUCH

Leopold Stocker Verlag
Graz – Stuttgart

Umschlaggestaltung: Atelier Geyer, Graz
Umschlagfoto: GUSTO•DIAS, Perchtoldsdorf
Fotos im Innenteil: Iris Vollgruber, Graz
Farblithographien: Reproteam, Graz

Die Deutsche Bibliothek – CIP-Einheitsaufnahme

Hinterer, Betty:
Die gute österreichische Küche – Grabnerhof-
Kochbuch / Betty Hinterer; Hilde
Kucher. – 28. Aufl. – Graz : Stocker 1998
ISBN 3-7020-0825-X

Hinweis:
Die zum Schutz vor Verschmutzung verwendete Einschweißfolie ist aus Polyethylen chlor- und schwefelfrei hergestellt. Diese umweltfreundliche Folie verhält sich grundwasserneutral, ist voll recyclingfähig und verbrennt in Müllverbrennungsanlagen völlig ungiftig.

ISBN 3-7020-0825-X
Alle Rechte der Verbreitung, auch durch Film, Funk und Fernsehen, fotomechanische Wiedergabe, Tonträger jeder Art, auszugsweisen Nachdruck oder Einspeicherung und Rückgewinnung in Datenverarbeitungsanlagen aller Art, sind vorbehalten.
© Copyright by Leopold Stocker Verlag, Graz 1998
Textverarbeitung: Klaudia Aschbacher, Gratkorn
Printed in Slovenia
Gesamtherstellung: GorenjskiTisk, Kranj

Inhaltsverzeichnis

Vorwort 9
Erklärung österreichischer Ausdrücke 11
Erklärung der Küchenausdrücke 13
Einleitung 17
Die Kochkiste 21
Bemerkungen über Fette 29
Suppen 33
Suppen mit Einlagen 34
Gebundene Suppen 53
Fleisch 64
Grillrezepte 68

Fleischspeisen:
   Rindfleisch 72
   Kalbfleisch 82
   Schweinefleisch 93
   Schaffleisch (Schöpsenfleisch) 100
   Wildbret 105
   Fische 109
   Geflügel 115
Resteverwertung 119
Resterezepte 121
Soßen 139
Kalte und warme Soßen 140
Obstsoßen 145
Gemüse 147
Gemüserezepte 149
Hülsenfrüchte 159
Hülsenfrüchterezepte 160
Kartoffeln 161
Kartoffelspeisen 163

Salate und kalte Speisen	172
Salatrezepte	173
Mayonnaisegerichte und anderes	178
Das Lehren des Kochens nach Grundrezepten	183
Kochen mit Vollmehl	184
Verschiedene Grundrezepte	185
Gesalzene Mehlspeisen, Reis, Knödel und Strudel	188
Nudel- und Teiggerichte	190
Knödel	196
Strudel	202
Hafergerichte	207
Hafergrützspeisen	208
Haferflockenspeisen	211
Hafermehlspeisen	215
Milchgerichte	216
Käsegerichte	218
Milchspeisen	223
Eierspeisen, Omeletten, Schmarren, Aufläufe und Puddings	227
Eierspeisen, Omeletten, Sterze, Schmarren, Tommerl, Nockerln und Laibchen	230
Aufläufe und Puddings	242
Germspeisen (Hefebackwerk) und Kuchen	253
Schwarzbrot, Weißbrot und Kletzenbrote	256
Germgebäcke, in Fett gebackene Speisen und Kuchen	261
Übergüsse für Kuchen	293
Torten, feine Kuchen und kleines Gebäck	294
Glasuren und Cremen	297
Tortenrezepte	300
Kleingebäck, Lebkuchen, Rouladen, Zwiebacke und feine Kuchen	317
Butterteig- und Brandteigrezepte	354
Obst	357
Cremen	361
Kalte und warme Cremen, Schaumspeisen und Sulzen	362
Getränke	371
Milch-, Kakao-, Kaffee- und Teerezepte	373
Krankenkost (Diätspeisen)	377
Krankenkostrezepte	377

Rohkostspeisen	388
Fruchtcremen	389
Wildkräuter	396
Wildkräutersäfte	396
Wildkräuterrezepte	397

Anhang:

Verschiedene Speisezettel	401
Zeitgemäße Speisefolge nach neuen Ernährungsgrundsätzen	402
Konservieren des Obstes	406
Konservieren von Gemüse	435
Milchsäuregärung	439
Konservieren der Pilze	441
Alphabetisches Schlagwörterverzeichnis	443

Vorwort zur 28. Auflage

Dieses Buch hat eine lange Geschichte. Es erschien in 1. Auflage bereits 1913; die Verfasserin Betty Hinterer – langjährige Direktorin der Landwirtschaftlichen Fachschule Grabnerhof bei Admont (Steiermark) – war bemüht, die Küche des einfachen Haushalts in bäuerlichen und städtischen Kreisen anhand einer Vielzahl selbst erprobter Rezepte umfassend darzustellen. Entscheidend für deren Auswahl waren die Erfordernisse der Wochentagsküche, doch wurden selbstverständlich auch die Sonn-, Fest- und Feiertagsküche berücksichtigt sowie Speisezettelfolgen für Familienfeste und die einzelnen Jahreszeiten zusammengestellt.

Den Zielsetzungen meiner Tante folge auch ich als Herausgeberin dieses Buches seit der 20. Auflage, freilich unter besonderer Berücksichtigung der modernen Erkenntnisse der Ernährungslehre. Gerade heutzutage sollten wir zu einer ausgewogenen Nahrungsaufnahme durch möglichst naturbelassene Lebensmittel zurückkehren, wobei es auch gilt, vorwiegend heimische Produkte zu verwenden und auf diese Weise unsere Bauern und Erwerbsgärtner zu unterstützen. Die vollwertige Mischkost ist daher ein Schwerpunkt dieses Buches, was auch dem Trend unserer Zeit, da sich Bioläden und Bauernmärkte größter Beliebtheit erfreuen, durchaus gerecht wird.

Abschließend ein Wort zu den fast tausend Rezepten, die ich in vielen Kochkursen im Verlauf von Jahrzehnten persönlich erprobt habe: Zweifelsohne gibt es etwa Bohnenkaffee, Zwieback, saure Milch, Strudelteig, Marmeladen und Konfitüren, Kekse, Mayonnaisen, alle Arten von Pizze, Obst- und Beerensäfte etc. in jedem Supermarkt zu kaufen. Aber vergleichen Sie einmal selbst gemachtes Kartoffelpüree mit dem aus der Packung, gefüllte Paprika aus der Dose mit den von Ihnen produzierten oder Tiefkühlgemüse mit frisch zubereitetem! Nicht nur Sie, auch Ihre Familie und Ihre Gäste werden auf den feinen Unterschied sehr bald draufkommen!

Gutes Gelingen und viel Appetit wünscht Ihnen

Admont, 1998 *Hilde Kucher*

Erklärung österreichischer Ausdrücke

Blaukraut =	Rotkraut
Buchteln (Wuchteln) =	Hefegebäck
Dalken =	Hefegebäck
Dampfl =	Treibmittel für Teige
Faschiertes =	Hackfleisch
Faverln =	Gemisch aus Mehl und Ei als Suppeneinlage
Frittaten =	Pfannkuchen, geschnitten, als Suppeneinlage
Germ =	Hefe
Geselchtes Fleisch =	Geräuchertes Fleisch
Göppelkraut =	Krautkopf
Grammeln =	Grieben
Habermus =	Dinkelbrei
Heidelbeeren =	Blaubeeren = Schwarzbeeren
Heiden =	Buchweizen
Karfiol =	Blumenkohl
Kletzenbrot =	Früchtebrot
Knödel =	Kloß
Koch =	Brei
Kohlrabi =	Kohlrüben
Kolatschen =	Teigtaschen
Krapfen =	Hefegebäck
Kren =	Meerrettich
Kriecherln =	kleine Pflaumen
Marillen =	Aprikosen
Möhren =	Karotten
Most, alkoholfrei =	Apfelsaft
Omelette =	Pfannkuchen
Paradeiser =	Tomaten
Powidl =	eingedickte Zwetschkenmarmelade
Rahm =	Sahne
Reibgerstl =	Suppeneinlage (Mehl und Ei vermischt)
Ribisel =	Johannisbeere
Rollgerste =	Graupen
Schöberl =	Suppeneinlage aus Biskuitteig
Semmeln =	Brötchen
Tommerl =	Auflauf
Topfen =	Quark

Wichtiger Hinweis

Für unsere Leser
in der
Bundesrepublik Deutschland:

10 Dekagramm (dag) = 100 g
50 dag (500 g) = 1 Pfund

Rezepte jeweils für 6 Personen
ausgenommen
Krankenkost und Diätspeisen
(jeweils für 1 Person)

Erklärung der Küchenausdrücke

Abbrühen:	Gemüse mit siedendem Wasser übergießen.
Abbrennen:	Mehl, Grieß mit siedendem Wasser übergießen.
Abbröseln:	Butter und Mehl oder Mehl und Wasser mit den Fingern verreiben, bis die Masse zu kleinen Bröseln zugebunden ist.
Abtreiben:	Flaumig oder schaumig rühren.
Abfetten:	Das obenauf schwimmende Fett von einem Gericht abschöpfen.
Abflaumen:	Absengen des Flaumes von Geflügel mittels Flamme.
Abliegen:	Aufbewahren von Fleisch an einem kalten Ort oder im Kühlschrank, damit es mürber wird.
Abhäuteln:	Entfernen der Häute vom Fleisch.
Abschäumen:	Schaum von Gelee, Obstsaft und anderem abschöpfen.
Abschmalzen:	Eine Speise mit warmer Butter, Butterschmalz, Schweinefett, Grammeln oder sonstigem Fett übergießen.
Abschmecken:	Eine Speise kosten und durch Zusatz von Gewürzen den gewünschten Geschmack verleihen.
Abschuppen:	Fische von den Schuppen befreien.
Abstreifen:	Wild, Kaninchen u. dgl. das Fell abziehen.
Abquirlen:	oder absprudeln: Eine Flüssigkeit mit Mehl, Grieß u.dgl. mit dem Quirl oder der Schneerute glatt verrühren.
Anlaufen:	Mehl und Gewürze kurze Zeit in warmem Fett verrühren, bis das Ganze eine lichtgelbe Farbe hat.

Abschrecken:	nennt man das Zugießen von kaltem Wasser, z.B. in siedenden Kaffee, um ihn zu klären; gekochte Teigwaren, Nudeln, Fleckerl, Makkaroni werden mit kaltem Wasser übergossen, damit sie nicht kleben.
Ausbeinen:	Fleisch von Knochen befreien.
Bähen oder toasten:	Semmeln, Weißbrot, Zwieback oder Biskuits schneidet man dünnblättrig, länglich, würfelig oder zu Schnitten, gibt sie zum Braun- und Reschwerden auf ein Backblech, einen Toaster oder Drahtrost, stellt das Ganze ins warme Backrohr und wendet das zu Bähende einige Male um, bis es den richtigen Farbton erhalten hat.
Bardieren:	mit dünnem Speck umwickeln.
Dressieren:	Geflügel oder auch Braten so binden, daß eine möglichst schöne Form erreicht wird.
Einbrennen:	Mehl wird in warmem Fett so lange gerührt, bis die Masse je nach Rezept hellbraun geworden ist.
Entsaften:	Saftgewinnung von Gemüse, Obst und Kräutern durch Saftpresse oder Saftzentrifuge.
Faschieren:	Fleisch und anderes durch die Fleischmaschine oder den Fleischwolf treiben.
Filtrieren:	Flüssige, trübe Säfte u.dgl. durch Filtrierpapier oder ein feines, durchlässiges Leinentuch langsam laufen lassen.
Flambieren:	Den Flaum beim entfederten Geflügel durch Halten über eine Flamme entfernen.
Gelieren:	Sulzen.
Glasieren:	Glanz geben durch verschiedene Glasuren.
Gratinieren:	Gemüse, Aufläufe u.dgl. bei mäßiger Hitze leicht backen, so daß sie oben und unten eine lichtbraune Farbe bekommen.

Grillieren:	Fleisch auf dem Rost über Kohlenfeuer zu schöner hellbrauner Farbe braten.
Legieren:	Dotter, Rahm und Butter gut mischen und tropfenweise unter fortwährendem Schlagen in die fertige Suppe oder Soße einlaufen lassen.
Marinieren:	Fische in pikante Beizen einlegen.
Mixen:	Feinste Zerkleinerung der Nahrungsmittel.
Panieren:	Fleischstücke, Mehlspeisen, auch Gemüse, in Milch, Mehl, Ei und Bröseln drehen.
Passieren:	Suppen, Soßen, Marmeladen usw. mittels Passierholzes durch Draht-, Haar- oder Nickelsieb streichen.
Tranchieren:	Geflügel mit der Geflügelschere und Fleischstücke aller Art mit dem Messer zu schönen Stücken (Tranchen) schneiden.

Einleitung

Praktische Ratschläge

Die Ernährung im allgemeinen

Die Grundlagen einer gesunden Ernährung sind möglichst naturbelassene Nahrungsmittel, ihre richtige Zubereitung und Mäßigkeit beim Essen. Wenn auf dem täglichen Speisezettel Milch und Milchprodukte, Vollkornbrot, Vollgetreide, Obst und Gemüse aufscheinen, dann kann man auch einmal Mehlspeisen, Weißgebäck und Schokolade essen, ohne Schaden zu nehmen. Viele Erkrankungen sind nur die Folge einer Störung des biologischen Gleichgewichtes in der Nahrung. Die pflanzlichen und tierischen Lebensmittel enthalten alle lebenswichtigen Bestandteile im natürlichen Verhältnis. Richtig und abwechslungsreich zubereitet, geben sie unserem Körper die nötigen Aufbaustoffe und Energien.

1. Überdenken der Eßgewohnheiten
   Gutes Kauen ist oberstes Gebot.
   Was die Zähne nicht tun, kann der Magen nicht mehr vollbringen.
   Nicht zu heiß und nicht zu kalt essen.
   Abwechslungsreich kochen.
   Ärger während des Essens vermeiden.
   Schön anrichten, wir essen auch mit den Augen.

2. Wir unterscheiden zwischen Basen und Säuren bildenden Nahrungsmitteln.
   Säurebildner: Fleisch, Fette, Eier, Zucker, weißes Mehl, Kaffee, Tee, Alkohol.
   Basenbildner: Obst, Gemüse, Kartoffeln, Milch und Milchprodukte, Vollgetreide.

Wir sollten zumindest fünfmal mehr basenbildende Nahrungsmittel zu uns nehmen als säurebildende. Ein Drittel der basenbildenden Nahrungsmittel sollte roh gegessen werden.

3. Beschränkung bei Zucker, Fett, Salz und weißem Mehl!

Der übermäßige Genuß von Industriezucker ist besonders für Kinder und alte Leute sehr schädlich, wir haben im Honig, Vollrohzucker usw. einen sehr guten Zuckerersatz. Honig womöglich in Flüssigkeit auflösen, die Temperatur darf nicht mehr als 40 Grad betragen! Pro Person und Tag genügen 60 Gramm Fett. Nur hochwertige Fette und Öle verwenden! Dabei dürfen Öle und Fette niemals zu heiß werden oder mehrmals Verwendung finden.

Wir verwenden viel zuviel Salz! Es sollten nur 2 Gramm pro Person und Tag sein; die versteckten Salze in Brot, Wurst, Käse usw. sind inbegriffen! Weißbrot und Mehlspeisen sollten in der gesunden Ernährung durch Vollkornprodukte ersetzt werden. Die Anschaffung einer Getreidemühle wird zu einem Segen für die ganze Familie. Wir können mit Vollmehl alle unsere Lieblingsgerichte bereiten. 2 Eßlöffel frisch geschrotetes Getreide, eine Stunde in lauwarmem Wasser angequellt und täglich genommen, verleiht unserem Körper Kraft.

Gerichte aus poliertem Reis, Nudeln, Knödeln usw. sollten durch solche aus Vollreis, Hirse, Mais, Buchweizen, Haferflocken und dergleichen ersetzt werden. Wir benötigen dringend lebendige Nahrung, die nur in naturbelassenen Lebensmitteln enthalten ist. Besonders wichtig ist das Frühstück, ein Müsli mit obengenanntem Getreideschrot, Haferflocken, Topfen, Leinsamen, Nüssen, Trocken- und Frischobst, Honig, nach jeweiligem Geschmack mit Fruchtsaft oder Milch angereichert, ist für unsere Gesundheit vorzüglich.

4. Fleisch

Gut Ernährte, Übergewichtige, Rheuma- und Stoffwechselkranke sollten möglichst wenig Fleisch essen, vor allem niemals fettes. Rindsuppe und Innereien sind zu meiden. Wird Rindsuppe serviert, dann gebe man viel Wurzelgemüse und Küchenkräuter dazu. Das Fleisch sollte gegrillt oder in einer Folie, im Römertopf oder in einer Edelstahlpfanne zubereitet werden. Zuerst überbraten, dann erst salzen.

Rindfleisch, Selchfleisch, Würstl, Schinken usw. nie ohne Kren essen. Verwenden Sie geriebenen Kren, Apfelkren, Semmelkren, Topfenkren usw.

5. Gemüse
Gemüse nicht auswässern, nicht in kaltem Wasser zustellen, nicht einbrennen. Kochzeit kurz halten und vor dem Servieren etwas rohes Gemüse und Kräuter beigeben. Gemüse möglichst nur dünsten. K a r t o f f e l n immer kalt zustellen und nur im Dampf kochen. Sie sind sehr gesund und enthalten nicht nur Vitamine, sondern auch lebenswichtige Mineralstoffe. Mit viel Wasser gekocht, verlieren sie jeden Nährwert. Sobald die Kartoffeln treiben, schälen und mit einem Gewürzsäckchen, bestehend aus Kümmel, Dill und Fenchelsamen, kochen. Gemüse- und Kartoffelwasser niemals wegschütten, sondern für Suppen verwenden!

6. Rohkost
Die Rohkost ist für unsere Gesundheit von größter Wichtigkeit. Verwenden Sie aber gesundes, giftfreies Obst und Gemüse. (Biologisch gezogen, d. h. ohne Pflanzenschutzmittel und Treibdünger). Alles, was bei uns wächst, ist unserer Gesundheit besonders zuträglich. Vor jeder Mahlzeit sollte man etwas Rohes essen. Es regt an, fördert die Verdauung, wir essen weniger, und unsere Gewichtssorgen sind weg.

Rohkost kann in Form von Salaten, Säften, geriebenen Früchten und Gemüsen usw. gereicht werden. Besonders S a u e r k r a u t oder Salate aus K r a u t und K o h l a r t e n, richtig zubereitet, schmecken ausgezeichnet! (Niemals die Blattrippen weggeben). Als Obst haben wir an unseren einheimischen, ungespritzten Ä p f e l n ein wahres Geschenk Gottes. Außer Vitaminen enthalten sie wertvolle Mineralstoffe, wie Calzium, Eisen, Phosphor, Kalium, Chlor, Fluor und Kieselsäure. Auch Apfelessig, Apfelsaft, Apfelschalentee gehören in unsere Küche. Jede Rohkost sollten wir mit Milchprodukten aufwerten. Karottensaft nie ohne Fettstoffzugabe trinken. Alle Rettiche fein reiben. Rote Rüben nicht kochen! Kren hat antibiotische Kräfte und ist die Polizei unseres Darmes. Wir sollten reichlich Gebrauch davon machen.

Grüne Sojabohnen, Weizen, Senf und Kressesamen können wir besonders im Winter zum Keimen bringen. Sie sind herrliche Vitaminträger!
Alle Rohkost kurz vor dem Essen zubereiten! Niemals Metallreiben verwenden! (Außer aus rostfreiem Stahl!) Wer an Blähungen leidet, sollte nicht Obst und Gemüse gleichzeitig essen.

Wildkräutersäfte im Frühjahr reinigen und kräftigen uns. Dasselbe gilt auch für Säfte aus dem Reformhaus.

7. Gewürze

Das richtige Würzen spielt in der gesunden Ernährung eine große Rolle. Die ausländischen Gewürze kommen erst an zweiter Stelle! Jeder Gartenbesitzer sollte sich unbedingt eine Kräuterecke anlegen. Petersiliengrün (1 Löffel gehackt) gibt uns den Vitamin-C-Bedarf für einen Tag! Petersilie nie kochen oder rösten. Schnittlauch sollten wir oft verwenden. Für Fleischgerichte, Gemüse und zu Salatsoßen verwenden wir: Basilikum, Bohnenkraut, Borretsch, Dill, Estragon, Liebstöckl, Majoran, Thymian, Rosmarin, Salbei, Zitronenmelisse usw.

Curry ist ein Mischgewürz aus Asien, richtig verwendet, sehr gut, jedoch kein anderes Gewürz dazugeben. Wacholderkörner entgiften – aber zuviel können die Nieren angreifen. Mehr als 5 Körner täglich sollte man nicht essen. Gut gekaut, sind Wacholderbeeren besonders für Autofahrer gut, sie stärken das Reaktionsvermögen.

Zwiebel möglichst roh essen (sehr eisenhaltig). Niemals braun rösten, auch nicht für Gulasch! Die Zwiebel sollte nur glasig sein.

Kümmel, bei Kraut und Kohlgerichten verwendet, schützt vor Blähungen. Ein Mischgewürz zu gleichen Teilen aus Kümmel, Koriander und Fenchel (gemahlen) hilft unserer Verdauung bestens.

Knoblauch reinigt und regeneriert. Den unguten Geruch bekommen wir weg, wenn wir etwas Petersiliengrün kauen.

8. Aufwerten unserer täglichen Kost

Weizenkeime und Weizenkleie benötigen wir für unsere Gesundheit, wenn wir nicht die Möglichkeit haben, Vollmehl und Schrot zu bekommen. Leinsamen gehört täglich auf den Tisch. 2 Teelöffel voll pro Person und Tag sind angebracht. Ob wir ihn mit Flüssigkeit nehmen oder ins Müsli bzw. über die Rohkost streuen, sei jedem selbst überlassen.

Am besten ist, wenn wir den Leinsamen frisch verschroten.

Hefepräparate und Hefeflocken sind besonders wertvoll. Wir geben sie in Suppen, Gemüse, Aufstriche und Salate hinein. Die Drogerien und Reformhäuser beraten uns hierin sehr gut.

9. Milch und Milchprodukte

Die Milch ist die Königin aller Nahrungsmittel; sie enthält alle lebenswichtigen Vitamine und Mineralstoffe in idealer Zusammensetzung. ½ Liter Milch täglich sichert unseren Kalkbedarf. Pasteurisierte Milch niemals zu stark erhitzen. Richtig überlegt – hier ist die Fettfrage entscheidend –, machen Milchprodukte Dicke schlank, und Magere nehmen zu. Übergewichtige sollten nur Leichtmilch, Buttermilch, Joghurt, Magertopfen und Magerkäse essen. Will man zunehmen, so essen wir Vollmilch, Schlagobers, Butter, Volltopfen und Käse. Jeder sollte täglich 10 dag Topfen zu sich nehmen; mit dem wertvollen kaltgeschlagenen Leinöl und Kräutern zubereitet, ist er eine Medizin. Gekochter Topfen ist schwer verdaulich. Milch darf niemals kalt aus dem Kühlschrank getrunken werden; sie ist ein wertvolles Nahrungsmittel, das gegessen werden sollte.

Es gibt nur eine Flüssigkeit, die wir trinken dürfen: Wasser! Obstsäfte und alle anderen Getränke sollte man langsam und am besten mit Trinkhalmen zu sich nehmen.

1½ l Flüssigkeit benötigt der normale Mensch täglich. Die Flüssigkeitsfrage ist besonders dann wichtig, wenn wir zur Vollwertkost übergehen. Ein Glas warmes Wasser, nüchtern genommen, regelmäßig getrunken, verleiht uns Wohlbefinden!

Die Kochkiste

Als Kochkiste kann jede beliebige, gut schließende Kiste (auch Eckbank) Verwendung finden, die, wenn möglich, einen übergreifenden Deckel haben sollte. Die Kiste ist mit Holzwolle, Stroh oder Heu zu füllen. Je nach ihrer Größe können ein, zwei und mehrere Töpfe darin Platz finden. Der Boden muß 10 cm hoch dicht mit dem Füllmaterial belegt sein, dann stellt man die Töpfe so fest wie möglich mit dem Füllmaterial aus. Zum Schluß dreht man sie einige Male hin und her, damit das Füllmaterial genau passende Höhlungen erhält, in die man sie immer wieder einsetzt. Sind die Töpfe mit Wasser gefüllt, ist das Herstellen der Kochkiste einfacher. Zum Bedecken der Töpfe verwendet man einen mit Holzwolle oder Heu gefüllten Polster, der in der Flächenausdehnung ungefähr 6 cm größer sein sollte als der Querschnitt der Kiste, damit der Raum zwischen Topf und Kistendeckel möglichst dicht ausgefüllt ist. Da die Speisen in der Kiste durch **Einwirkung von Dampf** gar gemacht werden, müssen die Deckel der Töpfe sehr gut schließen.

Beim Einstellen in die Kochkiste beachte man folgendes:

1. Füllen der Töpfe: Der Topf sollte bis zu drei Viertel der Höhe gefüllt sein.

2. **Vorkochzeit:** Die Speisen sind in dem für die Kiste bestimmten Topf mit verschlossenem Deckel auf dem Herd zum Sieden zu bringen. Damit der Dampf nicht entweicht, darf der Deckel erst nach Beendigung der Kochdauer abgehoben werden.

3. Unter Kochdauer ist jene Zeit, während der die Speisen in der Kiste bleiben müssen, zu verstehen. Sie ist genauso wie die Vorkochzeit nach Nahrungsmitteln unterschiedlich.

	Vorkochzeit Minuten	Kochdauer Stunden
Gebundene Suppen	3	2
Hülsenfrüchte	15	5
Dörrobst	5	2
Reis, Mais, Nudeln	1–3	2
Knödel, Nockerln	1	2
Eintopfgerichte	10	4
Siedfleisch	15	4
Schinken, Selchfleisch	30	4

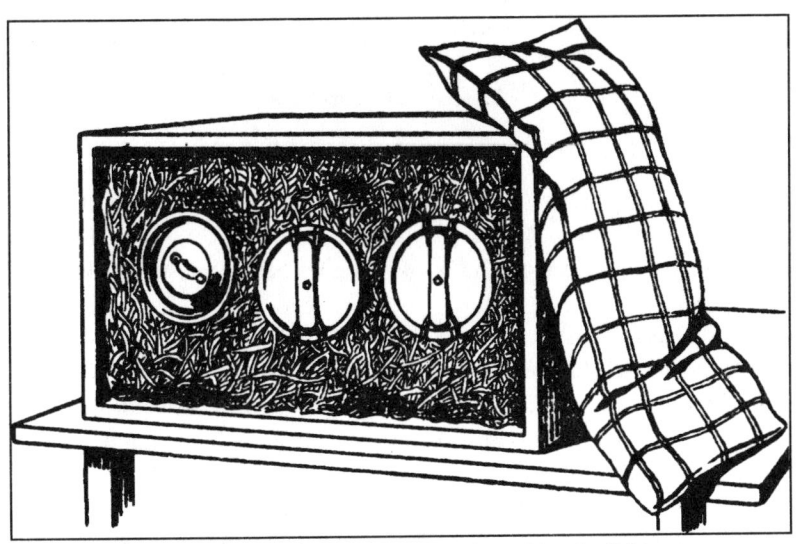

Kochkiste, mit Holzwolle gestopft, mit dem dazugehörenden Polster.

Kochkistentöpfe

Vorteile der Kochkiste

Wir sparen Energie. Die berufstätige Frau kann in der Früh Speisen in die Kiste stellen. Kein Aufwärmen, kein Anbrennen. Reis, Hirse, Mais werden schön gar und besser verträglich. Topfenknödel und andere Mehlspeisen, die gekocht werden, können nicht zerfallen und gehen wunderbar auf. Die Speisen können auch ohne weiteres länger in der Kiste bleiben, ohne an Geschmack zu verlieren. Die Hausfrau braucht zu Mittag nur an die Frischkost zu denken und spart somit Zeit.

Zur Kochkiste kann man auch einen Korb mit einem netten Polster verwenden, der gleichzeitig eine Zierde ist.

Eine Frühjahrskur

Überernährung führt zu Fettleibigkeit und schweren Stoffwechselerkrankungen. Um diesem Übel vorzubeugen, sind Frühjahrsentschlackungen angezeigt. Die Natur hat alles bereit, und wir brauchen nur zuzugreifen.

Die Schlacke, die sich während des Winters in unserem Körper angesammelt hat, wird durch folgende Saftkur beseitigt:

Junge **Brennessel-**, **Löwenzahn-** und, falls vorhanden, **Schafgarbenblätter** werden sauber gewaschen, abgetropft und mit der Saftzentrifuge ausgepreßt.

Auf **einen** Teil Saft gibt man **vier** Teile **Milch**. Drei Wochen hindurch jeden Tag anstatt der Suppe ein Glas davon trinken (einen Viertelliter).

Die Brennessel ist blutreinigend und blutbildend, die Schafgarbe regelt den Kreislauf, und der Löwenzahn mit seinen Bitterstoffen reinigt Leber und Galle.

Zu beachten ist: Den Saft nie unverdünnt, sofort nach dem Pressen trinken. Beim Sammeln ist darauf zu achten, daß der Boden nicht mit Kunstdünger oder Pflanzenschutzmitteln behandelt wurde. Preßt man noch einige Blätter **Liebstöckl** mit, wo wird der Geschmack pikanter, und die ganze Familie trinkt gerne mit.

Fasttage

Wöchentliche Fasttage sind nicht nur für Übergewichtige von Nutzen, sondern auch der gesunde Mensch sollte seinem Verdauungsapparat einen **Schontag** schenken, besonders Menschen mit bewegungsarmen Berufen. Nach einem Tag mit eiweiß- und fettreicher Kost ist ein **Obsttag** angezeigt. Besonders **Äpfeltage** sind sehr entschlackend.

Obsttag: Im Verlauf eines Tages ausschließlich 1 ½ kg verschiedenes Obst oder Äpfel essen.

Obstsafttag: 1 ½ l frischgepreßten Apfelsaft oder Traubensaft tagsüber trinken.

Gegen hohen Blutdruck ist ein wöchentlicher R e i s t a g gut.

R e i s t a g : Ungeschälter Reis wird im Wasser möglichst ohne Salz gekocht, 10 dag mageres, gekochtes Rindfleisch wird mit Petersiliengrün gehackt und über den Reis gestreut. Es kann jede Menge Reis gegessen werden. Auch kann man Hühnerfleisch oder Obst und Gemüse beigeben.
Wichtig: Kein F e t t , keinen Z u c k e r und kein S a l z verwenden.

Zur Ernährung des S c h u l k i n d e s

Richtige Ernährung ist für das Schulkind besonders wichtig. Wenn heute die Lehrer über den Konzentrationsmangel vieler Kinder klagen, so sind nicht nur die ablenkenden Umwelteinflüsse schuld, sondern vielfach auch die falsche Ernährung. Der übermäßige Genuß von Süßigkeiten, Weißgebäck und Eis schädigt nicht nur die Zähne. Außer Milch, Vollkornbrot, Obst und Gemüse sind Haferflocken besonders zu empfehlen. Durch den Reichtum an Vitamin B stärken sie die Nerven, und der Lernerfolg bessert sich wesentlich.

Das Frühstück des Schulkindes muß in Ruhe eingenommen werden und sollte aus dem Saft einer Orange, Vollkornbrot, auch Knäckebrot, Butter, Honig, Malzkaffee oder Kakao bestehen. Sehr schmackhaft und deshalb gerne gegessen wird ein „Müsli" aus Haferflocken, frischem Getreideschrot, Äpfeln, ungeschwefelten Rosinen, Nüssen und Honig. Ein Apfel mit Vollkornbutterbrot ist die beste Schuljause.

Das Abendessen muß leicht und flüssigkeitsarm sein und darf nicht zu spät eingenommen werden (17-18 Uhr); Vollkornbrot, rohes Gemüse, reichlich Milch und Obst sind auch die beste Grundlage für gesunde Zähne.

Zur Ernährung des A u t o f a h r e r s

Die Ernährung der Autofahrer wird aufgrund des starken Straßenverkehrs immer wichtiger. Vor allem die Vitamine A, B und C sind hier von größter Bedeutung.

Das Vitamin A stärkt die Sehschärfe und ist hauptsächlich in M i l c h , allen Milchprodukten, Eiern und Karotten enthalten.

Vitamine der Gruppe B stärken die Nerven und sind im vollen Getreide, in Vollkornbrot, Knäckebrot, Haferflocken, Fleisch und Nüssen enthalten.

Vitamin C stärkt die Reaktionsfähigkeit und ist besonders in Gemüse und Obst enthalten.

Alkohol, aber auch Süßigkeiten in größeren Mengen müssen gemieden werden. Als Getränke kommen vor allem Milch und Fruchtsäfte, aber auch Mineralwasser in Frage. Milch hat außerdem eine hervorragende Schutzwirkung gegen Blei und Kohlenmonoxyd, wie sie im Kolonnen- und dichten Stadtverkehr auftreten.

Hungergefühl niemals lange unterdrücken. Eine längere Fahrt trotzdem nicht mit vollem Magen antreten. Nach einem ausgiebigen Essen einen Spaziergang einlegen.

Zur Ernährung des alten Menschen

Der alte Mensch verteilt seine Mahlzeiten am besten auf 5–6 Portionen täglich. Sein Verdauungsapparat wird dadurch geschont. Da oft rohes Obst und Gemüse schwer vertragen werden, sollte Milch, besonders aber Topfen, das Hauptnahrungsmittel sein. Gekochtes Gemüse sollte reichlich mit Petersiliengrün aufgewertet werden. Nicht nur der reiche Vitamin-C-Gehalt ist wichtig, sondern auch jener an Calzium, Phosphor, Eisen und Kalium. Mageres Fleisch, weichgekochte Eier sowie Obstsäfte, vor allem Orangensaft, sollten den Speisezettel bereichern. Knäckebrot ist für die Verdauung älterer Leute von großem Nutzen. Aber auch die Einschiebung eines Milchtages in der Woche, besonders wenn Medikamente genommen werden müssen, ist ratsam.

Vorschlag für einen Milchtag:
früh: 1 Tasse Milch und 1 alte Semmel,
vormittags: 1 Tasse Milch und eine halbe alte Semmel,
mittags: 1 Tasse Milch und 1 alte Semmel,
nachmittags: 1 kleine Tasse Milch und eine halbe Semmel,
abends: 1 Tasse Milch und 1 Semmel.

Die Semmel sollte mit der Milch gut gekaut und eingespeichelt werden.

Wenn die Hausfrau diese Ratschläge befolgt, so wird es ihr eine gesunde und gegen viele schädliche Umwelteinflüsse geschützte Familie danken.

Zum biologischen Gartenbau

Jede Hausfrau ist bestrebt, ihre Familie mit g e s u n d e m Obst und Gemüse zu ernähren. Leider entsprechen die auf dem Markt angebotenen Erzeugnisse selten den biologischen Anforderungen. Die zunehmende Anfälligkeit unserer Kulturpflanzen für Krankheiten und Schädlinge ist eine Folge falscher Bodenpflege. Der Boden stellt die Lebensgemeinschaft einer Unzahl verschiedenster Kleinlebewesen dar. Wird diese Gemeinschaft durch starke Kunstdüngergaben und falsche Bearbeitung gestört, sind Krankheiten und Schädlinge die Folge. Diese werden wieder mit chemischen Pflanzenschutzmitteln bekämpft, die größtenteils für Mensch und Tier schwerste gesundheitliche Schäden herbeiführen. So steigt die Nachfrage nach gesundem, mit natürlichem Dünger gezogenem Obst und Gemüse immer mehr. Eine b i o - l o g i s c h e Düngung steht daher gleichermaßen im Interesse des Erzeugers und des Verbrauchers. Jeder Gartenbesitzer, der biologisches Obst und Gemüse anbaut, sei es für den eigenen Verbrauch oder zum Verkauf, leistet für die allgemeine Gesundheit Großes. Es ist ein weitverbreiteter Irrtum, daß biologisch gezogenes Obst und Gemüse klein und unansehnlich sind.

Noch einiges über gesunde Lebensweise

Um gesund zu leben, müssen wir uns nicht nur richtig ernähren, wir müssen auch andere Bereiche des Lebens einbeziehen und u.a. für eine ausreichende B e w e g u n g unseres Körpers sorgen. Durch die Motorisierung in Stadt und Land macht unser Körper immer weniger Bewegung, oft kommt dazu noch eine Überernährung; so liegt es auf der Hand, daß Übergewicht und gesundheitliche Störungen auftreten.

Tägliche Spaziergänge (mindestens eine Stunde), Gymnastik oder andere Sportarten (Radfahren, Schwimmen, Schifahren) sind daher eine Lebensnotwendigkeit geworden.

Wir meistern die Anforderungen des Alltags besser, wenn wir uns morgens bei geöffnetem Fenster tüchtig strecken und wieder entspannen. Auch die Arme und Beine durchschwingen und lockern.

Sehr wichtig ist auch richtiges A t m e n. Viele Unpäßlichkeiten, wie Müdigkeit, Depressionen und Kopfschmerzen, sind oft nur die Folge von Sauerstoffmangel.

Abschließend sei noch auf Pfarrer Kneipp hingewiesen, den großen Helfer für unser Wohlbefinden. Er hat schon vor 100 Jahren aufgezeigt, wie heilsam und vorbeugend richtige Wasseranwendungen sind. Heute sind Kneippkuren aktueller denn je, und viele Wasseranwendungen lassen sich leicht zu Hause durchführen.

Bemerkungen über Fette

Fett spielt bei der Ernährung eine große Rolle. Deshalb verlangt unsere Gesundheit, daß dem Fettverbrauch in der Küche nach Art und Menge große Aufmerksamkeit geschenkt wird.

In den Kochanweisungen ist meist nur Fett angegeben, daß heißt, daß man eben jeden Fettstoff verwenden kann. Die Fette, die zum Kochen verwendet werden, sind: Rahm, Butter, Butterschmalz, Speck, Schweinefett, Knochenmark, Nierenfett, Pflanzenfett, Margarine und Öle. Der Nährgehalt der Fette richtet sich nach dem Fettgehalt.

Es enthält zum Beispiel im Durchschnitt:

Rahm	25 % Fett
Butter	84 % Fett
Butterschmalz	99 % Fett
Speck	75 % Fett
Schweinefett	99 % Fett
Pflanzenfett	99 % Fett

usw.

Bei Gebrauch hat man dies zu berücksichtigen.

Am besten können die verschiedenen Fettarten in folgender Weise verwendet werden:

Rahm für Wild, Gemüse und Suppen.

Butter und Butterschmalz eignen sich besonders für süße Mehl- und Milchspeisen.

Speck und Schweinefett passen für Kartoffeln, Fleisch, auch Wild und gesalzene Mehlspeisen.

Wird Rinderfett (Unschlitt) mit Butterschmalz und Schweinefett gemischt, so ergibt dies ein gutes Kochfett und kann für alle Fleischgerichte, Gemüse und gesalzene Mehlspeisen verwendet werden.

Ausgelassenes Knochenmark hat eine hellgelbe Farbe und eignet sich vorzüglich für Knödel, Schmarren und feine Mehlspeisen.

Öl verwendet man für Salat, zum Ausbacken verschiedener Fleisch- und gesalzener Mehlspeisen und zur Herstellung von Teigen, z.B. Strudelteig und verschiedenen Germteigen.

Pflanzenfett kann für alle Speisen verwendet werden; die nachstehenden Ratschläge sind zu beachten.

Margarine wird gleichfalls für alle Speisen verwendet. Zum Ausbacken eignet sie sich nicht. Wegen ihres Wassergehaltes und der Nebenbestandteile schäumt sie sehr und läuft stets über. Beim Gebrauch hat man dies zu berücksichtigen.

Wegen des beträchtlichen Vitamingehaltes sollten Rahm und Butter, möglichst zum Schluß, also vor dem Anrichten, beigegeben werden.

Beim Gebrauch von Fett in der Küche sind vorsichtige Handhabung am Herd und Sparsamkeit geboten. Da Fett zähflüssig ist, sollte nur ein Fettopf verwendet werden, um Verluste zu vermeiden. Läßt man Fett offen längere Zeit stehen, so verändert es seinen Geschmack, das heißt, es wird ranzig. Durch die Tätigkeit bestimmter Bakterien und die Luft werden die flüchtigen Fettsäuren zerlegt, das heißt, die Fette spalten sich in Glyzerin und Fettsäuren auf, die den unangenehmen Geruch bedingen, den wir als Ranzigwerden bezeichnen. Jedes Fett sollte vor Luft und Licht geschützt werden. Es ist darauf zu achten, daß es nicht ohne Aufsicht auf dem heißen Herd oder im heißen Rohr steht, weil es stets höhere Temperaturen annimmt und schließlich verbrennt. Solches Fett ist dann wertlos, da der Nährstoff Fett verbrannt ist. Es ist häßlich in der Farbe, schmeckt schlecht und ist äußerst gesundheitsschädlich. Für alle in Fett schwimmend ausgebackene Speisen verwende man eine halbtiefe, nicht zu weite Eisenpfanne mit flachem Boden und fülle sie zu zwei Drittel mit Fett. Bei richtigem und rasch aufeinanderfolgendem Ausbacken in genügend heißem Fett ist der Verbrauch davon nicht groß.

Pflanzenfett ist ein keimfreies, leicht verdauliches und ausgiebiges Fett.

Bei Verwendung von Pflanzenfett sind nachstehende Ratschläge zu befolgen:

1. **Pflanzenfett ist sehr fettreich**, man darf deshalb bei der Bereitung der Speisen nicht zuviel verwenden.
2. **Pflanzenfett darf in der Küche nicht zu kalt, aber auch nicht zu heiß verwendet werden.** Ist das Fett, in dem man die Speisen bäckt, nicht heiß genug, so dringt es zu stark in die Speisen ein, wir haben dann einen zu großen Fettverbrauch, und die in Fett schwimmenden Speisen, z.B. Krapfen, gehen darin zu wenig auf und saugen Fett auf, das beim Kaltwerden der Speisen fest wird. In zu heißem Fett hingegen bekommen die Speisen einen brenzligen, unangenehmen Geschmack. Den richtigen Wärmegrad prüfen Anfänger am besten durch Hineinlegen eines Stückchen Weißbrots. Hebt sich dasselbe und nimmt rasch eine goldgelbe Farbe an, so ist der richtige Augenblick zum Ausbacken gefunden. Diese Regel ist bei jeder Fettart zu beachten.
3. **Für alle Abtriebe muß das Pflanzenfett flüssig gemacht** und mit einigen Tropfen Milch so lange gerührt werden, bis es flaumig ist. Das geht am raschesten, wenn die Schüssel mit dem erwärmten Fett in ein Gefäß mit kaltem Wasser gestellt und das Fett darin abgetrieben wird.
4. **Wird Pflanzenfett für einen Teig verwendet**, so muß es flüssig gemacht und gut mit den flüssigen Zutaten vermischt werden, ehe das Mehl dazukommt. Beachtet man diese kleine Vorsichtsmaßregel nicht und kommt das Pflanzenfett unmittelbar zum Mehl, so bilden sich Fettklümpchen, die sich nicht lösen.

Wie alle Fette, ist auch Pflanzenfett frisch am besten im Geschmack, und es ist nicht ratsam, zu große Vorräte davon zu kaufen.

Für unsere Gesundheit von größter Bedeutung sind die naturbelassenen Öle (kalt geschlagen) wegen ihrer ungesättigten Fettsäuren. Besonders für Salate und Rohkostgerichte sind sie unentbehrlich. Sie dürfen niemals erhitzt werden.

Der Tagesverbrauch an Fett sollte 60 bis 80 Gramm pro Person nicht überschreiten; die versteckten Fette (Milch, Wurst, Käse usw.) sind inbegriffen. Deshalb verwenden wir nur hochwertige Fette.

Suppen

Man mißt der leeren Fleischsuppe irrtümlicherweise einen großen Nährwert bei, während sie doch nur ein appetitanregendes Genußmittel ist, das erst durch die Einlagen nahrhaft wird. Die gebundenen Hülsenfrüchte-, Gemüse-, Mehl- und Milchsuppen dagegen sind ihres größeren Nährwertes wegen den Fleischsuppen bei weitem vorzuziehen und sollten in unserer Ernährung viel größere Beachtung finden.

An Stelle von Rindsuppen bereitet man aus Wurzeln (Sellerie, Petersilie, Möhren, Zwiebeln) und Kräutern (etwas Liebstöckl, Zitronenmelisse und fetter Henne), die man in kaltem Wasser aufsetzt, eine gute klare Suppe. Vor dem Anrichten seiht man sie, gibt etwas geriebene Muskatnuß, Salz und feingeschnittenen Schnittlauch dazu und schüttet sie siedend auf die Suppeneinlage. Diese Suppe ist sehr gesund, weil reich an Nährsalzen, und man kann auf diese Art jederzeit klare Suppen mit Einlagen auf den Tisch bringen. Ein Zusatz von käuflichen Suppenwürfeln ist zu empfehlen.

Auch Kalbsknochen ergeben eine gute klare Suppe, wenn dieselben klein gehackt, gut angeröstet mit den Suppenwurzeln und der Schale von einem Ei ins siedende Wasser gegeben, vorgekocht und in der Kochkiste fertiggekocht werden. Die Suppe erhält eine schöne, klare Farbe.

Bei gebundenen Suppen werden lichte Einbrennen verwendet.

Um das Knolligwerden und Anbrennen der gebundenen Suppen zu verhindern, empfiehlt es sich, sie erst kalt und dann heiß zu vergießen und so lange mit dem Schneebesen zu schlagen, bis sie sieden. Alle gebundenen Suppen werden nahrhafter und gewinnen an Geschmack, wenn man etwas frische Butter, ein Ei und ungefähr drei Eßlöffel Sauerrahm in die Schüssel gibt und die Suppe unter fortwährendem Schlagen dazurührt.

Allen Suppen sollte zur Verbesserung des Geschmackes und des appetitlichen Aussehens wegen feingehacktes Petersilienkraut, „Grünes", oder feingeschnittener Schnittlauch beigegeben werden.

Unter „Zutaten" sind nicht nur die Suppenwurzeln (eine kleine Möhre, eine kleine Petersilienwurzel, ein Stückchen Sellerie, etwas Porree und eine Zwiebel), sondern auch Salz sowie alle anderen Gewürze gemeint.

1. Suppe mit Reis

| 12 dag Reis |
| Zutaten |

Der gewaschene Reis wird in 2 Liter siedender Fleisch- oder Wurzelsuppe gekocht, bis er weich ist. Will man die Suppe schmackhafter machen, so empfiehlt es sich, den Reis nicht, einzukochen, sondern ihn gedünstet, mit Käse überstreut, auf einer Schüssel zur klaren Suppe zu reichen.

2. Grundrezept Getreidesuppe

| 10 dag Getreide |
| 5 dag Butter |
| 3 dag Weizenvollmehl |
| Kräuter, Hefewürze, Salz |

Eine feingehackte Zwiebel in der Butter anlaufen lassen, das Getreide, wie Dinkel, Gerste, Hirse, Buchweizen (kann auch geschrotet sein), dazugeben, durchdämpfen, mit Weizenvollmehl stauben und mit 2 Liter heißem Wasser aufgießen. Wenn das Getreide weich ist, mit Hefewürze und Salz abschmecken. Die halben, feingehackten Kräuter in die kochende Suppe geben, die andere Hälfte frisch auf die Teller geben und mit etwas Sauerrahm servieren.

3. Suppe mit Rollgerste (Graupensuppe)

| 12 dag Rollgerste |
| Zutaten |

Man gibt die gewaschene Rollgerste in 2 Liter kalte Fleisch- oder Wurzelsuppe und läßt diese unter öfterem Rühren weich kochen. Eine nahrhafte Suppe ergibt auch die Mischung von 6 dag Rollgerste mit 10 dag weißen Bohnen. Zu diesem Gericht eignet sich vorzüglich Suppe, die aus Schweine- oder Selchfleisch bereitet ist.

4. Suppe mit Teigwaren

12 dag Nudeln
Zutaten

Man brüht die gekauften Teigwaren zuerst mit siedendem Wasser ab, um ihnen den anhaftenden Geschmack zu nehmen, läßt sie darauf in 2 Liter siedender Fleisch- oder Wurzelsuppe 10 Minuten lang sieden und richtet sie mit feingeschnittenem Schnittlauch an.

5. Suppe mit Nudeln

6 dag Mehl (Vollmehl)
2 Eidotter
Zutaten

In der Mitte des kranzförmig auf das Nudelbrett gegebenen Mehles rührt man die Eidotter und etwas Salz mit zwei Fingern gut durch, gibt langsam das Mehl dazu und verarbeitet es zu einem feinen Teig, der so lange abgeknetet wird, bis er Blasen wirft. Aus dem Teig formt man zwei Laibchen, die man zugedeckt etwas rasten läßt und dann so dünn wie möglich auswalkt. Diese Teigblätter sollen auf einem Tuch ein wenig trocknen, damit sie beim Schneiden nicht zusammenkleben; darauf werden sie in vierfingerbreite Streifen geteilt, aufeinandergelegt und mit einem sehr scharfen Messer zu feinen Fäden geschnitten. Die Nudeln müssen in 2 Liter Rind- oder Wurzelsuppe 10 Minuten sieden und kommen dann mit feingehacktem Grün zu Tisch.

6. Suppe mit Reibgersteln

10 dag Mehl (Vollmehl)
1 Ei
Zutaten

Aus Mehl, Ei und etwas Salz wird ein sehr fester Nudelteig bereitet und gut abgeknetet. Auf einem Reibeisen wird der Teig zu kleinem Gerstel gerieben, dieses dann auseinandergestreut und auf dem Nudelbrett etwas getrocknet, ehe man es in 2 Liter siedende Rind- oder Wurzelsuppe einkocht und 5 Minuten sieden läßt. Schmackhafter wird das Gerstel, wenn man es vor dem Einkochen in 1 dag Fett lichtbraun röstet. Es eignet sich auch als Einlage für Suppe aus Schweinefleisch und Selchfleisch.

7. Eintropfsuppe

10 dag Mehl (Vollmehl)
2 Eidotter
⅛ Liter Milch
Zutaten

Mehl, Milch, 2 Eidotter und Salz werden zu einem glatten Teig angerührt, den man in 2 Liter siedende Suppe eintropft und 5 Minuten sieden läßt. Sie wird über feingehacktem Grün angerichtet.

8. Suppe mit Mehlnockerln

13 dag Mehl (Vollmehl)
3 dag Fett
2 Eier
Zutaten

Aus dem Fett und den Eiern wird ein Abtrieb gemacht, der mit 3 Eßlöffeln Milch/Wasser, Mehl und Salz zu einem Teig gerührt wird. Dann legt man mit dem Eßlöffel kleine Nockerln in die siedende Fleischsuppe oder Wurzelsuppe (2 Liter) und läßt die Nockerln zugedeckt 10 bis 15 Minuten gleichmäßig kochen.

9. Suppe mit Butternockerln

16 dag Mehl (Vollmehl)
10 dag Butter
2 Eier
2 Eßlöffel Milch
Zutaten

Butter und Dotter werden sehr flaumig abgetrieben und mit 2 Eßlöffeln Milch langsam verrührt. Danach mischt man den steifen Eierschnee, das Mehl und etwas Salz leicht darunter. Nun formt man 12 schöne Nockerln, gibt sie in die siedende Suppe und läßt das Ganze zugedeckt 10 bis 12 Minuten langsam sieden.

10. Suppe mit Grießknödeln

25 dag Grieß
5 dag Fett
Zutaten

Fett und ¼ Liter Wasser werden zum Sieden gebracht, der Grieß unter fortwährendem Rühren hineingestreut und so lange gekocht, bis sich die Masse von der Pfanne löst. Vom Feuer genommen, würzt man sie mit etwas Salz und formt 6 Knödel daraus, die in 2 Liter Fleisch- oder Wurzelsuppe eingekocht werden und 25 Minuten zugedeckt langsam sieden müssen.

11. Suppe mit feinen Grießknödeln

13 dag Grieß
5 dag Speck
¼ Liter Milch
1 Ei
Zutaten

Der Speck wird feinwürfelig geschnitten, goldgelb geröstet, dazu gibt man ¼ Liter Milch, etwas Salz und läßt dies aufsieden. Der Grieß wird im Faden unter fortwährendem Rühren eingekocht, gerührt, bis sich die Masse von der Pfanne löst, und kalt gestellt. Nach dem Auskühlen mischt man das Ei darunter, formt 6 Knödel, kocht sie in die siedende Suppe ein und läßt sie zugedeckt 25 Minuten langsam sieden.

12. Suppe mit Grießnockerln

12 dag Grieß
3 dag Fett
1 Ei
¼ Liter Milch
Zutaten

Die Milch wird mit dem Fett siedend gemacht, der Grieß langsam in die Pfanne gegeben und unter fortwährendem Rühren so lange gekocht, bis sich die Masse von der Pfanne löst. Darauf wird die Pfanne vom Feuer genommen. Ist die Masse ausgekühlt, werden Ei und etwas Salz beigefügt und fein damit vermengt. Dann formt man mit dem Eßlöffel 12 Nockerln, kocht sie in 2 Liter siedende Rind- oder Wurzelsuppe ein und läßt sie 20 Minuten zugedeckt und langsam sieden.

13. Suppe mit abgetriebenen Grießnockerln

8 dag Grieß
4 dag Fett
1 Ei
Zutaten

Nachdem das Fett gut abgetrieben und mit dem Ei verrührt worden ist, gibt man Grieß und Salz dazu und formt aus der Masse 12 Nockerln, die in 2 Liter Fleisch- oder Wurzelsuppe eingeschlagen und zugedeckt langsam 20 bis 25 Minuten kochen müssen.

14. Suppe mit Reisknödeln

12 dag Reis
3 dag Mehl
2 dag Fett
1 Ei
Zutaten

Der Reis wird mit ¼ Liter Wasser oder Fleischsuppe und etwas Salz im Rohr 20 Minuten gedünstet. Das abgetriebene Fett vermischt man mit Ei, Reis und Mehl, formt aus dieser Masse 6 Knödel, kocht sie in 2 Liter siedende Fleischsuppe ein und läßt sie 15 Minuten zugedeckt sieden.

15. Suppe mit Semmelknödeln

33 dag Knödelbrot oder
    Weißbrot
5 dag Fett
5 dag Mehl (Vollmehl)
1 Ei
¼ Liter Milch
Zutaten

Würfelig geschnittenes Knödelbrot oder altbackene Semmeln werden mit etwas feingehackter Zwiebel im Fett gedünstet, dann mit Milch und Ei angeweicht und kalt gestellt. Nun gibt man Mehl und Salz bei, vermischt alles gut und formt 6 Knödel daraus. Diese werden in 2 Liter siedende Rind- oder Wurzelsuppe eingekocht und zugedeckt 25 Minuten langsam gekocht.

16. Suppe mit Schwarzbrotknödeln

20 dag Schwarzbrot
6 dag Mehl (Vollmehl)
2 dag Fett
¼ Liter Milch
1 Ei
Zutaten

Das kleinwürfelig geschnittene Brot wird mit siedender Milch übergossen. Hat das Brot dieselbe aufgesaugt, mischt man das Fett, in dem man eine feingehackte Zwiebel glasig anlaufen ließ, dazu, ebenso das Ei, das Mehl und Salz. Aus der gut gemischten Masse formt man 6 Knödel, legt sie in die siedende Suppe und kocht sie zugedeckt 10 Minuten.

17. Suppe mit Tiroler Knödeln

33 dag Knödelbrot oder Semmeln
10 dag Selchfleisch
5 dag Mehl (Vollmehl)
5 dag Fett
1 Ei
¼ Liter Milch
Zutaten

Das in kleine Würfel geschnittene Knödelbrot oder altbackene Semmeln werden mit einer kleinen, feingehackten Zwiebel im Fett gedünstet. Darauf versprudelt man Ei und Milch, gibt es zum Brot und läßt die Masse stehen, bis die Flüssigkeit eingezogen ist. Zuletzt fügt man das gesottene, in kleine Würfel geschnittene Selchfleisch, Mehl und Salz bei. Aus der Masse werden 6 Knödel geformt und in 2 Liter siedender Fleisch- oder Wurzelsuppe 25 bis 30 Minuten zugedeckt gekocht.

18. Suppe mit Markknödeln (Bröselknödeln)

8 dag Brösel
4 dag Mark
1 Ei
Zutaten

Das Mark wird erwärmt und mit dem Dotter abgetrieben. Nun schüttet man die mit 2 Eßlöffel Milch befeuchteten Brösel darüber, auf diese sogleich den Schnee von dem Eiklar, würzt mit Salz und mengt alles rasch und leicht durcheinander. Aus dieser Masse werden 12 kleine Knödel geformt, die man in 2 Liter Suppe 8 bis 10 Minuten zugedeckt langsam kochen läßt. Verwendet man statt Knochenmark Butter, so bezeichnet man sie als Bröselknödel.

19. Suppe mit Heidenknödeln

20 dag Heidenmehl
10 dag Weißbrot
5 dag Fett
1 Ei
Zutaten

Im heißen Fett läßt man die Zwiebel anlaufen und röstet damit die Weißbrotwürfel. Nun mischt man sie zum Mehl, brüht das Ganze mit ¼ Liter siedendem Wasser ab, verrührt ein Ei und etwas Salz mit dem Teig und formt 6 Knödel, die man in 2 Liter Rind- oder Wurzelsuppe zugedeckt gar kocht.

20. Suppe mit Goldwürfeln

8 dag Weißbrot
4 dag Butter
1 Ei
Zutaten

Die großen, gleichmäßig geschnittenen Brotwürfel werden in dem Ei, das man mit einem Eßlöffel Milch und etwas Salz verrührt hat, gedreht, schnell einigemal gewendet, dann in heißer Butter goldgelb gebraten und mit 2 Liter siedender Suppe zu Tisch gebracht.

21. Suppe mit Käsereis

5 dag Käse
3 dag Butter
5 dag Brösel
2 Eier
Zutaten

Die Butter wird mit den Eiern fein abgetrieben, mit dem geriebenen Käse, den Bröseln, Salz und etwas Muskatnuß vermischt. Die Masse wird mittels Reibeisen in 2 Liter siedende Suppe eingekocht.

22. Suppe mit Windbeutel

12 dag Mehl (Vollmehl)
4 dag Fett
¼ Liter Milch
1 Ei
Zutaten

In die siedende Milch gibt man Fett und Salz und verrührt in derselben das Mehl, bis sich die Masse von der Pfanne löst. Ist die Masse erkaltet, so mischt man das Ei darunter, formt haselnußgroße Kügelchen, die man auf einem bestrichenen Blech oder in viel Fett bäckt. Die Kugeln werden mit 2 Liter siedender Suppe zu Tisch gebracht.

23. Hirnsuppe

12 dag Hirn
10 dag Knödelbrot oder Semmeln
8 dag Mehl (Vollmehl)
4 dag Fett
Zutaten

Im heißen Fett läßt man etwas Zwiebel anlaufen, überdünstet darin das abgehäutete Hirn, stäubt es, fügt eine kleine Petersilienwurzel mit dem Grünen, ein Stückchen Möhre, 2 Schalotten und etwas Zitronenschale dazu, dünstet alles nochmals durch, vergießt mit 2 Liter Fleischsuppe, salzt und läßt alles zu sämiger Suppe verkochen. Vor dem Anrichten entfernt man die Wurzeln und rührt die Suppe durch ein Sieb. Bei Tisch wird das in Würfel geschnittene, geröstete Knödelbrot dazugereicht.

24. Lebersuppe

16 dag Leber
10 dag Knödelbrot oder Semmeln
8 dag Mehl (Vollmehl)
4 dag Fett
Zutaten

Die Leber wird gewiegt, mit feingeschnittener Zwiebel, Majoran, Zitronenschale im heißen Fett gedämpft; dann streut man das Mehl darüber und verrührt es gut, vergießt nach und nach mit 2 Liter Fleisch- oder Wurzelsuppe, gibt Salz dazu und läßt alles gut verkochen. Man richtet die Suppe mit geröstetem Knödelbrot an.

25. Suppe mit Leberreis

30 dag Leber
3 dag Brösel
2 dag Fett
1 Ei
Zutaten

Das Fett wird mit dem Ei flaumig abgetrieben, dann mit der feingewiegten Leber, den Bröseln, mit Salz, etwas Majoran und Zitronenschale gut vermischt. Nun rührt man die Masse mit einem Holzlöffel schnell durch das Reibeisen in 2 Liter siedende Suppe. Um das Zusammenkleben des Leberreises beim Einkochen zu vermeiden, muß die Suppe stark sieden und der Reis öfter gerührt werden.

26. Suppe mit Leberknödeln

35 dag Knödelbrot oder Semmeln
20 dag Leber
3 dag Fett
1 Ei
⅛ Liter Milch
Zutaten

Das in Würfel geschnittene Brot wird mit der Milch und dem Ei angeweicht. Nun dämpft man eine kleingeschnittene Zwiebel und etwas Majoran im Fett, gibt die sehr fein gewiegte Leber und das eingeweichte Brot dazu, salzt und formt aus der Masse 6 Knödel, die man in 2 Liter siedender Fleisch- oder Wurzelsuppe 30 Minuten zugedeckt kocht.

27. Suppe mit gebackenen Leberknödeln

10 dag Leber
10 dag Brösel
2 dag Fett
1 Ei
¹/₁₀ Liter Milch
Zutaten

Eine kleine Zwiebel, etwas Majoran und Zitronenschale werden fein gehackt und in 2 dag Fett gedünstet. Aus der feingewiegten Leber, den in Milch geweichten Bröseln, Ei, Salz und den in Fett gedünsteten Gewürzen wird eine Masse bereitet, aus der man 12 Knödel formt, die in viel Fett ausgebacken und in 2 Liter siedender Fleisch- oder Wurzelsuppe aufgesotten und angerichtet werden.

28. Suppe mit Leber- oder Milznockerln

15 dag Leber
4 dag Fett
4 dag Brösel
4 dag Weißbrot
1 Ei
Zutaten

Im Fett läßt man die feingehackte Zwiebel und den Majoran etwas andünsten, und wenn dies ausgekühlt ist, treibt man alles mit dem Dotter flaumig ab. Nun gibt man die sehr fein gewiegte Leber und in Milch eingeweichtes, gut ausgedrücktes Weißbrot oder Semmel, Salz und feine Zitronenschale bei. Zum Schluß mischt man den steifen Eierschnee und die Brösel leicht darunter. Nun formt man 12 schöne Nockerln, gibt sie in die siedende Suppe und läßt sie 25 Minuten zugedeckt langsam kochen.

An Stelle von Leber kann man auch geschabte Milz nehmen.

29. Suppe mit Leberfaverl

13 dag Mehl (Vollmehl)
8 dag Leber
Zutaten

Aus Mehl, der passierten Leber, etwas Majoran und Salz bereitet man ein Faverl, kocht es in 2 Liter siedende Rind- oder Wurzelsuppe ein und läßt es 10 Minuten zugedeckt sieden.

30. Suppe mit Grießfaverl

12 dag Weizengrieß
1 Ei
Zutaten

Aus Grieß, Ei und Salz bereitet man ein feines, lockeres Faverl, das in 2 Liter Rind- oder Wurzelsuppe eingekocht wird. Man läßt die Suppe 10 Minuten zugedeckt langsam kochen.

31. Milzsuppe

16 dag Milz
10 dag Knödelbrot oder Semmeln
8 dag Mehl (Vollmehl)
4 dag Fett
Zutaten

Die geschabte Milz wird mit kleingeschnittener Zwiebel in Fett gedämpft; dann gibt man das Mehl bei, verrührt alles gut, dämpft nochmals, salzt, würzt mit ein wenig Majoran, vergießt mit 2 Liter Wasser oder Suppe und läßt sie gut verkochen.

Vor dem Anrichten wird die Suppe durch das Sieb gestrichen und mit gerösteten Brotwürfeln zu Tisch gegeben.

32. Suppe mit Milzschnitten

14 dag Knödelbrot oder Semmeln
2 dag Fett
7 dag Milz
1 Ei
Zutaten

2 dag Fett werden flaumig abgetrieben, mit dem Eidotter verrührt, die feingeschabte Milz, etwas Salz und Majoran dem Abtrieb beigegeben, alles gut durchgerührt und zuletzt das zu Schnee geschlagene Eiweiß daruntergemischt.

Die Masse wird auf 12 Brotscheiben gestrichen, in heißem Fett ausgebacken (die mit der Fülle bestrichene Seite muß beim Ausbacken ins Fett kommen) und mit 2 Liter siedender Fleisch- oder Wurzelsuppe übergossen.

33. Suppe mit Milzrollen

14 dag Milz
8 dag Fett
8 dag Mehl (Vollmehl)
2 Eier
⅛ Liter Milch
Zutaten

Aus Milch, Mehl, einem Ei und Salz macht man 4 dünne Pfannkuchen (Omeletten). 4 dag Fett werden mit 1 Eidotter flaumig abgetrieben, dann die feingeschabte Milz und etwas Salz dazugerührt, der Schnee von 1 Ei leicht mit der Masse vermischt. Ein längliches, feuchtes Tuch wird mit den Omeletten belegt, diese mit Milzfülle bestrichen und zu einer Wurst zusammengerollt. Das Ganze wird mit dem Tuch umwickelt und mit einer Schnur gebunden, in siedendes Wasser gelegt und bei gut verschlossenem Topf 1 Stunde gekocht. Vor dem Anrichten wird die Speise aus dem Tuch gelöst, in Scheiben geschnitten und mit 2 Liter siedender Fleisch- oder Wurzelsuppe zu Tisch gebracht.

34. Suppe mit Milzwurst

20 dag Milz
10 dag Knödelbrot oder Semmeln
10 dag Brösel
5 dag Fett
2 Eier
⅛ Liter Milch
Zutaten

Eine kleine, feingehackte Zwiebel und Majoran dämpft man in Fett, schüttet alles in eine Schüssel und treibt es mit 2 Dottern flaumig ab. Das in Milch geweichte und wieder ausgedrückte Knödelbrot wird durch das Sieb gestrichen und mit den Bröseln und dem zu festem Schnee geschlagenen Eiweiß und Salz dem Abtrieb gut beigemischt. Die Masse wird in zwei Teile geteilt; den einen formt man zu einer Wurst, und dem anderen mischt man die feingeschabte Milz bei. Nun wird die Milzmasse auf einem mit Mehl bestäubten Brett fingerdick aufgestrichen, die Teigwurst in die Mitte gelegt und von allen Seiten mit der Milzmasse umgeben. Das Ganze wird vorsichtig auf ein befeuchtetes Tuch gegeben und weiterbehandelt wie die Milzrollen, Rezept Nr. 33.

35. Suppe mit Biskuitschöberln

10 dag Mehl (Vollmehl)
2 dag Fett
⅛ Liter Milch
1 Ei
Zutaten

Milch, Mehl und Salz sprudelt man mit einer Messerspitze Natron sehr fein ab, gibt den Dotter und das zu Schnee geschlagene Eiweiß dazu. Die Masse wird in eine befettete Form gefüllt und, wenn gebacken, in verschobene Vierecke geschnitten, mit 2 Liter siedender Suppe übergossen und zu Tisch gereicht.
Unter das Schöberl kann man beim Eingießen in die Pfanne gekochte grüne Erbsen und in kleine Würfel geschnittene Karotten geben.

36. Suppe mit feinen Biskuitschöberln

4 dag Fett
3 dag Mehl (Vollmehl)
2 Eier
Zutaten

4 dag Fett werden mit den Dottern flaumig abgetrieben und das Mehl, das Salz und der steife Schnee leicht mit dem Abtrieb vermengt. Die Masse wird in einer mit Fett bestrichenen Form bei mäßiger Hitze im Rohr gebacken. Das ausgekühlte Schöberl wird in kleine, verschobene Vierecke geschnitten und mit 2 Liter heißer Fleisch- oder Wurzelsuppe angerichtet.

37. Suppe mit Semmelschöberln

15 dag altes Weißbrot
5 dag Fett
2 Eier
¼ Liter Milch
Zutaten

Das feingeschnittene alte Weißbrot wird mit siedender Milch übergossen. Unterdessen treibt man 3 dag Fett mit den Dottern flaumig ab. Das Weißbrot wird mit feinem Petersiliengrün, dem Abtrieb, einer Messerspitze Natron, etwas Salz und dem festen Schnee vermischt und in einer mit 2 dag Fett bestrichenen Form zu schöner Farbe gebacken. Erkaltet schneidet man das Schöberl in verschobene Vierecke und gibt sie mit Schnittlauch zur klaren Suppe.

38. Suppe mit Leberschöberln

10 dag Leber
5 dag Fett
5 dag Mehl (Vollmehl)
1 Ei
Zutaten

In 3 dag Fett dünstet man die feingehackte Zwiebel und rührt sie dann mit einem Eidotter flaumig ab. Nun gibt man die passierte Leber, etwas Salz, Majoran, Zitronenschale und 2 Eßlöffel Milch dazu und treibt alles nochmals gut ab. Zuletzt mischt man das Mehl und den Schnee vom Eiweiß darunter, füllt die Masse in eine gefettete Form und bäckt sie. Das Schöberl wird in verschobene Vierecke geschnitten und mit 2 Liter siedender Suppe übergossen.

39. Suppe mit Leberdunstschöberln

20 dag Leber
8 dag Knödelbrot oder Semmeln
6 dag Fett
6 dag Brösel
3 Eier
1/8 Liter Milch
Zutaten

Eine Schalotte wird mit etwas Majoran und Zitronenschale sehr fein gewiegt, in 5 dag Fett gedämpft und, sobald alles abgekühlt ist, mit 3 Eidottern fein abgetrieben. In Milch geweichtes Knödelbrot wird ausgedrückt, mit der inzwischen feingewiegten Leber durch das Sieb gestrichen, etwas Salz als Würze beigegeben und zuletzt der feste Eierschnee leicht unter die Masse gerührt. Diese kommt dann in eine mit Fett ausgestrichene, ausgebröselte Dunstform, die in einem gut verschlossenen Topf 3/4 Stunden im siedenden Wasser kochen muß.

40. Suppe mit feinen Leberschöberln

10 dag Leber
4 dag Fett
4 dag Brösel
2 Eier
Zutaten

Zum Abtrieb aus 3 dag Fett und den Dottern gibt man erst die feingewiegte Leber, dann die in 2 Eßlöffel Milch geweichten Brösel nebst dem Schnee, etwas Zitronenschale und Salz, vermischt alles vorsichtig und behandelt es weiter wie Nr. 36.

41. Suppe mit Frittaten

14 dag Vollmehl
4 dag Fett
1 Ei
⅛ Liter Milch
⅛ Liter Wasser
Zutaten

Aus Milch, Wasser und Mehl, zuletzt dem ganzen Ei und etwas Salz macht man einen Teig, der gut versprudelt werden muß. Aus dieser Masse werden dünne Frittaten auf beiden Seiten lichtbraun gebacken, die man fein nudelig schneidet und mit 2 Liter heißer Fleisch- oder Wurzelsuppe anrichtet.

42. Suppe mit Frittatenwurst

14 dag Mehl (Vollmehl)
6 dag Fett
1 dag Brösel
3 Eier
¼ Liter Milch/Wasser
Zutaten

Aus Mehl, Milch, Salz, 1 Ei und 4 dag Fett werden, wie bei Nr. 41, 6 dünne Frittaten gebakken. 2 dag Fett und 2 Eidotter treibt man flaumig ab, gibt 1 dag Brösel, die nudelig geschnittenen Frittaten, das zu steifem Schnee geschlagene Eiweiß sowie etwas Salz dazu und mischt alles gut durch. Die Masse wird zu einer kurzen, dicken Wurst geformt, die in ein längliches feuchtes Tuch geschlagen, vorsichtig gebunden, in siedendem Salzwasser 1 Stunde gekocht wird. Vor dem Anrichten wird die Speise aus dem Tuch gelöst, in 12 Scheiben geschnitten und mit 2 Liter heißer Fleisch- oder Wurzelsuppe zu Tisch gebracht.

43. Wurzelsuppe mit Hirsefrittaten

14 dag Hirsemehl
1 Ei
¼ Liter Milch/Wasser
Öl zum Herausbacken
Zutaten

Das Milch-Wassergemisch mit dem feinen Hirsemehl vermischen und längere Zeit stehen lassen. Vor dem Verarbeiten das Ei dazugeben und salzen. Wie üblich, Frittaten in wenig Öl backen.

Die Suppe: Karotten, Sellerie, Petersilie, Lauch und Zwiebel in wenig Butter anrösten, mit heißem Wasser aufgießen und mit Hefewürze (Suppenwürfel) sowie Salz gut abschmecken. Mit reichlich Schnittlauch servieren.

44. Suppe mit Strudel

13 dag Mehl (Vollmehl)
1 dag Fett
1 Eßlöffel Öl
1 Ei
Zutaten

Das Mehl wird kranzförmig auf ein Nudelbrett gegeben und gesalzen. In der Mitte macht man eine Vertiefung, in die man 1 kleines Ei, 1 Eßlöffel Öl und 3 kleine Eßlöffel lauwarmes Wasser schüttet. Dann rührt man Ei, Öl und Wasser mit 2 Fingern durch, gibt das Mehl nach und nach dazu und knetet den Teig 15 Minuten gut ab. Man kann das Ei auch weglassen und statt dessen 2 Eßlöffel Öl dazugeben. Der Strudelteig muß zugedeckt ½ Stunde rasten. Der Teig wird ausgewalkt, auf einem mit Mehl bestreuten Tuch dünn ausgezogen, gefüllt, zusammengerollt und im Rohr lichtbraun gebacken. Man kann den Strudel mit Fleischresten oder Lunge (20 dag), die in Fett mit Zwiebeln gut gedünstet sind, oder mit Grammeln (Grieben) oder mit in Fett gerösteten Bröseln füllen. Der fertige Strudel wird in Stücke geschnitten und mit 2 Liter heißer Fleisch- oder Wurzelsuppe übergossen.

45. Suppe mit Schlickkrapferln

15 dag Fleischreste
10 dag Mehl (Vollmehl)
2 dag Fett
1 Ei
Zutaten

Aus Mehl, 1 Eidotter, 2 Eßlöffel Wasser und etwas Salz wird ein Strudelteig nach Nr. 44 bereitet. In heißem Fett läßt man eine feingehackte Zwiebel anlaufen, gibt die gewiegten Fleischreste hinein und dämpft alles durch. Der dünn ausgewalkte Teig wird mit kleinen Fleischhäufchen (in dreifingerbreitem Abstand) belegt, mit Eiweiß bestrichen und so weit überschlagen, daß das Fleisch gut bedeckt ist. Nun drückt man den Teig nieder, radelt ihn halbrund ab und siedet die Krapferln 5 Minuten lang in 2 Liter Suppe. Die Masse muß 30 Krapferln ergeben. Bestreicht man die Krapferln mit Ei, so können sie auch auf einem befetteten Blech im Rohr gebacken und dann zur Suppe gereicht werden.

46. Suppe mit Heidensterz

25 dag Heidenmehl
6 dag Speck
Zutaten

In ½ Liter siedendes Salzwasser wird das Heidenmehl geschüttet und am Rande des Herdes, zugedeckt, 15 Minuten gedämpft. Nun verteilt man die Masse mit einer Gabel fein. Hernach gibt man das Fett des inzwischen feinwürfelig geschnittenen, ausgelassenen Specks hinein und verrührt nochmals mit der Gabel. Der Sterz wird appetitlich auf einer heißen Platte angerichtet, mit den Grammeln (Grieben) bestreut und zu 2 Liter Rind- oder Wurzelsuppe gereicht. An Stelle von Speck kann auch heiße Butter verwendet werden.

47. Gedämpfte Bohnensuppe

30 dag Bohnen
4 dag Fett
3 dag Mehl (Vollmehl)
Zutaten

Die Bohnen werden gewaschen, für einige Stunden in 2 Liter lauwarmes Wasser gelegt und in dem Einweichwasser weichgekocht. Im heißen Fett werden eine kleine, feingeschnittene Zwiebel, etwas Majoran, Thymian, Lorbeerblatt gedämpft. Dann gibt man die Bohnen und das Wasser hinein, läßt alles zusammen gut aufkochen und salzt. Beim Anrichten kann man die Suppe passieren und mit etwas Rahm und Grünem auf den Tisch bringen.

48. Erbsensuppe mit Selchfleisch

1 kg Selchfleisch
30 dag Erbsen
10 dag Knödelbrot oder
   Semmeln
Zutaten

Die Erbsen werden gewaschen und über Nacht in 2 Liter warmes Wasser gelegt. Am anderen Morgen stellt man sie mit dem Einweichwasser auf, fügt Suppenwurzeln und das Fleisch bei, kocht das Ganze weich und salzt zum Schluß. Kurz vor dem Mittagessen rührt man die Suppe durch ein Sieb und richtet sie über gehacktem Grün und gerösteten Brotwürfeln an.

Die Suppe und das Selchfleisch bilden mit Sauerkraut ein gutes, nahrhaftes Mittagessen.

49. Erbsenmehlsuppe

18 dag Erbsenmehl

Man zerbröckelt das Suppenmehl und verrührt es mit ½ Liter kaltem Wasser zu einem Brei. Dieser wird in 1½ Liter siedendes Wasser hineingesprudelt und ½ Stunde gekocht. Die Suppe wird über gehacktem Grün oder Schnittlauch angerichtet. Erbsensuppe kann auch gleich der Bohnensuppe bereitet werden. Als Gewürz verwendet man Zwiebel, Petersiliengrün und Salz.

50. Weiße Grießsuppe

8 dag Grieß
2 dag Fett
¼ Liter Milch
Zutaten

1¾ Liter Wasser, Milch und Fett werden zum Sieden gebracht, gesalzen und der Grieß langsam hineingegeben. Das Ganze wird 10 Minuten gekocht. Die Suppe wird mit 2 Eßlöffel Sauerrahm verrührt und über gehacktem Grün angerichtet.

51. Geröstete Grießsuppe

8 dag Grieß
4 dag Fett
3 dag Mehl (Vollmehl)
Zutaten

Das Fett wird erhitzt und der Grieß darin licht geröstet. Nun gibt man etwas feingehackte Zwiebel und das Mehl bei, dünstet alles nochmals, salzt und vergießt mit 2 Liter Fleischsuppe oder Wasser. Die Suppe wird 10 Minuten gekocht und kurz vor dem Essen über etwas Rahm und Grünem angerichtet.

52. Gedämpfte Reissuppe

10 dag Reis
3 dag Vollmehl
2 dag Fett
Zutaten

Das Fett wird erhitzt und der Reis darin gedämpft. Dann bestreut man den Reis mit Mehl und feingehackter Zwiebel, dünstet alles nochmals, salzt, vergießt langsam mit 2 Liter Wasser und läßt die Suppe so lange kochen, bis der Reis weich ist. Eine Beigabe von Sauerrahm verbessert die Suppe. Sie kann auch mit Grünem allein angerichtet werden.

53. Brotwürfelsuppe

12 dag Knödelbrot oder
   Semmeln
4 dag Mehl (Vollmehl)
3 dag Fett
Zutaten

Die Brotwürfel werden mit wenig feingeschnittener Zwiebel in Fett gedünstet, dann wird das Mehl über das Brot gestreut, noch einmal durchgedünstet, gesalzen, mit siedender Wurzelsuppe vergossen und 10 Minuten ohne Umrühren langsam gesotten. Beim Anrichten wird etwas feingehackter Schnittlauch beigegeben.

54. Hefesuppe (Germsuppe)

8 dag Mehl (Vollmehl)
6 dag Fett
6 dag Hefe (Germ)
Zutaten

Möhre, Petersilie, Sellerie, Zwiebel und Zitronenschale werden fein gewiegt und im heißen Fett oder feingeschnittenen Speck erst allein und dann mit dem zugefügten Mehl gedämpft, mit 2 Liter Wasser vergossen und gesalzen. Ist die Suppe gut verkocht, wird die Hefe fein verbröselt eingekocht. Man richtet sie nach Belieben über gerösteten Semmelschnitten und feingeschnittenem Schnittlauch an. Ganz fein schmeckt die Suppe, wenn sie mit Eidotter und Rahm legiert wird.

55. Schwäbische Brotsuppe

50 dag Kartoffeln
18 dag Schwarzbrot
7 dag Fett
Zutaten

Die feingehackte Zwiebel und die kleingeschnittenen Schwarzbrotreste werden in heißem Fett gedünstet, mit 2 Liter Wasser oder Fleischsuppe aufgesotten und durch ein Sieb gerührt. Dann fügt man die in Würfel geschnittenen Kartoffeln nebst Salz bei, läßt alles nochmals aufsieden und fertigkochen. Man richtet die Suppe mit etwas Milch und Grünem an. Nahrhafter und feiner ist sie, wenn sie mit feinblättrig geschnittenen Würstchen zu Tisch gebracht wird.

56. Kalte Vitaminsuppe

50 dag reife Tomaten
2 Stk. Paprika, grün
1 Stk. Paprika, rot
1 große Zwiebel
20 dag weiches Weißbrot
Zutaten

Tomaten, Paprika, Zwiebel, etwas Knoblauch sowie das weiche Weißbrot werden mit ca. 2 Liter Wasser fein püriert, mit Rosenpaprika und Salz gewürzt und sofort kalt serviert. Die Suppe soll leicht sämig sein, daher hängt die Wasserbeigabe von der Reife des Gemüses ab.

57. Weiße Kartoffelsuppe

1 kg Kartoffeln
4 dag Speck
3 dag Mehl (Vollmehl)
Zutaten

Die Kartoffeln werden gewaschen, geschält, in kleine Stücke geschnitten und in 1¾ Liter Wasser zum Sieden gebracht. Aus dem würfelig geschnittenen Speck, Zwiebel und Mehl wird eine helle Einbrenn gemacht, mit ¼ Liter kaltem Wasser vergossen, gesalzen, glatt verrührt, zur Suppe gegeben und das Ganze weich gekocht. Vor dem Anrichten wird die Suppe passiert und mit 2 Löffel Rahm und Grünem zu Tisch gegeben.

58. Minestra

20 dag Reis
40 dag versch. Gemüse
5 dag Fett
Parmesan

Der Reis wird mit der doppelten Menge an Suppe weich gedünstet. Karotten, Sellerie, Petersilie und Kraut werden mit gehackten Zwiebeln in Butter gedünstet. Der fertige Reis und das weiche Gemüse werden mit einer guten Suppe übergossen und mit Parmesan serviert.

59. Kartoffelsuppe mit Porree

1 kg Kartoffeln
2 Porreestengel
8 dag Mehl (Vollmehl)
4 dag Fett
Zutaten

Die Kartoffeln und die Lauchstengel werden feinblättrig geschnitten und mit Kümmel und einem Lorbeerblatt in 1¾ Liter Wasser aufgestellt. Die aus Fett und Mehl bereitete Einbrenn wird mit ¼ Liter kaltem Wasser vergossen, glatt verrührt und in die siedende, gesalzene Suppe gegeben, um sie dann fertigkochen zu lassen.

60. Lautere Kartoffelsuppe

1 kg Kartoffeln
6 dag Speck
10 dag Brot
Zutaten

Die in Würfel geschnittenen Kartoffeln werden mit Salz, Kümmel und Petersilienwurzeln in 2 Liter Wasser gekocht. Vor dem Anrichten läßt man in dem feingeschnittenen heißen Speck die Zwiebel anlaufen, das Brot wird in Stangerln geschnitten, in die Suppe gegeben und das heiße Zwiebelschmalz darübergegossen.

61. Knoblauchsuppe

15 dag Brot
6 dag Grammeln
4 dag Mehl (Vollmehl)
⅛ Liter Essig
4 Knoblauchzehen
Zutaten

2 Liter Wasser bringt man mit dem zerdrückten Knoblauch, etwas Salz und Kümmel zum Sieden, quirlt das Mehl in Essig ab, kocht dies ins siedende Wasser ein und läßt die Suppe etwa 10 Minuten sieden. Vor dem Anrichten werden die Grammeln heiß gemacht, das blättrig geschnittene Brot in die Suppe gegeben und die heißen Grammeln darübergeschüttet.

62. Einbrennsuppe

15 dag Schwarzbrot
4 dag Fett
10 dag Mehl (Vollmehl)
Zutaten

1¾ Liter Wasser werden mit einem Lorbeerblatt, Salz und Kümmel zum Sieden gebracht. Aus Fett und Mehl bereitet man eine hellbraune Einbrenn, vergießt sie mit ¼ Liter kaltem Wasser, verrührt glatt, schüttet alles in das siedende Wasser und läßt die Suppe unter öfterem Umrühren fertigkochen. Schwarzbrot wird feinblättrig geschnitten, 2 Eßlöffel Sauerrahm dazugegeben (wenn man es liebt, auch 1 Eßlöffel Essig) und die Suppe darüber angerichtet.

63. Zwiebelsuppe

15 dag Schwarzbrot
8 dag Mehl (Vollmehl)
4 dag Fett
Zutaten

Man röstet die Hälfte des Mehls im Fett hellbraun, gibt eine in Streifen geschnittene große Zwiebel dazu und dünstet nochmals alles. Nun wird der Rest des Mehles dazugeschüttet, wiederum durchgedünstet, etwas Lorbeerblatt, Kümmel und Salz dazugegeben und mit ¼ Liter kaltem und 1¾ Liter siedendem Wasser vergossen und fertig gesotten. Vor dem Essen wird die Suppe durch ein Sieb gerührt und über etwas Schwarzbrot und Grünem angerichtet.

64. Möhrensuppe mit Reis

20 dag Möhren
6 dag Reis
3 dag Speck
3 dag Fett
3 dag Mehl (Vollmehl)
Zutaten

Die geputzten, in Streifen geschnittenen Möhren werden mit etwas feingehackter Zwiebel und in Fett und dem feinwürfelig geschnittenen Speck gedämpft, mit Mehl überstreut und nochmals durchgedünstet. Dies wird mit ¼ Liter kaltem Wasser vergossen, gesalzen und in 1⅓ Liter siedendes Wasser gegeben, der Reis beigefügt und so lange gekocht, bis Reis und Möhren weich sind.

65. Selleriesuppe

15 dag Sellerie
10 dag Knödelbrot oder
   Semmeln
3 dag Fett
5 dag Mehl (Vollmehl)
Zutaten

Man läßt die feinblättrig geschnittene Sellerie in 3 dag Fett anlaufen, stäubt das Mehl darüber und überdünstet alles ein wenig. Die Masse wird nun mit ¼ Liter kaltem Wasser gut verrührt und in 1¾ Liter siedende Fleischsuppe gegeben, gesalzen und weich gekocht. Man richtet die passierte Suppe über einigen Löffeln Rahm mit ein wenig Grün an. Gibt man der Suppe zum Schluß 1 Ei und 3 dag frische Butter unter fleißigem Schlagen bei, so gewinnt sie nicht nur an Geschmack, sondern auch an Farbe. Das in kleine Würfel geschnittene Knödelbrot wird zugefügt.

66. Spinatsuppe mit Reis

20 dag Spinat
5 dag Reis
3 dag Fett
3 dag Mehl (Vollmehl)
Zutaten

Das Fett wird erhitzt und das Mehl mit einer kleinen, feingehackten Zwiebel darin gedämpft. Hierauf wird der halbe nudelig geschnittene Spinat beigefügt, erst mit kaltem und dann mit heißem Wasser (2 Liter) vergossen, der Reis, etwas Salz und Muskat dazugegeben und alles weich gekocht. Die Suppe wird über gehacktem Grün angerichtet. Zur Verbesserung kann man einige Löffel Sauerrahm beigeben. Die zweite Hälfte des Spinats gibt man roh vor dem Anrichten in die Suppe.

67. Spinatsuppe mit Kartoffeln

30 dag geschälte
 Kartoffeln
20 dag Spinat
3 dag Mehl (Vollmehl)
5 dag Fett
 oder Speck
Zutaten

Der halbe gewaschene, feingewiegte Spinat und die würfelig geschnittenen Kartoffeln werden in 1¾ Liter siedendem Wasser aufgesetzt. Aus Fett und Mehl bereitet man eine Einbrenn, in der man feingeschnittene Zwiebeln und 2 Knoblauchzehen dämpft. Anschließend vergießt man mit ¼ Liter Wasser, verrührt alles fein, schüttet es zur Suppe, würzt mit Salz und Muskat und läßt sie fertigkochen. Die zweite Hälfte des feingewiegten Spinates gibt man roh vor dem Anrichten in die Suppe.

68. Gemüsesuppe

10 dag Möhren
10 dag Blumenkohl
 (Karfiol)
10 dag Kohl
10 dag Tomaten
5 dag Sellerie
5 dag Kohlrüben
5 dag Erbsen (grün)
5 dag Bohnen (grün)
6 dag Speck
Zutaten

Die kleingehackte Zwiebel wird mit den in feine Streifen geschnittenen rohen Gemüsen (außer Blumenkohl, Tomaten und Erbsen) in Speck gedämpft, gesalzen und mit 2 Liter Fleischsuppe oder Wasser langsam vergossen. Die Suppe muß 10 Minuten sieden, ehe man Blumenkohl, Tomaten und Erbsen hineingibt. Dann wird sie mit allen Zutaten fertig gekocht. Mit Kräutern servieren.

69. Gemüsesuppe mit Reis

15 dag Kohl
10 dag Möhren
15 dag Kartoffeln
5 dag Sellerie
4 dag Fett
3 dag Reis
3 dag Mehl (Vollmehl)
Zutaten

Die Gemüse werden gewaschen, feinwürfelig geschnitten, mit Zwiebel und Mehl im Fett gedünstet, gesalzen, mit 2 Liter Wasser oder Fleischsuppe vergossen, zuletzt der Reis und die Kartoffeln beigegeben und die Suppe dann gar gekocht. Mit viel Petersiliengrün servieren.

70. Durchgetriebene Gemüsesuppe

Gemüsereste
Zutaten

Gemüsereste, z.B. gedünstete Kohlrüben, Möhren usw., auch geröstete Kartoffeln, werden in 2 Liter siedendem Wasser eingekocht und eine Zeitlang gesotten. Vor dem Anrichten rührt man die Suppe durch ein Sieb und fügt 3 Eßlöffel Sauerrahm, Salz und Grünes bei.

71. Kohlsuppe

30 dag Kohl
5 dag Reis
4 dag Fett
2 dag Mehl (Vollmehl)
Zutaten

Der Kohl wird geschnitten, mit der feingehackten Zwiebel im Fett gedünstet, das Mehl über den Kohl gestäubt, dann der Reis dazugegeben, alles nochmals durchgedünstet und mit 2 Liter Wasser oder Fleischsuppe vergossen und gesalzen. Die Suppe wird dann fertig gekocht.

72. Blumenkohlsuppe

½ kg Blumenkohl
4 dag Fett
3 dag Mehl (Vollmehl)
Zutaten

Die Blumenkohlstrünke werden fein geschnitten, mit Zwiebel, Zitronenschale und einer kleinen Petersilienwurzel (mit Kraut) im Fett gedämpft, gesalzen, das Mehl darübergestäubt und mit 2 Liter Wasser oder Fleischsuppe vergossen und weich gekocht. Dann treibt man die Suppe durch ein Sieb, fügt die rohen Blumenkohlröschen bei, siedet die Suppe, bis die Kohlröschen weich sind, und richtet sie über gehacktem Grün und Rahm an.

73. Paradeis- oder Tomatensuppe

Zutaten
60 dag Tomaten oder
10 dag -mark
10 dag Knödelbrot oder
   Semmeln
4 dag Fett
6 dag Mehl (Vollmehl)

Ein wenig feingehackte Zwiebel läßt man in 4 dag Fett anlaufen, fügt das Mehl bei, überdünstet es gut und gibt die Tomaten hinzu. Nun wird alles mit 2 Liter Wasser oder Fleischsuppe vergossen, gesalzen und weich gekocht. Beim Anrichten wird die Suppe durchs Sieb gerührt und mit dem zu Würfeln geschnittenen Knödelbrot serviert.

74. Paradeis- oder Tomatensuppe mit Selchfleisch

Zutaten
75 dag Tomaten
6 dag Selchfleisch
6 dag Mehl (Vollmehl)
3 dag Fett
3 dag durchwachsenen
   Speck

Im heißen Fett überdünstet man zuerst den Speck mit etwas feingehackter Zwiebel, hernach auch das Mehl, gibt dann die Tomaten und das Selchfleisch hinzu, salzt, vergießt mit 2 Liter Wasser oder Fleischsuppe und läßt das Ganze so lange kochen, bis das Fleisch weich ist. Bevor die Suppe durchgetrieben wird, entfernt man das Fleisch, das dann anderweitig Verwendung finden kann.

75. Buchweizensuppe mit Tomaten

Zutaten
10 dag Buchweizen
5 dag Öl
4 dag Weizenvollmehl
1 Zwiebel
20 dag Tomaten

Eine feingehackte Zwiebel in Öl anlaufen lassen, den ganzen gewaschenen Buchweizen dazugeben und durchdämpfen, mit Vollmehl stäuben und mit zwei Liter warmem Wasser aufgießen. Wenn der Buchweizen weich ist, mit Salz und Hefewürze abschmecken. Zum Schluß die passierten Tomaten dazugeben. Mit Hirse wird die Suppe genauso zubereitet.

76. Schnittlauchsuppe

5 dag Schnittlauch
8 dag Mehl (Vollmehl)
4 dag Fett
10 dag Weißbrot
1 Ei
Zutaten

Aus Mehl und Fett bereitet man eine hellbraune Einbrenn, vergießt mit ¼ Liter kaltem Wasser und 1¾ Liter siedender Wurzelsuppe, gibt Salz dazu und läßt das Ganze 10 Minuten kochen. Die Suppe wird mit dem feingeschnittenen Schnittlauch vermischt, mit Rahm und Ei legiert und mit gebähten Weißbrotwürfeln zu Tisch gebracht.

77. Schwarzwurzelsuppe

20 dag Schwarzwurzeln
8 dag Mehl (Vollmehl)
5 dag Fett
Zutaten

Die geputzten Schwarzwurzeln werden klein geschnitten und in 1¾ Liter siedendes Wasser gegeben. Mehl und feingeschnittene Zwiebel werden im Fett gedünstet, mit ¼ Liter kaltem Wasser vergossen und der Suppe beigegeben. Die Suppe wird mit etwas Muskatnuß und Salz gewürzt und so fertig gekocht. Vor dem Anrichten wird sie mit Ei und Rahm legiert und mit Petersiliengrün serviert.

78. Sprossenkohlsuppe

30 dag Sprossenkohl
5 dag Mehl (Vollmehl)
5 dag Reis
5 dag Speck
Zutaten

Das Mehl wird mit dem heißen Speck und mit etwas Zwiebel gedünstet, mit ¼ Liter kaltem Wasser glatt verrührt und in 1¾ Liter siedendes Wasser gegeben. Nun mengt man Sprossenkohl und Reis bei, salzt und kocht die Suppe so lange, bis der Sprossenkohl weich ist.

79. Schwammerlsuppe

Zutaten
20 dag geschälte Kartoffeln
40 dag Schwammerln (frisch)
5 dag Mehl (Vollmehl)
5 dag Fett

1¾ Liter Wasser werden mit den Kartoffeln und den feingeschnittenen Schwämmen aufs Feuer gestellt. Aus Fett und Mehl bereitet man eine Einbrenn, gibt eine feingehackte Zwiebel und eine Knoblauchzehe hinein, läßt dies anlaufen, vergießt mit ¼ Liter kaltem Wasser, verrührt gut und gibt alles nebst Salz, Kümmel und etwas Paprika zur Suppe. Diese wird dann bis zum Weichsein der Schwammerln weiter gekocht. Gehacktes Petersiliengrün vor dem Anrichten beigeben.

80. Fastensuppe

Zutaten
5 dag Bohnen
30 dag geschälte Kartoffeln
4 dag Schwarzbrot
5 dag Erbsenmehl
5 dag Rollgerste
5 dag Fett

In 2 Liter Wasser kocht man eingeweichte Bohnen, Rollgerste, Erbsenmehl und Kartoffeln weich. Unterdessen wird das Schwarzbrot feinwürfelig geschnitten, mit Zwiebeln im Fett gedünstet, zur Suppe gegeben und gesalzen und die Suppe so lange gekocht, bis alle Zutaten schön weich sind.

81. Buchweizensuppe mit Mandeln

Zutaten
10 dag Buchweizen
5 dag Öl
5 dag Mandeln
4 dag Weizenvollmehl
1 Zwiebel

Eine kleine, feingehackte Zwiebel in Öl anlaufen lassen und den gewaschenen Buchweizen dazugeben, durchdämpfen, mit Vollmehl stauben und mit 2 Liter warmem Wasser aufgießen. Wenn der Buchweizen weich ist, mit Hefewürze und Salz abschmecken. Die Mandeln schälen, blättrig schneiden und in wenig Butter rösten. Auf der Suppe schwimmend servieren.

82. Käsesuppe

10 dag Käse
8 dag Mehl (Vollmehl)
4 dag Fett
⅛ Liter Rahm
1 Ei
10 dag Schwarzbrot
Zutaten

Das Mehl röstet man im Fett hell, vergießt mit ¼ Liter kaltem Wasser und danach mit 1¾ Liter siedender Suppe, salzt, schlägt das Ganze mit dem Schneebesen, bis es kocht, und läßt die Suppe noch kurze Zeit sieden. Sie wird kurz vor dem Anrichten mit dem Ei und Rahm legiert und mit dem gebähten Brot, dem geriebenen Käse und Schnittlauch angerichtet.

83. Käsesuppe mit Würfel-Schmelzkäse

5 dag Butter
3 dag Weizenvollmehl
2 Würfel Schmelzkäse
1 Zwiebel
Zutaten

Die gehackte Zwiebel in Butter anlaufen lassen, mit dem Vollmehl stauben und mit 2 Liter Wasser aufgießen. Den Käse in Stücke schneiden und zusammen mit Kräutersalz und Hefewürze in die Suppe geben. Hat sich der Käse vollkommen aufgelöst, wird die Suppe abgeschmeckt und mit feingehackten Kräutern serviert.

84. Faverlsuppe

13 dag Mehl (Vollmehl)
2 dag Fett
1 Ei
Zutaten

Mehl, etwas Salz und Ei bröselt man ab, röstet dies im Fett, schüttet die Masse in 2 Liter siedende Wurzelsuppe und kocht diese 20 Minuten. Anrichten über feingehacktem Grün.

85. Geflügelsuppe

8 dag Mehl (Vollmehl)
6 dag Fett
10 dag Weißbrot
Geflügelklein
Zutaten

Geflügelklein und Suppenwurzeln werden in 1½ Liter Wasser weich gekocht. Unterdessen bereitet man eine lichte Einbrenn aus Fett und Mehl, vergießt mit ½ Liter kaltem Wasser, gibt das Ganze in die Suppe und salzt nach Geschmack. Vor dem Anrichten wird das Geflügelklein herausgenommen, die

Suppe passiert und das Geflügelklein fein geschnitten in die Suppe gegeben. Das Weißbrot wird feinnudelig geschnitten und gebäht zur Suppe auf den Tisch gebracht.

Man kann die Suppe auch mit Mark- oder Bröselknödeln zu Tisch bringen. Anrichten über Rahm und Grünem verbessert sie.

86. Kalbseinmachsuppe

30 dag Kalbsknochen
10 dag Knödelbrot oder Semmeln
5 dag Fett
5 dag Mehl (Vollmehl)
Zutaten

Die gehackten Knochen werden im heißen Fett hellgelb geröstet. Nun gibt man geschnittene Suppenwurzeln, eine kleine Zwiebel und etwas feingehackte Zitronenschale hinzu, überdünstet alles, schüttet das Mehl darüber und läßt es Farbe annehmen. Darauf wird alles mit 2 Liter Wasser vergossen, gesalzen und weich gekocht. Beim Anrichten entfernt man die Knochen, löst das Fleisch ab, streicht die Suppe durch das Sieb und gibt sie mit gerösteten Brotwürfeln und dem feingeschnittenen Fleisch und Suppengrün zu Tisch.

87. Ochsenschleppsuppe

50 dag Ochsenschwanz
5 dag Fett
5 dag Mehl (Vollmehl)
5 dag Erbsen
5 dag Möhren
5 dag Petersilie
5 dag Sellerie
Zutaten

Die Suppenwurzeln (Möhren, Sellerie, Petersilie) und Suppenkräuter (Liebstöckl, fette Henne, Zitronenmelisse), 1 Zwiebel, eine Zehe Knoblauch, 1 Muskatblüte bringt man mit 2 Liter Wasser zum Sieden, salzt, gibt den Ochsenschlepp und die Erbsen bei und kocht die Suppe so lange, bis letztere Zutaten schön weich sind.

Hernach bereitet man aus dem Fett und Mehl eine helle Einbrenn, die man der Suppe unter beständigem Rühren beimengt. Danach läßt man diese eine Zeitlang sieden. Vor dem Anrichten seiht man die Suppe, löst das Fleisch von den Knochen, schneidet es klein, ebenso Möhren, Petersilie und Sellerie, gibt alles nebst den Erbsen zur Suppe und würzt mit feingeschnittenem Schnittlauch. Nach Belieben kann die Suppe auch noch mit geröstetem Weißbrot oder Bröselknödeln, wie sie in Rezept Nr. 18 angegeben sind, gereicht werden.

88. Saure Milchsuppe

15 dag Schwarzbrot
3 dag Mehl (Vollmehl)
½ Liter Buttermilch
Zutaten

In Buttermilch oder saurer Milch wird das Mehl fein versprudelt, alles in 1½ Liter siedendem Wasser, das gesalzen und mit einem Löffel Kümmel gewürzt ist, 10 Minuten gekocht. Die Suppe wird über dünnblättrig geschnittenem Schwarzbrot angerichtet.

89. Steirische Schottensuppe

15 dag Schwarzbrot
10 dag Schotten
Zutaten

Schotten bereitet man aus saurer Milch oder aus Buttermilch, welche in einem Kupferkessel auf den Herd gestellt und unter fortwährendem Schlagen einmal aufgesotten wird. Dann zieht man den Kessel vom Feuer, gießt ein wenig kaltes Wasser dazu und läßt die Masse stehen, bis sich der Schotten am Boden des Kessels gesetzt hat. Die Flüssigkeit (Molke) wird abgegossen und der Schotten auf ein durchlässiges Tuch zum Abtropfen geschüttet.

Zur Schottensuppe werden das dünnblättrig geschnittene Schwarzbrot mit dem Schotten und 2 Eßlöffel Sauerrahm in die Suppenschüssel gegeben und mit 2 Liter gesalzenem, siedendem Wasser versprudelt.

90. Rahmsuppe

15 dag Schwarzbrot
⅛ Liter Sauerrahm
Zutaten

Der Rahm wird auf das feingeschnittene Schwarzbrot in die Schüssel gegossen, mit 2 Liter gesalzenem, mit Kümmel gewürztem siedendem Wasser überschüttet und tüchtig versprudelt.

91. Cremesuppe

10 dag Knödelbrot oder
  Semmeln
6 dag Fett
8 dag Mehl (Vollmehl)
2 dag Butter
1 Ei
1 Liter Milch
Zutaten

Aus Mehl und 6 dag zerlassenem Fett wird eine lichte Einbrenn gemacht, die mit Milch und 1 Liter Fleischsuppe oder Wasser unter fleißigem Rühren vergossen, gesalzen und dann gekocht wird. Beim Anrichten werden Butter, 1 Ei, 3 Eßlöffeln Sauerrahm und Grünes in die Suppenschüssel gegeben und die Suppe langsam unter tüchtigem Schlagen dazugerührt. Das nudelig geschnittene Knödelbrot reicht man zur Suppe.

92. Steirische Stosuppe

1 kg Kartoffeln
3 dag Weizenvollmehl
⅛ Liter Sauerrahm
Zutaten

In 2 Liter Wasser gibt man Salz, Kümmel, die geschälten, in Würfel geschnittenen Kartoffeln und läßt sie weich kochen. Das Mehl in etwas Milch einrühren und in die kochende Suppe geben, nochmals kurz aufkochen und vor dem Servieren den Sauerrahm dazugeben.

Fleisch

Fleisch wird seines Eiweißgehaltes und seiner leichten Verdaulichkeit wegen zu den wertvollsten Nahrungsmitteln gerechnet. Sein Nährwert kann aber nur dann gut ausgenützt werden, wenn es auch richtig zubereitet ist.

Beim Einkaufen von Fleisch sollte man vor allem auf seine Güte sehen. Das magere, billige Fleisch ist nicht nur weniger nahrhaft, sondern geht beim Sieden, Braten oder Dünsten auch stark zusammen und wird dadurch nicht selten das teuerste.

Gutes, gesundes **Rindfleisch** hat eine lebhaft rote Farbe, ist mit weißem Fett durchwachsen und fühlt sich fest an. Dunkles, grobfaseriges Fleisch mit gelbem Fett kommt von alten Tieren, während lichtrotes, mehr weiches Fleisch von zu jungen Tieren stammt.

Kalbfleisch sollte eine hellrosa Farbe und weißes Fett haben. Weißes Fleisch kommt von zu jungen Tieren und ist minderwertig. Wenn das Kalb beim Schlachten nicht wenigstens 18 Tage alt ist, so ist sein Fleisch nicht nur minderwertig, sondern auch ungesund. Hat das Kalbfleisch eine mehr rötliche Farbe, so kommt es von Tieren, die schon Rauhfutter erhalten haben, und ist dann nicht so zart. Kalbfleisch enthält weniger Eiweiß als Rindfleisch und ist deshalb auch weniger nahrhaft, aber sehr zartfaserig und leicht verdaulich.

Gutes **Schweinefleisch** ist rötlich, zartfaserig und hat glatten, festen Speck. Das Schweinefleisch enthält ungefähr gleich viel Eiweiß wie Kalbfleisch, ist aber wegen seines Fettgehaltes schwerer verdaulich.

Schaffleisch ist in Farbe und Aussehen dem Rindfleisch ähnlich und sollte wegen seines hohen Nährwertes mehr genossen werden. Es muß besonders gut abgelegen sein oder, was noch besser ist, eingebeizt werden, ehe man es zubereitet. Der manchem Schaffleisch eigentümliche Geruch und Geschmack, der vielen Menschen unangenehm ist, kann durch Einbeizen gemildert werden. Ein in Butter- oder saurer Milch gebeizter Hammelschlegel schmeckt vorzüglich und ist von einem Rehschlegel kaum zu unterscheiden.

Wildfleisch sieht dunkel aus, ist am eiweißreichsten und deshalb nicht nur das nahrhafteste, sondern wegen seines geringen Fettgehaltes auch das am leichtesten verdauliche Fleisch. Wenn auch alles Wildfleisch vor dem Gebrauch gut ablagern muß, darf es doch auch nicht so lange hängen, bis sich das Fleisch zersetzt. Der bei vielen Feinschmeckern beliebte, starke Wildgeruch ist schon ein Anzeichen von Verwesung, und solches Fleisch ist ungesund. Junges, zartes Wildfleisch sollte ungebeizt sein, altes, zähes dagegen gebeizt genossen werden.

Nicht nur Schaf- und Wildfleisch, sondern alle Fleischgattungen sollten abhängen; dadurch lockert sich die Fleischfaser, das Fleisch wird mürber und ist daher auch schneller gesotten oder gebraten.

Dem zu stark abgelegenen Fleisch kann man durch Abwaschen mit einer schwachen Lösung Kaliumpermanganat den üblen Geruch nehmen. Auch starker Kamillentee leistet gute Dienste. Man spüle das Fleisch nachher mit kaltem Wasser einige Male ab.

Sowohl Rind- wie Schweinefleisch ist durch ein seit Jahren erprobtes B e i z v e r f a h r e n haltbar zu machen, und es ist sehr empfehlenswert, diese Art des Einbeizens in jedem Bauernhaus einzuführen. Auf solche Weise behandeltes Fleisch ist nicht nur wohlschmeckend, sondern es lassen sich auch fast alle Fleischspeisen daraus bereiten, wodurch man Abwechslung in die Kost bringen kann. Durch das Einbeizen lockert sich die Fleischfaser; auch Fleisch von alten Tieren wird dadurch mürber und verdaulicher. Das zu diesem Zweck in größere Stücke zerteilte Fleisch wird mit wenig Salz fest in einen Kübel eingeschichtet. 15 Liter Wasser bringt man mit 2 kg Salz, 38 dag Zucker, 5 dag Salpeter, viel Suppenwurzeln, zwei großen Zwiebeln und einigen Lorbeerblättern zum Sieden und läßt die Beize so lange auf dem Herd, bis das Salz aufgelöst ist. Aus dem vollkommen erkalteten Sud werden die Wurzeln entfernt und so viel Beize über das Fleisch geschüttet, daß es von der Flüssigkeit bedeckt ist. Ein mit Steinen beschwerter Deckel dient als Verschluß. Hirsch- oder Gemsfleisch kann mit Ausnahme der blutigen Stücke gleichfalls in Salzbeize gelegt und, wenn man es liebt, später auch überselcht werden.

Daß gutes, saftiges **Siedefleisch** nur durch Einlegen in siedendes, gesalzenes Wasser herzustellen ist, wurde schon in den Bemerkungen über Suppen erwähnt. Bei vielen Fleischstücken, z.B. Schulter, Halsstück, Schwanzstück, empfiehlt es sich, die Knochen auszulösen, das Fleisch zu binden und dann erst zum Sieden oder Braten zu verwenden. Man erreicht dadurch nicht nur eine gute Ausnützung der Knochen, sondern das Fleisch kann auch beim Anrichten in schöne, gleichmäßige, dünne Scheiben geteilt werden. Auf diese

Weise lassen sich auch von geringen Fleischstücken saftige Braten bereiten. Es empfiehlt sich, in die Mitte dieser ausgelösten Stücke vor dem Binden etwas Speck zu geben.

Will man einen **saftigen Braten** bereiten, so muß das Fleisch, ehe es enthäutet wird, mit einem in Wasser getauchten Fleischhammer gut geklopft, schnell fertig vorbereitet und im heißen Fett auf dem Herd rasch auf allen Seiten überbraten und gesalzen werden. Dann erst wird die Pfanne in das heiße Rohr gestellt und der Braten unter fleißigem Begießen fertig gemacht. Wird das Fleisch in der kalten Pfanne aufgesetzt oder in das zuwenig heiße Rohr gestellt, so tritt bei dem langsamen Erhitzen Fleischsaft aus dem Braten, die Soße wird dadurch zwar wohlschmeckender, das Fleisch ist aber dann weniger nahrhaft und auch trockener. Der Braten muß früh genug und oft begossen werden, denn wenn der Bratensaft zu dunkel geworden ist und einen Geschmack nach verbranntem Fleisch angenommen hat, ist die Soße nicht mehr gut. Der Braten ist gar, wenn er sich beim Draufdrücken weich und elastisch anfühlt. Dann nimmt man das Fleisch heraus, vergießt den Bodensatz in der Pfanne mit kalter Fleischsuppe oder mit Wasser, löst ihn sorgfältig und kocht die Soße auf. Man kann den Braten auch gleich im Rohr im heißen Fett überbraten, nur muß zu diesem Zweck das Rohr so heiß sein, daß man die Hand nur kurze Zeit hineinhalten kann. Man brät den Braten meist mit einer Bratengarnitur. Darunter versteht man 1 Stück Sellerie, 1 Petersilie, 1 Möhre, 1 Tomate (Paradeiser), 2 Schalotten, 1 Knoblauchzehe und 1 Lorbeerblatt. Diese Zutaten werden mit dem Braten zu schöner Farbe gebraten, und dieser bekommt damit einen sehr schmackhaften Saft.

Um auch k l e i n e B r a t e n s t ü c k e saftig auf den Tisch zu bringen, empfiehlt es sich, sie mit Speckscheiben oder mit in Fett getauchtem weißen Papier oder Alufolie zu umbinden. Diese Hülle wird zum Schluß abgenommen, der Braten noch kurze Zeit in den Herd gestellt, um ihm Farbe zu geben, und einige Male mit der Soße übergossen.

Geklopftes Fleisch sollte nie auf einem Holzbrett liegenbleiben, weil dem Fleisch durch das Brett Saft entzogen wird.

Noch mehr Verlust an Fleischsaft stellt sich ein, wenn das Fleisch gesalzen liegenbleibt; deshalb gelte als strenge Vorschrift: „Das zum Braten und Dünsten gerichtete Fleisch darf erst in der heißen Pfanne überbraten gesalzen werden!"

Das **Grillieren des Fleisches**. Die Vorzüge des grillierten Fleisches bestehen darin, daß es nahrhafter ist, weil durch die kurze Zubereitung die wertvollen Nährstoffe erhalten bleiben. Die kurze starke Erhitzung des Fleisches bewirkt ein rasches Gerinnen des Eiweißes an den Außenseiten und dadurch das Schließen der Poren des Fleisches. Der Fleischsaft bleibt im Fleisch, deshalb schrumpft es auch nicht zusammen, es tritt somit kein Gewichtsverlust ein, und das Fleisch bleibt saftig.

Wer mit dem Infrarot-Strahler-Grill grilliert, wird beobachten, daß wenige Tropfen Saft in die Abtropftasse tropfen. Man gibt deshalb schon anfangs etwas Butter in die Abtropftasse, dieses Fett vermischt sich mit den abfallenden Fleischsafttropfen. Dies ergibt dann einen pikanten Natursaft. Zu Schnitzel, Filet u. dgl. genügt dieser Saft. Grilliertes Fleisch wird nicht geklopft und nur auf beiden Seiten mit Butter oder Olivenöl bepinselt, somit erklärt sich der sehr geringe Fettverbrauch. Rostbraten, Schnitzel, Filet u. dgl. dürfen nicht in Mehl gedreht werden, sie würden am Rost ankleben und nicht mehr einem grillierten Fleisch entsprechen. Die kurze Zubereitungszeit erspart Brennstoff, in diesem Falle Gas oder Strom, und bedingt eine rasche Bedienungsmöglichkeit. In der Familie ist dies oft dienlich, ganz besonders aber in Gastbetrieben.

Schon im Altertum wurde über einem Rost am Spieß gebraten. So kann man noch heute sehen, wie Hühner u. dgl. am Spieß gebraten werden. Mit fortschreitender Entwicklung der Technik wurden Versuche gemacht, den Holzkohlenrost durch einen mit Strom oder Gas geheizten zu ersetzen. So entstanden die Gas-Grills, oft auch direkt im Gasherd eingebaut, und die Elektro-Grills.

Besonders eignet sich zum Grillen Kalbfleisch (Schnitzel, Koteletten), Schweinefleisch (Jungfernbraten, Schnitzel, Koteletten), Rindfleisch (Lungenbraten, Beiried, Rostbraten), Schaffleisch (Schlögel, Rücken), Rehfleisch (Rücken, Schlögel). Auch Junggeflügel und Fische eignen sich zum Grillieren. Das Grillrohr wird 5 Minuten vorgeheizt. Erst dann wird das Fleischstück auf den heißen Grillrost gelegt und eingeschoben, gleichzeitig auch die Abtropftasse, in die man etwas Butter und 1 Eßlöffel voll Wasser gibt. Nach etwa 3 bis 4 Minuten ist das Fleischstück zu wenden und 3 bis 4 Minuten weiterzugrillen. So bekommt es beidseitig eine schöne Farbe. Man kann natürlich auch gleichzeitig mehrere Fleischstücke nebeneinander grillen. Als Beilage gibt man nebst dem Grillsaft alle Arten von Gemüse, gekocht, gedünstet oder als Salat, Mayonnaisesalat, ferner Kartoffeln, Reis, Nudeln oder Knödel. Erst vor dem Servieren das Fleisch salzen.

93. Beefsteak mit Spiegelei, gegrillt

Eine 2 cm dicke Scheibe Lungenbraten wird auf beiden Seiten mit Butter bestrichen und auf dem heißen Grillrost 6 bis 8 Minuten grilliert. Unterdessen bereitet man auf dem Herd oder Gas ein Spiegelei und gibt es nebst dem Grillsaft auf das gegrillte Beefsteak.

94. Beefsteak mit Tomaten, gegrillt

Eine 2 cm dicke Scheibe vom Lungenbraten wird beidseitig mit Butter bestrichen und auf beiden Seiten je 3 Minuten grilliert. Nun legt man 2 schöne Tomatenscheiben auf dieselbe und grilliert noch 2 Minuten.

95. Rumpsteak, gegrillt

Ein 2 cm dickes Beiriedstück wird auf beiden Seiten mit Butter bestrichen und 8 Minuten grilliert.

96. Naturschnitzel, gegrillt

Das Kalbsschnitzel wird auf beiden Seiten mit Butter oder Olivenöl bestrichen und 6 bis 8 Minuten gegrillt. Es darf weder geklopft noch in Mehl getaucht werden.

97. Kalbskotelett, gegrillt

Ein 2 cm dickes Kalbskotelett (Rippenstück) wird mit Butter oder Olivenöl beidseitig bestrichen und auf dem heißen Grillrost auf beiden Seiten je 4 Minuten grilliert.

98. Jungfernbraten (Schweinelungenbraten), gegrillt

Ein 2 cm dickes Stück Jungfernbraten wird mit ganz wenig Knoblauch und Kümmel gewürzt, mit Butter beidseitig bestrichen und 6 bis 8 Minuten grilliert.

99. Schweinskotelett (Rippenstück), gegrillt

Ein Schweinskotelett samt Knochen wird nach Belieben mit wenig zerdrücktem Knoblauch und Kümmel gewürzt, auf beiden Seiten mit Butter bestrichen und 8 Minuten grilliert. Will man beim Servieren auf den Knochen eine Papiermanschette geben, so löst man vor dem Grillieren den Knochen bis zur Hälfte vom Fleisch.

100. Wildrolle, gegrillt

Wenig geräucherter Speck, 1 Essiggurkerl, Petersiliengrün, wenig Majoran werden fein verwiegt in eine 2 cm dicke, geklopfte Scheibe Wildfleisch gefüllt und diese mittels Zwirns gebunden. Die Rolle wird gut mit Butter oder Olivenöl bestrichen und 6 bis 8 Minuten grilliert. Dem Grillsaft gibt man Zitronensaft oder Sauerrahm bei.

101. Wildschnitzel und Schafschnitzel, gegrillt

Das Wild- oder Schafschnitzel wird mit Räucherspeck gespickt, nach Geschmack gewürzt, auf beiden Seiten mit Butter bestrichen und 8 Minuten grilliert. Beim Anrichten gibt man dem Grillsaft etwas Sauerrahm bei.

102. Bratwürstel, gegrillt

Sie werden wie üblich mit einer Gabel angestochen, mit Butter bestrichen und auf den heißen Grillrost gelegt. Nach 5 Minuten Grillzeit werden sie mit Senf oder Sauerkraut serviert.

103. Čevapčići

10 dag Rindfleisch
10 dag Schweinefleisch
10 dag Schaffleisch
10 dag Zwiebeln
Zutaten

Rindfleisch, Schweinefleisch und Schaffleisch werden faschiert (fein gehackt). Gibt es kein Schaffleisch, so nimmt man ⅔ Rindfleisch und ⅓ Schweinefleisch. Das faschierte Fleisch wird mit gehackten Zwiebeln, weißem Pfeffer, Salz, Majoran und Zitronenschale gut vermengt und durchgeknetet. Daraus formt man 8 bis 10 cm lange Würstchen, die bei voller Hitze 3 bis 4 Minuten gegrillt werden, nach dem Wenden grillt man sie nochmals 3 bis 4 Minuten. In die Abtropftasse legt man reichlich Zwiebelringe, einige Tomaten- und Paprikascheiben. Die Čevapčići werden mit Gemüse, Kren oder Senf serviert.

104. Leberkäse, gegrillt

Die Leberkäsescheiben legt man, unbefettet, auf den heißen Rost und grilliert sie 3 Minuten.

105. Brathuhn, gegrillt

Ein Brathuhn wird gesalzen und mit Butter allseits gut bestrichen. Das Huhn wird auf den heißen Rost gelegt und 45 Minuten grilliert. Das Huhn sollte, wenn es an der Oberfläche braun ist, gewendet werden. Der Saft auf dem Abtropfblech schmeckt besonders gut. Ein grilliertes Huhn bleibt sehr saftig und sieht sehr schön aus.

106. Forelle, gegrillt

Die Forelle wird dem Rückgrat entlang eingeschnitten, gesalzen, mit Butter beidseitig bestrichen und je nach Größe 6 bis 10 Minuten grilliert.

107. Fischfilet, gegrillt

Das Fischfilet wird gesalzen, mit Butter auf beiden Seiten bestrichen und je nach Dicke des Filets 6 bis 10 Minuten grilliert.

108. Gäste-Toast

Eine Weißbrotscheibe wird leicht getoastet, mit einer Scheibe Käse belegt und 2 bis 3 Minuten im vorgeheizten Grill gegrillt, bis der Käse zart schmilzt. Emmentaler und Edamerkäse eignen sich am besten. Eine dickere Scheibe Schinkenwurst wird mit der Haut in einer Pfanne mit Butter rasch überbraten und auf den Käsetoast gesetzt. Aus einem Ei ein Rührei machen, salzen und in das Wurstschüsserl geben, mit Petersiliengrün reichlich bestreuen und sofort heiß zu grünem Salat servieren.

109. Gesundheitsspieß

12 dag Kalbfleisch in 4 kleine Stücke zu 30 g schneiden, 1 Tomate, 1 kleine Zwiebel, 1 grünen Paprika, 1 kleinen Apfel in Scheiben bzw. Ringe schneiden. Nun steckt man zuerst ein Stück Kalbfleisch auf einen Holz- oder Metallspieß und dann abwechselnd das Gemüse mit dem restlichen Fleisch.

Fleisch und Gemüse sollten locker auf dem Spieß stecken, damit sie gleichmäßig gar werden. Nun gibt man den Spieß in den heißen Grill, nach 6 Minuten wendet man. Grillzeit 12 Minuten. In die Abtropftasse gibt man etwas Butter. Der Spieß wird ganz wenig gesalzen, zu Diätkartoffeln gereicht und mit dem Saft aus der Abtropftasse übergossen.

110. Herzhafter Spieß

1 alte Semmel, 1 Tomate, 1 grünen Paprika, 1 Gewürzgurke, 1 kleine Zwiebel in Scheiben bzw. Ringe schneiden. 4 bis 6 Scheiben Wurst, 2 dünne Scheiben Leberkäse, 2 dünne Scheiben Schinken, 2 dickere Scheiben Käse vorbereiten. Der Käse sollte gleich groß geschnitten sein wie die Semmel, damit er nicht abtropft. In die Abtropftasse gibt man etwas Butter. Nun steckt man die Zutaten abwechselnd auf einen 30 cm langen Spieß. Die Schinken-, Wurst-, Leberkäse- und Käsescheiben werden immer zwischen zwei Semmelstücke gesteckt. Das Gemüse verteilt man über den ganzen Spieß. Nun den Spieß in den angeheizten Grill in die mittlere Etage einlegen, bei nicht zu starker Hitze 8 bis 12 Minuten grillen. Bei Halbzeit wenden. Sobald das Brot knusprig ist, ist der Spieß fertig. Zu Salat servieren, mit dem Saft aus der Abtropftasse übergießen.

Rindfleisch

Die Fleischeinteilung beim Rind

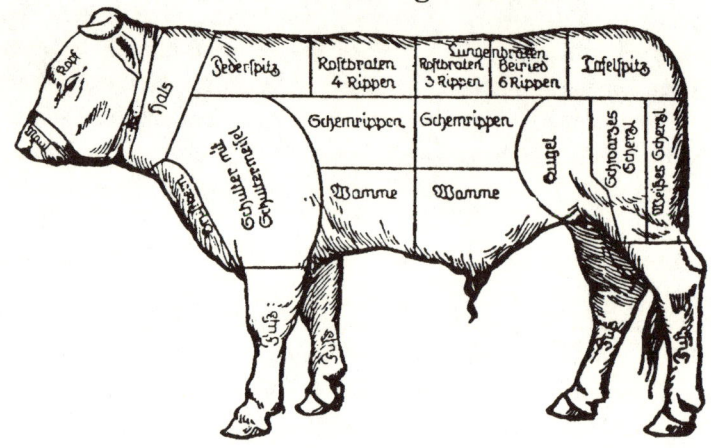

111. Gesottenes Rindfleisch

1 kg Rindfleisch
  (mit Knochen)
Zutaten

Die Knochen werden mit den Suppenwurzeln in 2 Liter kaltem Wasser zum Sieden gebracht und gesalzen, dann erst wird das geklopfte, gebundene Fleisch hineingegeben und langsam weich gekocht. Vor dem Anrichten schneidet man das Fleisch in dünne Scheiben, ordnet es appetitlich auf einer Platte, begießt es mit ein wenig Suppe und verziert es mit den Suppenwurzeln.

112. Rindfleisch mit brauner Soße

1 kg Rindfleisch
  (mit Knochen)
4 dag Mehl (Vollmehl)
3 dag Fett
Zutaten

Aus dem Fett und Mehl bereitet man eine hellbraune Einbrenn und gibt feingewiegt Thymian, Zwiebel, Lorbeerblatt, Majoran und Zitronenschale hinzu. Nun vergießt man mit reichlich ½ Liter Fleischsuppe, läßt alles aufsieden, salzt und fügt 2 Eßlöffel Rahm bei. Die Soße wird über das in Stücke geschnittene, vorher weichgekochte Fleisch angerichtet.

113. Rindfleisch im Saft

80 dag Lungenbraten
ohne Knochen
4 dag Fett
1 dag Mehl (Vollmehl)
Zutaten

Lungenbraten oder Fleisch vom schwarzen Scherzel wird enthäutet, in dünne Scheiben geschnitten und geklopft. Den Kochtopf oder eine Kasserolle belegt man mit ein wenig Fett und schichtet dann das Fleisch mit Salz und kleinen Stückchen Butter hinein. Dann wird das Gericht zugedeckt gedünstet. Kurz vor dem Anrichten entfernt man den Saft, der sich beim Dünsten gebildet hat, gibt Mehl an das Fleisch, läßt es Farbe annehmen, vergießt mit ⅛ Liter Fleischsuppe oder Wasser, fügt den früher abgegossenen Saft hinzu und läßt alles nochmals aufkochen. Die Soße wird mit einigen Tropfen Zitronensaft und 2 Eßlöffeln Sauerrahm verrührt und mit dem Fleisch angerichtet.

114. Schmorbraten

80 dag Fleisch
(ohne Knochen)
16 dag Schwarzbrot
8 dag Speck
Zutaten

Das Fleisch, am besten Tafelspitz, wird geklopft, mit 4 dag Speck gespickt und gebunden. Den Rest des Specks schneidet man in Scheiben, brät sie an, gibt das Fleisch darauf, bräunt es schnell von allen Seiten und salzt. Nun fügt man das Brot hinzu, vergießt mit ½ Liter Fleischsuppe oder Wasser und dünstet das Ganze zugedeckt, bis der Braten weich ist.

115. Sauerbraten

80 dag Fleisch
(ohne Knochen)
5 dag Fett
5 dag Mehl (Vollmehl)
Zutaten

Das gebeizte Fleisch (Rose oder weißes Scherzel) und die Wurzeln (aus der Beize) werden im heißen Fett überbraten und gesalzen. Man nimmt dann das Fleisch aus der Pfanne, macht aus Fett und Mehl eine Einbrenn, vergießt sie mit ½ Liter Beize, verrührt alles fein und läßt es mit dem Fleisch zugedeckt schön weich dünsten. Die gesiebte Soße wird mit 3 Eßlöffeln Sauerrahm verbessert.

115a. Herz als Sauerbraten

1 Rindsherz
6 dag Fett
4 dag Mehl (Vollmehl)
Zutaten

Die Beize aus Rezept Nr. 116 gießt man heiß auf das Rinds- oder Schweineherz und läßt dieses 3 Tage darin liegen. Im heißen Fett wird das aus der Beize genommene, abgetrocknete Herz braun gebraten und gesalzen. Nun stäubt man das Mehl auf das Fett, läßt es Farbe annehmen, vergießt mit der Beize und läßt das Herz weiterdünsten, bis es schön weich geworden ist. Die durch das Sieb getriebene Soße wird mit 2 Löffeln Sauerrahm verbessert und mit dem in Scheiben geschnittenen Herz angerichtet.

116. Beize

¼ Liter Wasser, ⅛ Liter Essig, 1 kleine Möhre, 1 kleine Petersilienwurzel, 1 Stückchen Sellerieknolle, 1 Zwiebel, etwas Pastinak und 1 Lorbeerblatt nebst Thymian werden 5 Minuten gekocht und dann kalt gestellt. Überschüttet man das Fleisch mit heißer Beize, so ist es schon nach 2 bis 3 Tagen durchgebeizt, während es, kalt überschüttet, 6 Tage darin liegen muß.

117. Rindsbraten

80 dag Fleisch
  (ohne Knochen)
6 dag Speck
2 dag Mehl (Vollmehl)
Zutaten

Das geklopfte, enthäutete Fleisch spickt man mit 2 dag Speck, salzt es in der Pfanne und brät es zugedeckt in dem Rest des Speckes mit ein wenig Zwiebel, einem Stückchen Möhre, Petersilie, Sellerie, einer Tomate, Zitronenschale, einem kleinen Lorbeerblatt und ein wenig Knoblauch unter fleißigem Begießen eine ¾ bis 1 Stunde im Rohr fertig. Nun wird das Mehl ins Fett gestäubt, noch ein wenig gebräunt, mit ¾ Liter Fleischsuppe oder Wasser vergossen, gut verrührt und nochmals aufgekocht. Die Soße wird durch das Sieb gerührt und mit 2 Eßlöffeln Sauerrahm verbessert. Schwarzes Scherzel oder Tafelspitz eignen sich für Rindsbraten am besten.

118. Lungenbraten

80 dag Lungenbraten
6 dag Speck
2 dag Fett
Zutaten

Das Fleisch wird enthäutet, geklopft und in heißem Fett und Speck schnell auf dem Herd überbraten und gesalzen. Darauf wird es zugedeckt und im Rohr unter fleißigem Begießen in zirka ½ Stunde gegart. Der entfettete Saft wird zum Schluß mit 4 Eßlöffeln Sauerrahm verrührt. Den in feine Scheiben geschnittenen Braten richtet man mit dem Saft an und verziert ihn mit grünen Gemüsen oder auch mit eingekochten Preiselbeeren.

119. Lungenbraten mit Preiselbeeren

80 dag Lungenbraten
10 dag eingemachte Preiselbeeren
3 dag Speck
2 dag Fett
2 dag Mehl (Vollmehl)
Zutaten

Man überbrät das geklopfte, enthäutete und gespickte Fleisch jäh im heißen Fett, salzt es erst in der Pfanne und läßt es im Rohr unter fleißigem Begießen in ungefähr ½ Stunde fertigbraten. Nun wird das Mehl darangegeben, ein wenig durchgedämpft, mit ⅛ Liter Fleischsuppe oder Wasser vergossen, die Preiselbeeren beigemengt und nochmals aufgekocht. Die Soße wird beim Anrichten durchgeseiht und mit 2 Eßlöffeln Sauerrahm verbessert. Man gießt sie über den auf der Schüssel in Scheiben aufgelegten Lungenbraten und reicht Makkaroni dazu.

120. Lungenbraten mit Wildsoße

80 dag Lungenbraten
4 dag Mehl (Vollmehl)
3 dag Fett
3 dag Speck
Zutaten

Der Lungenbraten wird geklopft, gehäutet und mit Speck gespickt. Man läßt ihn dann in heißem Fett auf dem Herd schnell Farbe annehmen, salzt, fügt Suppenwurzeln (ein Stückchen Sellerie, Petersilie, Möhre, Zwiebel) und als Würze etwas Majoran, Thymian, Zitronenschale und 3 Wacholderbeeren bei und brät ihn unter sorgsamem Begießen zugedeckt im Rohr in ½ Stunde fertig. Dann wird das Mehl ins Fett gestäubt, nochmals durchgedämpft und mit ⅜ Liter Fleischsuppe oder Wasser vergossen. Beim Anrichten streicht man die Soße durch das Sieb und verbessert sie mit 2 Eßlöffeln Sauerrahm und 1 Eßlöffel Zitronensaft. Der in Scheiben geschnittene Braten wird mit Erdäpfelbogen belegt zu Tisch gebracht.

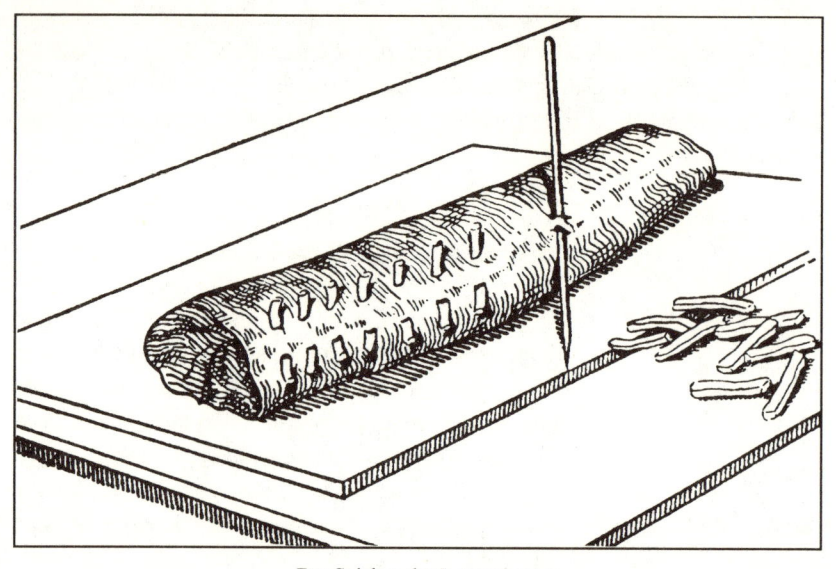

Das Spicken des Lungenbratens

121. Beefsteaks

80 dag Lungenbraten
8 dag Fett
2 dag Butter
Zutaten

Man schneidet 6 Scheiben aus dem Fleisch und klopft und formt sie durch Zusammendrücken zu hohen, runden Laibchen. Diese werden mit einer Seite in Mehl getaucht und zuerst auf der mehlfreien, dann auf der bemehlten Seite bei guter Hitze rasch gebraten und gesalzen. Ist dies geschehen, so entfernt man alles Fett, gibt die Butter mit feingeschnittenem Grün über die Beefsteaks und richtet sie sofort an. Der mit ein paar Eßlöffeln Suppe aufgekochte Saft wird dem Fleisch beigegeben. Man kann auch auf jedes Beefsteak ein Spiegelei geben.

122. Hackbeefsteaks

80 dag Rindfleisch
  (ohne Knochen)
8 dag Fett
6 dag Knödelbrot
  oder Semmeln
2 dag Butter
1 Ei
Zutaten

Gutes, saftiges Rindfleisch, am besten Lungenbraten, wird mit dem in Milch geweichten und wieder ausgedrückten Knödelbrot oder Semmeln und etwas Zwiebel fein verwiegt oder zweimal durch die Fleischhackmaschine gedreht. Dann werden Ei und Salz gut unter die Masse gemischt, 6 Beefsteaks daraus geformt und im Fett schnell auf beiden Seiten gebraten. Die Beefsteaks werden auf einer heißen Platte angerichtet, jedes mit einem Stückchen frischer Butter und etwas feingewiegter Petersilie belegt und sofort zu Tisch gebracht.

123. Hackbraten mit rohen Kartoffeln

70 dag Rindfleisch
70 dag Kartoffeln
6 dag Fett
Zutaten

Das Fleisch wird zweimal durch die Maschine gedreht. Die geschälten Kartoffeln reibt man mit dem Reibeisen ins Wasser und drückt sie mit einem Tuch fest aus. Feingehackte Zwiebel wird im Fett angedünstet. Nun mischt man Fleisch, Kartoffeln, Zwiebel, etwas Majoran, Thymian, feinen Muskat und Salz sehr gut durch und formt einen Wecken, der im heißen Fett im Rohr unter öfterem Begießen gebraten wird.

124. Rostbraten

1,20 kg Rostbraten
10 dag Fett
3 dag Mehl (Vollmehl)
Zutaten

Man schneidet das Fleisch in 6 Teile, die man klopft, in Mehl taucht, schnell überbrät und salzt. Wenn eine Seite der Fleischstücke Farbe hat, wendet man sie, gibt 2 mittelgroße, in Ringe geschnittene Zwiebeln hinzu und brät Fleisch und Zwiebeln bei guter Hitze fertig. Nun wird das Fleisch aus der Pfanne genommen und durch rasches Vergießen mit $\frac{1}{8}$ Liter Fleischsuppe oder Wasser ein kräftiger Saft hergestellt, den man beim Anrichten über die mit den Zwiebelringen bedeckten Rostbraten gießt.

125. Wurzelrostbraten

1,20 kg Rostbraten
15 dag Möhren
10 dag Kohlrabi
10 dag Selleriewurzeln
6 dag Petersilienwurzeln
6 dag Fett
3 dag Mehl (Vollmehl)
Zutaten

Die Rostbraten werden geklopft, mit einer Seite in Mehl getaucht, in einer flachen Pfanne im heißen Fett auf starkem Feuer gebraten, gesalzen, dann mit nudelig geschnittenen Gemüsen samt einer kleinen Zwiebel in den Topf oder in die Kasserolle gelegt. Nun stäubt man das übrige Mehl ins Fett, läßt es Farbe annehmen, vergießt mit ⅛ Liter Fleischsuppe oder Wasser, würzt mit Majoran und einem Lorbeerblatt, schüttet alles über das Fleisch und dünstet den Wurzelrostbraten zugedeckt, bis das Fleisch und die Wurzeln weich sind.

126. Rostbraten mit Kartoffeln

1,20 kg Rostbraten
75 dag Kartoffeln
10 dag Speck
4 dag Mehl (Vollmehl)
Zutaten

Im würfelig geschnittenen Speck werden zuerst die in Mehl gedrehten Rostbraten auf beiden Seiten schnell überbraten und gesalzen, hernach die in Streifen geschnittene Zwiebel. Nun wird der Rest des Mehles darübergestreut, gut durchgedämpft und mit ¼ Liter Fleischsuppe oder Wasser übergossen. Die Rostbraten werden abwechselnd mit den geschälten, in Scheiben geschnittenen, rohen Kartoffeln in einen Topf geschichtet, der Saft darübergegossen und zugedeckt weich gedünstet.

127. Faschierter Braten mit Sojagranulat

20 dag faschiertes Fleisch
10 dag Sojagranulat
2 Eier
1 Zwiebel u. Kräuter
5 dag Butter
Zutaten

In einer gut gewürzten Suppe (ca. ½ Liter) wird das Sojagranulat aufgekocht und ausgedünstet. Die Zwiebel in wenig Butter anlaufen lassen, das Faschierte (Hackfleisch) dazugeben sowie das ausgedrückte Sojagranulat, die Eier, Kräutersalz, die feingehackten Kräuter und frisch gemahlenen grünen Pfeffer darunter mischen. Eine Kastenform ausfetten, die gut durchgeknetete Masse hineingeben, mit Butterflocken oben belegen und bei 200 Grad ca. ½ Stunde backen.

128. Rindsrollen

80 dag Rindfleisch (ohne Knochen)
6 dag Fett
6 dag Knödelbrot oder Semmeln
4 dag Speck
3 dag Mehl (Vollmehl)
Zutaten

Das in 12 Scheiben geschnittene Fleisch, am besten schwarzes Scherzel, wird geklopft. Eine feingehackte Zwiebel dämpft man in 2 dag Fett und schneidet Speck und Knödelbrot oder Semmeln in dünne Streifchen. Nun belegt man jede Fleischscheibe mit Speck und Brot, gibt etwas Zwiebel und Grünes darauf, rollt sie zusammen und bindet sie mit feinem Bindfaden. Hierauf werden diese Rollen in Mehl getaucht, schnell im Fett überbraten, gesalzen, dann mit dem Rest des Mehles gestäubt, gut durchgedämpft und, nachdem sie mit so viel Fleischsuppe oder Wasser vergossen worden sind, daß das Fleisch gerade davon bedeckt ist, zum Sieden gebracht und zugedeckt weich gedünstet. Vor dem Anrichten entfernt man die Fäden und verbessert die Soße mit 2 Eßlöffeln Rahm und etwas Zitronensaft.

129. Rindsgulasch

80 dag Fleisch (ohne Knochen)
5 dag Fett
4 dag Mehl (Vollmehl)
Zutaten

Im heißen Fett läßt man 2 mittelgroße, feingeschnittene Zwiebeln anlaufen, fügt einen Eßlöffel Essig und Paprika bei, dann das zu größeren Würfeln geschnittene Fleisch nebst Kümmel, etwas Knoblauch und Salz und dünstet alles 15 Minuten. Hierauf wird das Gulasch gestäubt und, wenn das Mehl lichtbraun geworden ist, mit ½ Liter kaltem Wasser vergossen, gerührt, bis es siedet, und zugedeckt weitergedünstet, bis das Fleisch weich ist. Für Gulasch eignet sich am besten Fleisch vom Hals oder Wadschinken.

130. Rindszunge

1 kg Zunge
Zutaten

Sowohl frisch wie gepökelt oder geräuchert ergibt die Rindszunge ein besonders wohlschmeckendes Gericht. Frische Zunge gibt man in 2 Liter leicht gesalzenes, mit Suppenwurzeln zum Sieden gebrachtes Wasser und läßt sie darin vollkommen weich kochen. Hier wäre die Verwendung der Kochkiste besonders wertvoll. je weicher die Zunge, ob frische, Pökel- oder Räucherzunge, gekocht ist, desto mehr gewinnt sie an Wohlgeschmack und Bekömmlichkeit. Als Beigabe zu frischer Zunge eignen sich Soßen; zu Pökel- und Räucherzunge gibt man Erbsen-, Linsen- oder Kartoffelbrei und verziert sie auf der Schüssel mit Kren (Meerrettich).

131. Geröstete Rindsnieren

80 dag Rindsnieren
6 dag Fett
4 dag Mehl (Vollmehl)
Zutaten

Die Nieren werden vom Fett befreit. Im heißen Fett läßt man 2 mittelgroße, zu Ringen geschnittene Zwiebeln anlaufen, röstet damit die feinblättrig geschnittenen Nieren auf gutem Feuer, stäubt mit Mehl, vergießt mit ¼ Liter Fleischsuppe oder Wasser, würzt mit Majoran und etwas Essig, läßt alles aufsieden, salzt und gibt die Nieren sogleich zu Tisch. Einige Eßlöffel Rahm als Zutat beim Anrichten verfeinern die Soße. In gleicher Weise oder auch nur mit Fett und Zwiebeln bereitet man Schweinsnieren.

132. Euter

70 dag Euter
12 dag Brösel
8 dag Fett
1 Ei
Zutaten

Das Euter wird in Wasser mit Suppenwurzeln und etwas Salz ganz weich gekocht. Das erkaltete Fleisch schneidet man in Scheiben, salzt, dreht es wie Wiener Schnitzel in Milch, Mehl, Ei und Bröseln und bäckt es im flachen Fett. Das Euter kann auch eingesalzen, geselcht und sehr weich gekocht als Aufschnitt gegeben werden.

133. Kutteln (Löser, Flecke)

1 kg Kutteln
25 dag Brösel
20 dag Fett
3 dag Mehl (Vollmehl)
2 Eier
Zutaten

Die Kutteln werden so lange in Wasser mit Wurzeln gekocht, bis sie ganz weich sind. Nach dem Erkalten schneidet man sie in schöne Stücke, die man gesalzen in Mehl, Ei und Bröseln dreht. Man bäckt die Kutteln in wenig Fett wie

Wiener Schnitzel. Kutteln können auch, feinnudelig geschnitten, wie Lüngerl bereitet oder in Fett und Zwiebeln geröstet und mit Salat zu Tisch gegeben werden. Sehr weich gekocht, nach dem Erkalten feinnudelig geschnittene Kutteln geben, wie Ochsenmaul zubereitet, einen guten Salat, der durch Zugabe von einem hartgekochten, feingewiegten Ei sehr an Güte gewinnt.

134. Lüngerl oder Beuschel

90 dag Lunge
5 dag Fett
5 dag Mehl (Vollmehl)
Zutaten

Die Lunge wird in 2½ Liter Wasser weich gekocht und nach dem Erkalten feinnudelig geschnitten. In die aus Fett und Mehl bereitete Einbrenn gibt man Majoran, Thymian, Lorbeerblatt, Zwiebeln und Zitronenschale, alles fein gewiegt, vergießt mit ½ Liter Fleischsuppe oder Wasser, fügt einige Löffel Weinessig und die Lunge bei, salzt, läßt alles gut sieden und richtet es über 2 Löffel Sauerrahm an. Kalbslunge wird ebenso bereitet; sie sieht schöner aus und ist auch schmackhafter, besonders wenn man sie mit einer lichten Einbrenn bindet und mit Zitronensaft statt Essig würzt.

135. Ochsenmaulsalat

1 Ochsenmaul
¹/₁₀ Liter Essig
¹/₁₀ Liter Öl
Zutaten

Das Ochsenmaul wird mit siedendem Wasser überbrüht und mit einem scharfen Löffel gut gereinigt. In 2 Liter Salzwasser gekocht, kann es erst verwendet werden, wenn es vollkommen weich ist. Nach dem Erkalten wird es sehr feinblättrig geschnitten und mit Öl, Essig, feingehackter Zwiebel und Salz zu einem wohlschmeckenden Salat angemacht.

Kalbfleisch

Die Fleischeinteilung beim Kalb

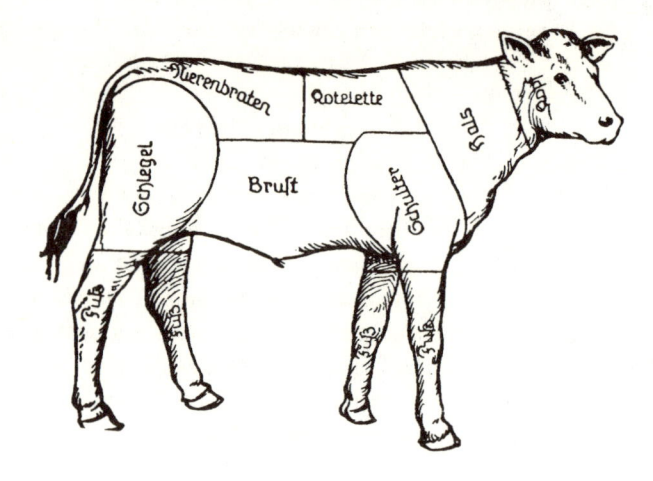

136. Kalbsbraten

1 kg Nieren- oder
  Schlußbraten
3 dag Fett
2 dag Speck
15 g Mehl (Vollmehl)
Zutaten

Das Fleisch wird zugleich mit dem geschnittenen Speck ins heiße Fett gelegt, auf beiden Seiten braun überbraten, gesalzen, dann ins Rohr gestellt und bei guter Hitze unter fleißigem Begießen ungefähr eine halbe Stunde fertiggebraten. Nun stäubt man den Braten, läßt das Mehl im Rohr Farbe annehmen und vergießt es mit ¼ Liter Fleischsuppe oder Wasser. Wenn der Saft aufgekocht hat, wird er durch das Sieb geseiht, mit 3 Löffel Rahm vermengt und mit dem in Scheiben geschnittenen Fleisch zu Tisch gebracht.

137. Gefüllte Kalbsbrust

1 kg Kalbsbrust
5 dag Fett
Zutaten

Bei der Brust wird der obere Teil so vom unteren gelöst, daß eine sackartige Öffnung entsteht. Diese Öffnung wird gefüllt und vernäht. Nun legt man das Fleisch mit der Rippenseite nach unten ins heiße Fett, überbrät, salzt es auf beiden Seiten und stellt den Braten ins Rohr, wo er bei guter Hitze und unter fleißigem Begießen etwa 1 Stunde durchbraten muß. Das Entbeinen geschieht am besten nach dem Überbraten. Der Bratensaft wird in der Pfanne mit ⅛ Liter kalter Fleischsuppe aufgelöst und verkocht. Sehr vorteilhaft ist, anstatt Kalbsbrust ein ausgelöstes, untergriffenes Stück Kalbshals zu nehmen.

137a. Semmelfülle

12 dag Knödelbrot oder Semmeln
3 dag Brösel
2 dag Fett
¹/₁₀ Liter Milch
1 Ei
Zutaten

Im Fett läßt man eine feingehackte kleine Zwiebel anlaufen. Dann übergießt man das sehr fein geschnittene Brot mit Milch und Ei, fügt Fett, Salz, Grünes und ein paar Tropfen Zitronensaft bei und verrührt die Fülle sorgfältig.

137b. Gemüsefülle

30 dag Kohl
13 dag Reis
3 dag Käse
1 Ei
Zutaten

Der in ¼ Liter Wasser oder Fleischsuppe gekochte Reis wird mit dem gekochten, gut ausgedrückten, gewiegten Kohl oder Spinat, dem feinwürfelig geschnittenen, gebratenen Speck, mit geriebenem Käse, Ei und Salz vermischt und in die Brust gefüllt.

138. Gebackenes Kalbfleisch

1 kg Kalbfleisch
13 dag Brösel
1 dag Mehl (Vollmehl)
1 Ei
Zutaten

Hiezu verwendet man am besten das Halsstück oder Schulterfleisch, löst Knochen und Knorpel aus und schneidet möglichst gleichmäßige Stückchen. Diese werden geklopft, gesalzen, erst in Mehl, dann in das mit etwas Wasser oder Milch verrührte Ei getaucht und zuletzt gut eingebröselt. In viel heißem Fett werden die Fleischstückchen auf beiden Seiten so lange gebacken, bis sie eine schöne Farbe angenommen haben. Man gibt das Fleisch mit dem Sträußchen Petersilie verziert zu Tisch.

139. Gebackene Schnitzel, Wiener Schnitzel

75 dag Kalbsschnitz
12 dag Brösel
8 dag Fett
1 dag Mehl
1 Ei
1 Zitrone
Zutaten

Man schneidet aus dem Fleisch 6 Teile, die geklopft und gesalzen, erst in Mehl, dann in Ei, das man mit einigen Löffeln Milch verrührt, und zuletzt in Bröseln gedreht werden. In wenig heißem Fett bäckt man sie schön goldgelb. Sie werden auf einer heißen Platte angerichtet und mit einer in 6 Teile geschnittenen Zitrone zu Tisch gegeben. Die Wiener Schnitzel dürfen erst kurz vor dem Essen gebacken und müssen dann sofort aufgetragen werden.

140. Spanische Brust

1 kg Kalbsbrust
12 dag Brösel
1 Ei
Zutaten

Das Fleisch wird ausgebeint und 1 Minute im siedenden Salzwasser überkocht, dann wie Wiener Schnitzel, aber im Ganzen eingebröselt und im tiefen Fett auf beiden Seiten lichtbraun gebacken. Es ist ratsam, auf den Boden der Pfanne ein flaches Tellerchen zu legen, um das Anbrennen der Brösel zu verhindern.

141. Naturschnitzel

80 dag Kalbsschnitz
(ohne Knochen)
6 dag Fett
5 dag Mehl (Vollmehl)
Zutaten

Das Fleisch wird in 6 Schnitzel geteilt, gut geklopft, mit einer Seite in Mehl getaucht, bei lebhaftem Feuer auf beiden Seiten gut überbraten und gesalzen. Nun nimmt man das Fleisch heraus, vergießt den Bratensaft mit ¼ Liter kalter Fleischsuppe oder Wasser, löst das Angelegte von der Pfanne ab, damit es sich mit dem Saft zubinden kann, läßt ihn aufsieden und richtet ihn über den Schnitzeln an.

142. Pariser Schnitzel

80 dag Kalbsschnitz
10 dag Fett
2 dag Mehl
1 Ei
Zutaten

Aus dem Fleisch schneidet man 6 Schnitzel, klopft und salzt sie. Die Schnitzel taucht man erst in Mehl und dann in Ei und bäckt sie goldgelb. Die Schnitzel werden auf einer heißen Platte angerichtet und mit Zitronenscheiben und Petersiliengrün garniert.

143. Kalbssoßenfleisch

1 kg Kalbfleisch
12 dag Fett
6 dag Mehl (Vollmehl)
Zutaten

Das in größere Stückchen zerlegte Fleisch (vom Hals) wird mit Zitronensaft beträufelt und später im heißen Fett jäh überbraten. Aus dem Rest des Fettes und dem Mehl bereitet man eine braune Einbrenn, vergießt sie mit ¾ Liter kalter Fleischsuppe oder Wasser, salzt, gibt die gut verrührte und aufgesottene Einbrenn über das entfettete Fleisch und läßt das Soßenfleisch zugedeckt weich dünsten. Beim Anrichten wird die Soße mit 3 Eßlöffeln Rahm verbessert.

144. Kalbssoßenfleisch im Reisring

1 kg Kalbfleisch
14 dag Fett
8 dag Mehl (Vollmehl)
4 kleine Gurken
1 Ei
Zutaten

Das Fleisch (von der Schulter) wird in größere, möglichst gleichmäßige Stücke geschnitten, in 6 dag Fett schnell überbraten und gesalzen. Aus 8 dag Fett und dem Mehl wird eine lichte Einbrenn hergestellt, die man mit 1 Liter Fleischsuppe langsam vergießt. Dieser Soße fügt man nun das entfettete Fleisch, ein Lorbeerblatt, eine Zehe Knoblauch, vier Schalotten, eine Prise Majoran, etwas Koriander und Zitronenschale (in ein Fleckchen gebunden) bei und läßt das Fleisch zugedeckt fertigdünsten. Beim Anrichten schneidet man 4 kleine Essiggurken blättrig hinein, kocht die Speise noch einmal auf, würzt mit Salz und Zitronensaft und verrührt die Soße langsam mit 4 Eßlöffeln Rahm und 1 Eidotter.

144a. Reisring

20 dag Reis oder Vollreis
3 dag Fett
2 dag Speck
Zutaten

Den Reis gibt man in Fett, worin feingeschnittene Zwiebeln angelaufen sind, vergießt mit ½ Liter siedendem Wasser, salzt und kocht ihn zugedeckt in 20 Minuten weich. Der feingehackte Speck wird ausgelassen, mit dem weichgekochten Reis vermengt, dieser in einen gut befeuchteten, ringförmigen Model fest hineingedrückt und auf die Platte gestürzt. Die freigebliebene Mitte füllt man mit dem Soßenfleisch.

145. Eingemachtes Kalbfleisch

1 kg Kalbfleisch
   (Kalbsschulter)
8 dag Mehl (Vollmehl)
7 dag Fett
Zutaten

Aus Mehl und heißem Fett, in dem man gleichzeitig mit dem Mehl die Hälfte einer großen, unzerschnittenen Zwiebel gelb werden läßt, bereitet man eine feine, lichte Einbrenn und vergießt sie langsam mit ¾ Liter kalter Fleischsuppe oder Wasser. Nun würzt man mit 4 Eßlöffeln Weinessig, 1 Lorbeerblatt und etwas Zitronenschale, salzt, läßt das unzerschnittene Fleisch zehn Minuten in der Soße kochen, entfernt die Zwiebel und dünstet die Speise zugedeckt weich. Beim Anrichten wird das Fleisch erst in gleichmäßige Stücke geschnitten. Mit etwas Grün servieren.

146. Kalbsgulasch

1 kg Kalbfleisch
4 dag Mehl (Vollmehl)
3 dag Fett
3 dag Speck
Zutaten

2 mittelgroße Zwiebeln und der Speck werden fein verwiegt, im heißen Fett gedünstet, das in größere Würfel geschnittene Fleisch, Paprika und 2 Löffel Weinessig beigefügt und 10 Minuten gedämpft. Wenn der Saft klar geworden ist, stäubt man mit Mehl, salzt, dämpft gut durch, vergießt das Gulasch mit ⅝ Liter kaltem Wasser und dünstet das Gericht zugedeckt, bis das Fleisch weich ist. Beim Anrichten werden dem Saft 3 Eßlöffel Rahm beigefügt.

147. Kalbfleisch mit Käse

75 dag Schnitzel
6 dag Butter
6 dag Käse
¼ Liter Rahm
Zutaten

3 große geschälte Zwiebeln werden sehr weich gekocht und durch ein Sieb gestrichen. Aus dem Fleisch schneidet man Schnitzel, bestreicht sie mit den Zwiebeln, salzt, gießt den Rahm darüber und streut über alles den geriebenen Käse. Die Butter wird in kleinen Stückchen über das Ganze verteilt, das Fleisch ½ Stunde bei fleißigem Begießen im Rohr gebraten und womöglich in der Kasserolle zu Tisch gebracht.

148. Reisfleisch

40 dag Reis oder Vollreis
60 dag Kalbfleisch
6 dag Fett
5 dag Parmesan
2 große Zwiebeln
Zutaten

In Fett oder in feingeschnittenem Speck läßt man die feingehackte Zwiebel anlaufen, gibt 2 Löffel Essig, 1 Kaffeelöffel Rosenpaprika, etwas Kümmel und Salz bei und das in kleine Würfel geschnittene Kalbfleisch. Nachdem das Fleisch gut durchgedämpft ist, gibt man den Reis bei, vergießt mit ⅞ Liter guter, siedender Wurzel- oder Rindsuppe und dünstet das Reisfleisch zugedeckt 30 bis 40 Minuten.

Das fertige Reisfleisch wird in ausgefettete Portionsformen gefüllt, gestürzt und mit geriebenem Parmesan bestreut. Wenn ein Gulaschsaft zur Verfügung steht, serviert man ihn dazu. Auch Paradeissoße wie auch Salat schmecken gut zu Reisfleisch.

Will man das Reisfleisch licht aussehend haben, so dünstet man das Fleisch allein und mischt es dann mit gedünstetem Reis.

149. Reisfleisch mit Gemüsen

60 dag Kalbfleisch
20 dag Kartoffeln
20 dag Kohlrabi
20 dag Kohl
20 dag Möhren
20 dag Naturreis
6 dag Fett
Zutaten

In 3 dag heißem Fett wird eine feingeschnittene, große Zwiebel gedünstet. Dann fügt man 2 Löffel Weinessig, Paprika, Salz, Kümmel und das in kleine Würfel geschnittene Fleisch hinzu, läßt es gut durchdämpfen, gibt den Reis bei, dämpft nochmals durch und vergießt mit ½ Liter Fleischsuppe oder Wasser. Unterdessen dünstet man auch die nudelig geschnittenen Gemüse in 3 dag Fett. Reisfleisch und Gemüse werden nun gut gemischt und zugedeckt weich gedünstet.

150. Paprika-Tomaten-Reisfleisch

20 dag Reis
25 dag Rindfleisch
50 dag Tomaten
4 grüne Paprika
1 gr. Zwiebel
3 Eßlöffel Öl
5 dag Reibkäse
Zutaten

Das Rindfleisch oder Kalbfleisch wird faschiert und mit der feingehackten Zwiebel in Öl rasch überbraten. Man kann auch die Hälfte Schweinefleisch nehmen. Die Tomaten und ausgehöhlten grünen Paprika in Streifen schneiden und mit dem Fleisch dünsten. Der Reis wird dazugegeben und mit ½ Liter Wurzelsuppe oder siedendem Wasser aufgegossen, gesalzen, mit wenig Currypulver gewürzt und zugedeckt gar gekocht. Mit Reibkäse bestreuen, zu grünem Salat reichen.

151. Gespickte Kalbsleber

75 dag Kalbsleber
10 dag Speck
5 dag Fett
2 dag Mehl (Vollmehl)
Zutaten

Die Leber wird gespickt und im Rohr unter fleißigem Begießen im heißen Fett ¼ Stunde gebraten. Nun fügt man das Mehl bei, vergießt, wenn es sich mit dem Fett gut zugebunden hat, mit ¼ Liter Fleischsuppe oder Wasser und läßt alles gut aufsieden. Hierauf schneidet man die Leber in Scheiben, salzt sie und gibt sie sogleich zu Tisch. Mit Sauerrahm verbessern.

152. Gebackene Kalbsleber

60 dag Kalbsleber
12 dag Brösel
10 dag Fett
1 Ei
Zutaten

Die Leber wird in 6 Scheiben geschnitten und das Ei mit 3 Eßlöffeln Milch verrührt. Man dreht die Leberscheiben in Mehl, Ei und Brösel, bäckt sie in ein wenig Fett auf beiden Seiten schnell und salzt erst unmittelbar vor dem Anrichten, da die Leber sonst hart wird.

153. Leber mit Apfelscheiben und Zwiebelringen

60 dag Kalbs- oder
　Schweinsleber
1 großer Apfel
1 große Zwiebel
10 dag Fett
Zutaten

Die Leber in schöne Stücke schneiden, in Mehl drehen und im heißen Fett schnell überbraten und salzen. Im Bratfett Apfelscheiben und Zwiebelringe goldgelb braten und zusammen mit der Leber auf einer vorgewärmten Platte anrichten. Mit Kartoffelpüree servieren.

154. Kalbfleisch mit Sellerie

60 dag Kalbfleisch
25 dag Sellerie
⅛ Liter Sauerrahm
1 Zwiebel
5 dag Öl
Zutaten

Die feingeschnittene Zwiebel in Öl dünsten, dazu kommt das in Würfel geschnittene Kalbfleisch, man würzt mit Paprika, Kümmel und Salz, läßt alles gut durchdünsten und gießt mit etwas Wurzelsuppe auf. Inzwischen wird die Sellerie geputzt, in Würfel geschnitten und in wenig Salzwasser vorgedünstet, bevor man sie mit dem Fleisch vermischt. Mit einem Löffel Weizenvollmehl stäuben, mit dem Selleriewasser vergießen und vor dem Anrichten mit Sauerrahm verfeinern.

155. Kalbsleber mit Soße

60 dag Leber
8 dag Fett
2 dag Mehl (Vollmehl)
Zutaten

Feingehackte Zwiebeln läßt man im heißen Fett anlaufen, gibt die blättrig geschnittene Leber dazu und röstet sie rasch. Dann stäubt man mit Mehl, läßt es einen Augenblick anziehen und vergießt alles mit ½ Liter Fleischsuppe oder Wasser. Das Gericht wird mit etwas Thymian oder Majoran gewürzt und der Saft mit 3 Löffeln Rahm gebunden, einmal aufgekocht, gesalzen und sofort zu Tisch gebracht.

156. Gebackener Kalbskopf

1 Kalbskopf ohne
　Hirn und Zunge
15 dag Fett
10 dag Brösel
1 Ei
1 Zitrone
Zutaten

Der abgezogene Kalbskopf wird in 3 Liter gesalzenem Wasser weich gekocht. Das weichgekochte Fleisch löst man noch warm vom Knochen und schneidet es in möglichst gleichmäßige Stücke, die man mit Zitronensaft betropft und eine Weile liegen läßt. Dann taucht man das Fleisch in Ei, das man mit einigen Löffeln Milch und etwas Salz verrührt hat, darauf in die Brösel und bäckt es auf dem Herd in wenig heißem Fett rasch auf beiden Seiten.

157. Falsches Hirn mit Ei

30 dag Hirse
8 dag Fett
2 Eier
1 Zwiebel
Zutaten

Die Hälfte der feingehackten Zwiebel wird in 3 dag Fett (Butter oder Öl) gedünstet. Die Hirse wird gewaschen und zur gedünsteten Zwiebel gegeben, gut durchgedünstet, mit der doppelten Menge Wasser aufgegossen und mit einem Suppenwürfel gewürzt. Nun wird die Masse weich gedünstet und ausgekühlt. Der Brei darf nicht zu weich sein. Die restliche Zwiebel dünstet man in 5 dag Fett, gibt die fertige Hirse hinein, röstet durch und schlägt die Eier darüber. Ist die Masse locker, wird sie mit gehacktem Petersiliengrün zu Salat serviert.

158. Kalbshirn mit Ei

2 Stück Kalbshirn
4 dag Fett
3 Eier
Zutaten

Das Hirn wird abgehäutet, klein zerhackt und gesalzen. Im heißen Fett läßt man eine halbe, feingeschnittene Zwiebel anlaufen, gibt das Hirn dazu und röstet es bei guter Hitze. Man belegt entweder das Gericht auf der Schüssel mit Spiegeleiern oder versprudelt die Eier unmittelbar vor dem Anrichten, mengt sie unter das Hirn und läßt sie anziehen. Mit Petersiliengrün servieren.

159. Gebackenes Kalbshirn

2 Stück Kalbshirn
6 dag Fett
6 dag Brösel
1 Ei
Zutaten

Das von den Häuten befreite Hirn wird in schöne Stücke geteilt, in Ei, das mit etwas Milch abgerührt und gesalzen wurde, gedreht, dann eingebröselt und im heißen Fett schnell goldgelb gebacken.

160. Hirnpofesen

35 dag Weißwecken
1 Kalbshirn
10 dag Fett
12 dag Brösel
2 Eier
Zutaten

Der weiße Wecken wird in 12 gleichmäßige Scheiben geschnitten und jede dieser Scheiben nochmals so weit aufgeschnitten, daß eine Tasche entsteht. In 2 dag Fett läßt man eine feingehackte Zwiebel anlaufen, gibt das enthäutete, feingehackte Hirn dazu, röstet alles gut durch, würzt mit feingehacktem Petersiliengrün und Salz und streicht die Masse gleich verteilt in die Weißbrottaschen. Die Eier werden mit 4 Eßlöffeln Milch gut versprudelt, die gefüllten Schnitten darin auf beiden Seiten schön eingedreht und zum Schluß mit den Bröseln paniert. 8 dag Fett werden in der Pfanne erhitzt und darin die Pofesen zu goldgelber Farbe gebacken. Sie ergeben mit Salat eine gute und ausgiebige Hauptmahlzeit.

161. Hirnomelettenauflauf

28 dag Mehl od. Vollmehl
4 dag Fett
1 Ei
½ Liter Milch/Wasser
Zutaten

Fülle:
20 dag Hirn
5 dag Haferflocken
5 dag Fett
5 dag Germ (Hefe)
2 Eßlöffel Rahm
Zutaten

Überguß:
¹/₁₀ Liter Milch
1 Ei
Zutaten

Aus Mehl, Milch, Ei und etwas Salz macht man einen Omelettenteig, aus dem man mit 4 dag Fett 12 schöne Omeletten bäckt. Zur Fülle läßt man 3 dag Fett heiß werden, dünstet darin eine feingehackte Zwiebel, gibt die Germ dazu, hernach das enthäutete und feingehackte Hirn, würzt mit Salz, gibt noch 5 dag Haferflocken darunter, damit das Ganze eine gut streichbare Masse wird. Eine Auflaufform wird mit Fett bestrichen, mit einer Omelette belegt, mit Hirnmasse bestrichen, und so fährt man fort, bis alle Omeletten und die Fülle verbraucht sind. Die letzte Omelette läßt man unbestrichen. Zum Überguß sprudelt man die Milch, Eidotter, den steifen Schnee des Eiweißes, etwas Salz und Petersiliengrün gut ab und verteilt alles gleichmäßig über den Auflauf, der dann bei guter Hitze schön goldbraun gebacken wird. Er wird mit Salat zu Tisch gereicht.

162. Eingemachtes Kalbsbries

80 dag Bries
4 dag Fett
3 dag Mehl (Vollmehl)
Zutaten

Man läßt eine feingeschnittene Zwiebel im Fett anlaufen, gibt das Bries, das man zuvor einen Augenblick in siedendes Wasser gehalten und klein geteilt hat, dazu, wendet es im Fett um, stäubt mit Mehl, läßt es ein wenig anziehen, aber nicht dunkel werden, und fügt dann Salz, ein wenig Zitronenschale und einige Tropfen Zitronensaft sowie ¼ Liter kalte Fleischsuppe bei. Das Ganze läßt man 10 Minuten kochen. Bries kann auch, in Scheiben geschnitten und eingebröselt, wie Kalbfleisch gebacken oder, mit Speck gespickt, gebraten werden.

Schweinefleisch

Die Fleischeinteilung beim Schwein

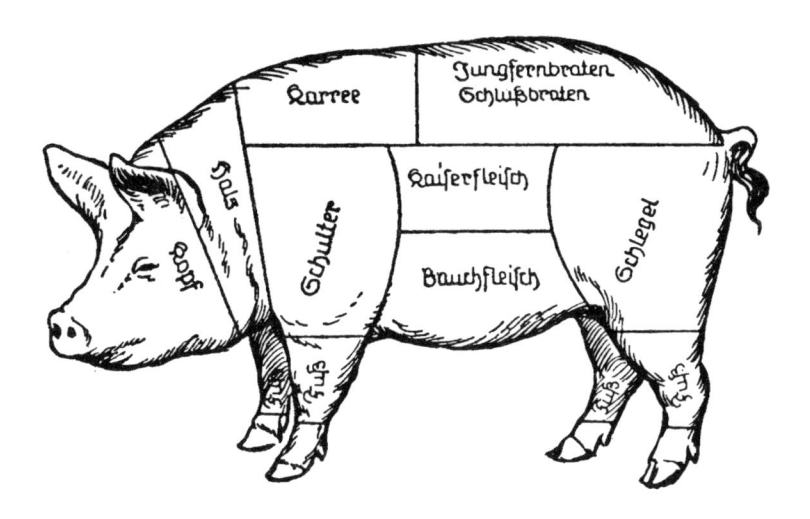

163. Gesottenes Schweinefleisch

Zutaten: 1 kg Schweinefleisch

2 Liter Wasser werden mit Suppenwurzeln zum Sieden gebracht und gesalzen. Dann wird darin das Fleisch weich gekocht. Mit Sauerkraut gekocht, liefert Schweinefleisch ebenfalls ein vorzügliches Gericht, weil Fleisch wie Kraut dabei an Wohlgeschmack gewinnen.

164. Selchfleisch

Zutaten: 80 dag Fleisch

Suppenwurzeln werden in 2 Litern Wasser zum Sieden gebracht; dann wird das Fleisch hineingegeben und weich gekocht. Für Selchsuppe eignen sich als Einlagen Knödel, Brot, Grieß, Gerstel, Erbsen, Bohnen und Rollgerste. Das Selchfleisch kann warm oder kalt zu Gemüsen und Salat gereicht werden.

165. Wurzelfleisch

80 dag Bauchfleisch
6 dag Möhren
6 dag Selleriewurzeln
6 dag Petersilienwurzeln
⅛ Liter Essig
Zutaten

Man schneidet die Wurzeln nudelig, bringt sie mit ½ Liter Wasser und ⅛ Liter Essig zum Sieden, fügt Salz, 1 Lorbeerblatt, 3 Wacholderbeeren, etwas Majoran und dann das in kleine Stücke geschnittene Fleisch hinzu. Das Gericht wird zugedeckt weich gedünstet. Mit Kren bestreuen.

166. Schweinebraten

1 kg Schweinefleisch
  (Karree)
1 dag Mehl (Vollmehl)
Zutaten

¼ Liter Wasser wird in der Bratpfanne mit einer kleinen Möhre, einem Stückchen Petersilie, etwas Sellerie, 1 Tomate, 1 Lorbeerblatt und 1 Zwiebel zum Sieden gebracht. Anschließend legt man das Fleisch mit der Fettschicht nach unten in die Pfanne und läßt das Wasser auf offenem Feuer schnell verkochen. Dann wird das Fleisch gesalzen, gewendet und mit der Fettschicht nach oben im heißen Rohr unter öfterem Begießen in ½ bis ¾ Stunde fertiggebraten. Der Saft wird gestäubt, mit ⅛ Liter kaltem Wasser aufgegossen, gekocht und passiert. Der Braten wird in schöne Schnitten geschnitten, auf eine heiße Platte gelegt und der Saft mitserviert. Man kann aber auch das Schweinefleisch wie das Siedefleisch erst mit Wurzeln 20 Minuten sieden und dann erst in heißem Fett unter Zugabe der Bratengarnitur weiterbraten, bis es unter öfterem Zugießen des vorhandenen Bratenfettes zu schöner Farbe gekommen ist. Der Vorteil dieser Art der Bereitung liegt darin, daß der Braten ungleich schneller fertig ist, da er durch das Sieden schon etwas weich wird, und anderseits verfügt man zugleich über eine Fleischsuppe, die mit einer Einlage ebenfalls ein Gericht ergibt.

167. Netzbraten

80 dag Lungen- oder
   Jungfernbraten
4 dag Speck
1 dag Mehl (Vollmehl)
¼ Zitrone
Zutaten

Der Schweinslungenbraten wird mit Salz, etwas Knoblauch, feingeschnittenem Lorbeerblatt und Zitronenscheiben in das Netz eingeschlagen, gebunden und 1 bis 2 Tage an einem kühlen Ort aufbewahrt. Beim Bereiten läßt man den Speck heiß werden, gibt den Braten hinein, läßt ihn auf dem Herd erst schnell Farbe annehmen und brät ihn unter fleißigem Begießen ¾ Stunden im Rohr. Dann stäubt man mit Mehl und siedet den Saft mit ⅛ Liter kalter Fleischsuppe oder Wasser auf.

168. Hackbraten (Faschierter Braten)

20 dag Schweinefleisch
   (ohne Knochen)
20 dag Rindfleisch
   (ohne Knochen)
20 dag Kalbfleisch
   (ohne Knochen)
10 dag Knödelbrot
   oder Haferflocken
6 dag Fett
1 Ei
Zutaten

In Ermangelung von Rind- oder Kalbfleisch kann zu dieser Speise auch entsprechend mehr Schweinefleisch genommen werden. Soll der Braten aus Kalbfleisch und Rindfleisch oder nur aus Rindfleisch hergestellt werden, so muß genügend Speck dazukommen. Das Fleisch wird durch die Fleischmaschine gedreht. Das Knödelbrot wird in Wasser geweicht und, fest ausgedrückt, zum Fleisch gegeben. Nun läßt man eine mittelgroße, feingeschnittene Zwiebel in 2 dag Fett anlaufen, gibt sie gleichfalls zum Fleisch, fügt Salz, feingewiegten Majoran, Thymian und Zitronenschale sowie das Ei hinzu, vermischt alles gut, formt eine längliche, dicke Wurst und brät sie im Rohr in 4 dag heißem Fett unter sehr fleißigem Begießen ungefähr eine ¾ bis 1 Stunde. Vor dem Anrichten wird der Bratensaft mit ¼ Liter kalter Fleischsuppe aufgesotten und mit 3 Eßlöffeln Rahm verrührt. 5 dag Haferflocken, anstatt des Knödelbrotes in Wasser eingeweicht, verfeinern den Hackbraten.

169. Gebackene Schweinsrippchen (Schweinskoteletts)

1,20 kg Schweins-
  koteletts
15 dag Brösel
8 dag Fett
1 Ei
Zutaten

Nachdem die Rippen eines jungen Schweines so durchgehackt sind, daß an jedem Fleischstück ein Knochen ist, wird das Fleisch gut geklopft, zusammengeschoben, gesalzen, in Mehl und Ei, das mit einigen Löffeln Milch verrührt wird, getaucht, zuletzt in Bröseln gedreht und in ein wenig heißem Fett schön goldgelb gebacken.

170. Szegediner Gulasch

70 dag Schweinefleisch
  (ohne Knochen)
60 dag Sauerkraut
3 dag Fett
2 dag Mehl
Zutaten

Man läßt eine große, feingehackte Zwiebel im Fett anlaufen, gibt das zu kleinen Stücken geschnittene Bauchfleisch hinein und dünstet es zugedeckt eine Weile im eigenen Saft. Dann fügt man das Kraut bei, läßt es ein wenig anziehen, stäubt mit Mehl, überdünstet alles und vergießt zuletzt mit ⅜ Liter Fleischsuppe. Als Würze dienen Paprika, Salz, eine Prise Kümmel und 2 Löffel Weinessig. Nach dem Ankochen wird das Gulasch zugedeckt weich gedünstet.

171. Herz, gespickt und gedünstet

1 Schweinsherz
6 dag Speck
5 dag Fett
1 dag Mehl (Vollmehl)
Zutaten

Ein Schweins- oder Kalbsherz wird mit dem in Streifen geschnittenen Speck gespickt. 4 Schalotten, 2 Knoblauchzehen, 2 kleine Möhren, 1 Petersilienwurzel, 1 Stück Sellerie, etwas Zitronenschale und 1 Lorbeerblatt gibt man in das heiße Fett, darauf das gespickte Herz, salzt es und dünstet dasselbe zugedeckt unter öfterem Begießen so lange, bis es weich ist. Dann nimmt man das Herz aus der Pfanne, stäubt das Mehl auf die Wurzeln, läßt es Farbe annehmen und vergießt hierauf mit Suppe oder Wasser. Die Soße sollte schön sämig sein. Vor dem Anrichten wird sie passiert, das Herz in schöne Scheiben geschnitten und auf einer heißen Platte mit dem Saft serviert.

Oben: Suppe mit Milzschnitten
Unten: Herz als Sauerbraten

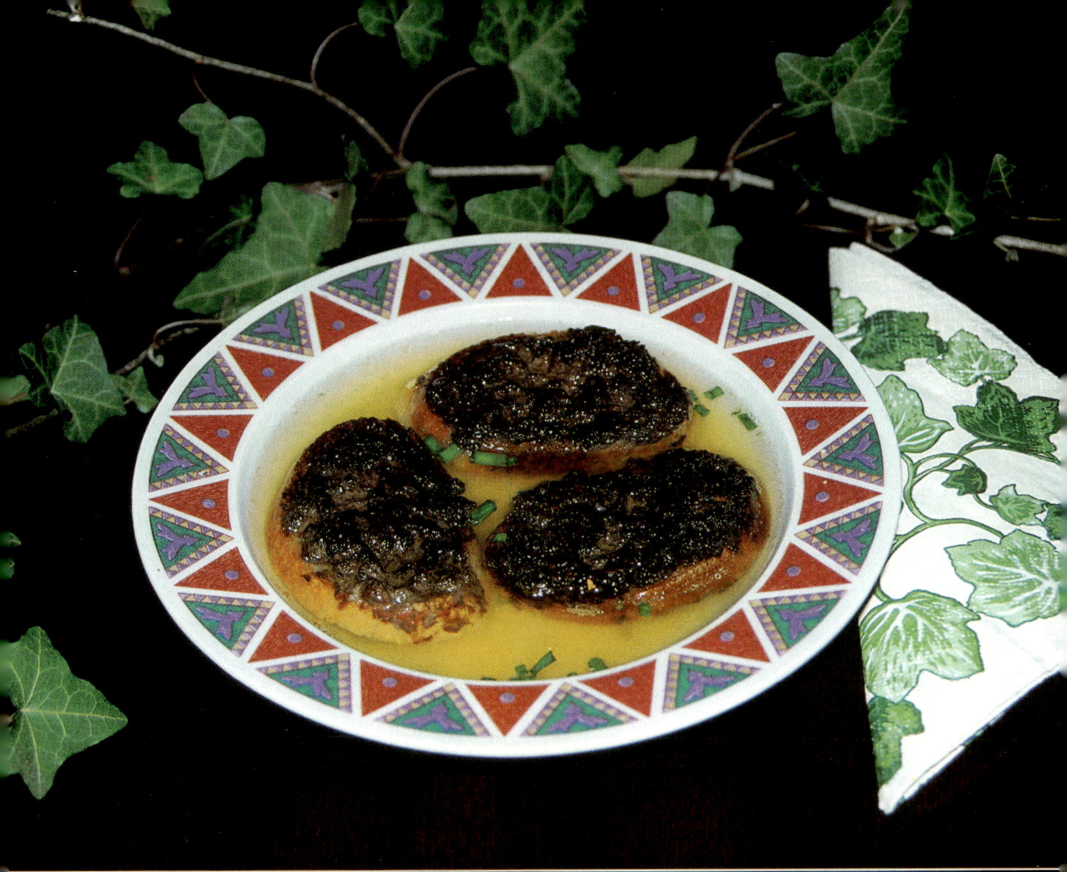

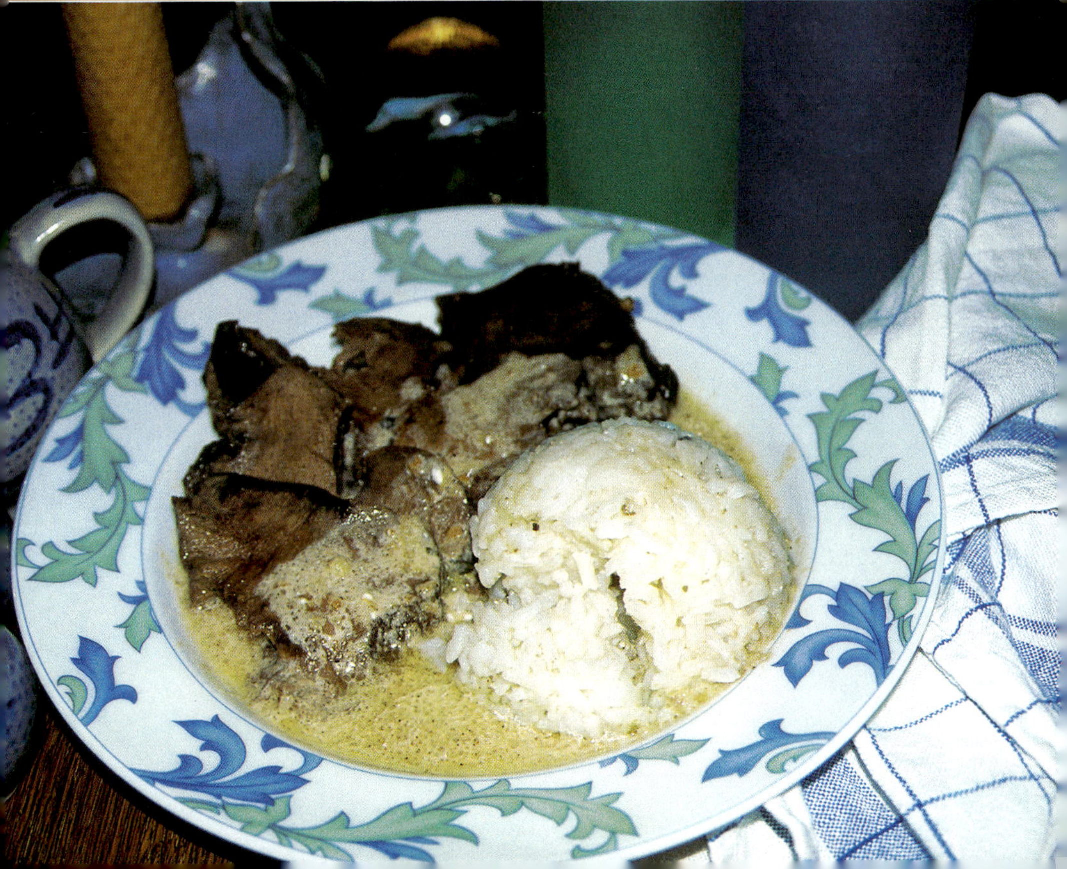

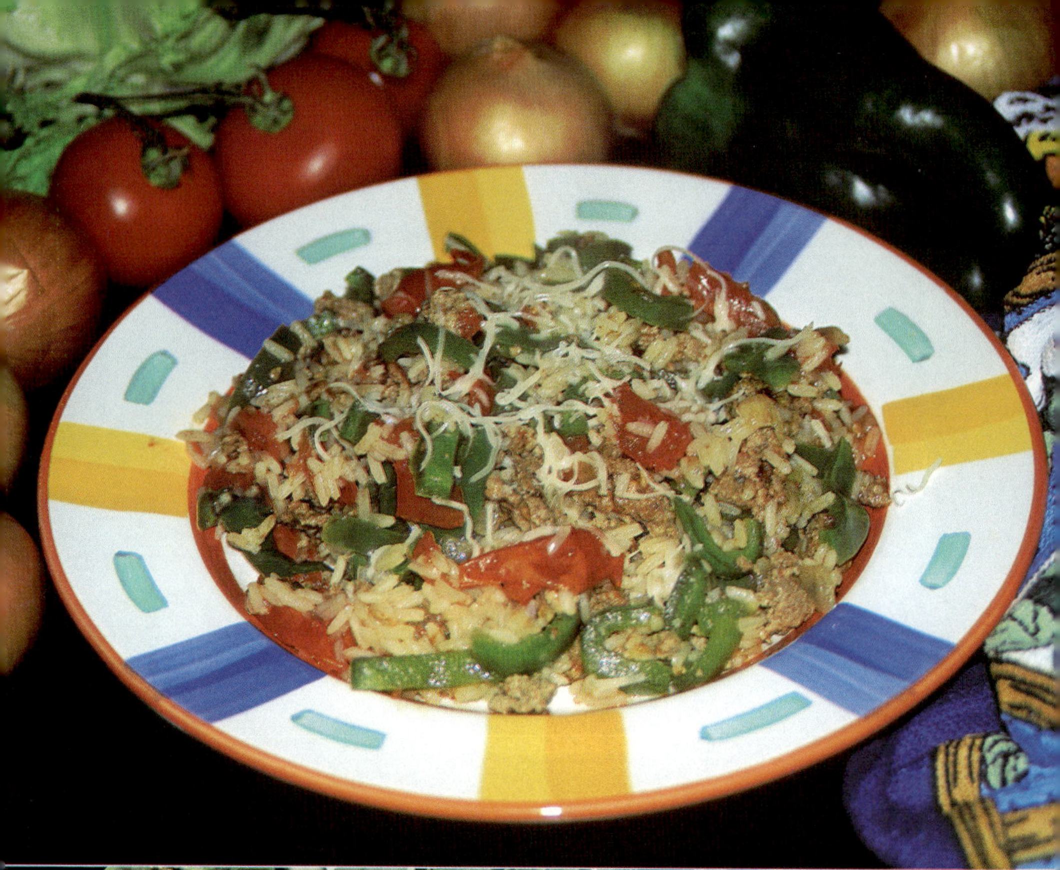
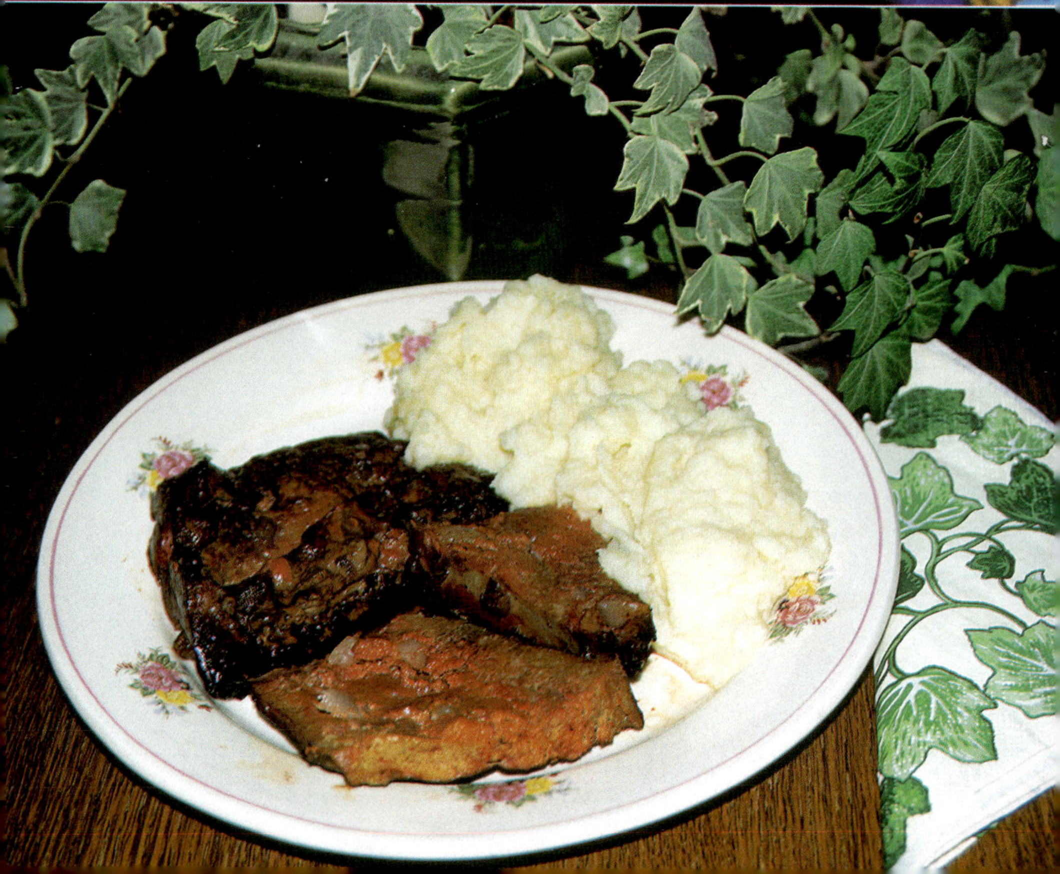

172. Gekochter Schweinskopf mit Kren

Ein Schweinskopf wird in heißem Wasser mehrmals gut gewaschen und geputzt, worauf man ihn einige Zeit in kaltem Wasser liegen läßt. Man macht einen Sud aus Möhren, Petersilie, Sellerie, Zwiebel, Knoblauch, Lorbeerblatt, Kümmel und Salz und kocht darin den Schweinskopf 2 Stunden. Er darf aber nicht zu weich werden. Man richtet den Schweinskopf auf einem großen Teller an, übergießt ihn mit ein wenig durchgeseihtem Sud und bestreut ihn sehr reichlich mit geriebenem Kren. Ein alter Silvesterbrauch!

173. Krenfleisch

80 dag Schweinefleisch
1 kg Kartoffeln
15 dag Kren
⅛ Liter Essig
Zutaten

Man bringt 1 Liter kaltes Wasser mit geschnittenem Wurzelwerk (1 kleine Sellerie, 2 Petersilienwurzeln, 3 Möhren, 1 große Zwiebel), 1 Lorbeerblatt, 5 Pfefferkörner, ⅛ Liter Weinessig und Salz zum Sieden. Das Jungschweinerne wird in 12 schöne Stücke geschnitten, zu den Wurzeln gegeben und ¼ Stunde gekocht. Die Kartoffeln werden in gleichmäßig große Stücke geschnitten, dann gleichfalls in den Topf gegeben und bis zum Garsein zugedeckt gekocht. Das Fleisch wird gefällig auf einer heißen Platte angerichtet, mit geriebenem Kren bestreut und das Wurzelwerk und die Kartoffeln geordnet herumgelegt.

174. Tiroler Gröstl

80 dag Schweinefleisch
2 kg Kartoffeln
5 dag Fett
Zutaten

Gekochtes Schweinefleisch oder Schweinebraten wird erkaltet durch die große Scheibe der Fleischmaschine gedreht. Die Kartoffeln werden gekocht, geschält und in kleine Scheiben geschnitten. Zwei große, feingehackte Zwiebeln werden im Fett angeröstet und mit Fleisch, Kartoffeln und Salz gut durchgeröstet.

Statt frischem Fleisch kann jeder Bratenrest, auch gekochte Lunge oder Herz, verwendet werden.

Oben: Paprika-Tomaten-Reisfleisch
Unten: Gespickte Kalbsleber

175. Gekochter Schinken

1 Schinken

Der abgewaschene Schinken wird in siedendes Wasser gelegt und darin weich gekocht. Soll der Schinken zu kaltem Aufschnitt verwendet werden, muß er im Sud erkalten. Im Bauernhaus, wo Selchfleisch und Schinken oft lange aufbewahrt und trocken werden, empfiehlt es sich, das Fleisch vor dem Sieden mehrere Stunden in Magermilch zu legen.

176. Schinkenrolle mit Topfenkren

60 dag Schinken
30 dag Topfen (Quark)
5 dag Kren
3 Eßlöffel Sauerrahm
Zutaten

Der passierte Topfen, Sauerrahm und Salz werden gut vermengt und der geriebene Kren daruntergegeben. Der Schinken wird in Blätter geschnitten, mit der Topfenfülle bestrichen, zusammengerollt und auf grünem Salat angerichtet.

177. Schinkenschnitzel

50 dag Schinken
(ohne Knochen)
12 dag Brösel
8 dag Fett
1 Ei
Zutaten

Roher Schinken wird in Scheiben geschnitten, durch 4 bis 6 Stunden in Magermilch gelegt, damit er die Schärfe verliere, dann gut geklopft, in Mehl, Ei und Brösel gedreht und wie Schnitzel ausgebacken.

178. Schinken mit Eiern

40 dag Schinken
(ohne Knochen)
6 Eier
5 dag Speck
Zutaten

Man hackt den Speck sehr fein, legt, sobald er auf dem Feuer zergangen ist, den feinblättrig geschnittenen Schinken dazu und schlägt die Eier vorsichtig darüber, damit sie ganz bleiben. Sobald das Eiweiß fest ist, wird angerichtet.

179. Ritschert

80 dag Selchfleisch
35 dag Rollgerste
20 dag Bohnen
4 dag Schweinefett
Zutaten

Die Bohnen werden am Abend in lauwarmem Wasser eingeweicht. Am nächsten Tag stellt man 2¼ Liter Wasser mit Suppenwurzeln und 2 Blättchen Salbei auf, gibt die eingeweichten Bohnen, die gewaschene Rollgerste und das in gefällige Stücke geschnittene Selchfleisch dazu und kocht das Ganze zugedeckt, bis alle Zutaten weich sind. Vor dem Anrichten dünstet man eine feingehackte Zwiebel im heißen Fett, entfernt die Suppenwurzeln, vermischt die Zwiebel mit dem Ritschert, salzt nach Bedarf und serviert es mit Sauerkraut oder grünem Salat.

Schaffleisch (Schöpsenfleisch)

Die Fleischeinteilung beim Schaf

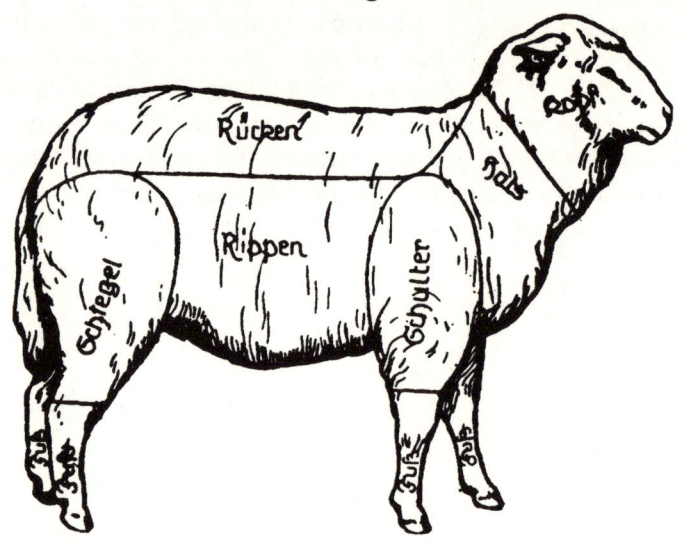

(Abbildung eines Schafes mit Beschriftungen: Kopf, Hals, Rücken, Rippen, Schlegel, Schulter, Fuß)

180. Schaffleisch mit Kümmelsoße

1,25 kg Schaffleisch
3 dag Mehl (Vollmehl)
Zutaten

Das Rippenfleisch wird in Stücke gehackt, in 1¼ Liter Wasser mit Suppenwurzeln, 3 großen, grobgeschnittenen Zwiebeln, Salz und Kümmel gekocht. Dann verquirlt man das Mehl mit etwas Wasser, fügt es unter fleißigem Sprudeln der Speise bei und läßt das Gericht fertigkochen. Das Fleisch wird mit allen Zutaten zu Tisch gegeben. Als Beigabe eignen sich Kartoffelknödel.

181. Schaffleisch mit Kartoffeln

1,25 kg Schaffleisch
75 dag Kartoffeln
12 dag Speck
 2 dag Mehl (Vollmehl)
Zutaten

Man hackt den Speck und 2 mittelgroße Zwiebeln recht fein, läßt beides über dem Feuer einen Augenblick anziehen, fügt das entfettete und in große Würfel geschnittene Fleisch bei, salzt und läßt es zugedeckt 20 Minuten dünsten. Nun wird mit Mehl gestäubt. Etwas später werden die Kartoffeln sowie ein wenig Thymian und je nach Geschmack auch ganz wenig Knoblauch beigegeben. Zuletzt vergießt man mit ½ Liter guter, kalter Fleischsuppe und kocht das Gericht vollends weich.

182. Schaffleisch mit brauner Soße

1,25 kg Schaffleisch
20 dag Tomaten
8 dag Fett
8 dag Mehl (Vollmehl)
2 dag Zucker
Zutaten

Das Fleisch (Schulter) wird in größere Stücke zerlegt und mit Zitronensaft beträufelt. Nach einiger Zeit röstet man es im Fett, salzt und nimmt es wieder heraus. Im gleichen Fett bereitet man mit Zucker und Mehl eine schöne braune Einbrenn, vergießt sie mit ½ Liter kalter Fleischsuppe oder Wasser, würzt mit Salz und feingeschnittener Zitronenschale, gibt Suppenwurzeln und 1 Zwiebel hinzu und läßt das Fleisch mit dieser Soße zugedeckt weich dünsten. ½ Stunde vor dem Anrichten werden die Wurzeln und die Zwiebel aus der Soße genommen, die in 4 Teile geschnittenen Tomaten beigefügt, alles nochmals gesotten und zu Tisch gegeben.

183. Schafschlegel

1,50 kg Schafschlegel
15 dag Fett
2 dag Fett
2 dag Mehl (Vollmehl)
2 dag Zucker
¼ Liter Sauerrahm
Zutaten

Das Fleisch wird geklopft, von Fett und Häuten befreit, mit siedender Beize übergossen und 2 Stunden unter öfterem Umwenden darin gelassen. Nun trocknet man es ab, klopft, spickt es mit 10 dag Speck, brät es mit dem Rest des Speckes auf dem Herd, bis es Farbe hat, und fügt zuletzt das Salz bei. Dann gießt man ⅛ Liter Beize hinzu, brät das Fleisch im Rohr unter fleißigem Begießen weich, entfettet den Saft und gibt den Rahm dazu. Inzwischen ist der Zucker im Fett gebräunt, das Mehl beigegeben und daraus eine Einbrenn bereitet worden, die, mit etwas Beize begossen, fein verrührt, mit dem Bratensaft vermengt und gut verkocht wird.

Schafrücken wird wie Schlegel zubereitet. Schlegel wie Rücken geben bei gutem Fleisch auch ungebeizt und wie Rehschlegel gebraten ein gutes Gericht, nur ist es bei Schaffleisch ratsam, die Bratpfanne leicht mit Knoblauch einzureiben, damit der oft aufdringliche eigentümliche Geschmack des Schaffleisches gemildert werde. Es ist besser, den ganzen Schlegel zuzubereiten, weil der Braten viel saftiger wird.

183a. Beize

¼ Liter Weinessig
Wurzeln
Gewürze

In ¼ Liter Weinessig und ½ Liter Wasser gibt man 1 kleine Möhre, 1 Stückchen Sellerie, 1 kleines Stück Porree, 1 Zehe Knoblauch, 8 Wacholderbeeren, 8 Senfkörner, 3 Nelken, 12 Korianderkörner, 1 Blatt Salbei, 1 Lorbeerblatt, etwas Thymian, läßt alles 15 Minuten sieden und fügt zuletzt etwas Tannenreisig bei.

184. Schafsrippchen (Schafskoteletts)

1,50 kg Schaffleisch
10 dag Fett
2 dag Mehl (Vollmehl)
Zutaten

Das Fleisch wird geschnitten, und zwar so, daß an jedem Stück ein Rippchen ist. Von diesem löst man die Haut so weit ab, bis man das Fleisch nach oben zusammenschieben kann. Darauf werden die Fleischstücke geklopft, mit Salz und etwas Kümmel eingerieben, in Mehl getaucht und bei starker Hitze im heißen Fett schnell gebraten.

185. Gebackenes Lamm- oder Kitzfleisch

1 kg Lamm- oder
  Kitzfleisch
13 dag Brösel
2 dag Mehl oder Bierhefeflocken
1 Ei
⅛ Liter Milch
Zutaten

Hiezu verwendet man das Schlegel- oder Schulterfleisch, löst die Knochen aus und schneidet 12 gleichmäßig kleine Stücke. Diese werden geklopft, gesalzen, erst in Milch, dann in Mehl und anschließend in dem mit wenig Milch versprudelten Ei gedreht und gut eingebröselt. In heißem Fett werden die panierten Fleischstücke auf beiden Seiten so lange gebacken, bis sie durch sind und eine schöne Farbe angenommen haben. Man gibt das Gebackene auf eine heiße Platte, verziert es mit grüner Petersilie und Zitronenschnitten oder einem Zitronenkörbchen und reicht es mit grünem Salat.

186. Gefüllte Lamm- oder Kitzbrust

1 kg Lamm- oder
 Kitzbrust
5 dag Fett

Semmelfülle:
12 dag Semmeln
3 dag Brösel
2 dag Fett
1 Ei
¹/₁₀ Liter Milch
Zutaten

Lamm- oder Kitzbrust kann nur von sehr gut ernährten, nicht zu jungen Lämmern oder Kitzen bereitet werden. Die Zubereitung ist ganz gleich wie bei der gefüllten Kalbsbrust, Nr. 137

187. Gebratenes Lamm- oder Kitzfleisch

1 kg Lamm- oder
 Kitzfleisch
3 dag Fett
3 dag Speck
1 dag Mehl (Vollmehl)
Zutaten

Man nimmt dazu am besten das ganze Rückenstück. Dasselbe wird eingehackt, im heißen Fett, in welches man die Speckwürfel und 4 Schalotten gegeben hat, auf beiden Seiten überbraten, gesalzen und im Rohr unter öfterem Begießen fertiggebraten. Nun nimmt man den Braten aus der Pfanne, stäubt mit Mehl, läßt es Farbe annehmen und vergießt mit etwas Wasser oder Suppe. Hat der Saft gut aufgekocht, wird er geseiht und über die hübsch angerichteten Fleischstücke gegossen.

188. Gedünstetes Lamm- oder Kitzfleisch

1 kg Lamm- oder
 Kitzfleisch
6 dag Fett
Zutaten

Das Fleisch wird in kleine Stücke geteilt und im heißen Fett unter Zugabe von zwei großen, feinblättrig geschnittenen Zwiebeln, einer zerdrückten Knoblauchzehe, einem Lorbeerblatt und dem nötigen Salz zugedeckt gedünstet, bis es eine schöne Farbe hat und gar geworden ist. Zum Schluß wird mit ¼ Liter Suppe aufgegossen, der Saft nochmals verkocht und das Fleisch mit Kartoffelbeilage und grünem Salat gereicht.

189. Lamm- oder Kitzgulasch

Zutaten
1 kg Lamm- oder Kitzfleisch
4 dag Mehl (Vollmehl)
3 dag Fett
3 dag Speck

1 große Zwiebel, feinblättrig geschnitten, wird mit dem in kleine Würfel geschnittenen Speck gedünstet. Dann kommen das in kleine Stücke geteilte Fleisch, Paprika, Salz und Kümmel dazu. Das Fleisch nach öfterem Umrühren anbräunen lassen. Ist der Saft klar, stäubt man mit Mehl, dämpft das Fleisch gut durch und vergießt hernach mit ⅝ Liter Wasser. Fertig gedünstet, verbessert man das Gulasch mit 3 Eßlöffeln Sauerrahm und etwas Zitronensaft.

190. Paprika-Lämmernes

Zutaten
1 kg Lamm- oder Kitzfleisch
6 dag Mehl (Vollmehl)
5 dag Fett
¼ Liter Sauerrahm

Das Fleisch wird in 12 gleichmäßige Stücke geteilt und mit einer großen, dünnblättrig geschnittenen Zwiebel im heißen Fett gebraten, bis es Farbe angenommen hat. Hernach würzt man mit einem Kaffeelöffel Paprika und etwas Salz, stäubt mit Mehl und läßt es bräunen. Nachher vergießt man mit ½ Liter Wasser oder Suppe, dünstet das Fleisch darin fertig und gibt zum Schluß ¼ Liter Sauerrahm dazu. Das Paprika-Lämmerne reicht man mit Makkaroni oder gedünstetem Reis.

Wildbret

191. Hirschrücken mit Soße

1,50 kg Hirschrücken
10 dag Speck
4 dag Mehl (Vollmehl)
Zutaten

Das geklopfte, von den Häuten befreite Fleisch wird gespickt, in der Pfanne gesalzen und mit dem übrigen Speck ½ Stunde gebraten. Dann legt man das Fleisch heraus, gibt in die Pfanne Zwiebeln, Thymian, Lorbeerblatt, 3 Wacholderbeeren, etwas Petersilien- und Selleriewurzel, läßt diese Zutaten 10 Minuten im Fett überdünsten und stäubt mit Mehl. Wenn das Mehl Farbe hat, vergießt man mit ½ Liter kalter Fleischsuppe und 4 Löffeln Weinessig, fügt nun den Braten wieder hinzu und läßt den Hirschrücken zugedeckt weich dünsten. Die Soße wird beim Anrichten geseiht und mit 3 Eßlöffeln Sauerrahm verbessert. Rehrücken kann auf gleiche Art bereitet werden. Der Hirschrücken kann auch gespickt und weiter wie Lungenbraten Nr. 119 behandelt werden.

192. Wildschnitzel

80 dag Hirschschlegel
(ohne Knochen)
6 dag Fett
6 dag Speck
2 dag Mehl (Vollmehl)
Zutaten

Das Fleisch wird in 6 Schnitzel geteilt, gut geklopft, gespickt, mit etwas Thymian, Majoran, Zwiebel, Knoblauch, Zitronenschale, Wacholderkörnern ganz fein verwiegt, gewürzt, mit einer Seite in Mehl getaucht, auf starkem Feuer sehr schnell gebraten und dann erst gesalzen. Die Schnitzel werden nun aus der Pfanne genommen, der Bratensaft mit einigen Löffeln kalter Fleischsuppe vermischt und so lange verrührt, bis sich das Angelegte von der Pfanne löst. Dann wird die Soße mit 3 Eßlöffeln Sauerrahm aufgekocht und über die hübsch angerichteten Schnitzel gegeben, die sofort zu Tisch kommen müssen. Auf gleiche Weise können Schnitzel aus Rehfleisch hergestellt werden.

193. Hirschrostbraten

1,25 kg Hirschrücken (samt Knochen)
8 dag Fett
2 dag Mehl (Vollmehl)
Zutaten

Man bereitet ihn wie den Rindsrostbraten Nr. 124 mit sehr viel Zwiebelringen und richtet ihn sogleich an.

194. Rehschlegel

1 kg Rehschlegel
12 dag Speck
Zutaten

Das geklopfte, von den Häuten befreite Fleisch wird mit 6 dag Speck gespickt, in der Pfanne gesalzen und mit gleich viel Speck erst auf dem Herd, dann im Rohr bei guter Hitze unter fleißigem Begießen eine ¾ bis 1 Stunde gebraten. Sollte das Fett zu schnell einziehen, so muß das Fleisch mit einigen Eßlöffeln Fleischsuppe begossen werden. Vor dem Anrichten verrührt man den Saft mit 4 Eßlöffeln Sauerrahm. Rehfleisch kann man auch wie Hasenbraten Nr. 196 oder wie Schafschlegel Nr. 183 zubereiten.

195. Hirsch- oder Rehrippen

1,50 kg Wildrippen
5 dag Speck
5 dag Fett
3 dag Mehl (Vollmehl)
2 dag Schwarzbrotbrösel
2 dag Zucker
½ Zitrone
Zutaten

Die nach Nr. 183a gebeizten Wildrippen werden in 1 Liter Wasser mit etwas Thymian, 2 Lorbeerblättern, 1 Zwiebel, 6 zerdrückten Wacholderbeeren, Zitronenscheiben und Salz weich gekocht. ½ Stunde vor dem Essen bräunt man Zucker, Mehl und Brösel im Fett, gibt dann den feingehackten Speck und etwas feine Zwiebel dazu, überdünstet alles und vergießt mit dem Wasser, worin die Rippen gesotten wurden. Die Soße wird gut gekocht, dann durch das Sieb gerührt und das Fleisch noch einmal mit 3 Eßlöffeln Sauerrahm darin aufgesotten, ehe es zu Tisch kommt.

196. Hasenbraten

1 Hasenrücken mit
   den Hinterläufen
6 dag Speck
4 dag Fett
¼ Liter Sauerrahm
Zutaten

Der frische oder gebeizte Hase wird von den Häuten befreit, gespickt, im heißen Fett auf dem Herd überbraten, gesalzen, dann ins Rohr gestellt und unter fleißigem Begießen in etwa einer Stunde fertiggebraten. Nun nimmt man ihn heraus, gibt kleine Mengen von Suppenwurzeln, Thymian, 1 Lorbeerblatt, 4 zerdrückte Gewürzkörner, etwas Zitronenschale und 1 feingehackte Zwiebel zum Saft, überdünstet alles 10 Minuten und entfettet, wenn nötig, den Saft. Dann fügt man den Rahm bei, löst alles los, was an der Pfanne haftet, läßt die Soße aufkochen und treibt sie durch ein Sieb. Man kann den Hasen hübsch anrichten, indem man ihn auf Makkaroni legt, die zuvor in Salzwasser gekocht und dann mit Bratensaft und Grünem vermengt wurden. Junge Hasen sind auch wie Rehschlegel Nr. 194 gebraten sehr wohlschmeckend.

197. Hasenpfeffer (Hasenjunges)

1 kg Hasenjunges
5 dag Fett
3 dag Mehl (Vollmehl)
2 dag Zucker
Zutaten

Man verwendet dazu Schultern, Hals, Bauchlappen, Lunge, Leber, Herz und Blut vom Hasen, beizt die Fleischstücke, kocht sie mit Wasser und etwas Beize weich. 1 Stunde vor dem Essen läßt man Zucker im Fett gelb anlaufen, dünstet kleingehackte Zwiebeln und Blut und dann das Mehl darin, vergießt mit dem Sud, siedet den Hasenpfeffer, den man inzwischen in hübsche Stücke geteilt hat, darin auf und würzt mit Zitronensaft und Salz.

198. Gemsfleisch

Junges Gemsfleisch kann auf alle Arten wie Hirsch, Reh und Hase zubereitet werden. Altes Gemsfleisch sollte immer erst längere Zeit gebeizt werden.

199. Wildgulasch

1 kg Wildfleisch
6 dag Speck
6 dag Mehl (Vollmehl)
2 große Zwiebeln
Zutaten

Der Speck wird sehr fein geschnitten. Die Zwiebeln, 1 Zehe Knoblauch, Majoran, Thymian und Zitronenschale hackt man fein und dünstet dies im Speck hell, dazu gibt man Paprika, Kümmel, etwas Essig und das würfelig geschnittene Fleisch. Angedünstet wird es gesalzen, gestäubt, nochmals gedünstet, mit ¾ Liter Suppe oder Wasser vergossen und zugedeckt weich gedünstet. Beim Anrichten verfeinert man das Gulasch mit Sauerrahm.

Fische

200. Blaugesottene Forellen

1 kg Forellen = sechs Stück
10 dag Butter
¼ Liter Weinessig
Zutaten

Die Forellen werden vorsichtig ausgenommen, und zwar so, daß man die Schleimhaut nicht verletzt. Aus 3 Litern Wasser, ¼ Liter Weinessig, Salz und ½ Zitrone bereitet man den Sud, läßt ihn aufkochen und rückt ihn dann an eine mäßig warme Stelle des Herdes. Dort sollen nun die innen etwas gesalzenen Forellen 15 Minuten ziehen, das heißt nicht wallen, sondern nur auf dem Siedepunkt erhalten bleiben. Ein ziemlich verläßliches Zeichen für das Garwerden des Fisches ist das Hervorquellen der Augen, die dann hart und kreidig sind. Man stellt die Sudpfanne auf den Küchentisch, richtet die Forellen auf einer heißen Platte an und verziert sie mit Petersiliengrün, einem Zitronenkörbchen oder Zitronenspalten. Die Forellen werden mit frischer, zerlassener Butter und Petersilienkartoffeln zu Tisch gegeben.

201. Forellen oder Hechte auf französische Art

1 kg Forellen oder Hechte
10 dag Fett
5 dag Mehl (Vollmehl)
2 Eier
Zutaten

Die Fische werden geputzt, dem Rückgrat entlang eingeschnitten, gesalzen, in Mehl gedreht und hernach in geschlagenem Ei und dann im Fett auf beiden Seiten gebraten. Man kann auch die gesalzenen, in Mehl gedrehten Fische fertigbraten, die geschlagenen Eier darübergeben und diese am Herd fest werden lassen.

202. Gebratener Hecht

1 kg Hechte
10 dag Fett
5 dag Mehl (Vollmehl)
Zutaten

Zum Braten verwendet man kleinere Fische. Die geschuppten, ausgenommenen, gewaschenen und gut abgetropften Hechte werden gesalzen, in Mehl gewälzt und im heißen Fett auf beiden

Seiten schnell braun gebraten. Man kann die Fische auch in Ei und Bröseln drehen, ehe sie gebacken werden. Auch Forellen und alle anderen kleinen Süßwasserfische können auf diese Weise zubereitet werden.

203. Hecht mit Sardellen

1,25 kg Hecht
12 dag Speck
5 dag Sardellen
½ Zitrone
⅛ Liter Sauerrahm
Zutaten

Der Fisch wird ausgenommen, gereinigt und mit dem Messerrücken gut geklopft, damit die Haut besser abgezogen werden kann (vom Schwanz zum Kopf). Darauf salzt man den Hecht und spickt ihn mit Speck- und Sardellenstreifchen recht dicht, brät ihn unter fleißigem Begießen mit dem Rahm goldbraun und fügt zum Schluß einige Tropfen Zitronensaft bei. Der Saft muß bräunlich werden. Diese Bereitungsart eignet sich vor allem für ältere, trockene Fische.

204. Gebackener Karpfen

1,25 kg Karpfen
13 dag Brösel
2 dag Mehl (Vollmehl)
2 Eier
1 Zitrone
Zutaten

Die geschuppten, ausgenommenen Fische werden gewaschen und in fingerdicke Scheiben geschnitten, gesalzen, in Mehl und in den mit 4 Eßlöffeln Milch verrührten Eiern gewälzt, eingebröselt und in Fett gebacken. Mit Zitronenscheiben verziert, gibt man sie schnell zu Tisch. Auf gleiche Weise können alle größeren Süß- und Salzwasserfische zubereitet werden.

205. Böhmischer Karpfen

1,25 kg Karpfen
6 dag Lebkuchen
5 dag Mandeln
5 dag Rosinen
5 dag Pflaumen
3 Eßlöffel Honig
Zutaten

Der Karpfen wird entschuppt, ausgenommen, gewaschen, in Stücke geteilt und ohne Kopf 20 Minuten in Salzwasser langsam gekocht. Der Kopf wird in Essigwasser mit Wurzelgemüse, Pfefferkörnern und Salz eine halbe Stunde gekocht. Nun gibt man den geriebenen Lebkuchen dazu und läßt alles noch einmal durchkochen.

Die Soße wird passiert; die geschälten, länglich geschnittenen Mandeln, Rosinen und weichen Pflaumen werden dazugegeben. Mit dieser Soße wird der gekochte Fisch übergossen. Ein Teil des Essigs kann durch Rotwein ersetzt werden.

206. Schellfisch oder Kabeljau

1,50 kg Meerfisch
10 dag Butter
Zutaten

Der gut geschuppte Schellfisch oder Kabeljau wird mit dem zuerst gekochten und dann ausgekühlten Sud zugesetzt. Der Fisch darf nicht sieden, sondern muß nur langsam ziehen, weil sonst die Haut springt und er dann trocken wird. In der Butter werden feingeschnittene Zwiebeln gedünstet und über dem vorsichtig aus dem Sud genommenen Fisch angerichtet. Der Fisch kann auch mit feingewiegtem Petersilienkraut bestreut und mit zerlassener Butter übergossen werden. Auch Eiersoße eignet sich als Beigabe. Der Schellfisch ist auch gebacken sehr schmackhaft.

206a. Fischsud

8/10 Liter Weinessig
½ Zitrone
Zutaten

In 2½ Liter Wasser läßt man 2 grobgeschnittene Zwiebeln, 1 kleine Möhre, 1 kleine Petersilienwurzel, 2 Lorbeerblätter, ½ Zitrone, Salz und den Weinessig zwei Minuten sieden.

207. Gebratene Heringe

6 Heringe
10 dag Fett
2 dag Mehl (Vollmehl)

Die Heringe werden geschuppt, aufgeschnitten, ausgenommen und so lange in kaltes, oft erneuertes Wasser gelegt, bis sie nicht mehr stark salzig schmecken. Dann schneidet man den Rücken mit einem scharfen Messer der Länge nach auf und löst das Fleisch vorsichtig von den Gräten, so daß 2 appetitliche Hälften entstehen. Diese werden etwas getrocknet, in Mehl getaucht, im Fett gebraten und mit Kartoffelsalat zu Tisch gebracht.

208. Rollheringe

6 Heringe
3 Eßlöffel Senf (Mostrich)
¹/₁₀ Liter Rahm
¹/₁₀ Liter Weinessig
Zutaten

Die nach Nr. 207 gewässerten und entgräteten Heringshälften werden mit Senf bestrichen, mit feingehackter Zwiebel bestreut, zusammengerollt und gebunden. Die gewässerte Heringsmilch wird mit Essig, Sauerrahm und ¹/₁₀ Liter Wasser gut versprudelt und über die mit Lorbeerblättern und Zwiebelscheiben in einen Porzellantopf eingeschichteten Rollheringe gegossen.

209. Faschierter Fischbraten

80 dag Fischfilet
30 dag Kartoffeln
5 dag Speck
3 dag Fett
2 Eier
1 Zwiebel
Zutaten

Die geschälten Kartoffeln reibt man mit dem Reibeisen ins Wasser. Der Speck wird fein geschnitten und die feingehackte Zwiebel gedünstet. Nun drückt man die Kartoffeln mittels Tuches gut aus, mischt sie mit dem Zwiebelspeck und dem Fisch, den man durch die Fleischmaschine gedreht hat, und den Eiern. Das Ganze würzt man mit Salz, Petersiliengrün, Majoran, Thymian und verarbeitet dies zu einem schönen Wecken, den man im Fett mit ein paar frischen Tomatenn und ¼ Liter guter Suppe zirka ¾ Stunden unter öfterem Begießen gut brät. Vor dem Anrichten wird der Braten in schöne Stücke geschnitten, der Saft durchgeseiht dazu serviert. Es empfiehlt sich, den Fischbraten mit gedünstetem Weiß- oder Blaukraut und Kartoffeln zu Tisch zu bringen.

Oben: Fischfilet, mit Tomaten überbacken
Unten: Fleischomelette

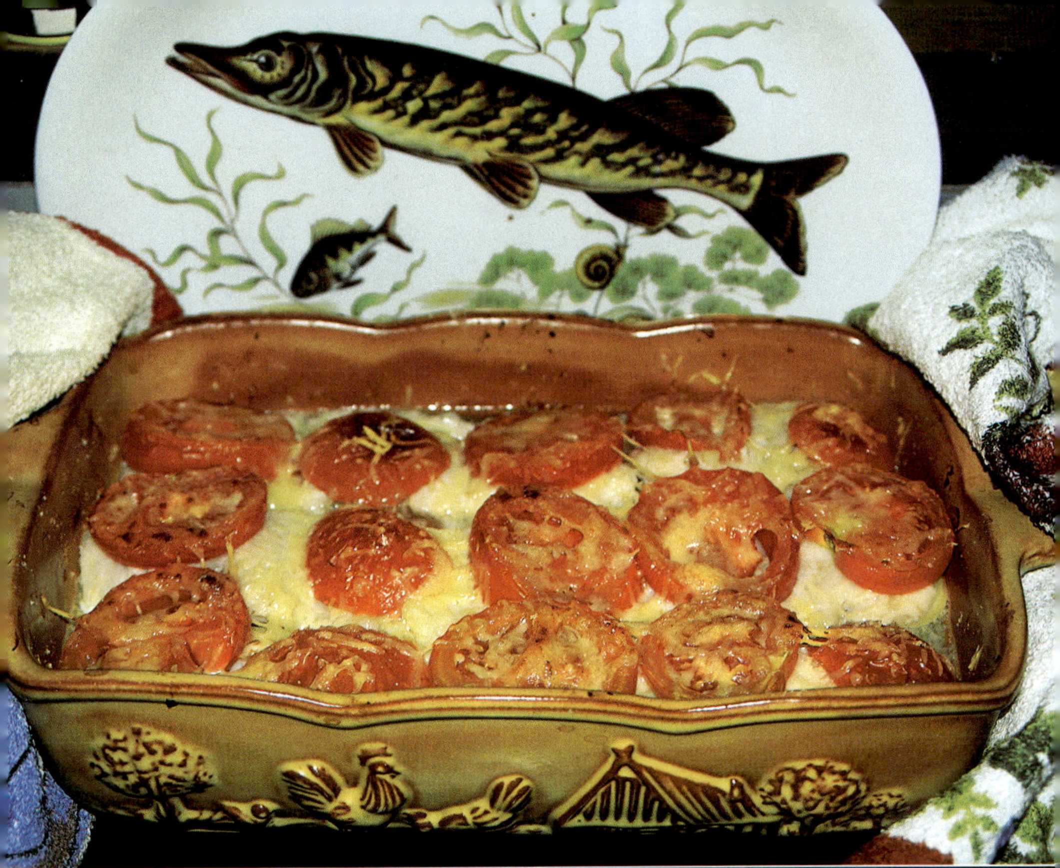

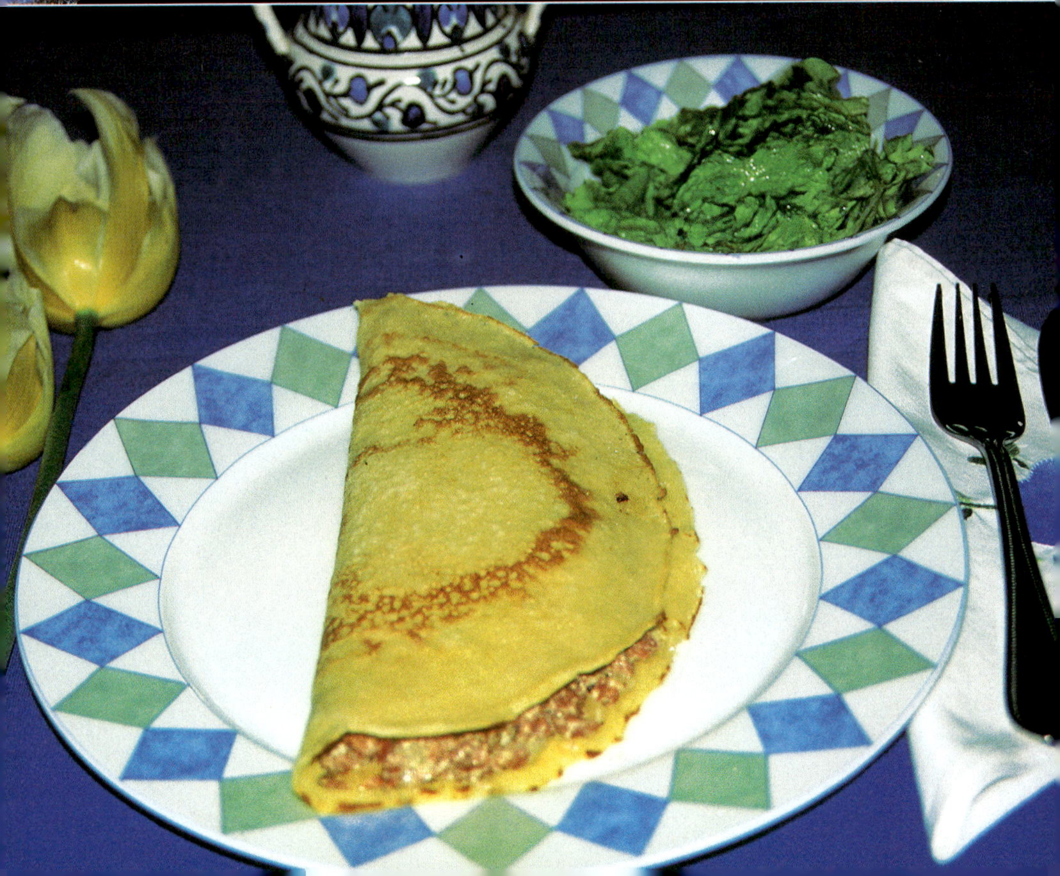

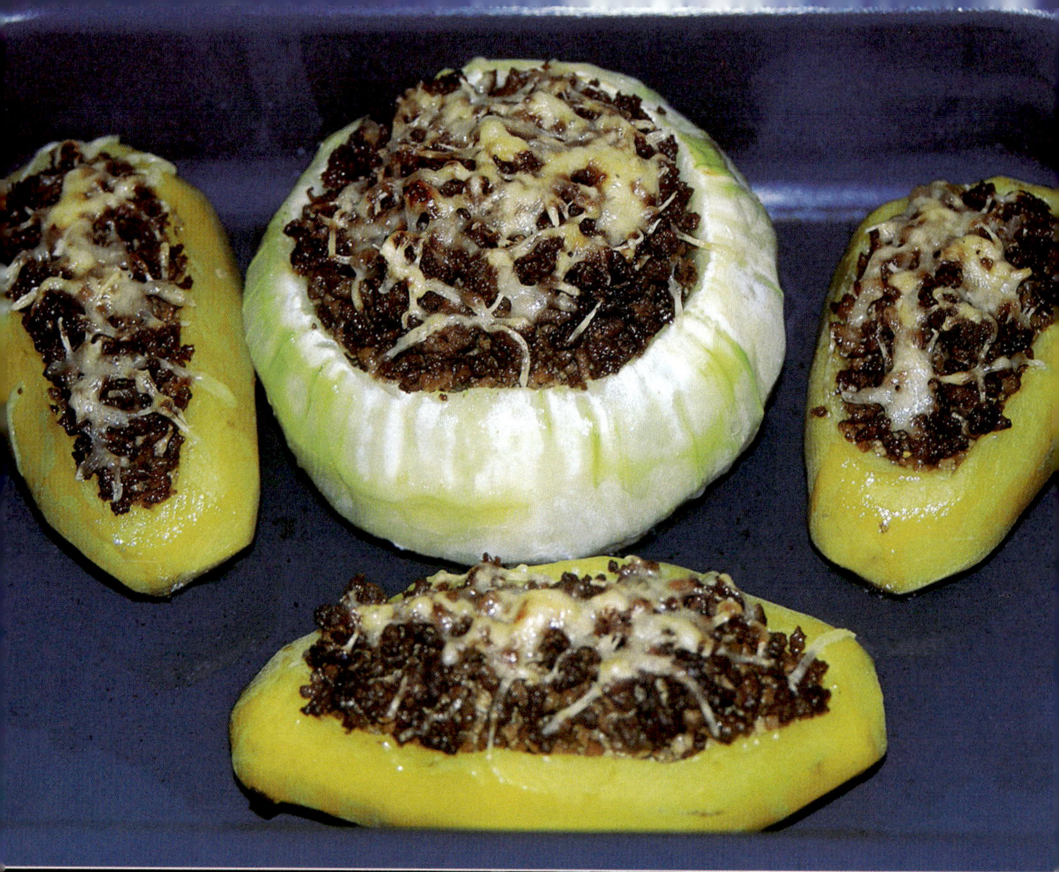
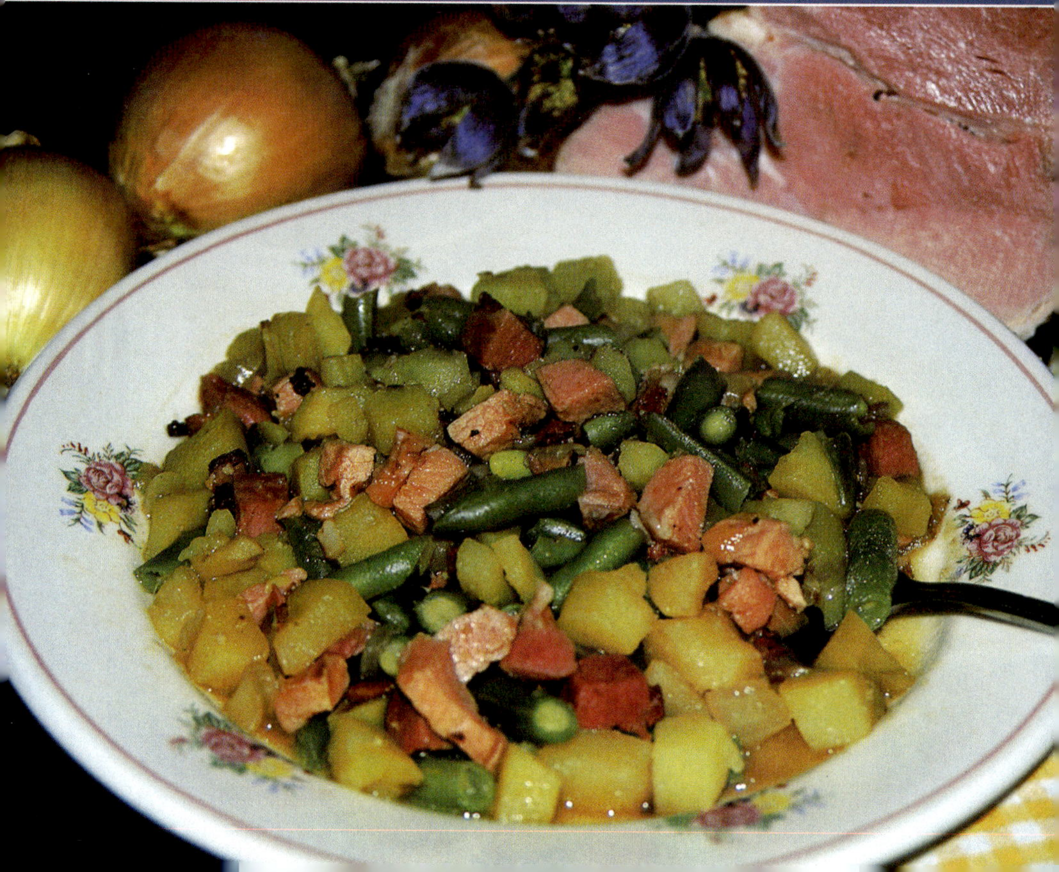

210. Fischsalat

Zutaten
60 dag Fischfilet
1 kg Kartoffeln
5 Eßlöffel Öl
8 Eßlöffel Essig
1 Zwiebel

Fischfilet wird gesalzen und in der Röhre gar gebraten. Sehr gut eignet sich dazu die Dunstpfanne. Die fertigen Fleischstücke mischt man mit sehr gutem Kartoffelsalat. Noch feiner wird der Fischsalat, wenn man ihn mit Kartoffelsalat und Rahm mischt oder mit einer sehr pikanten Mayonnaise anmacht.

211. Fisch in Sauerkraut

Zutaten
1 kg Fischfilet
75 dag Sauerkraut
12 dag Speck

Die Fische werden gewaschen, getrocknet, in 6 Teile geteilt, mit Salz und Kümmel bestreut. Der Speck wird fein geschnitten, ausgelassen, die Grammeln abgeseiht und der Fisch im Fett kurz gebraten. In diesem übrigen Fett dünstet man eine feingehackte Zwiebel und gibt das Kraut hinein. Nun gibt man dasselbe in eine Pfanne abwechselnd mit den Fischstücken, gießt ¼ Liter gute Wurzelsuppe darauf und dämpft das Ganze 20 Minuten. Beim Anrichten legt man erst etwas Kraut auf die Platte, darauf gibt man die Fischstücke, bedeckt sie mit Kraut und streut die heißen Grammeln darauf. Die Speise reicht man mit Salzkartoffeln.

212. Fischauflauf

Zutaten
40 dag Fischfilet
40 dag gekochte, geschälte Kartoffeln
8 dag Weißbrot
6 dag Speck
4 dag Fett
⅛ Liter Sauerrahm
1 bis 2 Eier
1 große Zwiebel

Die Fische werden in kleine Stücke geschnitten, gesalzen und die Kartoffeln ebenfalls blättrig geschnitten. Im kleinwürfelig geschnittenen Speck röstet man sehr fein gewiegte Zwiebel glasig, und das blättrig geschnittene Brot weicht man in Milch an. Eine Auflaufform wird gut befettet, und die Kartoffeln, Brot, Fischstücke und Zwiebelspeck werden abwechselnd in diese so geschichtet, daß die Kartoffeln als Abschluß kommen. Rahm und Eidotter sprudelt man gut ab, würzt mit Salz und Muskat, gibt den Eischnee bei und gießt das Ganze über den Auflauf, der in einer ¾ bis 1 Stunde schön hellbraun gebacken und mit Salat gereicht wird.

Oben: Gefüllte Kartoffeln und Kohlrabi
Unten: Bauern-Mischgericht

213. Fischgulasch mit Kartoffeln

60 dag Fischfilet
50 dag Kartoffeln
6 dag Fett
6 dag Mehl (Vollmehl)
Zutaten

Im Fett läßt man 2 mittelgroße, feingehackte Zwiebeln anlaufen, fügt 1 Eßlöffel Essig, 1 Messerspitze Paprika und etwas Knoblauch bei und läßt dies mit dem Mehl gut dämpfen; hierauf vergießt man mit ¾ Liter guter Wurzelsuppe und läßt dies 10 Minuten sieden. Dann mischt man geschälte, in kleine Würfel geschnittene Kartoffeln und 1 Eßlöffel voll Paradeismark bei. Nachdem das Ganze gut gekocht hat, gibt man die mittelgroßen Fischstücke dazu, salzt und dünstet das Ganze, bis alles gar ist.

214. Fischschnitzel

70 dag Fischfilet
30 dag geschälte, rohe Kartoffeln
8 dag Fett
6 dag Mehl (Vollmehl)
4 dag Speck
2 Eier
Zutaten

Das Fischfilet treibt man durch die Fleischmaschine. Der Speck wird mit einer Zwiebel ganz fein gehackt und gedünstet. Die geschälten rohen Kartoffeln werden fein gerieben, gut ausgedrückt, nebst Speck, Mehl, Eiern, Petersiliengrün und Salz mit dem Fischfilet gemischt und zu Schnitzeln geformt, die man im Fett auf beiden Seiten ausbäckt. Man reicht sie mit beliebigem Salat.

215. Fischfilet mit Tomaten überbacken

60 dag Seefischfilet
6 feste Tomaten
1 große Zwiebel
1 Zitrone
5 dag Parmesan
5 dag Fett
Zutaten

Fischfilet mit Zitronensaft beträufeln, salzen und in Streifen schneiden. In eine befettete Auflaufform legt man nun schichtweise die in Streifen geschnittenen Fische und Tomaten, ebenso die Zwiebel, gießt mit etwas Wurzelsuppe auf und bestreut mit Parmesan. 20 Minuten im heißen Rohr backen und mit Salat servieren.

Geflügel

Das Töten, Rupfen, Flambieren, Ausnehmen
und Dressieren des Geflügels

Das Töten des Geflügels erfolgt durch den Halsaderschnitt. Das Geflügel wird trocken oder naß gerupft. Im letzteren Fall überbrüht man das Huhn mit heißem Wasser und entfernt die Federn, dann wird es flambiert. Darunter versteht man das Absengen der Flaumhaare über einer nichtrußenden Flamme, zum Beispiel Weingeist oder Gas, indem man das Geflügel an Füßen und Kopf hält und waagrecht ausgestreckt über die Flamme hin und her zieht. Nachdem es ausgenommen ist, wird das Brathuhn dressiert. Man drückt die Schenkel nach vorne, so daß die Brust herausgetrieben wird. Die Flügel werden nach hinten gebogen, hernach sticht man mit einer mit Spagat gefädelten Dressiernadel durch die beiden Flügel, legt die Schenkel mit den Enden fest in die Bauchhöhle beim After, sticht mit der Dressiernadel durch und bindet den Spagat seitlich fest.

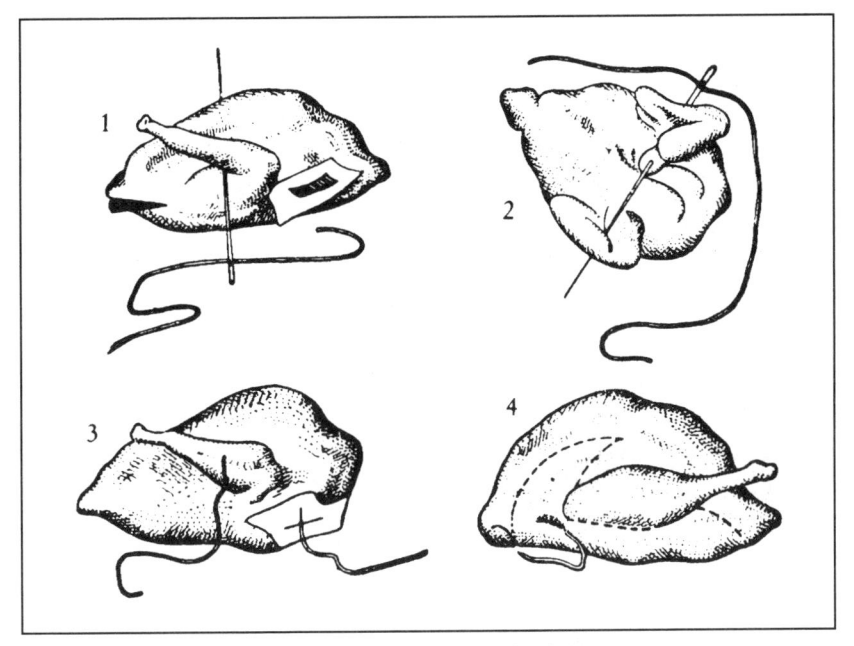

Das Dressieren des Geflügels

Ganz junge Hühner werden geschlachtet und sofort verwendet, ältere läßt man einige Tage ablagern.

Enten werden trocken gerupft, wobei man Kiel-, Deck- und Flaumfedern separat gibt. Das gerupfte Tier wird erst in kaltes und dann in heißes Wasser getaucht, gründlich von Federn befreit und abgespült. Hernach schneidet man vom After bis zum Brustbein auf, entfernt das Fett, dann die Gedärme, Herz, Lunge, Magen und Leber. Die Galle ist sofort zu entfernen. Gänse werden ebenso behandelt.

Enten- und besonders Gänsefett wird gesammelt. Solches Fett eignet sich auch vorzüglich als Brotaufstrich. Feingeschnittene Zwiebeln röstet man goldgelb und gibt sie nebst geschälten, feinwürfelig geschnittenen Äpfeln, etwas Majoran und Salz zum heißen Geflügelfett.

Enten und Gänse werden nach der angeführten Vorbereitung gefüllt oder ungefüllt gebraten. Je nach dem Alter der Tiere dauert das Braten wenige oder mehrere Stunden. Enten und Gänse werden mit Semmelfülle, Kartoffeln oder Äpfeln gefüllt. Besonders gut schmecken Enten- oder Gänsebraten, gefüllt mit geschälten Kastanien.

Alte Ausmerzhühner werden in der Kochkiste oder am Herd weich gekocht. Fleisch von solchen Hühnern eignet sich gut zur Bereitung von Geflügelreis und Einmachhühnern; sie können auch, in schöne Stücke geteilt, einpaniert und gebacken werden.

216. Gebratenes Huhn

1 Brathuhn
8 dag Fett
Zutaten

Das vorbereitete, gesalzene, dressierte Huhn wird in heißem Fett und etwas Suppe unter fleißigem Begießen gebraten. Sehr gut eignen sich hierzu die Dunstbratpfannen. Ist das Huhn fertiggebraten, gibt man zum Saft frische Butter und läßt ihn nochmals aufsieden. Das Huhn wird mit der Geflügelschere zu schönen Stücken geschnitten, die auf einer heißen Platte, mit Petersiliengrün garniert, angerichtet werden. Der Saft wird in einer gewärmten Soßenschale serviert. Als Beilage gibt man gedünsteten Reis und grünen Salat.

217. Gefülltes Huhn

1 Brathuhn
8 dag Fett
Semmelfülle
Zutaten

Das vorbereitete Huhn wird gewaschen, gesalzen, mit der nach Nr. 137a bereiteten Semmelfülle gefüllt, zugenäht, dressiert und wie gebratenes Huhn gebraten und zu Tisch gebracht. Garniert wird es mit Petersiliengrün, und der Saft wird dazu serviert.

218. Gebackenes Huhn

1 Huhn
15 dag Fett
12 dag Brösel
3 dag Mehl (Vollmehl)
2 Eier
Zutaten

Das geputzte Huhn wird in Stücke geteilt, gesalzen, wie Wiener Schnitzel in Milch, Mehl, Ei und Bröseln paniert und in heißem Fett zugedeckt gebacken. Das Fett darf nicht zu heiß sein und muß am Rand des Herdes stehen, damit die Stücke gut durchgebacken sind. Das Huhn wird schön angerichtet, mit Zitronenscheiben und Petersiliengrün garniert. Gebackenes Huhn serviert man mit gemischtem Salat.

219. Paprikahuhn

1 Huhn
6 dag Mehl (Vollmehl)
5 dag Fett
¼ Liter Sauerrahm
Zutaten

Das Fett wird erhitzt und das in schöne Stücke geschnittene Huhn nebst einer großen, feinblättrig geschnittenen Zwiebel gedünstet. Hierauf würzt man mit 1 Kaffeelöffel voll Rosenpaprika und etwas Salz, stäubt mit Mehl und läßt es anlaufen. Das Ganze wird mit dem Sauerrahm und ½ Liter Rindsuppe oder Wasser vergossen und fertiggedünstet. Das Huhn wird im Reisring zu Tisch gegeben.

220. Sardellenhuhn

1 Huhn
2 Sardellen
6 dag Mehl (Vollmehl)
5 dag Fett
1 große Zwiebel
¼ Liter Sauerrahm
Zutaten

Die Zubereitung ist dieselbe wie bei Paprikahuhn, Nr. 219, nur verwendet man statt Paprika Sardellen.

221. Eingemachtes Huhn

1 Huhn
6 dag Fett
5 dag Mehl (Vollmehl)
4 dag Schwammerln
1 Karfiolrose (Blumenkohl)
Zutaten

Das Huhn wird geteilt. Im Fett läßt man Wurzelwerk und Zwiebeln andünsten. Dazu gibt man die Hühnerstücke, überbrät, salzt, gießt mit wenig Wasser auf und läßt sie gar dünsten. Nun macht man aus Fett und Mehl eine lichte Einbrenn, vergießt mit dem Hühnersud (Hals, Kopf, Magen, Leber, Füße und Suppenwurzeln werden ausgekocht), gibt die gedünsteten Schwammerln, Karfiol, Salz, Zitronenschalen sowie die kleinwürfelig geschnittene Leber, Magen usw. hinein und läßt alles aufkochen. Zu eingemachtem Huhn reicht man Knödel oder Nudeln.

222. Geflügelreis

Geflügelreste
40 dag Reis oder Vollreis
8 dag Fett
Zutaten

Das Fett wird erhitzt, feingeschnittene Zwiebel und Reis kurz gedünstet, gesalzen, mit $7/8$ Liter siedender Suppe vergossen und in 20 Minuten fertiggedünstet. Geflügelreste, auch gekochtes Geflügelklein, werden feinblättrig geschnitten, mit dem fertigen Reis vermischt, in eine befettete Form gedrückt und, sobald heiß, gestürzt und mit grünem Salat zu Tisch gebracht. Vollreis muß lange gedünstet werden.

Resteverwertung

In einem sparsam geführten Haushalt sollte nur soviel gekocht werden, daß wenig oder gar keine Reste bleiben. Sind aber solche vorhanden, so müssen sie in irdenen Töpfen, Porzellan- oder Glasgeschirren kühl und zugedeckt aufbewahrt und möglichst schnell verwendet werden. Ausgesprungenes Emailgeschirr, so auch jedwedes Metallgeschirr, darf zur Aufbewahrung von Speisenresten nicht verwendet werden. Leider herrscht gerade bezüglich der Resteverwertung in den einfachen Haushalten große Unkenntnis. Im günstigsten Fall bringt man sie aufgewärmt auf den Tisch; häufig werden sie auch unverwertet weggeworfen oder auf dem Land allenfalls als Tierfutter verwendet. Aus Resten lassen sich aber sehr schmackhafte und billige Gerichte herstellen, weshalb es für die sparsame und denkende Hausfrau eine wichtige Aufgabe ist, sie gewissenhaft aufzuheben und richtig zu benützen. Nicht aufbewahrt werden Fisch- und Schwammgerichte.

Aus Fleischresten lassen sich, wenn sie gehackt oder durch die Maschine getrieben werden, Fleischkuchen, Plattenring, Fleischplätzchen, gefüllter Kohlkopf, Kohlwürstchen, Reiswürstchen, Fleischkrapferln, Schlickkrapferln, Fleischstrudel, Kartoffelpasteten, Tiroler Gröstl usw. zubereiten oder auch Omeletten füllen.

Soßenfleischreste ergeben eine wohlschmeckende Schüsselpastete.

Aus Resten von Geselchtem und Schinken werden die beliebten Schinkenfleckerln, Schinkenmakkaroni und der Schinkenauflauf hergestellt. Aber auch zu den meisten anderen Gerichten aus Fleischresten ist eine Beigabe von etwas Geselchtem oder Speck vorzüglich. Sind nicht genügend Reste für die in Aussicht genommene Speise vorhanden, so ergänze man sie durch etwas frisches Fleisch. Speisen wie Plattenring, Fleischplätzchen, gefüllter Kohlkopf, Kohlwürstchen, gefüllte Kartoffeln werden durch eine solche Zugabe so saftig und wohlschmeckend, daß sie manch anderen, viel teureren Fleischgerichten vorzuziehen sind.

Sehr kleine **Fleischrestchen** können über einige Tage hinweg in einem kleinen Porzellantöpfchen, in das man etwas Essig, Lorbeerblatt und Zwiebel gibt, zusammengespart und dann für Fleischsalat oder Hackfleisch verbraucht werden. Man kann sie auch in Fleischsuppe legen oder später Zwiebelfleisch oder Fleischmus daraus zubereiten. Braten- und Fischreste mit den kalten Soßen zu Nr. 267, 268, 269 ergeben eine feine Platte. Kleingeschnittene Fleisch- oder Wurstrestchen können zur Verbesserung von gebundenen Suppen, z.B. Kartoffelsuppen, Verwendung finden. Die Fleischreste dürfen aber auch nicht lange aufgespart werden, denn Fleisch, das in Fäulnis übergeht, führt zu schweren Vergiftungen.

Reste von **Sterz, Schmarren, Pudding, Nockerln, Strudel, Nudeln, Knödeln** kann man zerkleinert lagenweise, wenn nötig mit kleinen Fettstückchen, in eine gut ausgefettete Kasserolle geben, zum Schluß mit Milch oder einigen in Milch versprudelten Eiern überschütten und ½ Stunde ins heiße Rohr stellen. Man reicht diese Aufläufe mit Obstsoßen oder gibt frisches Obst, gedörrte, nicht zu weich gesottene Zwetschken und Äpfel oder Weinbeeren zwischen die Masse. Zu nicht süßen, z.B. aus Knödeln hergestellten Restaufläufen eignen sich als Beigabe Salat oder süße Milch.

Reste von **Omeletten, Milchbrot, Semmeln, Kuchen** und in Fett gebackenen **Mehlspeisen** schneidet man dünn auf, übergießt sie, wenn nötig, mit heißer Milch und verwendet sie gleichfalls für Aufläufe.

Käsereste werden gerieben und für Käsenudeln, Makkaroniauflauf, Grießplätzchen und Reis verwendet.

Ist bei der Verwendung von Eiern **Eiweiß** übriggeblieben, so können daraus Schneebusserln, Obstschaum, Eiweißkuchen oder Omeletten bereitet werden. Aufläufe werden auch ohne Dotter, nur mit Eiweiß hergestellt, sehr gut.

Aus **Gemüseresten** bereitet man die Suppe Nr. 70 oder verwendet sie für Kartoffelsuppe.

Aus übriggebliebenen **Kartoffeln** macht man Salat, geröstete Kartoffeln, Kartoffelnudeln, Pinzgauer Nudeln usw. Man muß sich jedoch hüten, Kartoffeln lange aufzuheben, da sie rasch verderben und leicht Vergiftungserscheinungen hervorrufen.

Reste, die nur aufgewärmt werden sollen, wie Suppe, Gemüse, sind in einem Porzellantöpfchen aufzubewahren und in den Kühlschrank zu geben.

223. Hackfleisch

50 dag Fleischreste
5 dag Fett
3 dag Mehl (Vollmehl)
2 Essiggurken
Zutaten

Aus Fett und Mehl bereitet man eine Einbrenn, gibt als Gewürz feingehackte Zwiebel, Majoran und Lorbeerblatt dazu und vergießt mit ⅜ Liter Fleischsuppe. Wenn die Soße gut gesotten hat, kommen die in Scheiben geschnittenen Gurken und das grobgehackte Rindfleisch dazu. Nachdem das Gericht noch einmal aufgesotten hat, vermischt man es mit 3 Eßlöffeln Rahm und Salz und gibt es mit Nockerln und grünem Salat zu Tisch.

224. Zwiebelfleisch

50 dag Fleischreste
4 dag Fett
Zutaten

Reste aus gesottenem Rindfleisch, die durch Aufbewahren in Suppe saftig geblieben sind, schneidet man dünnblättrig. Darauf läßt man eine kleine, feingeschnittene Zwiebel im heißen Fett ein wenig dämpfen, gibt das Fleisch dazu, salzt und röstet alles bei starkem Feuer schnell ab. Mit einem Löffel heißer Fleischsuppe begossen, wird das Gericht sofort zu Tisch gegeben. Ausgiebiger und schmackhafter wird Zwiebelfleisch durch Beigabe einiger Eier, die mit dem fast fertig gerösteten Fleisch vermengt, gesalzen und so lange auf dein Herd gerührt werden, bis sie stocken.

225. Fleischmus

50 dag Fleischreste
6 dag Speck
2 dag Mehl (Vollmehl)
Zutaten

Reste von gesottenem Rindfleisch werden sehr fein gewiegt und im zerlassenen Speck gedämpft. Wenn sich Fett und Fleisch gut zugebunden haben, stäubt man mit Mehl, würzt mit Salz, gestoßenen Wacholderbeeren, Thymian und Majoran, gibt 4 Eßlöffel Weinessig dazu und vergießt mit ¼ Liter Fleischsuppe. Sobald das Mus aufgekocht hat, wird es mit 2 Löffeln Rahm gebunden. Man gibt in der Schale gekochte Kartoffeln dazu. Soll das Mus als Fülle für Butterteig oder dgl. dienen, so wird weniger Suppe genommen, damit es dicker bleibt; man gibt dann zum Schluß außer dem Rahm 1 Ei bei.

226. Fleischsalat

50 dag Fleischreste
¹/₁₀ Liter Weinessig
²/₁₀ Liter Öl
Zutaten

Reste von magerem Rindfleisch werden feinnudelig geschnitten, mit kleingehackter Zwiebel und feingeschnittenem Schnittlauch, 3 Eßlöffeln Öl, 6 Eßlöffeln Essig und Salz gemischt und mit gerösteten Kartoffeln zu Tisch gegeben.

227. Fleischpudding

20 dag faschiertes
    Fleisch
10 dag Weißbrot
7 dag Speck
3 Eier
Zutaten

Das Weißbrot wird einen Moment in heißes Wasser getaucht und mit dem faschierten Fleisch (auch Restefleisch) fein vermischt. Der Speck wird fein geschnitten. In diesem läßt man eine Zwiebel anrösten. Nun mischt man alle Zutaten mit 3 Dottern, Muskat, Salz und dem festen Schnee der 3 Eiweiß. Die Masse füllt man in eine gut befettete, ausgebröselte Puddingform und kocht sie 1 Stunde im Wasserbad. Mit grünem Salat gereicht, ergibt dies eine sehr gute Vor- oder Hauptspeise.

228. Fleischomeletten

40 dag Fleischreste
25 dag Mehl oder
    Vollmehl
7 dag Fett
2 Eier
⅛ Liter Milch/Wasser
Zutaten

Mehl und Milch rührt man glatt an, gibt Dotter, Salz und den steifen Eischnee der Masse bei und mischt alles schnell. Nun läßt man in der Pfanne 1 Eßlöffel Fett heiß werden, gießt es wieder zurück und schüttet dann einen Schöpflöffel Teig hinein. Sobald der Teig an der oberen Seite des Kuchens fest geworden ist, wendet man ihn auf die andere Seite und bäckt ihn auch hier lichtbraun. Je rascher das Ausbacken vor sich geht, desto lockerer werden die Omeletten. Aus der Masse werden 12 Omeletten bereitet, die man nach dem Ausbacken schnell auf den

Dunst gibt. Die Fleischreste werden verwiegt, in 3 dag Fett, worin 1 kleine Zwiebel gedämpft wurde, geröstet, mit ¼ Liter Fleischsuppe und 2 Eßlöffeln Rahm gut verrührt und dann in die heißen Omeletten gefüllt. Zu dieser Speise schmeckt am besten grüner Salat.

229. Feinschmecker-Omelette

10 dag Schinken,
  Wurst, Selchfleisch
  oder Bratenreste
2 Eier
3 dag Butter
Zutaten

Schinken, Wurst, Selchfleisch oder Bratenreste werden fein gehackt, ebenso eine Zwiebel. Die Eier glatt absprudeln, salzen und mit dem Gehackten vermischen. In einer Omelettenpfanne die Butter heiß werden lassen und die Masse schnell auf beiden Seiten backen. Mit Reibkäse bestreuen und sofort mit Salat servieren. Ein gutes Abendessen für 2 Personen.

230. Fleischkuchen

45 dag Fleischreste
25 dag Mehl (Vollmehl)
10 dag Schweinefett
2 Eier
Zutaten

In die Mitte des kranzförmig geordneten Mehles werden die Eier (von dem Dotter hebt man ein wenig zum Bestreichen des Gitters auf), Schweinefett, Salz und ¹/₁₀ Liter lauwarmes Wasser gegeben. Fett, Eier, Wasser und Salz werden sorgsam gemischt und das Mehl allmählich dazugemengt. Sind alle Zutaten gut zugebunden, so wird der Teig schnell fein abgeknetet, in ein Tuch eingeschlagen und 20 Minuten an einen kühlen Ort gelegt. Die Fleischreste werden gehackt, mit 3 dag Fett, in dem eine feingehackte Zwiebel gedämpft wurde, abgeröstet, mit ¼ Liter Fleischsuppe vergossen und Salz, 1 Eßlöffel Zitronensaft und 3 Eßlöffel Sauerrahm als Würze beigegeben.

Der Teig wird nun ausgewalkt, ein rundes Blech damit belegt und ein 3 cm breiter Teigstreifen auf den mit Ei bestrichenen Rand des Kuchens gegeben. Der Kuchen wird bei guter Hitze ¼ Stunde lichtbraun vorgebacken. (Damit sich der Teig beim Backen nicht hebt, ist es ratsam, ihn mit Nüssen oder Pfirsichkernen zu beschweren.) Die inzwischen erkaltete Fülle wird dann auf den Kuchen gestrichen und dieser mit einem aus dem Rest des Teiges hergestellten Gitter verziert. Dieses wird mit Ei bestrichen, der Kuchen in guter Hitze ½ Stunde lang fertiggebacken und mit grünem Salat zu Tisch gegeben.

231. Fleischkuchen mit Kartoffelteig

25 dag Fleischreste
25 dag Kartoffeln
25 dag Mehl oder
　Vollmehl
3 dag Fett
2 dag Germ (Hefe)
1 Ei
Zutaten

Die Germ wird in 2 Eßlöffeln lauwarmer Milch aufgelöst, in die Mitte des Mehles eingerührt und zum Aufgehen gestellt. Ist dies der Fall, mischt man die gekochten, geschälten, geriebenen Kartoffeln, das flüssige Fett, das Ei und etwas Salz bei, schlägt den Teig fein ab und läßt ihn zugedeckt aufgehen. Ein rundes, befettetes Kuchenblech belegt man mit der ausgewalkten größeren Hälfte des Teiges, gibt darauf feinblättrig geschnittene Schinken- oder sonstige Fleischreste und legt nun die kleinere ausgewalkte Teighälfte darauf. Der Kuchen wird, wenn gut aufgegangen, hellbraun gebacken und noch heiß mit Salat zu Tisch gereicht.

232. Plattenring oder Dunstspeise

60 dag Fleischreste
5 dag Brösel
4 dag Speck
4 dag Fett
4 dag Knödelbrot
　oder Semmeln
2 Eier
⅛ Liter Milch
Zutaten

Fleisch, Speck und das in Milch eingeweichte, dann gut ausgedrückte Knödelbrot werden zweimal durch die Maschine gedreht. Eine Zwiebel läßt man in 2 dag Fett anlaufen und gibt diese Zutat mit etwas Majoran, Zitronenschalen, Salz und den Eiern zum Fleisch, mischt alles, füllt es in den mit 2 dag Fett ausgestrichenen, eingebröselten Reisring und bäckt ihn ungefähr ½ Stunde bei guter Hitze im Rohr fertig. Als Fleischpudding wird die Fleischmasse in die ausgefettete, ausgebröselte Form gegeben, mit Deckel verschlossen, in siedendem Wasser 1 Stunde im Dampf gekocht. Während der Kochzeit darf der Deckel nie abgenommen werden. Die Speise wird vor Tisch gestürzt, mit kleinen Essiggurken verziert oder mit Zwiebel-, Paradeis-, Schnittlauch- oder Schwammerlsoße und Salzkartoffeln serviert.

233. Gefüllter Kohlkopf

1 kg Kohlblätter
30 bis 40 dag Fleischreste
8 dag Fett
5 dag Käse
Zutaten

Die einzelnen Kohl- oder Krautblätter siedet man in Salzwasser so lange, bis die Blattrippen vollkommen weich sind, und legt sie vorsichtig auf ein Sieb. Die Fleischreste werden sehr fein gewiegt und mit kleingehackter Zwiebel in 3 dag Fett überröstet. Nun breitet man eine mit Wasser befeuchtete Serviette über ein Sieb und belegt den Boden mit den größten Kohlblättern so, daß die Blattrippen nach unten liegen. Auf diese erste dichte Lage von Blättern gibt man Fleisch und streut ein wenig Käse darüber, bedeckt diese Schichte mit Kohlblättern, diese wieder mit Fleisch und Käse und so fort, bis alles aufgebraucht ist. Zuletzt nimmt man die Serviette an den 4 Ecken zusammen und schließt sie nach oben allmählich immer enger um den Kohl, bis er so geformt ist, daß er einem frischen Kohlkopf gleicht. Die Serviette wird nun entfernt und der Kohlkopf in 5 dag Fett unter fleißigem Begießen im Rohr gebraten. Man gibt ihn mit Zwiebelsoße und Salzkartoffeln zu Tisch.

234. Kohlwürstchen

1 kg Kohlblätter
20 bis 40 dag Fleischreste
8 dag Fett
6 dag Speck
6 dag Knödelbrot
oder Semmeln
Zutaten

Die Kohl- oder auch Krautblätter werden nach Nr. 233 vorbereitet und je 2 Blätter zum Erkalten auseinandergelegt. Inzwischen werden die feingewiegten Fleischreste mit einer Zwiebel in 3 dag Fett gedünstet, dann mit dem in Streifchen geschnittenen Speck auf die Blätter verteilt und zu Würstchen zusammengerollt. 5 dag Fett läßt man in einer Pfanne heiß werden, legt die Kohlwürstchen hinein, brät sie, fügt einige Löffel Fleischsuppe und etwas Salz hinzu und macht sie unter wiederholtem Begießen in 20 Minuten fertig.

235. Kohlpudding mit Fleisch

1 kg Kohl
30 dag Fleisch
6 dag Käse
8 dag Fett
2 Eier
Zutaten

Die großen Kohlblätter werden mit siedendem Wasser überbrüht und dann mit kaltem abgespült. Das Innere des Kohls wird gewaschen, gekocht und fein gehackt. Die Puddingform wird mit Fett bestrichen und mit den abgebrühten Kohlblättern ausgelegt. 2 dag Fett rührt man mit 2 Dottern flaumig, gibt das feingewiegte Fleisch, den feingehackten Kohl, den geriebenen Käse, das zu Schnee geschlagene Eiweiß, Salz und Muskat dazu und mischt die Masse gut durch. Diese wird in die ausgelegte Form gefüllt und im Wasserbad zugedeckt 1 Stunde gekocht. Nach dieser Zeit kann der Pudding auf eine Platte gestürzt und serviert werden. Man reiche eine Soße, Salz- oder Bratkartoffeln dazu.

236. Gemüseschnitzel

1½ kg Spinat
30 dag Fleisch
8 dag Fett
4 dag Brösel
2 dag Mehl (Vollmehl)
2 Eidotter
Zutaten

Zum ausgedrückten, durch die Fleischhackmaschine getriebenen Spinat mischt man das Fleisch, welches man zweimal durch die Fleischhackmaschine gedreht hat, 4 dag Brösel, die Eidotter, Muskat und Salz. In 2 dag Fett dünstet man eine feingehackte Zwiebel und mischt diese nebst Salz darunter. Aus der Masse formt man 12 Schnitzel und bäckt sie hellbraun. Nun gibt man die Schnitzel auf eine Platte, streut das Mehl ins Fett, bräunt es, gießt ⅛ Liter Suppe oder Wasser auf, gibt 2 Löffel Spinat dazu und, wenn vorhanden, etwas Rahm. Die Schnitzel werden mit dem Saft heiß angerichtet.

237. Leberschnitzel

40 dag rohe, geschälte Kartoffeln
10 dag passierte Leber
8 dag Fett
2 dag Mehl (Vollmehl)
1 Ei
Zutaten

Die rohen, geschälten Kartoffeln werden gerieben und gut ausgedrückt. Die feine Leber wird gesalzen, mit Majoran, Muskat und Zitronenschale gewürzt. In 2 dag Fett dünstet man eine feingehackte Zwiebel. Nun mischt man die Zutaten nebst Ei und Mehl zusammen, formt daraus 6 Schnitzel und bäckt sie in heißem Fett.

238. Reiswürste mit Fleisch

25 dag Fleischreste
25 dag Reis oder Naturreis
4 dag Fett
5 dag Brösel
2 Eier
Zutaten

Der Reis wird in ¾ Liter Fleischsuppe oder Wasser mit etwas Salz weich gedünstet. In 2 dag Fett dämpft man eine feingehackte Zwiebel und röstet das Fleisch schnell darin durch. Weitere 2 dag Fett werden etwas erwärmt, mit 2 Eiern flaumig abgetrieben und mit Reis, Fleisch und etwas Salz vermischt. Aus dieser Masse formt man 18 Würstchen, dreht sie in Bröseln und bäckt sie in Fett aus.

239. Fleischkrapferln

30 dag Fleischreste
30 dag Mehl (Vollmehl)
8 dag Schweinefett
4 dag Fett
2 Eier
Zutaten

Der Teig wird aus Mehl, 1 Ei, 8 dag Schweinefett, $^1/_{10}$ Liter lauwarmem Wasser und Salz nach Nr. 230 zubereitet. Gewiegte Fleischreste werden mit Zwiebeln im Fett gedämpft, mit 1 Eßlöffel Essig, Salz und etwas Majoran vermischt. Der Teig wird ausgewalkt, häufchenweise mit Fleischfülle belegt, um das Fleisch herum mit Ei bestrichen und so überschlagen, daß die Fülle gut bedeckt ist. Darauf drückt man ihn mit der Hand um das Fleisch fest, sticht halbrunde Krapferln aus, die, mit Ei bestrichen, bei guter Hitze im Rohr in 20 Minuten gebacken und mit Sauerkraut oder Salat zu Tisch gegeben werden.

Ausgehöhlte, gefüllte und gedeckelte Kohlrabi

240. Gefüllte Kartoffeln, Kohlrabi oder weiße Rüben

1½ kg geschälte Kartoffeln
50 dag Fleischreste
8 dag Fett
6 dag Käse
Zutaten

Geschälte Kartoffeln oder Rüben werden ausgehöhlt, unten etwas glattgeschnitten, so daß sie gut in der Pfanne stehen, und die Kartoffeln 1 Minute im Salzwasser gesotten. Die Rüben siedet man halbweich. Feingewiegte Fleischreste werden in 4 dag Fett, worin Zwiebeln gedämpft wurden, abgeröstet, gesalzen, die ausgehöhlten Kartoffeln oder Rüben werden damit gefüllt und mit Käse bestreut. Der Rest des Fettes wird in einer Pfanne erhitzt, und die hineingestellten Kartoffeln werden unter wiederholtem Begießen mit ¼ Liter Fleischsuppe im Rohr fertiggedünstet.

241. Kartoffelpastete

1¾ kg geschälte Kartoffeln
40 dag Fleischreste
10 dag Mehl (Vollmehl)
5 dag Fett
2 dag Käse
2 Eier
Zutaten

Die geschälten, in Stücke geschnittenen Kartoffeln werden in Salzwasser gekocht. Dann werden sie gut abgeseiht, fein zerdrückt, mit 2 Eiern, 3 Eßlöffeln Sauerrahm und 10 dag Mehl abgerührt und mit Salz gewürzt. In 3 dag heißem Fett läßt man 1 Zwiebel und Majoran anlaufen, gibt die gewiegten Fleischreste dazu, läßt alles nochmals durchrösten und vermischt die Masse mit 2 Eßlöffeln Sauerrahm. Nun wird ein Topf oder eine hohe glatte Form (2 Liter Inhalt) mit 2 dag Fett gut ausgestrichen, mit Bröseln bestreut und die Kartoffelmasse so hinein verteilt, daß der Boden und die Seitenwände dick belegt sind. In die Mitte kommt das Fleisch und oben ein Deckel aus Kartoffelmasse. Die Pastete wird mit Bröseln und Käse bestreut, mit einigen Fettstückchen belegt und im Rohr bei guter Hitze eine ¾ Stunde gebacken. Die Speise wird mit Soße oder Salat zu Tisch gegeben.

242. Gefüllte Paprika

12 Stück Paprika
25 dag Tomaten
20 dag Reis
20 dag Schweinefleisch
20 dag Kalbfleisch
10 dag Fett
2 dag Mehl (Vollmehl)
1 Ei
Zutaten

Dicke Paprikaschoten werden an der Stielseite abgedeckelt und von den Samenkörnern befreit. Der Reis wird mit ½ Liter guter Suppe und Salz gedünstet. Das Fleisch wird faschiert, eine feingehackte Zwiebel in 4 dag Fett gedämpft und mit dem Fleisch, Reis, Ei und Salz gut vermischt, mit dieser Masse werden die Paprika gefüllt und die Deckel aufgesetzt. In eine Pfanne gibt man 6 dag Fett, stellt die gefüllten Paprika nebeneinander hinein und dünstet sie bei guter Hitze zu schöner Farbe. Nach dem Fertigwerden gibt man sie auf eine heiße Platte. In der Pfanne läßt man das Mehl anlaufen und vergießt mit dem rohen, passierten Paradeissaft und etwas Suppe, läßt das Ganze schnell aufkochen, gießt den Saft dann über die angerichteten Paprika und serviert sie mit Salzkartoffeln und Salat.

243. Gefüllte Tomaten

12 große Tomaten
20 dag Reis
15 dag Schwämme
4 dag Brösel
4 dag Speck
6 dag Fett
1 Ei
Zutaten

Schöne, große, feste Tomaten werden auf der Stengelseite abgedeckt, das Mark herausgenommen, gefüllt und der Deckel wieder daraufgegeben. Als Fülle verwendet man den in ½ Liter guter Suppe gedünsteten Reis, die im kleingeschnittenen Speck gedämpften, feingehackten Zwiebeln und die ebenso feingehackten Schwammerln, die Brösel, das Ei, etwas Paprika und Salz. An Stelle von Schwämmen kann man auch beliebige feingehackte Fleischreste (Braten-, Siedfleisch- oder Fischreste) oder auch frisches, faschiertes, gut gewürztes Fleisch verwenden. Die gefüllten Tomaten werden in einer Pfanne in Fett oder Öl gedünstet und mit Petersilien- oder Bratkartoffeln und grünem Salat oder auch Gurkensalat zu Tisch gebracht.

244. Gefüllte Kräutertomaten

6 Stück große, feste Tomaten
30 dag Pilze oder Eierschwämme
1 große Zwiebel
3 Eßlöffel Öl
2 dag Mehl (Vollmehl)
1 Ei
5 dag Reibkäse
Zutaten

Die Tomaten werden an der Stielseite ausgeschnitten, leicht ausgehöhlt und gesalzen. Eine große Zwiebel, Knoblauch und Zitronenschalen werden mit den Pilzen fein gehackt und in Öl gedünstet. Man stäubt mit Mehl und gießt mit Wasser dicklich auf. Nach dem Überkühlen mengt man das Ei, geriebenen Käse und so viel Semmelbrösel ein, daß eine saftige Fülle entsteht. Nach dem Abschmecken füllt man damit die Tomaten, beträufelt sie mit Butter und bestreut sie mit Käse. 10 Minuten vor Tisch setzt man sie in eine Pfanne mit bodenbedeckt heißem Öl und überbrät sie im heißen Rohr. Zu Petersilienkartoffeln schmecken sie ausgezeichnet.

245. Pasta asciutta

25 dag Spaghetti
50 dag Tomaten
30 dag grüne Paprika
30 dag Rindfleisch
25 dag Zwiebel
6 dag Parmesan
5 Eßlöffel Öl
Zutaten

Die Spaghetti kocht man in Salzwasser weich und spült sie kalt ab. Inzwischen hackt man die Zwiebel grob und dünstet sie mit dem faschierten Rindfleisch in heißen Öl. Die Tomaten gibt man ganz kurz in siedendes Wasser, damit man sie schälen kann, schneidet sie wie die ausgehöhlten grünen Paprika in dünne Streifen und fügt sie dem Fleisch bei. Je nach Bedarf gießt man mit etwas Wasser oder Wurzelsuppe auf und schmeckt, wenn alles weich ist, ab. Die abgetropften Spaghetti richtet man in einer Schüssel an, gibt das heiße Gemüse darüber und bestreut dick mit Parmesan. Mit Oregano würzen.

246. Schinkenfleckerln

50 dag Nudeln
40 dag Schinkenreste
4 dag Fett
Zutaten

Die Fleckerln werden überbrüht, dann im siedenden Salzwasser weich gekocht und gut abgespült. Im heißen Fett werden sie mit dem feingeschnittenen Schinken oder Selchfleisch abgeröstet, gesalzen und mit Schnittlauch bestreut. Feiner wird das Gericht, wenn man beim Abrösten 2 Eier darunterrührt. Werden an Stelle gekaufter Nudeln Fleckerln aus Nudelteig Nr. 393 bereitet, so werden die Schinkenfleckerln noch wohlschmeckender.

247. Schinkenauflauf

50 dag Nudeln
35 dag Schinkenreste
2 dag Fett
3 Dotter
¼ Liter Sauerrahm
Zutaten

In eine mit Fett angestrichene Form gibt man die nach Vorschrift Nr. 246 behandelten Nudeln abwechselnd mit dem feingeschnittenen Schinken hinein und übergießt die Speise mit Rahm, in dem die Eidotter versprudelt wurden. Ungefähr 20 Minuten wird die Speise im Rohr fertiggebacken.

248. Schinkenmakkaroni

50 dag Makkaroni
40 dag Schinkenreste
10 dag Käse
5 dag Fett
4 dag Mehl (Vollmehl)
½ Liter Milch
Zutaten

Die in Stücke gebrochenen Makkaroni werden wie die Nudeln in Nr. 246 vorbereitet. In 3 dag heißem Fett wird das Mehl licht gedämpft, mit kalter Milch vergossen und so lange mit dem Schneebesen geschlagen, bis die Soße aufsiedet. Dann salzt man, gibt die Soße mit dem geriebenen Käse auf die Makkaroni, rührt alles durch und schichtet es, mit dem feingeschnittenen Schinken abwechselnd, in die gut ausgefettete Form. Die Speise wird ungefähr 20 Minuten im heißen Rohr fertiggebacken.

249. Schinkenpastete

40 dag Mehl
15 dag Butter
2 Eier

Fülle:
50 dag Schinkenreste
2 Eier
¾ Liter Sauerrahm
Zutaten

Aus Butter, Mehl, Eiern, 5 Eßlöffeln Sauerrahm und Salz macht man einen mürben Teig, den man 1¼ Stunden rasten läßt. Mittlerweile richtet man die Fülle. Schinken und Zwiebel treibt man durch die Fleischmaschine, mischt die Eier, den Sauerrahm, Salz und Schnittlauch darunter.

Nun wird der Teig halbiert. Die eine Hälfte gibt man als Boden in eine runde, befettete Form, verteilt die Fülle darauf und deckt mit dem verbliebenen Teig zu. Bevor die Pastete gebacken wird, sticht man sie ein wenig mit der Gabel an und bestreicht sie mit Ei. Dann stellt man sie ungefähr 1 Stunde ins heiße Rohr. Die Pastete wird mit Salat gereicht.

250. Schinkenomelette

⅛ Liter Milch
7 dag Mehl (Vollmehl)
3 dag Butter
10 dag Schinkenreste
1 Ei
Zutaten

Milch, Mehl und etwas Salz sprudelt man gut ab, gibt das Ei dazu und vermischt es mit der Masse. In einer Omelettenpfanne läßt man die Butter zergehen, gießt die ganze Masse hinein und stellt sie ins heiße Rohr. Sobald sie schön aufgegangen ist, gibt man den feingeschnittenen

Schinken darauf, läßt sie nochmals fertigbacken, schlägt sie zusammen und bringt sie sofort zu Tisch. Mit grünem Salat serviert, ergibt dies eine vorzügliche Mahlzeit für eine Person.

251. Omelettenauflauf mit Schinken

28 dag Mehl oder
Vollmehl
4 dag Fett
1 Ei
½ Liter Milch
Zutaten

Fülle:
40 dag Schinken

Übergußß:
2 Eier
¼ Liter Sauerrahm
Zutaten

Aus Mehl, Milch, bei Vollmehl halb Wasser, etwas Salz und dem Ei bereitet man einen Omelettenteig, aus dem man mit dem Fett zwölf Omeletten bäckt, welche erkaltet nudelig geschnitten werden. Der gekochte Schinken wird dünnblättrig geschnitten, Rahm, Dotter und den steifen Schnee der 2 Eiweiß sprudelt man ab. Eine Auflaufform bestreicht man mit Fett, belegt den Boden der Form mit den geschnittenen Omeletten, gibt den Schinken und feingeschnittenen Schnittlauch, dann abermals eine Lage Omeletten und Fleisch darauf und fährt so fort, bis beides aufgebraucht ist. Zuoberst wird mit Omeletten abgedeckt, der Überguß darüber verteilt und der Auflauf zu schöner Farbe gebacken. Mit grünem Salat gereicht, ist diese Speise ein sehr gutes und ausgiebiges Hauptgericht.

252. Sauerkrautauflauf

40 dag Sauerkraut
30 dag Selchfleisch
60 dag gekochte
Kartoffeln
6 dag Speck
2 dag Fett
⅛ Liter Sauerrahm
1 Ei
Zutaten

Eine große feingehackte Zwiebel wird im würfelig geschnittenen Speck oder Fett angedämpft, mit dem Sauerkraut vermischt und mit Kümmel, Salz, Muskat und Zitronensaft gewürzt. Die gekochten, geschälten Kartoffeln werden in Scheiben, das gekochte Selchfleisch in kleine Würfel geschnitten. Eine befettete Auflaufform wird nun abwechselnd mit Sauerkraut, Kartoffeln und Selchfleisch gefüllt, die oberste Schicht sollte Sauerkraut sein. Rahm, Eidotter und Eischnee sowie das Salz werden gut abgesprudelt über den Auflauf gegossen und dieser bei guter Hitze zu schöner Farbe gebacken.

253. Russisches Krautfleisch

¾ kg Sauerkraut
60 dag Rindfleisch
3 Zwiebeln
4 rohe, geschälte Kartoffeln
5 dag Fett
Zutaten

Die Zwiebeln schneiden, in Fett anlaufen lassen, Sauerkraut und das würfelig geschnittene Rindfleisch dazugeben, mit Suppe oder Wasser aufgießen und dünsten lassen. Sobald das Fleisch gar ist, die rohen, geschälten Kartoffeln reiben und das Krautfleisch damit binden, salzen, mit Petersiliengrün bestreuen und nach Belieben mit Sauerrahm abschmecken.

254. Leberauflauf

30 dag Leber
30 dag Weißbrot oder Semmeln
8 dag Fett
1 Ei
¼ Liter Milch
¼ Liter Süßrahm
Zutaten

15 dag altes Weißbrot oder Semmeln werden in Milch angeweicht, die Leber wird mit dem angeweichten Brot zusammen durch die Fleischhackmaschine gedreht. Die restlichen 15 dag Weißbrot schneidet man in Würfel. Süßrahm, Ei und Salz sprudelt man gut ab. In 6 dag Fett dünstet man eine feingehackte Zwiebel, um hierauf alle Zutaten zusammenzumischen und mit feingehackter Zitronenschale, zerdrücktem Knoblauch, Majoran, Thymian und Salz zu würzen. Der Auflauf wird in einer mit 2 dag Fett ausgestrichenen Form zu schöner Farbe gebakken. Mit Salat gereicht, ergibt er eine ausgiebige, wohlschmeckende Speise.

255. Pizza

50 dag Weizenvollmehl
4 Eßlöffel Öl
2 dag Germ (Hefe)
¼ Liter Wasser
Salz

Im erwärmten Wasser Germ, Öl und Salz auflösen, das Mehl einrühren und einen Teig kneten, der zweimal gehen muß. Auf einem befetteten Blech mit der nassen Hand aufstreichen und vorbacken. Belegt wird die Pizza nach Geschmack. Ein Vorschlag: Zwiebel und Champignons fein schneiden, in Öl leicht dünsten, nach dem Auskühlen auf die vorgebackene Pizza auftragen, darüber legt man Schinken oder Salamischeiben. Tomaten werden im eigenen Saft leicht durchgedünstet, mit Ketchup abgeschmeckt und über die belegte Pizza gegeben. Nach Geschmack wird Oregano darüber gestreut. Die Pizza wird bei größter Hitze gebacken. Der in Würfel geschnittene Käse kommt erst darauf, wenn das Rohr ausgeschaltet und die Pizza durchgebacken ist.

256. Mischgericht mit Schweinefleisch und Sauerkraut

1 kg Kartoffeln
75 dag Sauerkraut
60 dag Schweinefleisch
6 dag Speck
Zutaten

Im würfelig geschnittenen Speck wird eine feingehackte Zwiebel gedünstet. Dazu kommen das in Würfel geschnittene Fleisch, Lorbeerblatt, eine zerdrückte Knoblauchzehe, etwas Kümmel und Salz. Ist das Fleisch gut angedünstet, mischt man die in Würfel geschnittenen Kartoffeln und das Sauerkraut bei, vergießt mit ½ Liter guter Suppe und dämpft das Gericht zugedeckt, bis das Fleisch weich ist.

257. Mischgericht aus Schweinefleisch und Gemüse

1 kg Kartoffeln
60 dag Schweinefleisch
30 dag Sellerie
30 dag Möhren
30 dag Kohl
Zutaten

In 1 Liter siedende Wurzelsuppe oder Wasser gibt man das in Würfel geschnittene Schweinefleisch und das nudelig geschnittene Gemüse. Unterdessen schneidet man die Kartoffeln zu Würfeln, gibt sie nebst Lorbeerblatt, Kümmel, Salz und etwas zerdrücktem Knoblauch dem Mischgericht bei und kocht das Ganze zugedeckt so lange, bis Fleisch und Gemüse weich sind. Mit Küchenkräutern servieren.

258. Pickelsteiner

20 dag Rindfleisch
20 dag Schweinefleisch
20 dag Hammelfleisch
15 dag Möhren
15 dag Sellerie
10 dag Petersilie
20 dag Weißkraut
20 dag Kohl
4 dag Fett
1 große Zwiebel
Zutaten

Das Fleisch wird blättrig geschnitten, ebenso Möhren, Sellerie und Petersilie. Kraut und Kohl werden nudelig geschnitten, Zwiebel, Majoran und Thymian werden fein gehackt und im Fett gedünstet. Nun schichtet man Fleisch und Gemüse mit dem Gewürz gemischt abwechselnd in den Topf ein, vergießt mit ½ Liter gesalzenem siedenden Wasser und dünstet das Gericht zugedeckt weich. Vor dem Anrichten mit rohen Wurzeln (gerieben) aufwerten.

259. Bauernknödel

50 dag Knödelbrot
20 dag Mehl (Vollmehl)
20 dag Selchfleischreste
5 dag Fett
1 Ei
¼ Liter Milch
1 Zwiebel
Zutaten

Aus Milch, Mehl, Ei und Salz macht man einen Teig und mengt das zu Würfeln geschnittene Fleisch und Knödelbrot darunter. Aus der Masse formt man einen Knödel, der in 5 Liter siedendem Salzwasser eine ¾ bis 1 Stunde zugedeckt gekocht wird. Vor dem Essen schneidet man den Knödel in schöne Stücke, richtet diese appetitlich an, gibt die in Fett gedämpfte Zwiebel darüber und bringt alles zu Tisch.

260. Frankfurter Kohl

1 kg geputzter Kohl
3 Paar Frankfurter (Wiener) Würstel
6 mittelgroße Kartoffeln
2 dag Mehl (Vollmehl)
5 dag Fett
Zutaten

Nudelig geschnittener grüner Kohl wird mit einer gehackten Zwiebel in Fett gedünstet, gesalzen, mit Mehl gestäubt und mit Wurzelsuppe vergossen. Die rohen Kartoffeln werden würfelig geschnitten und alles zusammen weich gedünstet. Die Frankfurter Würstel in Scheiben schneiden und kurz mitdünsten. Mit Petersiliengrün bestreuen.

261. Bauern-Mischgericht

80 dag Selchfleischreste
1 kg Bohnschoten
1 kg Kartoffeln
6 dag Speck
Zutaten

Im würfelig geschnittenen Speck dünstet man eine feingehackte Zwiebel, gibt dazu länglich geschnittene Bohnen (es können auch tiefgekühlte sein), die in kleine Stücke geschnittenen Kartoffeln und das Selchfleisch, vergießt mit ½ Liter gut gewürzter Selchsuppe und kocht das Gericht zugedeckt, bis alle Zutaten weich sind. Verwendet man gut gewürzte Suppe, so erübrigt sich jede weitere Gewürzzugabe.

262. Mischgericht mit Selchfleisch und Gemüse

80 dag Selchfleischreste
50 dag Kartoffeln
50 dag Möhren
50 dag Sprossenkohl
25 dag Nudeln
8 dag Speck
Zutaten

Im feinwürfelig geschnittenen Speck dämpft man feingehackte Zwiebeln, die nudelig geschnittenen Möhren und das in kleine Stücke geschnittene Selchfleisch, dazu gibt man noch die würfelig geschnittenen Kartoffeln und den Kohl, vergießt mit ½ Liter Wurzelsuppe, salzt, kocht dies, gibt die Nudeln dazu, rührt durch und dünstet das Mischgericht zugedeckt fertig. Mit Petersiliengrün bestreuen.

263. Hülsenfrüchte-Mischgericht

1 kg Kartoffeln
1 kg Weißkraut
50 dag Erbsen
50 dag Selchfleisch
6 dag Speck
Zutaten

Die gewaschenen Hülsenfrüchte werden in ½ Liter warmen Wasser über Nacht eingeweicht. Die geschälten Kartoffeln werden in Würfel, das geputzte, gewaschene Kraut nudelig geschnitten und den Erbsen beigemischt, ebenso das Selchfleisch. Der in Würfel geschnittene Speck wird erhitzt, eine feingeschnittene Zwiebel darin gedämpft und dem Mischgericht nebst Kümmel und Salz beigegeben. Das Ganze wird zugedeckt weich gedünstet. An Stelle der Erbsen kann man auch Bohnen oder Linsen nehmen. Mit Petersiliengrün bestreuen.

264. Hirsemischgericht mit Blut

35 dag Hirse
50 dag Fleischreste jeglicher Art
15 dag Schweinskopffleisch
20 dag gekochte Schwarten
10 dag Speckwürfel
½ Liter Blut
Zutaten

Die Hirse wird gewaschen, mit siedendem Wasser einige Minuten lang angebrüht und dann mit kaltem Wasser abgeschreckt. Dazu kommen die Fleischreste, das kleingeschnittene, gekochte Kopffleisch, die Schwarten, die Speckwürfel, ½ Liter Blut, angeröstete Zwiebel, Majoran, Thymian, etwas Pfeffer, Neugewürz und Salz und soviel gute, siedende Suppe, daß alles eine gut fließende Masse ergibt. Danach bäckt man das Ganze in einer befetteten Pfanne. Dieses Gericht ist besonders gut geeignet, wenn ein Schwein geschlachtet wird, damit alle seine Reste optimal verwertet werden können.

265. Bluttommerl

20 dag Weißbrot
10 dag Mehl (Vollmehl)
5 dag Speck
2 dag Fett
1 Liter Blut
1 Liter Milch
Zutaten

In kleinwürfelig geschnittenem Speck dämpft man eine feingehackte Zwiebel und rührt alles mit Blut, Milch, Mehl, Brotwürfeln, Majoran, Thymian und Salz gut durch. Die Masse wird in einer mit Fett bestrichenen, flachen Pfanne gebacken und heiß mit Sauerkraut und Kartoffeln zu Tisch gereicht.

266. Blutstrudel

25 dag Mehl (Vollmehl)
5 dag Speck
5 dag Weißbrot
½ Liter Blut
1 Ei
Zutaten

Aus Mehl, dem Ei, ⅛ Liter lauwarmem Wasser und etwas Salz bereitet man einen feinen Strudelteig und läßt ihn rasten. In dem in feine Würfel geschnittenen Speck dünstet man eine feingehackte Zwiebel, gibt Weißbrot, Blut, Majoran, Thymian und etwas Salz bei und röstet dies gut durch. Der ausgezogene Strudelteig wird mit der Blutfülle belegt, zusammengerollt, gebacken und entweder als Suppenstrudel oder als Mittagsgericht mit Kraut gereicht.

Soßen

Durch Soßen, zu deren Bereitung meist nur wenige Zutaten gebraucht werden, die also billig sind, kann manches Gericht nicht nur schmackhafter gemacht werden, sondern die Hausfrau kann damit auch Abwechslung in den Speisezettel bringen.

Soßen mit Einbrenn erfordern eine längere Kochzeit. Durch das längere Kochen werden sie schmackhafter.

Alle Soßen mit Einbrenn müssen erst kalt und dann heiß vergossen und darauf so lange entweder mit dem Schneebesen geschlagen oder mit dem Kochlöffel verrührt werden, bis sie aufsieden. Wenn man diese Vorschrift nicht befolgt, werden sie knollig.

Eine vorzügliche Verwertung von Braten- und Fischresten erreicht man durch Beigabe kalter Soßen, wie Mayonnaise, Eiersoße, Senfsoße. Auch mit nur kleinen Überresten läßt sich auf solche Art manch feines Abendessen herstellen.

Kalte Schnittlauchsoße, Essig- und Apfelkren werden meist zu warmem Fleisch bevorzugt.

Zwiebel-, Pilz-, Tomaten-, warme Schnittlauch-, Gurken- und Dillsoßen sind beliebte Beigaben zu gesottenem Rindfleisch; sie eignen sich aber auch vorzüglich als Beigabe zu den meisten Restegerichten.

Die gesunden, schmackhaften Obstsoßen sind wenig bekannt, sollten aber ihrer Billigkeit halber in jedem Haushalt eingeführt werden. Zu Milchgerichten, Schmarren, Puddings, Aufläufen, Knödeln und einem großen Teil der in Fett gebackenen Mehlspeisen schmecken diese Obstsoßen vorzüglich. Bei ihrer Zubereitung sollte der Zucker nicht mitgesotten, sondern erst nach dem Kochen beigefügt werden. Zur Apfelsoße verwendet man die Äpfel ungeschält; auch kleine, unansehnliche Früchte eignen sich dazu. Durch das Mitkochen der Schale und des Kerngehäuses erhält die Soße einen würzigen Geschmack.

Sollte einmal eine Soße zu **dünn geraten**, was zwar bei gewissenhaftem Abwägen der Zutaten nach diesem Kochbuch nicht der Fall sein dürfte, so ist dieser Fehler leicht dadurch zu beheben, indem man ein Löffelchen Stärkemehl in etwas kaltem Wasser auflöst und es unter fleißigem Sprudeln mit der Soße aufsieden läßt.

267. Eiersoße

3 Eidotter
$^1/_{10}$ Liter Weinessig
$^2/_{10}$ Liter Öl
Zutaten

Unter fortwährendem Schlagen werden langsam, immer abwechselnd, Ei, Öl und Essig mit Salz kalt in einem Topf gerührt. Wenn alles sehr gut vermischt ist, stellt man den Topf in heißes Wasser und schlägt ununterbrochen so lange, bis die Soße dick wird; sieden darf sie aber nicht.

268. Senfsoße

3 Eidotter
2 Eßlöffel Senf
2 Eßlöffel Weinessig
2 Eßlöffel Öl
½ Zitrone
Zutaten

Etwas feingestoßene Zwiebel wird mit Senf, dem Saft einer halben Zitrone, 1 Löffel Staubzucker und Salz fein verrührt. Nun fügt man langsam, immer abwechselnd, die hartgekochten, zerdrückten Dotter, Öl, Essig und etwas Bratensaft bei und rührt die Soße, wobei der Topf in sehr kaltem Wasser stehen muß, fein ab. Wenn Eidotter gespart werden sollen, verwendet man nur 2 Eidotter und fügt der Soße zuletzt das kleingehackte Eiweiß bei. Auch ein Zusatz von etwas in Wasser geweichter und durch ein Sieb getriebener Semmel macht die Soße ausgiebiger. Mit Petersiliengrün bestreuen.

269. Kalte Schnittlauchsoße

3 Eidotter
$^1/_{10}$ Liter Weinessig
$^2/_{10}$ Liter Öl
Zutaten

Zwei hartgekochte und ein roher Dotter werden abwechselnd mit Öl, Essig und Salz zu einer feinen Soße verrührt, der man zuletzt eine Handvoll sehr fein geschnittenen Schnittlauch beigibt.
Mit Eißweiß und Semmel kann auch diese Soße wie Nr. 268 verlängert werden.

270. Apfelkren (Meerrettich)

40 dag Äpfel
3 dag Kren
⅛ Liter Weinessig
1 dag Zucker

Man schält und reibt die Äpfel, vermengt sie schnell mit dem Essig, damit sie licht bleiben, zuckert sie und gibt den feingeriebenen Kren dazu.

271. Essigkren (Meerrettich)

6 dag geriebener Kren
2 dag Zucker
1 Eßlöffel Öl
⅛ Liter Weinessig
Zutaten

Geriebener Kren wird mit Essig, Zucker und Salz gut gemischt und zuletzt das Öl leicht daruntergerührt. Liebt man den Kren weniger scharf, so kann er vor dem Anmachen mit einigen Löffeln heißer Suppe abgerührt werden.

272. Semmelkren (Meerrettich)

20 dag Semmeln
10 dag geriebener Kren
Zutaten

Die Semmeln werden blättrig geschnitten, mit ¾ Liter siedender Suppe begossen und unter fleißigem Rühren schnell aufgesotten. Kurz vor dem Anrichten gibt man den feingeriebenen Kren, Salz und 2 Löffel Rahm dazu.

273. Mandelkren (Meerrettich)

6 dag Kren
5 dag Mehl (Vollmehl)
4 dag Fett
4 dag abgezogene
    Mandeln
2 dag Zucker
½ Liter Milch
Zutaten

Im heißen Fett läßt man das Mehl anlaufen, vergießt mit Milch und siedet die Soße auf. Dann werden die feingeschnittenen oder gestoßenen Mandeln nebst etwas Zucker dazugegeben und beim Anrichten der geriebene Kren und etwas Salz schnell daruntergemischt.

274. Warme Schnittlauchsoße

8 dag Mehl (Vollmehl)
4 dag Fett
Zutaten

Das Mehl wird in Fett gedämpft, mit ¾ Liter Suppe oder Wasser langsam vergossen, gesalzen und alles gesotten. Eine kleine Handvoll sehr feingeschnittener Schnittlauch wird beigegeben, die Soße noch einmal aufgesotten und über 2 Eßlöffel Sauerrahm angerichtet.

275. Dillsoße

8 dag Mehl (Vollmehl)
4 dag Fett
Zutaten

Eine lichte Einbrenn aus Fett und Mehl vergießt man mit ¾ Liter Suppe oder Wasser, salzt und läßt sie 20 Minuten sieden, gibt dann eine kleine Handvoll sehr fein geschnittenes Dillkraut hinein, läßt die Soße nochmals aufsieden und verbessert sie mit 2 Eßlöffeln Sauerrahm. Wird Süßrahm genommen, so säuert man die Soße mit etwas Zitronensaft.

276. Gurkensoße

40 dag Gurken
8 dag Mehl (Vollmehl)
4 dag Fett
Zutaten

Die Gurken werden geschält, kleinwürfelig geschnitten und in die lichte Einbrenn gegeben, die man aus dem Fett, den feingehackten Zwiebeln und dem Mehl hergestellt hat. Man vergießt mit ¾ Liter Suppe oder Wasser, würzt mit Salz und 3 bis 4 Eßlöffeln Essig und kocht die Soße fertig. Diese Soße ist aus frischen Gurken bereitet, sie kann aber auch aus Essiggurken hergestellt werden. Dann nimmt man jedoch nur 30 dag, bereitet die Soße ohne Essig und fügt zuletzt die Gurken der Soße ungeschält bei.

277. Tomaten-Soße

50 dag Tomaten
8 dag Zucker
5 dag Mehl (Vollmehl)
4 dag Fett
Zutaten

Das Mehl und der Zucker werden im Fett ziegelrot gedämpft; dann gibt man die Tomaten, Salz und zwei Nelken hinein, dämpft alles nochmals, vergießt mit ¼ Liter Wasser oder Suppe und läßt die Soße fertig kochen. Vor dem Anrichten wird die Soße durch ein Sieb gerührt.

278. Apfel-Zwiebelsoße

30 dag Äpfel
30 dag Zwiebel
5 dag Butter
5 dag Weizenvollmehl

zum Würzen:
Curry
Honig
Zitronensaft
Salz

Zwiebel und Äpfel werden in gleich große Würfel geschnitten. Zuerst wird die Zwiebel in der Butter weich gedünstet, dann die Äpfel beigegeben. Zwiebel und Äpfel sollten ganz bleiben. Nun wird mit Weizenvollmehl gestäubt, mit Wasser aufgegossen, leicht durchgekocht und mit Salz, Honig, Zitronensaft und Curry pikant abgeschmeckt.

279. Weiße Zwiebelsoße

10 dag Schalotten
8 dag Mehl (Vollmehl)
4 dag Fett
3 dag Zucker
Zutaten

Aus Fett und Mehl wird eine lichte Einbrenn gemacht, die feingehackten Zwiebeln werden beigefügt und mit ¾ Liter Suppe oder Wasser langsam vergossen und Zucker, 2 Eßlöffel Essig, 1 Eßlöffel Zitronensaft sowie das nötige Salz beigegeben. Das Ganze wird gekocht und vor dem Anrichten durch ein Sieb gegeben.

280. Zwiebelsoße auf andere Art

5 dag Schalotten
5 dag Mehl (Vollmehl)
4 dag Fett
4 dag Zucker
2 dag Butter
Zutaten

Man läßt den Zucker im Fett hellbraun anlaufen, gibt das Mehl hinein, röstet es unter beständigem Rühren zu dunkler Farbe, jedoch so, daß es nicht bitter wird, und vergießt diese Einbrenn mit einem abgeseihten Sud aus ½ Liter Wasser, 4 Eßlöffeln Essig, Salz, Suppenwurzeln, Thymian, Lorbeerblatt und kocht die Soße fertig. Vor dem Anrichten wird sie durchs Sieb gerührt und mit in Butter angelaufenen, fein zerhackten Zwiebeln gemischt.

281. Zwiebelringe in Rahm

20 dag Zwiebel
⅛ Liter Sauerrahm
3 Eßlöffel Öl
Zutaten

Nicht zu dünn geschnittene Zwiebelringe dämpft man in Öl in einer großen flachen Pfanne unter öfterem Schütteln glasig und weich, salzt, gibt eine Messerspitze Currypulver dazu und rührt den Sauerrahm ein. Als Beilage zu Fleisch ausgezeichnet.

282. Pilz-(Schwammerl-)Soße

5 dag Mehl (Vollmehl)
4 dag getrocknete Schwämme
4 dag Fett
Zutaten

Die Schwämme werden in 1 Liter Salzwasser gekocht. Nachher macht man aus Fett, Mehl und Zwiebel eine lichtbraune Einbrenn, die man mit Wasser, worin die Pilze gesotten wurden, vergießt. Die feingehackten Schwämme gibt man der Soße bei, siedet alles noch 10 Minuten und richtet sie mit 3 Eßlöffeln Rahm an. Mit Petersiliengrün bestreuen.

283. Schwammerlsoße

60 dag frische Schwammerln
6 dag Mehl (Vollmehl)
4 dag Fett
Zutaten

Geputzte Schwämme werden feinblättrig geschnitten, mit feingehackter Zwiebel und Petersiliengrün im Fett weich gedünstet, gestäubt, nochmals gedünstet, mit etwas Paprika und Kümmel gewürzt. Nun vergießt man mit ¼ Liter guter Suppe, läßt das Ganze nochmals gut sieden und gibt etwas Rahm und Salz bei. Mit gehacktem Petersiliengrün servieren.

284. Rahmsoße mit Kren

¼ Liter Sauerrahm
5 dag geriebener Kren
½ Zitrone
Zutaten

Sauerrahm, geriebener Kren, Saft einer halben Zitrone, 1 Kaffeelöffel feingehackte Zwiebel, 1 Messerspitze Currypulver und feingeschnittener Schnittlauch werden gut vermischt, mit Salz abgeschmeckt und eine Stunde an einem kalten Ort stehengelassen. Zu feinen Fleischspeisen eine pikante Beigabe.

285. Cumberlandsoße

25 dag Ribiselgelee
⅛ Liter Rotwein
2 Orangen
5 dag Butter
3 dag Weizenvollmehl
Zutaten

Das Mehl in Butter anlaufen lassen, das Ribiselgelee oder Ribiselmarmelade dazugeben, mit Wasser aufgießen und aufkochen. Ist die Soße abgekühlt, gibt man Rotwein und Orangensaft dazu. Man kann die Soße passieren und eine Prise Salz dazugeben.

286. Preiselbeersoße

½ Liter eingekochte
  Preiselbeeren mit
  Zucker
3 dag Brösel
2 dag Fett
Zutaten

Zu den in heißem Fett ein wenig gerösteten Bröseln gibt man die Preiselbeeren, vergießt mit ¼ Liter Wasser und siedet die Soße auf. Wenn die Beeren wenig oder gar nicht gezuckert sind, kann nach Geschmack Zucker dazugegeben werden.

287. Apfelsoße

1 kg Äpfel
2 dag Mehl (Vollmehl)
3 dag Zucker
2 dag Butter
Zutaten

Die Äpfel werden gewaschen, aber nicht geschält. Man kocht sie in ½ Liter Wasser mit Zimtrinde, Zitronenschalen und Nelken schon am Morgen weich und läßt sie im Sud erkalten. Vor der Verwendung werden sie durch ein Sieb getrieben und zu der aus Fett und Mehl bereiteten lichten Einbrenn gegeben, die mit dem Wasser, in dem die Äpfel gesotten wurden, vergossen wird. Die Soße muß noch 10 Minuten sieden, wird gezuckert und kann warm oder kalt zu Mehlspeisen gegeben werden.

288. Holundersoße

½ Liter eingekochter
  Holunder
6 dag Zucker
5 dag Mehl (Vollmehl)
4 dag Fett
Zutaten

Fett und Mehl werden zu lichter Einbrenn verrührt, mit ½ Liter Wasser vergossen, dann der Holunder dazugemischt, die Soße 10 Minuten gesotten und gezuckert. Sind die Beeren mit Zucker eingekocht, so läßt man diesen weg.

289. Heidelbeer-, Schwarzbeer- oder Blaubeersoße

½ Liter eingekochte
  Schwarzbeeren
6 dag Zucker
3 dag Stärkemehl
Zutaten

Die Schwarzbeeren werden mit ½ Liter kaltem Wasser, worin das Stärkemehl gut versprudelt ist, aufgesotten, gezuckert und warm oder kalt zu Mehlspeisen gereicht. Man kann diese Soße auch mit einer Einbrenn (3 dag Fett, 4 dag Mehl) bereiten und mit ½ Liter Wasser vergießen.

290. Powidlsoße

35 dag Powidl
 4 dag Zucker
 3 dag Mehl (Vollmehl)
 2 dag Fett
Zutaten

Die aus Fett und Mehl bereitete Einbrenn wird mit dem Powidl (Pflaumenmus) verrührt und mit 1 Liter kaltem Wasser langsam vergossen; hierauf läßt man die Soße 10 Minuten kochen und gibt zuletzt den Zucker bei. Diese Soße kann auch ohne Einbrenn mit Stärkemehl nach Nr. 289 zubereitet werden.

291. Zwetschkenpfeffer

50 dag gedörrte
　Zwetschken
3 dag Mehl (Vollmehl)
2 dag Fett
2 dag Zucker
Zutaten

Die Zwetschken werden gewaschen und über Nacht in 1¾ Liter Wasser eingeweicht. Am Morgen siedet man sie mit dem Einweichwasser, etwas Zitronenschale, 2 Nelken und ganzem Zimt vollständig weich. Aus Fett und Mehl bereitet man eine Einbrenn, vergießt sie mit dem Zwetschkenwasser, gibt dann die entkernten, gewiegten Früchte hinein und siedet die Soße mit dem Zucker 10 Minuten.

Gemüse

Gemüse sind äußerst wertvolle Nahrungsmittel. Sie enthalten wichtige Nährsalze und sind reich an lebenswichtigen Vitaminen; einige enthalten auch etwas Stärkemehl, Eiweiß und Zucker. Selbst die unverdaulichen Zellstoffe der Gemüse sind nicht wertlos, sondern für die Anregung unserer Verdauung von großer Wichtigkeit.

Viele Menschen halten nur eine Ernährung mit viel Fleisch für gesund und kräftig. Die Freunde ausschließlicher Pflanzenkost (Vegetarier) haben dieses Vorurteil nicht nur widerlegt, sondern sie beweisen uns auch, daß der Mensch ohne Fleisch recht gut leben, ja, daß er dabei gesund und vor allem sehr leistungsfähig sein kann. Durch Milch, Eier und Fett ergänzt, bietet uns die Pflanzenkost eine zugleich vollwertige und schmackhafte wie abwechslungsreiche und dabei billige Nahrung. Wir sollten jedes Gemüse, außer die grünen Bohnen, möglichst roh essen. Wichtig für Rohkost sind Salate aus Karotten, Sellerie, Roten Rüben, Weißkraut, Blaukraut, Kohl, Kohlrüben, Rettichen usw.

Richtig zubereitet, vor allem fein zerkleinert und gut gekaut, wird sie auch gut vertragen. Besonders das rohe Sauerkraut eignet sich als Rohkost ausgezeichnet.

Soll nun aber das Gemüse ein **wirkliches Nahrungsmittel** sein, so darf es nicht nach alter Art in viel Wasser, das dann weggeschüttet wird, gesotten werden. Auf solche Weise bereitetes Gemüse enthält fast nur noch **Z e l l s t o f f e** , denn die für das Blut so wichtigen Nährsalze und Vitamine lösen sich beim Sieden im Wasser und gehen verloren.

Um a l l e Wirkstoffe zu erhalten, müssen die Gemüse, nachdem sie gewaschen, sorgfältig geputzt, nochmals schnell im Wasser gespült und appetitlich geschnitten sind, gedünstet oder in wenig Salzwasser gesotten werden. Damit die beim Sieden gelösten Wirkstoffe nicht verlorengehen, ist nur so viel Wasser zu verwenden, als zum späteren Vergießen des Gemüses notwendig ist. Um jeden Verlust an Wirkstoffen zu vermeiden, darf man rohes Gemüse auch nie im Wasser weichen lassen.

Eingebrannte Gemüse dürfen nur mit so viel Wasser sieden, als man braucht. Kocht man diese Gemüse in viel Wasser, so wird das überflüssige weggegossen, dadurch werden nicht nur viele Nährstoffe entzogen, sondern es werden auch die vorhandenen wertlos gemacht.

Beim Dünsten der Gemüse wird eine Verdünnung mit Wasser vermieden, und dieser Kochprozeß ist sehr vorteilhaft. Gedünstetes Gemüse ist besonders nahrhaft, schmackhaft und leicht verdaulich.

Wasser, in welchem man Spinat, Karfiol, Kohl oder Spargel siedet, verwende man zur Bereitung von Gemüsesuppen.

Legt man bei Gemüsen wie Spinat, Kochsalat, grünen Bohnen usw. Besonderen Wert auf die **g r ü n e** Farbe, so lasse man sie in siedendem, gesalzenem Wasser offen gar werden. Da jedoch bei diesem Kochverfahren immer Nährsalze in den Sud übergehen, so verwende man diesen zum Vergießen von Gemüsen und Suppen.

Niemals dürfen Gemüse mit kaltem Wasser aufgestellt werden. Sie müssen stets in **s i e d e n d e s , g e s a l z e n e s** Wasser in kleinen Mengen eingelegt und das Wasser muß schnell wieder zum Sieden gebracht werden, ehe weiteres Gemüse nachgegeben wird.

Wenn die Gemüse auf dem Land auch nicht so teuer sind wie in der Stadt, so sollte man doch sparsam damit umgehen. Beim Putzen dürfen nur holzige, faule und wirklich unbrauchbare Bestandteile entfernt werden. Die grünen, aber meist noch guten Außenblätter von Kohl, Kraut, Salat und alle Blätter der Kohlrabi (außer den Herzblättchen) wandern auf dem Land meist in den Futterkübel. Das ist Verschwendung, da der Gemüsebau viel Arbeit erfordert. Wir können uns aber auch durch Haushalten im Sommer einen größeren Vorrat für den Winter ersparen; denn Gemüse sollte nicht nur im Sommer, sondern auch im Winter täglich auf den Tisch kommen. Auf die Verwendung gekochter Gemüsereste für Suppen wurde bereits in den Suppenvorschriften hingewiesen.

Da beim Kochen der Gemüse mehr oder weniger Vitamine verlorengehen, ist es sehr wichtig, das gekochte Gemüsegericht mit etwas feingehacktem oder geriebenem Frischgemüse der gleichen Art zu versehen, bevor man es zu Tisch bringt. Bereitet man demnach eingebrannten Spinat, so gibt man vor dem Anrichten etwa ein Viertel des zu verwendenden Spinates roh, sehr fein gehackt, zum fertigen Spinat und bringt das Ganze sofort zu Tisch. So geschieht dies bei allen gedünsteten und eingebrannten Gemüsen. Durch diese Maßnahme wird der Verlust der Vitamine durch das Kochen ausgeglichen.

292. Sauerkraut

¾ kg Sauerkraut
5 dag Fett
6 dag Mehl (Vollmehl)
Zutaten

Man gibt das Kraut in 1 Liter siedendes Wasser, fügt die aus Fett, Mehl und Zwiebeln bereitete, mit Krautwasser vergossene Einbrenn bei und läßt das Ganze kurz kochen. Sehr schmackhaft wird das Kraut durch Beigabe eines geriebenen Apfels oder einer rohen Kartoffel.

293. Saure Rüben

¾ kg saure Rüben
6 dag Mehl (Vollmehl)
5 dag Fett
Zutaten

Die Rüben werden wie Sauerkraut eingesäuert und auch gleich wie Nr. 292 bereitet.

294. Bauernkraut

1 kg geputztes Weißkraut
6 dag Mehl (Vollmehl)
4 dag Fett
Zutaten

Das Weißkraut muß grobnudelig geschnitten und mit Salz, Kümmel und einigen Eßlöffeln Essig in ½ Liter siedendes Wasser gegeben und weich gekocht werden. Aus Fett, Mehl und Zwiebeln bereitet man eine lichte Einbrenn, diese wird mit ¼ Liter Wasser vergossen, glatt verrührt, zum Kraut gegeben und verkocht. Eine Beigabe von einigen nudelig geschnittenen Tomatenn und grünem Paprika macht das Bauernkraut sehr pikant.

295. Göppelkraut

1 kg Kraut
20 dag geschälte Kartoffeln
5 dag Mehl (Vollmehl)
5 dag Fett
Zutaten

Das Kraut wird grob geschnitten, die geschälten Kartoffeln in große Würfel geschnitten, mit ½ Liter Wasser aufgestellt und weich gekocht. Aus Fett und Mehl bereitet man eine lichte Einbrenn und gibt, fein gehackt, Zwiebeln, Knoblauch nebst Kümmel, Paprika und Salz dazu. Die Einbrenn wird mit ¼ Liter Wasser vergossen, glatt verrührt zum Kraut gegeben und verkocht.

296. Gedünstetes Weißkraut

1,50 kg geputztes Weißkraut
3 dag Speck
3 dag Fett
3 dag Zucker
Zutaten

Der Zucker wird im heißen Fett und Speck leicht gebräunt, 2 kleine, gehackte Zwiebeln beigegeben, alles noch kurze Zeit gedünstet und dann das feingeschnittene Kraut hinzugefügt. Wenn es Farbe angenommen hat, würzt man mit Kümmel, Essig und Salz, läßt das Ganze kochen und zugedeckt fertigdünsten.

297. Gedünstetes Blaukraut

1 kg geputztes Blaukraut
6 dag Speck
1 dag Zucker
1 dag Mehl (Vollmehl)
Zutaten

Das nudelig geschnittene Kraut wird mit Speckwürfeln, drei feingeschnittenen Äpfeln, Zucker, Salz, etwas Kümmel und zwei feingehackten Zwiebeln in den Topf eingeschichtet, mit 3 Löffeln Weinessig übergossen und zum Dünsten gebracht. Nun stäubt man das Gemüse, vergießt es mit ¼ Liter Suppe oder Wasser und läßt es zugedeckt weich dünsten.

298. Kürbiskraut

1½ kg Kürbisse
8 dag Mehl (Vollmehl)
6 dag Fett
Zutaten

Die geschälten Kürbisse werden nudelig geschabt und gesalzen. Hierauf macht man eine lichte Einbrenn, gibt Zwiebel und wenig Knoblauch, sehr fein gehackt, dazu, gießt mit ¾ Liter guter Suppe auf, läßt das Ganze aufkochen und gibt die Kürbisse und 2 Tomaten dazu. Das Ganze läßt man 10 Minuten sieden und richtet es dann an. Nach Geschmack kann man auch Essig beifügen.

299. Gedünstete Kohlrabi

1¼ kg geputzte Kohlrabi
4 dag Fett
2 dag Mehl (Vollmehl)
Zutaten

Die zarten, grünen Blättchen der Kohlrabi werden geschnitten, mit einer kleingehackten Zwiebel im Fett gedünstet. Dann gibt man die blättrig geschnittenen Kohlrabi hinzu, würzt mit Salz und Zucker, überdünstet alles, stäubt mit Mehl und vergießt nach 3 Minuten mit ¼ Liter Suppe oder Wasser. Das Gemüse wird dann zugedeckt weich gedünstet. Mit Petersiliengrün bestreuen.

300. Eingebrannte Kohlrabi

1 kg geputzte Kohlrabi
6 dag Mehl (Vollmehl)
5 dag Fett
Zutaten

Die feinnudelig geschnittenen Kohlrabi gibt man in ¾ Liter siedendes Wasser und läßt sie kochen. Unterdessen hat man aus Fett, Mehl, den zerhackten Blättchen der Kohlrabi und einer Zwiebel eine Einbrenn bereitet, die nun mit dem Sud vergossen wird. Dann fügt man das Gemüse bei, salzt und läßt alles weiterkochen, bis die Kohlrabi weich sind.

301. Kohlrüben

1 kg geputzte Kohlrüben
6 dag Speck
6 dag Mehl (Vollmehl)
Zutaten

Die blättrig geschnittenen Kohlrüben werden mit dem geschnittenen Speck und dem Salz in ½ Liter siedendes Wasser gegeben und weich gekocht, dann mit dem Mehl gestäubt und noch einmal aufgesotten.

302. Eingebrannter Kohl

1,50 kg geputzter Kohl
6 dag Mehl (Vollmehl)
5 dag Fett
Zutaten

Der Kohl wird grob verhackt, in ¾ Liter siedendes Wasser gegeben und weich gekocht. Inzwischen bereitet man aus Fett, Mehl, einer feingehackten Zwiebel (nach Geschmack auch etwas Knoblauch) eine lichte Einbrenn, die, mit Kohlwasser oder Suppe vergossen, fein verrührt und gut aufgekocht, mit dem Kohl vermischt wird. Vor dem Anrichten gibt man etwas Rahm und Salz dazu.

303. Kohlkopf mit Milchsoße

1 kg geputzter Kohl
6 dag Mehl (Vollmehl)
4 dag Fett
1 Ei
½ Liter Milch
Zutaten

Der geputzte, gewaschene Kohlkopf wird in siedendem Salzwasser weich gekocht. Kurz vor dem Anrichten bereitet man aus Fett und Mehl eine helle Einbrenn, vergießt sie unter fortwährendem Schlagen mit der Schneerute mit ½ Liter Milch und läßt sie unter wiederholtem Rühren 10 Minuten sieden. Zum Schluß würzt man die Soße mit Salz, versprudelt das Ei mit 2 Eßlöffeln Rahm und gibt es unter fleißigem Schlagen der Soße bei. Der Kohl wird auf einer Schüssel schön angerichtet und die Soße über denselben gegeben. Will man das Gemüse einfacher machen, so läßt man bei der Soße Ei und Rahm weg.

304. Sprossenkohl

1 kg geputzte Sprossen
6 dag Mehl (Vollmehl)
5 dag Fett
Zutaten

Die Sprossen werden in 1 Liter siedendem Salzwasser gesotten. Aus Fett, Mehl, Zwiebeln, Salz und dem Kohlwasser bereitet man eine Soße und vermischt sie, gut gekocht, mit den Sprossen. Feiner schmeckt Sprossenkohl, wenn er, in Salzwasser gekocht, nur mit einem Stück frischer Butter aufgetragen wird. Man kann ihn auch mit Bröseln bestreuen und mit Butter abschmalzen.

305. Risotto mit Spinat oder Lauch

25 dag Reis
25 dag Spinat
5 dag Fett
Zutaten

Der roh gehackte Spinat oder drei feingeschnittene Lauchstengel werden mit einer feingehackten Zwiebel gedünstet und mit dem gedünsteten Reis (Rezept Nr. 403) fertig gekocht. Mit reichlich Parmesan servieren.

306. Schwarzwurzeln

¾ kg geputzte
  Schwarzwurzeln
6 dag Mehl (Vollmehl)
4 dag Fett
1 Ei
½ Liter Milch
Zutaten

Die Schwarzwurzeln müssen, nachdem sie geputzt worden sind, in etwas Milchwasser gelegt werden, damit sie sich nicht verfärben. Im übrigen bereitet man dieses wohlschmeckende Gemüse nach Nr. 303. Schwarzwurzeln können auch in Ei und Bröseln gedreht und in Fett ausgebacken werden.

307. Porree (Lauch)

70 dag geputzter
  Porree (Lauch)
6 dag Mehl (Vollmehl)
4 dag Fett
1 Ei
½ Liter Milch
Zutaten

Die gewaschenen, geputzten Lauchstengel werden in vier Teile geschnitten und in Salzwasser gekocht. Kurz vor dem Anrichten übergießt man das Gemüse mit der in Nr. 303 angegebenen Soße.

308. Gefüllte Karotten

6 große Karotten
20 dag Schinken
1 Apfel
1 Essiggurke
3 Eßlöffel Sauerrahm
2 Eßlöffel Mayonnaise
Zutaten

Die Karotten waschen und putzen, der Länge nach halbieren und in Salzwasser, dem etwas Zucker beigegeben wird, weich kochen. Sind die Karotten ausgekühlt, werden sie mit einem Löffel ausgehöhlt und gefüllt: Sauerrahm und Mayonnaise mischt man, gibt den gehackten Schinken bei, würzt mit Kräutersalz und Petersiliengrün, gibt die gehackte Essiggurke und den ebenso behandelten Apfel dazu. Diese Masse läßt man etwas stehen, bevor man sie in die vorbereiteten Karotten füllt.

309. Möhren mit Milchsoße

80 dag geputzte Möhren
6 dag Mehl (Vollmehl)
4 dag Fett
1 Ei
½ Liter Milch
Zutaten

Die Möhren werden in Scheiben geschnitten, in Salzwasser weich gekocht und später mit der in Nr. 303 angegebenen Milchsoße aufgetragen.

310. Möhren mit Kartoffeln

½ kg geputzte Möhren
1 kg Kartoffeln
18 dag Speck
Zutaten

Die würfelig geschnittenen Möhren werden mit dem kleingeschnittenen Speck und ½ Liter Wasser 15 Minuten gesotten. Dann gibt man Kartoffelwürfel dazu, salzt und läßt alles weich kochen. Mit Petersiliengrün bestreuen.

311. Möhren mit grünen Bohnen

½ kg geputzte Möhren
½ kg Bohnen
5 dag Fett
2 dag Mehl (Vollmehl)
Zutaten

Im heißen Fett dünstet man nudelig geschnittene Möhren mit etwas Bohnenkraut und einer Zwiebel. Das Gemüse wird gestäubt und mit ¾ Liter Fleischsuppe oder Wasser aufgekocht. Dann werden die feingeschnittenen Bohnen beigefügt, gesalzen und, nachdem alles aufgesotten hat, das Gemüse zugedeckt vollends weich gedünstet und mit Petersiliengrün bestreut.

312. Möhren mit Selchfleisch

1 kg geputzte Möhren
80 dag Selchfleisch
½ kg Kartoffeln
3 dag Mehl (Vollmehl)
2 dag Fett
Zutaten

Im heißen Fett überdünstet man eine mittelgroße, feingehackte Zwiebel und das Mehl, gibt die blättrig geschnittenen Möhren dazu und vergießt mit ¾ Liter Wasser. Das Selchfleisch, am besten Bauchfleisch, wird in zwei Teile geschnitten und zwischen das Gemüse gelegt.

Obenauf gibt man die geschälten, grobblättrig geschnittenen Kartoffeln, salzt und kocht das Ganze weich. Das Gericht kann auch aus Weißkraut oder Kohl bereitet werden. Fleisch und Gemüse bilden, zusammen aufgetragen, ein gutes Mittagessen. Mit Schnittlauch oder Petersiliengrün bestreuen.

313. Gemischtes Gemüse

40 dag geputzte Möhren
40 dag geputzte Kohlrabi
20 dag ausgehülste Erbsen
5 dag Fett
2 dag Mehl (Vollmehl)
Zutaten

Man überdünstet feingeschnittene Möhren und Kohlrabi mit etwas Zwiebel im heißen Fett und stäubt mit Mehl. Hierauf wird das Gemüse mit ½ Liter Suppe oder Wasser vergossen, gesalzen und aufgesotten. Dann erst gibt man die Erbsen dazu, bringt alles noch einmal zum Sieden und läßt das Gericht zugedeckt weich dünsten. Beim Anrichten gibt man 3 Eßlöffel Rahm bei; mit frischen Kräutern servieren.

314. Spinat

1 kg geputzter Spinat
6 dag Mehl (Vollmehl)
5 dag Fett
Zutaten

¾ kg Spinat werden in wenig siedendem Salzwasser weich gekocht. Dann läßt man ihn abtropfen, zerhackt ihn fein oder treibt ihn durch ein Sieb. In die aus Fett und Mehl bereitete Einbrenn gibt man kleingeschnittene Zwiebeln, etwas Knoblauch, fügt den Spinat bei, läßt ihn überdünsten und gießt langsam ½ Liter Spinatwasser oder Suppe hinzu. Den Spinat mit guter Suppe zu vergießen und aus dem Spinatwasser eine Spinatsuppe zuzubereiten, ist vorteilhaft. Etwas Rahm verbessert das Gemüse. Kochsalat oder Mangold hacken und roh vor dem Servieren beigeben!

315. Grüne Erbsen

1 kg ausgehülste
 Erbsen
5 dag Fett
1 dag Mehl (Vollmehl)
Zutaten

Die Erbsen und etwas Zucker werden im Fett angedünstet, mit Mehl gestäubt, noch einmal gut durchgedämpft, mit ¼ Liter Suppe vergossen, gesalzen und weich gekocht. Man kann die Erbsen auch einbrennen oder in ½ Liter Salzwasser sieden und mit einem Stück frischer Butter anrichten. Vor dem Anrichten mit frischem Petersiliengrün bestreuen.

316. Kochsalat mit grünen Erbsen

30 dag geputzter Salat
40 dag ausgehülste
 Erbsen
3 dag Fett
1 dag Mehl (Vollmehl)
Zutaten

Zu diesem Gemüse verwendet man außer Kochsalat auch die Außenblätter des Kopfsalates oder der Sommer-Endivie. Der Salat wird in siedendem Salzwasser schnell aufgesotten und zum Abtropfen auf ein Sieb gegeben. Dann bereitet man aus Fett, Mehl, Zwiebeln und Salz eine Einbrenn, die man mit ⅛ Liter Suppe vergießt. Die gekochten Erbsen und der Salat werden nun in der Einbrenn zum Sieden gebracht. Vor dem Servieren mit Grünem bestreuen.

317. Erbsen mit Reis

20 dag Erbsen
20 dag Reis
6 dag Fett
Zutaten

Feingehackte Zwiebeln dämpft man samt dem Reis erst allein und hernach mit den Erbsen, salzt, gießt mit ½ Liter siedender Suppe oder Wasser auf und kocht dies zugedeckt weich. Kräftig mit Petersiliengrün bestreuen.

318. Kohlreis

75 dag Kohl
30 dag Reis
8 dag Speck
Zutaten

Eine große, feingehackte Zwiebel läßt man in kleingeschnittenem Speck dünsten, vermischt dies mit dem gewaschenen, nudelig geschnittenen Kohl, würzt mit Salz, Kümmel, 2 zerdrückten Knoblauchzehen und etwas Paprika. Ist der Kohl etwas durchgedünstet, mischt man den Reis darunter, vergießt mit ¾ Liter guter Suppe und läßt das Gericht zugedeckt weich dünsten. Mit Kartoffelsalat gereicht, ergibt der Kohlreis eine gute und ausgiebige Hauptspeise.

319. Soja-Reis mit Champignons

30 dag Vollreis
10 dag Sojawürfel
15 dag Champignons
1 Zwiebel
5 dag Öl
Zutaten

Den Vollreis in 2½ Liter kochendes Wasser geben und so lange kochen, bis er körnig weich ist. Die Sojawürfel in gut gewürzter Suppe aufkochen und stehen lassen. Im Öl die feingeschnittenen Zwiebeln und Champignons dünsten, die ausgedrückten Sojawürfel dazugeben, mit Kräutersalz, grünem Pfeffer und Hefeflocken pikant abschmecken und den Reis daruntermischen. Mit gehackten Kräutern servieren.

320. Gedünstete grüne Bohnen

1 kg geputzte Bohnen
6 dag Fett
1 dag Mehl (Vollmehl)
¹/₁₀ Liter Sauerrahm
Zutaten

Nachdem feingeschnittene Zwiebeln, Bohnen- oder Pfefferkraut im Fett gedünstet worden sind, werden die geschnittenen Bohnen dazugegeben, mit ¼ Liter Suppe oder Wasser aufgekocht, gestäubt, noch einmal aufgesotten, gesalzen und zugedeckt vollends weich gedünstet. Vor dem Anrichten werden etwas Rahm und Petersilie beigegeben.

321. Spargel- oder Wachsbohnen mit Bröseln

1 kg geputzte Bohnen
8 dag Butter
5 dag Brösel
Zutaten

Die ganzen Bohnen werden im siedenden Salzwasser weich gekocht. Vor dem Anrichten gießt man das Wasser ab, bestreut das Gemüse auf der Schüssel mit Bröseln und gießt die zerlassene Butter darüber. Man kann Wachsbohnen auch einbrennen wie Rezept Nr. 319 oder dünsten wie Rezept Nr. 320.

Hülsenfrüchte

Hülsenfrüchte enthalten von allen pflanzlichen Nahrungsmitteln das meiste Eiweiß und können deshalb das Fleisch am ehesten ersetzen. Sie verdienen in der Ernährung eine viel größere Beachtung.

Auch wegen ihres Gehaltes an Lecithin, einem für unseren Körper höchst wichtigen Stoff, sollten sie öfter auf den Tisch kommen.

Die verschiedenen Suppenmehle von Hülsenfrüchten sollten von den Hausfrauen gleichfalls mehr gewürdigt werden. Diese Suppenmehle enthalten infolge einer besonderen Bereitungsart der dazu verwendeten Hülsenfrüchte die Nährstoffe in leicht löslicher Form, so daß sie vom Körper nicht nur gut verdaut, sondern auch sehr gut ausgenützt werden. Diese Suppenmehle enthalten bis zu 30% Eiweißstoffe und 14% Fett.

Hülsenfrüchte sind schwer verdaulich und werden deshalb nicht von jedermann vertragen. Sie sollten für Menschen mit schwachem Magen durch ein Sieb gestrichen und als Brei gereicht werden. Das gleiche gilt, wenn man Hülsenfrüchte Leuten mit sitzender Lebensweise darbietet. Für Kranke sind Hülsenfrüchte nicht zu empfehlen. Wer dagegen bei körperlicher Arbeit viel Bewegung macht, verträgt sie gut.

Hülsenfrüchte sind nur verdaulich, wenn ihre Nährstoffe in einer für den Körper aufnehmbaren, d.h. gelösten Form genossen werden. Es empfiehlt sich daher, die Hülsenfrüchte, nachdem sie verlesen und sauber gewaschen sind, 5 bis 6 Stunden in lauwarmem Wasser einzuweichen, ehe sie vorgekocht und in die Kochkiste gestellt werden.

Durch das lange Einweichen gehen schon Nährstoffe ins Wasser über; man bringe deshalb die Hülsenfrüchte mit dem Einweichwasser zum Sieden und verwende zum Einweichen auch nur so viel Wasser, als später für die Zubereitung nötig ist, damit durch das Wegschütten überflüssigen Wassers keine Nährstoffe verlorengehen.

Der beim Sieden sich bildende Schaum besteht aus Eiweiß und sollte nicht entfernt werden. Hülsenfrüchte sind erst kurz vor dem Anrichten zu salzen, weil sie sonst hart bleiben.

Man beachte wohl, daß nur vollkommen weiche Hülsenfrüchte vom Körper verdaut und ausgenützt werden.

Hülsenfrüchte sollten nicht mit Kartoffelspeisen zu Tisch gegeben werden. Diese Zusammenstellung ergibt eine schwer verdauliche Mahlzeit, während die Zusammenstellung mit Sauerkraut, grünem Salat oder frischen Gemüsen ihre Verdaulichkeit wesentlich fördert.

322. Erbsbrei

60 dag Erbsen
4 dag Fett
⅛ Liter Milch
Zutaten

Die Erbsen werden verlesen, gewaschen und in 1⅛ Liter lauwarmem Wasser über Nacht eingeweicht. Am nächsten Tag werden sie in dem Einweichwasser vollends weich gekocht. Kurz vor dem Essen streicht man die Erbsen durch ein Sieb, verrührt sie mit Milch, salzt, richtet sie appetitlich an und verziert den Brei mit Zwiebelringen.

323. Bohnenbrei

60 dag Bohnen
4 dag Fett
¼ Liter Milch
Zutaten

Bohnenbrei wird wie Erbsbrei Nr. 322 bereitet, nur nimmt man statt 1⅛ Liter Wasser 1⅜ Liter Wasser.

324. Eingebrannte Bohnen

50 dag Bohnen
6 dag Mehl (Vollmehl)
5 dag Fett
Zutaten

Die verlesenen, gewaschenen, in 1¼ Liter lauwarmem Wasser eingeweichten Bohnen werden im Einweichwasser ganz weich gekocht und hierauf mit einer aus Fett, Mehl, feingehackter Zwiebel und Bohnen- oder Pfefferkraut und Salz bereiteten Einbrenn vermischt, gut verrührt und genügend verkocht. Beim Anrichten kann man 2 Löffel Rahm und etwas Zitronensaft dazugeben.

325. Bohnen mit Sauerkraut

30 dag Sauerkraut
25 dag Bohnen
6 dag Mehl (Vollmehl)
5 dag Fett
Zutaten

Die Bohnen werden wie in Rezept Nr. 324 gekocht, mit dem eingebrannten Sauerkraut vermischt und gut verkocht.

326. Bohnen mit Bröseln

50 dag Bohnen
5 dag Fett
4 dag Brösel
Zutaten

Die weichgekochten Bohnen werden kurz vor dem Essen mit Bröseln bestreut und mit Butter übergossen.

327. Eingebrannte Linsen

50 dag Linsen
6 dag Mehl (Vollmehl)
6 dag Fett
Zutaten

Die Linsen werden gewaschen, mit 2 Liter Wasser über Nacht eingeweicht und am nächsten Tag im Einweichwasser weich gekocht. Dann bereitet man aus Fett und Mehl eine Einbrenn, würzt sie mit einer feingewiegten Mischung aus Zwiebel, Majoran, Thymian, Zitronenschale und Lorbeerblatt, vergießt mit dem Linsenwasser und verrührt alles gut. Nun läßt man das Gericht nochmals gut verkochen. Vor dem Anrichten gibt man 2 Löffel Rahm, 2 Löffel Zitronensaft und Salz bei. Linsenbrei wird gleich bereitet wie Bohnenbrei.

Kartoffeln

Die Kartoffeln bilden neben dem Getreide in unseren mitteleuropäischen Ländern den Grundstock der Ernährung. Sie sind reich an Stärkemehl, arm an Eiweiß, enthalten aber basenreiche Salze und Vitamine. Der große Wert der Kartoffel als Nahrungsmittel liegt in dem hohen Gehalt an den so wichtigen Kaliumsalzen einerseits und dem verhältnismäßig hohen Vitamin-C-Gehalt andererseits. In vielen Fällen ist die Kartoffel im Winter der wichtigste Vitamin-C-Lieferant, wenn sie richtig zubereitet wird, d.h., wenn beim Kochen derselben durch Zugabe von etwas Salz oder Essig der Verlust an Vitamin C stark verringert wird.

Die Kartoffeln ergeben zufolge aller möglichen Zubereitungsarten sehr wohlschmeckende und ausgiebige Hauptgerichte, sie werden als Zuspeisen zu Fleisch, Obst und Gemüse mit großer Vorliebe gegeben und können schließlich auch als Brotersatz in der Ernährung eine große Rolle spielen.

Gute Kartoffeln sind mehlig und haben beim Durchschneiden eine weiße oder gelbliche Schnittfläche.

Gefrorene Kartoffeln schmecken süßlich und gehen schnell in Fäulnis über. Ihr Geschmack verbessert sich, wenn sie in die Nähe des Herdes gestellt werden. Alte, welke Kartoffeln lege man über Nacht in kaltes Wasser. Die Keime der Kartoffeln sind vor dem Gebrauch sorgsam zu entfernen, weil sie Giftstoffe enthalten.

Werden die Kartoffeln den Winter über in Mieten aufbewahrt, so schmecken sie im Frühling wie frische.

Kartoffeln sollten stets in wenig und kaltem Wasser, dem etwas Salz beigegeben wird, aufgestellt werden. Durch das langsame Erhitzen lockern sich die Stärkekörperchen und quellen besser, wodurch die Kartoffeln schmackhafter werden.

Die in den Handel gebrachten Kartoffeldämpfer, worin die Kartoffeln mittels Dampf gar gemacht werden, sind empfehlenswert. In Dunst gekochte Kartoffeln sind schmackhafter, weil sie weniger ausgelaugt sind.

Da das wenige in den Kartoffeln enthaltene Eiweiß zum größten Teil unmittelbar unter der Schale liegt, sind mit der Schale gekochte oder gebratene Kartoffeln nahrhafter.

Roh geschälte Kartoffeln sollte man sofort in kaltes Wasser legen, weil sie sonst eine dunkle Farbe annehmen. Das Wasser, in dem geschälte Kartoffeln gesotten worden sind, hat einen angenehmen Geschmack, sollte deshalb nicht weggeschüttet werden, sondern zum Vergießen von Suppen, Soßen und Gemüsen Verwendung finden.

328. Kartoffeln in der Schale

2 kg Kartoffeln

Die sauber gewaschenen Kartoffeln werden im Kartoffelkocher mit wenig Wasser gedämpft.

329. Salzkartoffeln

1,50 kg geschälte Kartoffeln
Zutaten

Die gewaschenen, geschälten Kartoffeln werden in größere Stücke geteilt, in Salzwasser im Kartoffeldämpfer gekocht. Auf dem Herd kocht man sie nach Größe der Stücke ½ bis eine ¾ Stunde bei gutem Dampf. Vor dem Anrichten gießt man das Wasser ab und bestreut das Gericht auf der Schüssel mit sehr fein gehacktem Grün. Besser und mehliger werden die Kartoffeln, wenn sie nach dem Abgießen im offenen Topf auf der Herdplatte unter zeitweiligem Schütteln ein wenig verdampfen können.

330. Pommes frites

1,20 kg Kartoffeln
50 dag Öl oder Fett
Zutaten

Man schneidet die gewaschenen, geschälten Kartoffeln in längliche kleine Stücke, trocknet sie ab, bäckt sie in einer tiefen Pfanne in heißem Öl goldgelb, läßt sie abtropfen und salzt sie. Vor dem Servieren gibt man die Pommes frites nochmals ins heiße Fett, damit alle heiß und knusprig zu Tisch kommen.

331. Geröstete Kartoffeln

2 kg Kartoffeln
5 dag Fett
Zutaten

Die mit der Schale gedämpften Kartoffeln werden geschält und erkaltet feinblättrig geschnitten. Dann röstet man eine große, feingehackte Zwiebel in heißem Fett glasig, fügt die Kartoffeln mit etwas Salz und Kümmel hinzu und läßt sie bei langsamer Hitze schöne Farbe annehmen.

332. Bratkartoffeln

1,50 kg geschälte Kartoffeln
6 dag Fett
Zutaten

Geschälte, kleine Kartoffeln werden gewaschen, in Salzwasser 2 Minuten gesotten, dann herausgenommen und im Fett goldgelb gebraten. Am besten gelingen sie im Bratrohr.

333. Speckkartoffeln (Blitzkartoffeln)

2 kg geschälte Kartoffeln
8 dag Räucherspeck
Zutaten

Die geschälten, in kleine Würfel zerteilten Kartoffeln werden in Salzwasser weich gekocht. Vor dem Anrichten wird der würfelig geschnittene Speck gebraten, die Kartoffeln werden abgegossen, noch heiß mit dem Fett des Specks gut geschüttelt. Auf einer Schüssel hübsch aufgetürmt, wird die Speise mit den Speckgrieben (Grammeln) verziert.

334. Kartoffelbrei (Püree)

2 kg geschälte Kartoffeln
2 dag Schweinefett
⅜ Liter Milch
Zutaten

Die Kartoffeln werden gewaschen und geschält und in Salzwasser weich gekocht; abgeseiht treibt man sie durch ein Sieb, verrührt sie mit siedender Milch, würzt mit Muskat und Salz und schlägt die Mischung auf dem Herd tüchtig mit dem Kochlöffel. Auf der Schüssel hübsch angerichtet, wird der Brei mit in Fett lichtgelb gerösteten Zwiebelringen bestreut.

335. Eingebrannte Kartoffeln

1,50 kg Kartoffeln
4 dag Mehl (Vollmehl)
3 dag Fett

Die mit der Schale gekochten oder gedämpften Kartoffeln werden geschält, ausgekühlt und in größere Würfel geschnitten. Aus Fett und Mehl bereitet man eine Einbrenn, gibt ein Gemenge von feingeschnittener Zwiebel, Majoran, Thymian, Zitronenschale und Lorbeerblatt dazu, vergießt mit ¾ Liter Suppe und mengt nach dem Aufsieden die Kartoffeln darunter. Abermals zum Sieden gebracht, wird die Speise mit 1 Eßlöffel Zitronensaft oder Essig und Salz gewürzt und kann durch Zugabe von 2 Löffeln Rahm und Grünem noch schmackhafter gemacht werden.

336. Kartoffeln mit Milchsoße

1,50 kg Kartoffeln
6 dag Mehl (Vollmehl)
4 dag Fett
⅝ Liter Milch
Zutaten

Die geschälten und in Scheiben geschnittenen Kartoffeln werden in siedendem Salzwasser weich gekocht. Kurz vor dem Anrichten bereitet man aus Fett und Mehl eine lichte Einbrenn, die unter fortwährendem Schlagen mit Milch vergossen, mit Salz gewürzt und aufgesotten wird. Die Kartoffeln werden abgegossen und die Soße darüber angerichtet. Mit feingehacktem Petersiliengrün bestreuen.

337. Kartoffelsoße

1 kg Kartoffeln
5 dag Mehl (Vollmehl)
3 dag Fett
Zutaten

Die geschälten, halbierten Kartoffeln werden in 1 Liter Salzwasser gesotten. Inzwischen bereitet man aus Fett und Mehl eine helle Einbrenn, gibt eine kleine Zwiebel, etwas Kümmel und Knoblauch feingehackt hinzu, rührt die Einbrenn mit dem Sud glatt, schüttet sie zu den Kartoffeln und läßt die Soße gut verkochen. Vor dem Anrichten werden die Kartoffeln fein zerdrückt und die Soße mit 2 Löffeln Weinessig und 2 Löffeln Sauerrahm vermischt.

338. Kartoffelknödel

80 dag gekochte,
 geriebene Kartoffeln
20 dag Mehl (Vollmehl)
8 dag Knödelbrot
 oder Semmeln
6 dag Fett
4 dag Grieß
1 Ei
Zutaten

Aus noch warmen, geriebenen Kartoffeln, Mehl, Grieß, Ei, 3 dag Fett und Salz macht man einen Teig. Im übrigen Fett werden die Brotwürfel und eine kleine, feingehackte Zwiebel lichtgelb gedünstet. Der Teig wird zentimeterdick ausgewalkt und in Viereckchen geschnitten, die man mit Brotwürfeln, Fleischresten und dergleichen füllt und zu Knödeln formt. Diese kocht man in 3 Liter siedendem Wasser und läßt sie 20 Minuten zugedeckt langsam sieden. Sie können mit Zwiebeln, Bröseln oder Butter abgeschmalzen werden. Als Beigabe zu Fleisch oder Soße schmalzt man sie nicht ab.

339. Zehntelknödel

1 kg gekochte, geriebene Kartoffeln
10 dag Stärkemehl
10 dag Grieß
Zutaten

Aus den gekochten, geriebenen Kartoffeln, Stärkemehl, Grieß und Salz bereitet man einen Teig, formt Knödel, die gekocht mit einer Soße gegeben oder weiterbehandelt werden wie Zwetschkenknödel, Rezept Nr. 419.

340. Gefüllte Kartoffelknödel

1 kg gekochte, passierte Kartoffeln
20 dag Stärkemehl
1 Ei
Zutaten

Aus diesen Zutaten, Salz und Muskat bereitet man einen Teig, formt aus der Masse 12 Knödel, die man mit beliebiger Fülle (faschiertes Restefleisch, Wurst, Speck, Brösel, Zwiebel, Petersiliengrün) füllt und in viel siedendem Wasser 5 Minuten sieden läßt.

341. Kartoffelknödel mit rohen Kartoffeln

2,60 kg geschälte, rohe Kartoffeln
4 dag Knödelbrot oder Semmeln
2 dag Fett
Zutaten

2 kg geschälte, rohe Kartoffeln werden ins kalte Wasser gerieben. 60 dag geschälte Kartoffeln siedet man mit so viel Wasser, daß es gerade über den Kartoffeln steht. Die rohen Kartoffeln werden mittels Presse so ausgepreßt, daß dieselben trocken sind. Die gekochten Kartoffeln werden mit dem Sudwasser zu einem Brei verrührt, gesalzen und mit den ausgepreßten Kartoffeln vermischt. Aus der Masse formt man 12 Knödel, die man mit in Fett gerösteten Semmelwürfeln füllt. Die Knödel werden in einer flachen Kasserolle in viel siedendem Wasser zugedeckt 10 Minuten gekocht. Die Knödel serviert man mit viel heißem, dünnem Bratensaft.

342. Kartoffelnudeln

80 dag gekochte,
  geriebene Kartoffeln
16 dag Brösel
20 dag Mehl oder
  Vollmehl
6 dag Fett
1 Ei
Zutaten

Die gekochten Kartoffeln werden geschält, gerieben und mit Mehl, Ei und Salz noch heiß zu einem Teig verarbeitet. Man formt daraus fingerdicke Nudeln, die man nach und nach in viel siedendes Salzwasser einlegt, so lange ziehen läßt, bis sie schwimmen, und dann mit dem Schaumlöffel herausnimmt. Inzwischen werden die Brösel im heißen Fett schön goldgelb geröstet, die Nudeln in kleinen Mengen dazugegeben und die Pfanne geschüttelt, bis alle Nudeln gut eingebröselt sind. Man kann diese Nudeln auch, anstatt sie zu sieden, in Fett ausbacken.

343. Gebackene Kartoffelnudeln

75 dag geschälte
  Kartoffeln
15 dag Grieß
15 dag Mehl (Vollmehl)
10 dag Fett
1 Ei
¼ Liter Milch
Zutaten

Die geschälten, gekochten Kartoffeln werden heiß fein zerdrückt, gesalzen, mit dem Grieß gut vermengt und eine halbe Stunde stehengelassen. Nach dem Erkalten gibt man das Mehl, das Ei und etwas Muskat darunter, macht aus dem Ganzen rasch einen Teig und formt kleine, fingerdicke Nudeln, die man in eine mit 10 dag Fett ausgestrichene Pfanne einschichtet, die erste Lage der Länge nach, die zweite der Quere nach. Zum Schluß gießt man die siedende Milch über die eingeschichteten Nudeln und bäckt sie bei guter Hitze schön hellbraun. Die fertige Speise kann mit Salat oder Kompott serviert werden.

344. Pinzgauer Nudeln

1,50 kg Kartoffeln
20 dag Mehl oder
  Vollmehl
6 dag Fett
Zutaten

Die gedämpften Kartoffeln werden geschält, fein zerquetscht und möglichst heiß mit Mehl und Salz zu einem Teig verarbeitet. Dieser wird zu fingerdicken Streifen gerollt, die Streifen werden in 3 cm lange Stückchen geschnitten und in die ausgefettete Pfanne eng aneinandergelegt, mit ganz kleinen Speckwürfeln bestreut und zu schöner Farbe im Rohr gebacken.

345. Gebratene Kräuterkartoffeln

1 kg Kartoffeln
6 dag Butter
5 dag Käse
2 Eier
⅛ Liter Sauerrahm
Kräuter
Zutaten

Die Kartoffeln werden roh geschält und in kleine Scheiben geschnitten. Die Butter wird heiß gemacht (nicht braun), und die Kartoffeln werden darin überbraten, gesalzen und zugedeckt weich gekocht. Die Eier mit Sauerrahm und dem geriebenen Käse gut vermischen, Salz und 3 Eßlöffel Wild- und Gartenkräuter, die fein gehackt werden, daruntergeben. Dieser Eierguß kommt über die fast fertigen Kartoffeln, die im Rohr goldbraun gebacken werden. Vor dem Servieren mit Schnittlauch bestreuen. Welche Kräuter man nehmen kann, können Sie dem Rezept Nr. 932 entnehmen!

346. Kartoffelschmarren mit Grieß

1 kg gekochte,
  geriebene Kartoffeln
10 dag Fett
8 dag Grieß
8 dag Mehl (Vollmehl)
Zutaten

Kartoffeln, Mehl und den in 2 dag Fett angerösteten Grieß bröselt man mit etwas Salz gut ab. Im Rest des Fettes röstet man das Ganze gut ab und stößt es zu bröseligem Schmarren.

347. Kartoffelschmarren mit rohen Kartoffeln

1 kg geschälte
  Kartoffeln
20 dag Mehl (Vollmehl)
10 dag Fett
2 Eier
⅛ Liter Milch
Zutaten

Aus Mehl, Milch, den Eiern und Salz bereitet man einen glatten Teig, gibt die feinblättrig geschnittenen, rohen Kartoffeln dazu. Die gut gemischte Masse wird in das heiße Fett gegeben, auf beiden Seiten gut angebraten und unter fortwährendem Stoßen mit der Schmarrenschaufel so lange geröstet, bis die Kartoffeln gar sind.

348. Kartoffelgulasch

1,50 kg geschälte Kartoffeln
10 dag Fett
5 dag Mehl (Vollmehl)
Zutaten

2 große Zwiebeln werden in feine Streifen geschnitten und im heißen Fett unter fortwährendem Rühren glasig gemacht. Nun fügt man 2 Eßlöffel Essig, Paprika, Knoblauch, 2 Tomaten, etwas Kümmel und Salz bei. Hernach stäubt man mit Mehl, läßt das Ganze zu schöner Farbe bräunen und vergießt mit ¾ Liter, guter kalter Suppe. Hat das Ganze gut aufgekocht, gibt man die in große Würfel geschnittenen Kartoffeln bei und läßt das Gulasch zugedeckt weichdünsten. Einige Löffel Sauerrahm, erst beim Anrichten hinzugegeben, verbessern die Speise.

349. Feine Kartoffellaibchen

1,75 kg Kartoffeln
16 dag Fett
7 dag Mehl (Vollmehl)
3 Eier
Zutaten

Die Kartoffeln werden gedämpft, dann geschält, noch heiß fein zerdrückt und mit 3 dag zerlassenem Fett, Mehl, den Eiern und Salz rasch zu einem Teig verarbeitet. Aus der Masse formt man kleine Laibchen und bäckt sie auf beiden Seiten in wenig Fett goldgelb.

350. Kartoffeln in der Form

1,50 kg geschälte Kartoffeln
15 dag Käse
10 dag Fett
3 Eier
⅜ Liter Milch
Zutaten

Die Kartoffeln werden in Scheiben geschnitten, 4 Minuten in Salzwasser gesotten und zum Ablaufen auf ein Sieb gegeben. Eine Form streicht man mit 5 dag Fett aus, gibt eine Lage Kartoffelscheiben hinein, streut Käse darüber, belegt mit Fettstückchen und fährt so fort, bis alle Zutaten verbraucht sind. Dann sprudelt man die Milch mit den Dottern ab, zieht den steifen Eierschnee darunter, würzt mit Salz und gibt das Ganze über die Kartoffeln. Die Speise wird im heißen Rohr 20 Minuten fertiggebacken.

351. Petersilienkartoffeln

1,75 kg Kartoffeln
6 dag Fett
Zutaten

Gekochte oder gedämpfte, gleichmäßig kleine Kartoffeln werden geschält, gesalzen, im heißen Fett durchgeröstet und mit viel feingewiegtem Petersilienkraut angerichtet.

352. Kartoffelpuffer

1,50 kg Kartoffeln
15 dag Öl
2 Eier
Zutaten

Große Kartoffeln schält und reibt man, rührt 2 Eier und Salz unter. In einer flachen Pfanne läßt man das Öl heiß werden und bäckt kleine Fladen goldgelb heraus. Es bleibt die ganze Flüssigkeit der Kartoffeln im Teig.

353. Einfache Kartoffelkrapferln

80 dag gekochte,
   geschälte Kartoffeln
20 dag Mehl oder
   Vollmehl
2 dag Fett
Zutaten

Aus geschälten, geriebenen Kartoffeln, Mehl, Muskat und Salz bereitet man einen Teig. Dieser wird ausgewalkt, zu Krapferln ausgestochen und auf dem befetteten Blech gebacken.

354. Kartoffelkrapfen

30 dag gekochte,
   geschälte Kartoffeln
30 dag Mehl oder
   Vollmehl
3 dag Germ
2 dag Zucker
1 Ei
Zutaten

Die geriebenen Kartoffeln werden mit Mehl, Germ, Zucker, Ei und Salz zu einem feinen Teig verarbeitet, den man gut aufgehen läßt. Ist dies der Fall, wird er mit dem Krapfenstecher ausgestochen, mit Marmelade gefüllt, ein zweites Blatt daraufgegeben und, wenn gut aufgegangen, gebacken.

355. Feine Kartoffelkrapfen

30 dag gekochte,
  geschälte Kartoffeln
30 dag Mehl (Vollmehl)
5 dag Butter
5 dag Zucker
3 dag Germ
2 Eier
Zutaten

Aus den Zutaten bereitet man einen Teig und läßt ihn aufgehen.

Das Auswalken, Ausstechen und Füllen ist gleich wie bei Faschingskrapfen (Nr. 596). Die Krapfen gibt man auf ein befettetes Blech, läßt sie gut aufgehen, bestreicht sie mit zerklopftem Ei und bäckt sie zu schöner Farbe.

356. Kartoffelbogen

10 dag gekochte,
  geriebene Kartoffeln
15 dag Mehl (Vollmehl)
10 dag Schweinefett
1 Ei
Zutaten

Die warmen, geriebenen Kartoffeln, Mehl, Schweinefett, Ei und Salz werden zu einem Teig verarbeitet, den man 15 Minuten an einem kühlen Ort rasten läßt. Darauf wird er ausgewalkt, zusammengeschlagen und wieder kalt gestellt.

Man wiederholt dieses Verfahren dreimal, walkt zuletzt den Teig halbzentimeterdick aus und radelt oder schneidet ihn in 15 cm lange und 3 cm breite Streifen, die man auf einem Bogenblech im Herdrohr bäckt. Als Beigabe zu Lungenbraten, Wild- oder feinem Soßenfleisch ersetzen die Kartoffelbogen den Butterteig.

357. Prinzeßkartoffeln

12 dag geschälte
  Kartoffeln
10 dag Mehl (Vollmehl)
1 dag Butter
⅛ Liter Milch
2 Eier
Zutaten

Aus Milch, 1 dag Butter, Mehl, Salz und Eiern macht man einen Brandteig nach S. 188, mischt dazu die gekochten, passierten Kartoffeln und rührt das Ganze gut durch. Die Masse gibt man in die Spritzkrapfenspritze, drückt 3 cm lange Stücke ins heiße Fett und läßt sie lichtbraun bakken. Man reicht sie zu Wild- oder Lungenbraten mit Soße. Sie können aber auch bezuckert mit Obstsoße gegeben werden.

358. Diät-Kartoffeln

Zutaten
1 kg Kartoffeln

Die geschälten Kartoffeln werden in kleine Stengel geschnitten und in eine sehr gut gewürzte Wurzelsuppe gelegt. Sie muß knapp über den Kartoffeln stehen. Wenn letztere gar sind, werden sie reichlich mit Petersiliengrün bestreut.

Salate und kalte Speisen

Zur Bereitung eines **schmackhaften Salates** verwende man vor allem gutes kaltgeschlagenes Öl, guten, nicht scharfen Essig und wenig Salz. Anstatt Essig verwende man auch Zitronensaft, Berberitzenessig, Apfelschalenessig, auch Molkenessig oder Sauerrahm bzw. saure Milch. Der damit bereitete Salat wird auch von Menschen mit schwachem Magen vertragen und sollte besonders an Eisenmangel Leidenden gegeben werden.

Man bereitet **Salate aus Kartoffeln, Hülsenfrüchten und verschiedenen Gemüsen**; am wohlschmeckendsten und bekömmlichsten sind aber stets die grünen Salate. Sie sollen ihres erfrischenden Geschmackes und der darin enthaltenen Nährsalze und der lebenswichtigen Vitamine wegen im Sommer täglich, wenn möglich sogar zweimal, auf den Tisch kommen.

Grüner Salat ist am besten, wenn er, aus dem Garten geholt, sofort geputzt, schnell einige Male gewaschen, auf ein grobes Tuch oder Sieb zum Abtropfen gelegt, dann abgemacht und sogleich zu Tisch gebracht wird. Beim Häuptel- oder Kopfsalat sollten die **zarten Blattrippen** nicht weggeworfen, sondern mitverwendet werden, denn sie enthalten die meisten Nährsalze. Grüner Salat darf nie längere Zeit im Wasser liegen, weil sonst Nährsalze ausgelaugt werden und der Salat einen Teil seines Nährwertes verliert.

Gurkensalat wird von vielen Menschen nicht vertragen. Dies ist aber nur dann der Fall, wenn er, wie üblich, geschabt eingesalzen stehenbleibt, dann ausgedrückt wird und man zur Zubereitung scharfen Essig, Öl, reichlich Salz und Pfeffer verwendet. Auf diese Art wird durch Einsalzen und Ausdrücken der Gurkensaft, das eigentlich Nahrhafte an der Gurke, entfernt.

Scharfer Essig und Pfeffer schädigen das Blut, und so erzielt man auf diese Art eine Entwertung der kostbaren Frucht. So zubereiteter Gurkensalat ist nicht nur schwer verdaulich, sondern wirkt direkt schädigend auf die Gesundheit. Wenn die Gurken dagegen kurz vor Tisch gehobelt, gleich mit Sauerrahm, feinem Petersiliengrün und etwas Salz angerichtet werden, so kann Gurkensalat selbst Magenkranken gereicht werden.

Marinade

Zutaten	
10 dag Topfen	Topfen, Milch und Leinöl sehr gut abschlagen.
3 Eßlöffel Milch	Mit Apfelessig oder Zitronensaft, Kräutersalz,
3 Eßlöffel Leinöl	Zwiebeln oder Knoblauch sowie frischen Kü-

chenkräutern pikant abschmecken, mit Milch verdünnen und über die vorbereiteten Salate geben. Zum Beispiel Sellerie und Karotten fein raspeln, einen Apfel dazureiben, mit Zitronensaft beträufeln. Den grünen Salat waschen und auf Portionstellern anrichten.

359. Grüner Salat

Zutaten	
50 dag Salat	Häuptel-, Endivien-, Schnitt-, Rapünzchen,
3 Eßlöffel Öl	Löwenzahn-, Garten- oder Brunnenkressesalat
6 Eßlöffel Essig	wird verlesen, schnell gewaschen und zum Ab-

tropfen auf ein Sieb gegeben. Essig, Öl und Salz mischt man, gibt dasselbe unmittelbar vor dem Essen auf den abgetropften Salat und mischt mit dem Kochlöffel gut durch. Als Gewürz kann beim Häuptel- und Schnittsalat feingeschnittener Schnittlauch verwendet werden. Viel feiner wird der Salat, wenn ein rohes Ei, mit Öl, Salz, Essig und etwas Senf gut abgetrieben, daruntergemengt wird. Soll die Salatschüssel recht schön aussehen, so kann sie mit harten, in vier Teile geschnittenen Eiern verziert werden. Statt Öl verwendet man in manchen Gegenden zum Abmachen von Salat Sauerrahm oder gebratenen Speck.

360. Gurkensalat

1 kg Gurken
4 Eßlöffel Öl
6 Eßlöffel Essig
Zutaten

Die Gurken werden gewaschen und vom Stiel aus geschält. Um ein Mißlingen des Salates zu verhindern, koste man an jedem Ende, ob die Gurken einen bitteren Geschmack haben. Ist dies der Fall, so entfernt man die Enden, die allein das Bittere enthalten, und hobelt oder schneidet die Gurken fein. Kurz vor dem Anrichten gibt man Öl, Essig und Salz gemischt zu den Gurken und bringt den Salat gleich zu Tisch. Sehr fein schmeckt Gurkensalat mit Sauerrahm und Petersiliengrün zubereitet. Als Würze können feine Petersilie, Schnittlauch, Kümmel oder etwas Knoblauch beigegeben werden.

361. Tomatensalat

1 kg Tomaten
4 Eßlöffel Öl
6 Eßlöffel Essig
Zutaten

Die nicht zu reifen Früchte werden mit einem Tuch abgerieben, in Scheiben geschnitten und vorsichtig mit Salz, Öl und Essig gemischt. Als Würze gebe man feingeschnittene Zwiebeln hinzu. Tomatensalat, mit Sauerrahm zubereitet, schmeckt sehr gut.

362. Apfel-Zwiebel-Salat

50 dag Äpfel
25 dag Zwiebel
⅛ l Buttermilch
2 Eßlöffel
    Sonnenblumenöl
Zutaten

Die Äpfel mit der Schale grob raffeln, die Zwiebel fein hacken und mit den Äpfeln vermischen. Aus Buttermilch, Öl, Kräutersalz und Petersiliengrün eine Marinade bereiten und über Zwiebel und Äpfel geben. Nach Geschmack mit Zitronensaft verfeinern.

363. Rettichsalat

1 kg Winterrettich
3 Eßlöffel Öl
5 Eßlöffel Essig
Zutaten

Die gewaschenen, geschälten Rettiche werden gerieben oder fein gehobelt, gesalzen und nach ½ Stunde mit Öl und Essig angerichtet. Der fertige Salat sollte 1 bis 2 Stunden stehen, ehe er gegessen wird.

364. Selleriesalat

1 kg Sellerie
3 Eßlöffel Öl
5 Eßlöffel Essig
Zutaten

Nachdem die sorgfältig gereinigte Sellerie weich gesotten worden ist, wird sie in dünne Scheiben geschnitten und mit Salz, Öl und Essig vermischt. Pastinak gibt, so zubereitet, gleichfalls einen wohlschmeckenden Salat. Auch Kohlrabi können auf diese Weise Verwendung finden. Es ist vorteilhaft, den Salat einige Stunden vor der Mahlzeit fertig zu machen. Sellerie, frisch, fein geraspelt, mit Buttermilch, Zitronensaft und Kräutern schmackhaft zubereitet, ist eine gesunde Rohkost.

365. Reissalat, pikant

20 dag Vollreis
30 dag Gemüse
10 dag Emmentaler
1 Apfel
1 Gurke
10 dag Topfen
1 Eßlöffel Leinöl
3 Eßlöffel Milch
Zutaten

Den Reis in 2 Liter kochendes Wasser geben und erst dann salzen, wenn er weich ist. Karotten, Sellerie, Apfel, Gurke oder anderes Gemüse würfelig schneiden. Die Erbsen kurz kochen. Auch der geschnittene Käse wird unter das Gemüse gegeben. Aus Topfen, Leinöl und Milch bereitet man eine sehr gut abgeschlagene Marinade, die mit Apfelessig oder Zitronensaft und Kräutersalz pikant abgeschmeckt wird. Mit feingehackter Zwiebel und Kräutern wird sie abgerührt und über den Vollreis und das Gemüse gegeben.

366. Randensalat auf Vorrat

Rote Rüben (Beeten, Randen) werden gewaschen, geschält und in Scheiben geschnitten. Diese gibt man in einen großen Topf, schüttet soviel siedendes Wasser darüber, daß es über den Randen steht, und läßt sie weich kochen. Nun würzt man mit geriebenem Kren, Lorbeerblatt, Kümmel, Pfefferkörnern, Salz und verdünntem Essig, läßt die Randen 6 Wochen stehen und reicht sie dann als Salat.

367. Krautsalat

1,50 kg Weißkraut
4 Eßlöffel Öl
6 Eßlöffel Essig
Zutaten

Das feinnudelig geschnittene Kraut wird mit Salz und Kümmel gemischt und gut mit der Hand durchgeknetet, bis ein Saft entsteht, dann gibt man das Öl und etwas Knoblauch dazu. Auch Kohlsalat sollte so zubereitet werden. Bei Blaukraut gibt man einen rohen Apfel und etwas Zucker hinein. Durch das Kneten werden diese Salate leicht verdaulich.

368. Bohnen-Püree-Salat

¼ kg weiße Bohnen
3 Eßlöffel Distelöl
4 Eßlöffel Apfelessig
Endiviensalat
Zutaten

Die Bohnen über Nacht einweichen und kochen. Wenn sie weich sind, passieren, mit Salz, Senf, etwas Öl und Essig pikant abschmecken. Nach dem Erkalten auf einem Teller bergartig anrichten und mit heißem Küchenmesser glattstreichen. Endiviensalat waschen, fein schneiden und mit Knoblauch, Kräutersalz, Apfelessig und Öl pikant abmachen. Damit wird der Bohnensalat garniert.

369. Kohlsalat (Wirsingsalat)

1,50 kg Kohl
4 Eßlöffel Öl
6 Eßlöffel Essig
Zutaten

Die Kohlköpfe werden geputzt, gewaschen, in siedendes Salzwasser gegeben und weich gekocht. Nach dem Erkalten schneidet man jeden

Kohlkopf in vier Teile, gibt Öl und Essig darüber und macht den Salat mit etwas geriebener Zwiebel fertig. Auch roh ist Kohlsalat sehr gesund, siehe Rezept Nr. 367.

370. Sprossenkohlsalat

1 kg geputzte Sprossen
4 Eßlöffel Öl
6 Eßlöffel Essig
Zubehör

Die Sprossen werden in siedendes Salzwasser gegeben und weich gekocht. Nach dem Erkalten bereitet man sie mit Öl und Essig zu Salat.

371. Kartoffelsalat

1,50 kg Kartoffeln
4 Eßlöffel Öl
6 Eßlöffel Essig
Zubehör

Die Kartoffeln werden gedämpft, dann geschält, feinblättrig geschnitten, gesalzen, mit einigen Löffeln guter Suppe gemischt und ½ Stunde stehengelassen. Sobald sie erkaltet sind, werden Öl, Essig und feingeschnittene Zwiebeln oder Schnittlauch beigegeben. Der Salat wird besonders gut, wenn er mit 5 Eßlöffeln Sauerrahm, Essig und viel Schnittlauch abgemacht wird. Ein dem Rahm beigefügtes rohes, feingeschlagenes Ei verfeinert den Geschmack und macht den Salat nahrhafter. Vielenorts bringt man den Kartoffelsalat mit feinwürfelig geschnittenem, gebratenem Speck (4 dag), Essig und Zwiebeln warm zu Tisch. Kartoffelsalat, zur Hälfte mit Pastinak, Gurken oder Sellerie gemischt, ergibt gleichfalls ein gutes Gericht. Der Salat muß einige Stunden stehen, ehe er zu Tisch kommt.

372. Linsen- oder Bohnensalat

50 dag Linsen
3 Eßlöffel Öl
5 Eßlöffel Essig
Zubehör

Die Linsen werden über Nacht eingeweicht und am nächsten Tag genügend weich gekocht. Zeitgerecht macht man sie mit Salz, Öl, Essig, feingeschnittener Zwiebel oder Schnittlauch fertig. Bohnensalat wird ebenso zubereitet.

373. Gerstensalat, pikant

Zutaten
25 dag Gersten
25 dag Schinken
10 dag Käse
10 dag Essiggurken
1 Becher Joghurt
2 Eßlöffel Leinöl
1 Zwiebel

Die Gerste wird über Nacht in Wasser eingeweicht und im gleichen Wasser weich gekocht. Schinken, Käse, Essiggurkerln sowie eine Zwiebel werden in kleine Würfel geschnitten. Joghurt und frisches, erstgepreßtes Leinöl werden gut abgeschlagen, mit Kräutersalz gewürzt und mit wenig Apfelessig abgeschmeckt. Nun werden alle Zutaten gemischt und eine Stunde stehen gelassen. Garniert wird der Gerstensalat mit grünen Salatblättern und Tomaten. Alle Getreidearten, wie Dinkel, Hafer, Weizen, auch Hirse und Buchweizen, kann man für diesen Salat verwenden.

374. Heringsalat

Zutaten
1 Hering
50 dag Apfel
25 dag Kartoffeln
25 dag Bratenreste
2 Eier
2 Essiggurken
6 Eßlöffel Öl
8 Eßlöffel Essig

Der gut gewässerte und entgrätete Hering wird feinwürfelig geschnitten, ebenso die abgekochten, erkalteten Kartoffeln. Die geschälten Äpfel, Gurken, Bratenreste und die hartgekochten Eier werden gleichfalls in kleine Würfel geteilt und alles mit Salz, Öl, Essig, zwei mittelgroßen, feingeschnittenen Zwiebeln und einigen Löffeln guter Fleischsuppe vermengt. Gekochter Schinken oder Zunge an Stelle der Bratenreste machen den Salat noch feiner. Er muß mehrere Stunden vor dem Essen abgemacht werden.

Mayonnaisegerichte und anderes

375. Mayonnaise

Zutaten
2 Eidotter
¼ Liter Speiseöl

Nachdem man die Dotter mit einem Löffel Senf verrührt hat, gibt man das kalte Öl langsam darunter. Mit einer kleinen Schneerute einmal rechts und links abwechselnd gerührt, bekommt man sofort eine feste Mayonnaise. Gewürze, Salz und Essig gibt man nach Geschmack dazu. Auch der Mixer ist geeignet. Aus Topfen, Buttermilch und Sauerrahm, Kräutern, wie Petersilie, Schnittlauch, Dille, Bohnenkraut, Basilikum usw., können wir eine herrliche „Gesundheitsmayonnaise" bereiten.

376. Französischer Salat

Mayonnaise von einem Eidotter verdünnt man mit etwas Essig und gibt folgende Gemüsearten feinwürfelig geschnitten dazu: Kartoffeln, Essiggurkerln, grüne Erbsen, Karotten und geschälte Äpfel. Kartoffeln, Karotten und Erbsen werden gekocht und kalt gestellt. Alle Gemüsearten gibt man im gleichen Mengenverhältnis, nur von den Äpfeln etwas weniger. Man gibt im ganzen soviel Gemüse darunter, daß es von der verdünnten Mayonnaise gerade gebunden wird. Die Mayonnaise darf nicht vorherrschen. Als Vorspeise richtet man den Salat auf einem Teller pyramidenförmig an, gibt rundherum nudelig geschnittenen grünen Salat und garniert mit Essiggurkerln, gekochten Eiern, Roten Rüben usw. Dieser Salat schmeckt vorzüglich, wenn er mit Sauerrahm und Kräutern anstatt der Mayonnaise abgemacht wird.

377. Gemüse-Fisch-Salat

30 dag Fischfilet
50 dag Gemüse
2 Äpfel
5 dag Butter
2 Eßlöffel Öl
Essig
Zutaten

Karotten, Sellerie, Erbsen und Zucchini werden in etwas Salzwasser weich gedünstet, nach dem Auskühlen in kleine Würfel geschnitten, ebenso die Äpfel mit der Schale. Das Fischfilet wird mit Salz und Pfeffer gewürzt und in Butter in einer Pfanne herausgebacken. Fischfilet auskühlen lassen und in kleine Teile zerlegen. Aus Öl, Essig und Salz eine Marinade machen und den Fisch sowie das Gemüse darunterziehen. Auf grünem, mariniertem Salat servieren.

378. Mayonnaise-Kartoffeln

In die verdünnte Mayonnaise gibt man gekochte, kalte, blättrig geschnittene Kartoffeln und reicht diesen Salat zu Wiener Schnitzel, Backhendl usw. Er braucht etwas mehr Essig und Salz. Mayonnaisesalate sollten gut gewürzt, pikant, aber nicht scharf sein.

379. Sauce tatare

Mayonnaise von einem Eidotter verdünnt man mit nicht scharfem Essig zu einer Sauce und gibt feingehackte Zwiebeln, Petersilie, Essiggurkerln und eventuell Kapern dazu.

380. Tiroler Soße

Gleich wie Sauce tatare, nur gibt man noch einen guten Eßlöffel Paradeismark hinein. Da dieses ziemlich scharf ist, muß zuvor weniger gewürzt werden.

Beide Soßen reicht man zu gebackenem Fleisch oder Fisch mit Kartoffeln.

381. Knoblauch-Soße

Topfen wird mit Sauerrahm und Kräutersalz abgetrieben, reichlich Knoblauch (nach Geschmack) wird gepreßt und daruntergemischt. Ist auch als Brotaufstrich ausgezeichnet.

Vermischt man den gepreßten Knoblauch mit Mayonnaise nach Rezept Nr. 375 und verdünnt mit Buttermilch, erhält man eine schmackhafte Soße zu gegrilltem Fleisch.

382. Sulze

Zur Bereitung von Sulze nimmt man vier Schweinsfüße, ein halbes Kilogramm Schweinskopffleisch, eine Sellerie, zwei Petersilienwurzeln, zwei Möhren, zehn Schalotten, zwei Knoblauchzehen, zwei Lorbeerblätter, zehn Wacholderkörner, fünf Pfefferkörner, Zitronenschale, etwas Essig und Salz. Die geputzten, gewaschenen, der Länge nach durchgehackten Schweinsfüße, das mit Schwarte groß geschnittene Kopffleisch, die reingeputzten Wurzeln sowie geschälte Schalotten, Knoblauch und das Gewürz gibt man in einen Kochtopf. Hierauf gibt man kaltes Wasser hinein, und zwar soviel, daß alle Zutaten gerade damit bedeckt sind, läßt das Ganze eine Viertelstunde langsam vorkochen und stellt es 6 Stunden in die Kochkiste. Wird die Sulze auf dem Herd gekocht, so muß sie vier Stunden an dessen Rand sieden. Nun seiht man die Sulze ab, schneidet das Fleisch und die Schwarten, so auch die Wurzeln, in gleichmäßige Würfel oder Streifen, gibt dies alles in eine mit kaltem Wasser ausgespülte Schüssel, schüttet die Sulze darüber und stellt sie kalt. Legt man die Form auch noch mit harten, schön geschnittenen Eiern und Essiggurken aus, so gewinnt die Sulze sehr an Aussehen. Vor dem Gebrauch wird sie gestürzt. Man serviert sie mit gerösteten Kartoffeln und Salat. Sehr gut schmeckt die Sulze auch als Salat mit Brot und Tee. Man kann auch aus Kalbsfüßen und Kalbskopffleisch Sulze bereiten. Sie wird aber leicht trübe und ist dann als Aspik nicht verwendbar.

382a. Aspik

Man bereitet eine sehr feine, klare Sulze, seiht sie ab, gibt je nach der Menge von 2 bis 6 Eiweiß den Schnee dazu und schlägt, bis die Flüssigkeit kocht, läßt sie etwas abkühlen und filtriert sie durch zwei Tücher. Gekochter, ausgepreßter Spinatsaft färbt Aspik grün. Aspik wird in mit kaltem Wasser ausgespülte Förmchen gefüllt und als Garnierung für kalte Fleisch- und Gemüseplatten verwendet.

383. Falsches Aspik

12 Blatt farblose Gelatine ½ Liter sehr gute, klare Suppe ½ Zitrone Zutaten	Die Gelatine wird rasch gewaschen, in der siedenden Suppe aufgelöst und mit Zitronensaft gewürzt. Das Aspik kann beliebig gefärbt werden.

384. Pikanter Brotaufstrich

30 dag gekochte, geschälte Kartoffeln 10 dag Fleisch 4 dag Butter 6 dag Germ Zutaten	Einen großen Eßlöffel voll feingehackter Zwiebel läßt man in der heißen Butter anlaufen, gibt die Germ dazu und verrührt dies fein. Beliebiges Fleisch-, Selch-, Wild-, Kalb-, Schweine- oder Rindfleisch, es können auch Bratenreste sein, treibt man zweimal durch die Fleischma-

schine, würzt mit Paprika, Majoran, Thymian, Kümmel und Salz und dünstet das Ganze in der Butter etwa 10 Minuten. Hierauf werden die feinpassierten Kartoffeln daruntergemischt, nochmals abgeschmeckt und der Aufstrich an einen kühlen Ort gestellt. Außer als Brotaufstrich kann er auch zu Kartoffeln gegeben werden.

385. Jägerbrot

80 dag Bratenreste
15 dag Speck
14 dag Schinken
10 dag geräucherte Zunge
10 dag Käse
4 kl. Essiggurkerln
8 dag Butter
Salz und Senf
2 lange, schmale, glatte Wecken

Dazu können aber auch Schweins-, Kalbs-, Rinds- und Wildbraten- oder Geflügelreste genommen werden. Sie werden durch das grobe Sieb der Fleischmaschine gedreht. Die weichgekochte Zunge und der gekochte Schinken, frischer Räucherspeck, Käse und Essiggurkerln werden in kleine Würfel geschnitten. Die Butter wird mit etwas Senf und Salz flaumig abgetrieben, erst mit den Bratenresten und dann mit Schinken-, Zungen- oder Gurkenwürfelchen gemischt und sehr fest in die ausgehöhlten Wecken gedrückt. Diese werden über Nacht kalt gestellt und dann in Scheiben geschnitten.

Jägerbrot verwendet man als Vorspeise, als Sonntagsabendessen mit Tee.

386. Sojaaufstrich

5 dag Sojagranulat
15 dag Kartoffeln
5 dag Butter
Zutaten

Das Sojagranulat in ¼ Liter gut gewürzter Suppe aufkochen, 10 Minuten auskühlen lassen und ausdrücken. Die Kartoffeln kochen und passieren. Die Butter mit Senf abtreiben, Soja und Kartoffeln beigeben. Gartenkräuter, wie Petersiliengrün, Schnittlauch, Estragon usw., fein wiegen, zur Masse geben, mit Kräutersalz abschmecken und mit etwas Sauerrahm streichfähig abtreiben.

Das Lehren des Kochens nach Grundrezepten

Unter Grundrezept versteht man das einfachste Rezept seiner Art. Jedes Grundrezept besteht aus der Hauptzutat, dem Bindemittel und der Geschmackszutat. Es genügt in seiner Grundmenge, kann aber nach Belieben und Mitteln durch Verbesserungszutaten, wie z.B. Milch, Rahm, Öl, Eier, Fett, verbessert werden. Das Grundrezept „Nudelteig" z.B. stellt sich aus Mehl, Wasser und Salz zusammen. Das Mehl ist die Hauptzutat, das Wasser das Bindemittel und das Salz die Geschmackszutat. Als Verbesserungszutat würde man Eier geben. Die Beherrschung der Grundrezepte läßt zu, daß man überall sofort eine Speise bereiten kann. Man muß aber das Grundrezept im Kopf haben. Will man z.B. anläßlich eines Besuches rasch zeigen, wie Zwetschkenknödel gemacht werden, so macht dies keine Mühe, wenn man das Grundrezept für Kartoffelteig im Kopf hat. So verhält sich dies bei Strudeln, Germteig u.dgl. Die Grundrezepte, die in ihrer Hauptzutat und dem Bindemittel stets gleich bleiben, können durch verschiedenartige Würzen, Füllen, Formen verändert werden. Z.B. kann man den Strudelteig mit beliebigem Obst oder beliebiger Fülle füllen. Man spricht dann von einem Apfel-, Kirschen- oder Zwetschkenstrudel oder von einem Topfen-, Rahm-, Reis- oder Milchstrudel u.dgl. Diese selbständige Veränderung einer Speise in bezug auf Form oder das Ausschmücken derselben läßt der Phantasie jedes einzelnen viel Spielraum, und man wird gerade das gut anzuwenden wissen, was man zur Verfügung hat. Bei Anwendung des Grundrezepts „Germteig" wird man, falls man Äpfel zur Verfügung hat, einen Apfelkuchen machen, hat man dagegen Marmelade, die man verwenden will, so bereitet man Germschnitten oder Buchteln. Ist's Butter oder Zucker, die uns gerade zur Verfügung stehen, so bereitet man einen Germstrudel oder geschnittenen Kranzkuchen. Hat man nichts mitzuverwenden, so formt man ein Kaffeebrot.

Durch die sichere Unterlage der Grundrezepte ist eine selbständige Ab- und Umwandlung gegeben, und man wird sich leicht anpassen und mit und ohne Kochbuch zurechtfinden. Einige Grundrezepte für Teige seien hier als Beispiel angeführt. Die praktische Lehrfrau wird sie zu mehren wissen. Sind die Grundrezepte geistiges Eigentum der Lehrfrau, so wird sie diese dem Lehrling vermitteln, und er wird bald auf sicheres Gelingen rechnen können, und die Lehrfrau hat auch im Kochen mit ihrem ihr anvertrauten Lehrling eine Selbständigkeit erreicht, was gerade beim Kochen der Vielseitigkeit halber nicht ganz so einfach ist.

Kochen mit Vollmehl

Im lebenden, keimfähigen Getreide sind Vitamine und Mineralstoffe in der richtigen Zusammensetzung enthalten, um eine gesunde Ernährung für den Menschen zu sichern. Weil die wichtigsten Vitalstoffe nach dem Mahlen schon in wenigen Stunden durch Oxidation an der Luft zerstört werden, brauchen wir zum Backen mit Vollkorn frisch gemahlenes Mehl. Darum tun wir am meisten für unsere Gesundheit, wenn wir eine Getreidemühle haben, alle Getreidearten frisch mahlen und damit backen können. Das volle, frische Getreide ist der Muttermilch gleichzusetzen. Brote und Backwaren aus frisch gemahlenen Vollkornmehlen sind eine Hauptgrundlage konstitutioneller Gesundheit bis ins hohe Alter. Deshalb ist das Backen mit Vollkorn für jeden wichtig, der sich und seine Familie vor ernährungsbedingten Zivilisationskrankheiten schützen will.

Wenn das Vollmehl, vor allem Weizenvollmehl, fein gemahlen ist, können wir **jede** Mehlspeise damit bereiten. Die Verfasserin stellt Germteige, Torten, Strudel, Knödel, Nockerln, Kleingebäck nur aus Vollmehl her. Sie schmecken ausgezeichnet und sind leicht zu verarbeiten.

Falls das Vollmehl im Reformhaus gekauft wird, bitte beachten, daß es frisch sein muß.

Wenn bei den Grundrezepten Vollmehl aus Weizen oder Dinkel verwendet wird, muß die Flüssigkeit aus halb Wasser und Milch bestehen. Bei Germspeisen sollte der Teig um einmal mehr gehen. Mürbteige länger rasten lassen. Brandteig sollte nur aus Wasser und Butter bereitet werden.

Grundmengen für 6 Personen

Grundrezept Nockerlteig

35 dag Mehl oder Vollmehl (Weizen), ¼ Liter Wasser und Salz

Verbesserungszutat: Statt Wasser Butter und süße Milch, Eier.
Zubereitung: Aus dem Mehl, ¼ Liter siedendem Wasser und Salz rührt man rasch einen Teig an. Bereitet man ihn mit den Verbesserungszutaten, dann wird der Teig kalt angerührt.
Verwendung: Aus dem Teig bereitet man große Nockerln als Einlage für Suppen oder als Beilage zu Soßenfleisch sowie ganz kleine Nockerln (Spatzen) als Kartoffel-, Kraut-, Käse-, Topfen-, Eier- und Apfelnockerln.

Grundrezept Nudelteig

30 dag Mehl oder Vollmehl (Weizen), ⅛ Liter Wasser und Salz

Verbesserungszutat: Eier.
Zubereitung: Aus Mehl, Wasser und Salz bereitet man einen Teig, knetet ihn gut durch, teilt ihn in 4 Teile, die man zu runden Laibchen formt, läßt sie zugedeckt rasten, walkt den Teig dünn aus und schneidet ihn nach dem Trocknen nach Belieben.
Verwendung: Aus dem Teig bereitet man breite Nudeln (als Beilage), schmale Nudeln (Milchnudeln), feine Nudeln (als Einlage für Suppen). Man schneidet ihn auch zu Fleckerln für Schinken-, Topfen- oder Krautfleckerln oder zu ganz kleinen Fleckerln als Suppeneinlage.

Grundrezept Strudelteig

40 dag Mehl oder Vollmehl (Weizen), ¼ Liter Wasser und Salz

Verbesserungszutat: Helles Öl, Butter oder Eier.
Zubereitung: Aus Mehl, lauwarmem Wasser und Salz knetet man einen Teig, bis er Blasen wirft, läßt ihn, mit einer Schüssel zugedeckt, rasten. Hierauf wird er ausgewalkt, auf einem mit Mehl bestäubten Tuch dünn ausgezogen und nach Belieben gefüllt und gebacken.
Verwendung: Man bereitet alle Arten von Obststrudeln, ferner Topfen-, Rahm-, Reis-, Grieß- und Milchstrudel, auch Kartoffel- und Krautstrudel usw.

Grundrezept Omelettenteig

25 dag Mehl oder Vollmehl, ½ Liter Milch, 1 Ei und Salz. Das Ei kann auch weggelassen werden. Bei Weizen-Vollmehl halb Wasser und Milch nehmen.

Verbesserungszutat: Eier.

Zubereitung: Das Mehl wird mit Milch und Salz sehr fein verrührt, dann mit dem Ei vermischt und zu Frittaten oder Omeletten gebacken.

Verwendung: Sehr dünn aufgegossen, werden sie als Frittaten für die Suppe verwendet oder für Schinkenauflauf usw. Als Omeletten gibt man sie mit Marmelade gefüllt oder auch mit Fleisch-, Hirn- oder Topfenfülle zu Salat.

Grundrezept Kartoffelteig

40 dag gekochte, passierte Kartoffeln, 20 dag Mehl oder Vollmehl, Salz und Muskat

Verbesserungszutat: Butter oder Dotter.

Zubereitung: Die gekochten, passierten Kartoffeln werden möglichst noch warm mit Mehl und den Gewürzen vermengt und rasch zu einem Teig verarbeitet.

Verwendung: Aus dem Kartoffelteig bereitet man Kartoffelnudeln, Kartoffelstrudel, Kartoffelknödel, Zwetschken- oder Marillenknödel usw.

Grundrezept Knödelteig

33 dag altbackenes Weißbrot oder Semmeln, 5 dag Mehl oder Vollmehl, 3 dag Fett, 1 Ei, ¼ Liter Milch, Zwiebel, Petersilie und Salz.

Verbesserungszutat: Eier, Fett.

Zubereitung: Würfelig geschnittenes Weißbrot wird mit feingehackter Zwiebel im Fett etwas angeröstet, dann mit Milch und 1 Ei angeweicht und kalt gestellt. Nun gibt man Mehl und Salz bei und formt Knödel.

Verwendung: Zu kleineren Knödeln geformt, gibt man sie als Einlage für klare Suppen. Siedet man großgeformte Knödel, so gibt man sie als Hauptspeise zu Salat oder Obstsoßen. Gibt man noch 1 Ei dazu und gekochtes, feingeschnittenes Selchfleisch, auch gekochte, grüne Erbsen, dann bereitet man einen in der Serviette gekochten Knödel zu obigen Beilagen.

Grundrezept Germteig
50 dag Mehl oder Vollmehl, ¼ Liter Milch, 15 g Germ, 2 dag Fett, 2 dag Zucker und Salz.
Bei Weizen-Vollmehl halb Wasser und Milch nehmen.

Verbesserungszutat: Mehr Zucker, Fett, Eier, Vanille- und Zitronengeschmack.

Zubereitung: Die Germ wird mit lauwarmer Milch, Zucker und etwas Mehl glattgerührt und in die Wärme gestellt. Aufgegangen, schüttet man sie auf das Mehl, gibt die restlichen Zutaten bei, knetet den Teig, bis er Blasen wirft, stellt ihn abermals zum Aufgehen und verwendet ihn nach Belieben. Man kann auch alle Zutaten kalt mischen und den Teig gut geknetet über Nacht stehenlassen. Am nächsten Tag bereitet man die Germspeise nach Wunsch und schiebt sie nach nochmaligem Aufgehen in das Rohr zum Bakken.

Verwendung: Aus dem feinen, gut aufgegangenen Germteig bereitet man Kaffeebrot, Gugelhupf, Buchteln, Germschnitten, Kranzkuchen, Reindling, Kipferln usw. Aus Weizenmehl erzeugte Germspeisen dreimal gehen lassen.

Grundrezept mürber Teig
25 dag Mehl oder Vollmehl (Weizen), 6 dag Fett, ¹/₁₀ Liter Wasser und Salz

Verbesserungszutat: Dotter und Vanille.

Zubereitung: In die Mitte des Mehles gibt man Fett, Wasser und Salz, vermengt dies gut und bereitet rasch einen Teig, den man rasten läßt.

Verwendung: Aus dem Teig bereitet man Obst-, Gemüse-, Fleisch- und Käsekuchen, auch Apfelschlangel, Äpfel im Schlafrock, Pasteten und anderes.

Grundrezept Brandteig
24 dag Mehl, 4 dag Fett, ½ Liter Milch, 2 Eier und Salz

Verbesserungszutat: Dotter und Vanille.

Zubereitung: Milch, Butter und Salz bringt man zum Sieden, gibt das Mehl unter tüchtigem Rühren bei, bis sich die Masse von der Pfanne löst, und stellt sie kalt. Ist dies der Fall, mischt man die Eier nach und nach darunter und verwendet den Teig nach Belieben.

Verwendung: Aus der Masse formt man kleine Kugeln und bäckt sie als Suppeneinlage. Ferner Brandteigkrapferln und anderes.

Grundrezept Biskuitteig
10 dag Zucker, 15 dag gesiebtes Mehl oder Vollmehl (Weizen), 3 Eier, Zitronensaft

Zubereitung: Feingesiebten Zucker, Eier und etwas Zitronensaft schlägt man, bis die Masse sehr, sehr flaumig wird, gibt das Mehl bei und mischt es leicht darunter.

Verwendung: Aus dieser Masse bereitet man Zwieback, Schnitten, Torten und Biskotten.

Gesalzene Mehlspeisen, Reis, Knödel und Strudel

Wie aus den Vorschriften ersichtlich, können auch der größte Teil der gesalzenen Mehlspeisen sowie Reis und Knödel in der Kiste gar gemacht werden. Durch die lange und gleichmäßige Einwirkung der Hitze werden die in diesen Speisen enthaltenen Mehle viel besser aufgeschlossen und dadurch verdaulicher. Aber auch der Verbrauch an Lebensmitteln ist bei dieser Bereitungsart bedeutend geringer, denn alle quellen besser auf und geben infolgedessen mehr aus.

Bei der Zubereitung von gekauften Makkaroni und Nudeln ist das Abbrühen vorteilhaft, denn wenn diese kleine Mühe unterlassen wird, so haben die gekauften Teigwaren gelegentlich einen unangenehmen Beigeschmack. Beim Vorkochen ist die Zeit genau einzuhalten, sonst kommen die Teigwaren nicht nur zerfallen und unansehnlich auf den Tisch, sondern sie haben auch einen pappigen Geschmack.

Reis wird vor dem Kochen mit einem sauberen Tuch abgerieben oder, was sich bei billigeren Sorten besser empfiehlt, im kalten Wasser gewaschen. Den billigen Reis zu kaufen ist nicht ratsam; er quillt nicht gut auf, gibt also weniger aus. Beim Kochen sollte jedes einzelne Reiskörnchen gut aufquellen, ohne dabei zu Brei zu zerfallen. Auch das erreichen wir am besten und mühelos in der Kochkiste. Wir sollten unbedingt Vollreis, d.h. unpolierten Reis, verwenden. Die Kochzeit ist etwas länger. Auch hier ist die Kochkiste einmalig.

Knödel sind ausgiebige Suppeneinlagen und Zuspeisen, die der Hausfrau aber oft Schwierigkeiten verursachen, weil sie beim Kochen leicht zerfallen und sofort nach der Bereitung gegessen werden müssen. Auch hier hilft uns wieder die Kochkiste. Werden die nachstehenden Ratschläge richtig befolgt, so kommen die in der Kiste gekochten Knödel nicht nur ganz, locker und wohlschmeckend auf den Tisch, sondern es schadet auch nicht, wenn die Mahlzeit verschoben wird, weil die Knödel auch bei längerem Verweilen in der Kiste nicht zerfallen. Das Formen und Einlegen der Knödel darf nicht gleichzeitig geschehen, wenn sie in der Kiste gekocht werden. Die Knödel sind vielmehr erst alle so lange zu formen, bis sie keine Risse mehr zeigen, dann auf einem Brett zurechtzulegen und hierauf schnell nacheinander in siedendes Wasser zu geben. Zu diesem Zweck werden in einem Fünflitertopf 2 Liter Suppe oder Wasser mit dem nötigen Salz zum Sieden gebracht; nun legt man die Knödel mit der Hand rasch ein, schließt den Deckel sogleich und läßt Mark-, Reis-, Grieß-, Topfen-, Semmel-, Leber- und Tiroler Knödel nur noch so lange auf dem Feuer, bis sich an der Seite des geschlossenen Deckels Dampf zeigt, worauf sie unverzüglich in die Kiste zu stellen sind. Geht dies nicht rasch genug vor sich, so zerfallen die Knödel schon auf dem Herd, ehe sie in die Kiste kommen. Einen weiteren Vorteil des Knödelkochens in der Kiste zeigt das Wasser, das fast klar bleibt und nur unbedeutende Spuren von Fett aufweist, während es von auf dem Herd gar gekochten Knödeln trübe wird, ungleich mehr Fett und bei Tiroler Knödeln sogar fette Fleischstückchen enthält. Da vom Knödelwasser immer etwas Nährstoffe angenommen werden, sollte es nicht weggeschüttet, sondern zum Vergießen von gebundenen Suppen verwendet werden.

Aus 1 kg Mehl erhält man 1,45 kg Knödelbrot, das beim Brotbacken ohne viel Mühe und Zeitverlust leicht mitgebacken und längere Zeit aufbewahrt werden kann. Die Semmelknödel sind ausgiebiger und, selbst ohne Ei bereitet, viel lockerer, wohlschmeckender und verdaulicher als die festen Mehlknödel.

Strudel sind beliebte Mehlspeisen, die immer gelingen, wenn der Teig so beschaffen ist, daß er sich gut und dünn ausziehen läßt. Mit Öl bereiteter Strudelteig Nr. 420 hat diese Vorteile. Obststrudel zieht man in Rechteckformen sehr dünn aus, bestreicht auf der Längsseite ein Viertel des Teiges mit flüssigem Fett oder Rahm. Drei Viertel des Teiges belegt man erst mit mit Fett und Zucker gemischten Bröseln und dann mit dem Obst. Von der Obstseite aus rollt man den Strudel zusammen, so daß der obstfreie, befettete Teil auf der Strudelrolle liegt. Bei Rahm-, Topfen-, Reis- und Grießstrudel bestreicht man den ganzen Teig mit der Fülle. Gebackene Strudel sind wohlschmeckender und auch verdaulicher als gekochte. Diese gelingen, in ein Tuch gebunden, in der Kochkiste besser als auf dem Herd. Die Strudel können auf Kuchenblechen oder in einer Bratpfanne gebacken werden. Obst- und Rhabarberstrudel geraten besser, wenn man sie der Länge nach in die Pfanne legt. Grieß-, Reis-, Milch-, Topfen- und Tiroler Strudel forme man dagegen schneckenförmig. Sie trocknen dadurch weniger aus und bleiben saftiger. Zu Reisstrudel reicht man Obstsaft oder gedünstetes Obst, zu Grieß- oder Kartoffelstrudel grünen Salat.

Für Strudelteig aus Vollmehl siebt man, falls das Mehl nicht ganz fein ist, dieses aus. Die Kleie gibt man z.B. beim Apfelstrudel in die Fülle oder zum Frischkornmüsll.

387. Makkaroni

50 dag Makkaroni
10 dag Käse
5 dag Fett
Zutaten

Die in Stücke gebrochenen Makkaroni werden in Salzwasser weich gesotten. Man schüttet sie auf ein Sieb, überspült sie mit kaltem Wasser, gibt sie nach dem Abtropfen ins heiße Fett, salzt sie etwas, streut den geriebenen Käse darüber und rüttelt das Gefäß, bis der Käse Fäden zieht. Man reicht die Makkaroni auch ohne Käse zu Soßenfleisch oder, mit Bröseln abgeröstet, zu gedünstetem Obst oder Salat.

388. Wassernudeln

30 dag Mehl oder
  Vollmehl (Weizen)
5 dag Fett
2 dag Brösel
Zutaten

Aus Mehl, ⅛ Liter Wasser und Salz wird ein sehr fester Teig gemacht; man läßt ihn ½ Stunde rasten, walkt ihn nicht zu dünn aus und schneidet breite Nudeln daraus, die, in viel Salzwasser ¼ Stunde gesotten, mit kaltem Wasser abgespült und mit Fett und Bröseln abgeröstet werden.

389. Gemüsenudeln

28 dag Mehl (Vollmehl)
2 Eier
Zutaten

Aus Mehl, Eiern, etwas Salz und ²/₁₀ Liter kaltem Wasser bereitet man einen feinen, festen Teig. Nachdem dieser ½ Stunde gerastet hat, wird er dünn ausgewalkt, einige Stunden getrocknet und dann zu Nudeln geschnitten. In Salzwasser ¼ Stunde gesotten, mit kaltem Wasser abgespült und dann abgeröstet, geben die Nudeln eine beliebte und gute Beilage zu Fleischspeisen und Gemüsen.

390. Grießnudeln (Maisgrießkartoffeln)

50 dag Nudeln
10 dag Grieß
10 dag Fett
¼ Liter Milch
Zutaten

Der Grieß wird im heißen Fett gelb geröstet, mit Milch abgelöscht und gesalzen. Wenn Grieß und Milch sich zugebunden haben, vermengt man die ausgekühlten gekochten Nudeln damit und röstet alles gut zusammen ab. An Stelle von Weizengrieß kann man Maisgrieß und an Stelle von Nudeln gekochte, blättrig geschnittene Kartoffeln verwenden. Dies ergibt dann die M a i s g r i e ß k a r t o f f e l n.

391. Nußnudeln

40 dag Mehl oder Weizenvollmehl
10 dag Zucker
10 dag Nüsse
8 dag Fett
1 Ei
⅛ Liter Milch
Zutaten

Aus Mehl, Milch, Ei und Salz bereitet man einen Nudelteig, welchen man gut abknetet, zu kleinen Laibchen formt, rasten läßt und auswalkt. Sind die Nudelflecke getrocknet, so schneidet man sie zu Nudeln. Die gekochten, im kalten Wasser gut abgespülten Nudeln werden im heißen Fett mit Zucker und feingeriebenen Nüssen abgeröstet und mit Obst zu Tisch gebracht.

Für dieses Gericht kann man Wal-, Erd-, Haselnüsse oder Mandeln bzw. geriebenen Mohn verwenden.

392. Wasserfaverl

26 dag Mehl oder
   Vollmehl
5 dag Speck
1 Ei
Zutaten

Mehl, Ei, Salz und 3 Löffel Wasser bröselt man fein ab und röstet dies im ausgelassenen Speck hellbraun, schüttet das Ganze in 2 Liter siedendes Wasser oder Wurzelsuppe und kocht es zirka ½ Stunde. Vor dem Anrichten schüttet man die Grammeln auf das Faverl. Nach Belieben kann man auch feingeschnittene Zwiebeln mitrösten.

393. Krautfleckerln

1 kg Kraut
45 dag Mehl (Vollmehl)
8 dag Speck
2 dag Zucker
1 Ei
Zutaten

Aus dem Ei, $^2/_{10}$ Liter Wasser, Mehl und Salz bereitet man einen Teig und läßt ihn rasten. Nun wird er ausgewalkt und zu Fleckerln geschnitten. Im Speck dünstet man eine feingehackte Zwiebel und Zucker gelb, gibt das feingehackte Kraut, Kümmel, Essig und Salz dazu und dünstet es weich. Vor dem Anrichten wird es mit den in siedendem Wasser weichgekochten Fleckerln gemischt und zu Tisch gebracht.

394. Spatzen (kleine Nockerln)

50 dag Mehl oder
   Vollmehl
4 dag Fett
1 Ei
⅜ Liter Milch
Zutaten

Mehl, Milch und Ei werden gesalzen und zu einem Teig vermengt, den man so lange schlägt, bis er sich vom Löffel löst. Das Ei kann auch weggelassen werden. Darauf nimmt man einen Teil des Teiges nach dem anderen auf ein glattes, längliches, feuchtes Brettchen und schabt in viel siedendes Salzwasser längliche Nockerln ein, die man, sobald sie schwimmen, mit dem Schaumlöffel herausnimmt, in heißes Wasser gibt, abseiht und anschließend mit Fett und Bröseln abröstet. Beim Abrösten kann man auch Sauerkraut oder geriebenen Magerkäse dazugeben. Schmackhafter wird die Speise, wenn man nach dem Abrösten einige versprudelte Eier darüberschüttet und die Spatzen schnell noch einmal durchrührt.

Oben: Gefüllte Kartoffelknödel
Unten: Reissalat, pikant

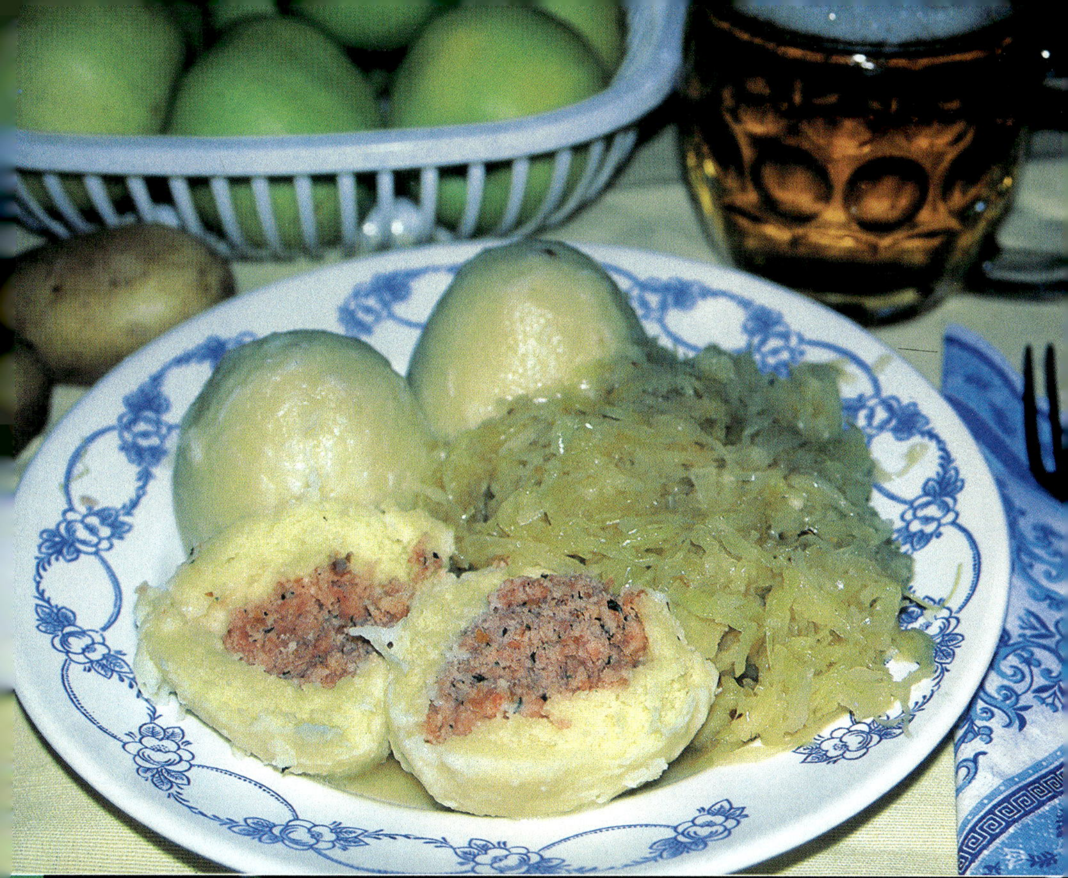

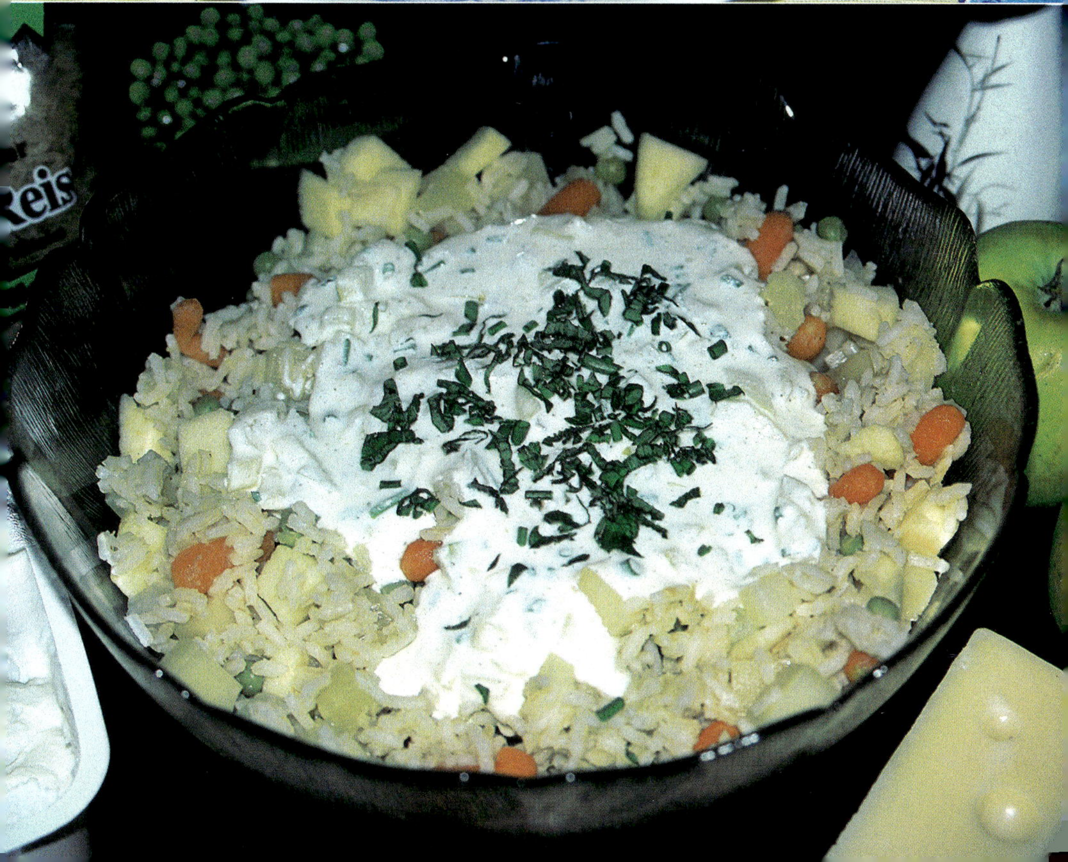

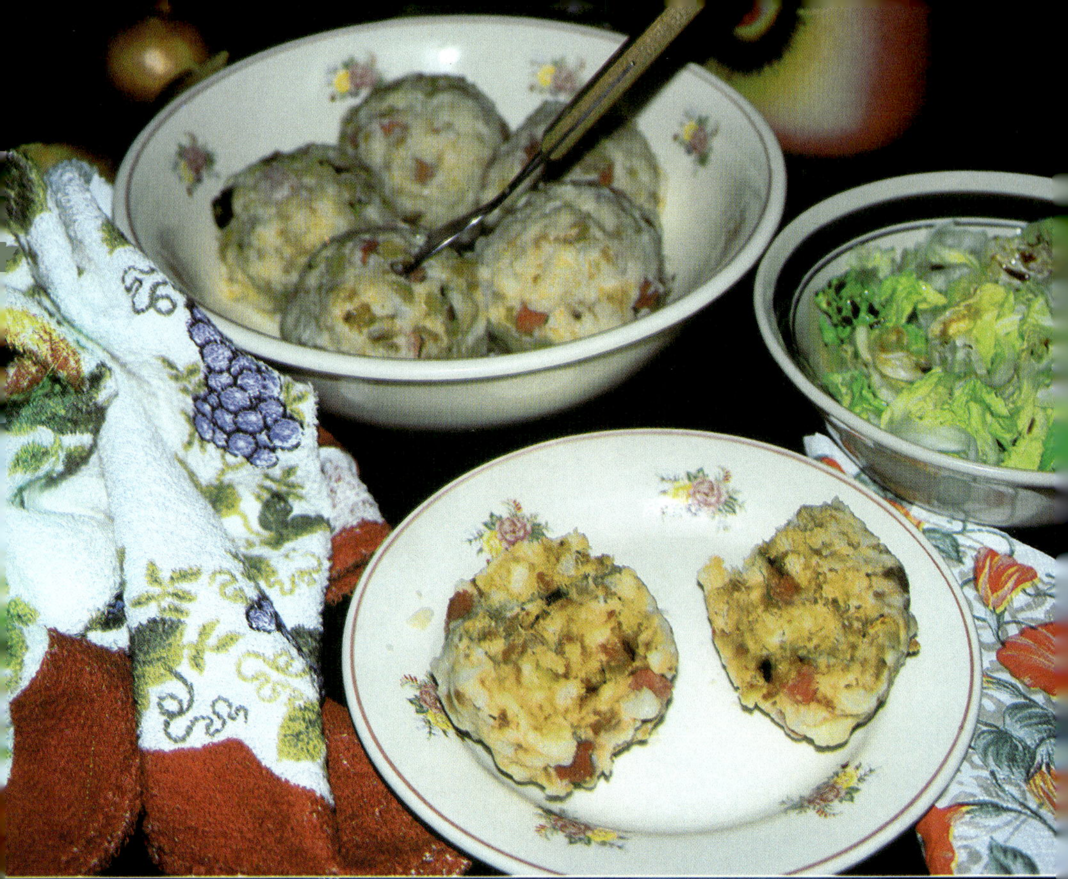

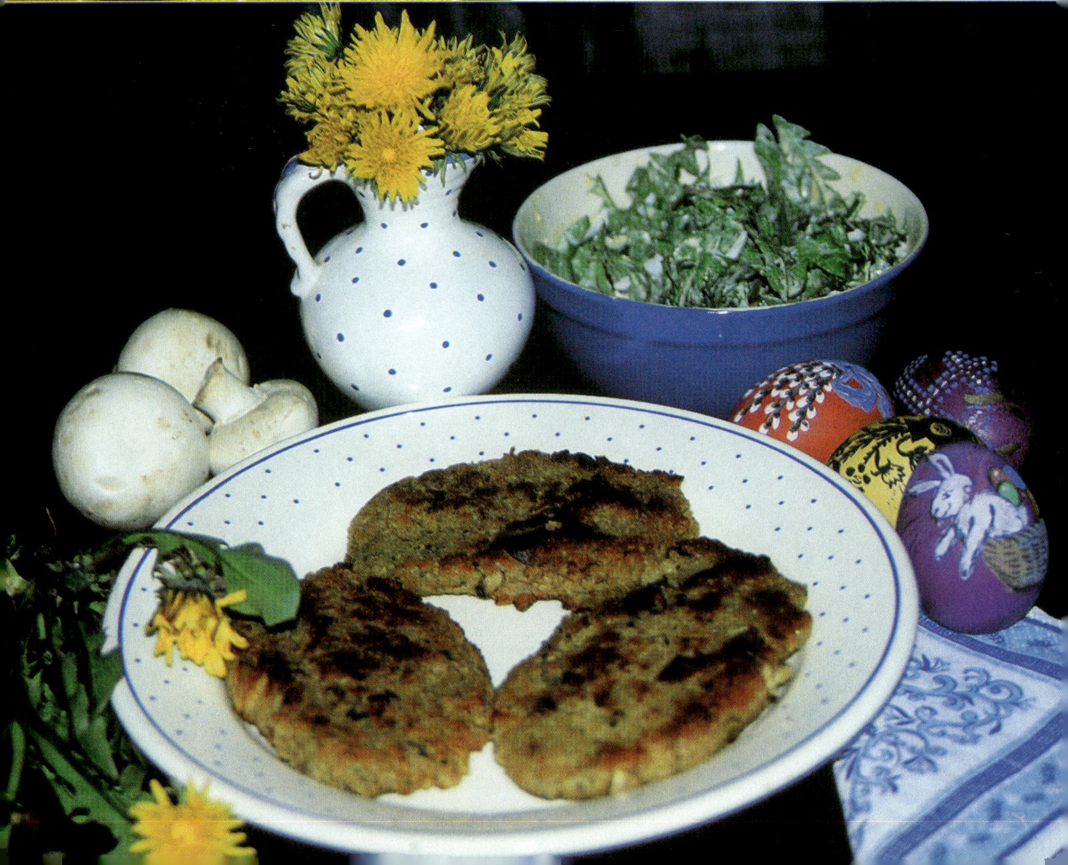

395. Kräuternockerln

30 dag Weizenvollmehl
2 Eier
¼ Liter Milch/Wasser
10 dag geh. Kräuter
5 dag Butter
5 dag Käse
Zutaten

Aus Mehl, Salz, Eiern und Milchwasser bereitet man einen feinen Teig, der etwas rasten soll. Nun mengt man die Kräuter dazu (es kann auch gehackter Spinat sein) und gibt den Teig mit einem Spätzlesieb in kochendes Salzwasser. Wenn die Nockerln an der Oberfläche schwimmen, mit einem Schaumlöffel herausheben, abschwemmen und abtropfen lassen. In der nicht zu heißen Butter durchschwenken und mit geriebenem Käse bestreuen.

396. Kartoffelnockerln, gesotten

1 kg gekochte,
 geschälte Kartoffeln
30 dag Mehl oder
 Weizenvollmehl
3 dag Fett
1 Ei
Zutaten

Die Kartoffeln werden passiert und mit Mehl, Ei, Salz und etwas Muskat rasch zu einem Teig verarbeitet. Dieser wird ausgewalkt, in kleine Vierecke geschnitten, die man von beiden Seiten übereinanderschlägt. Die Nockerln werden in siedendes Salzwasser gelegt, sobald sie an der Oberfläche schwimmen, herausgenommen und im heißen Fett (am besten Speck mit Grammeln) gut abgeröstet.

Wird der Teig dünn ausgewalkt, mit Fett bestrichen, mit Maisgrieß oder Bröseln bestreut, zusammengerollt und in einem nassen Tuch, mit einer Schnur umwunden, in die Kochkiste gestellt, so ergibt dies einen guten Kartoffelstrudel.

397. Knöpfli

30 dag Mehl (Vollmehl)
2 Eier
¼ Liter Milch
Zutaten

Das Mehl wird kranzförmig in eine Schüssel gegeben, die Milch in die Mitte geschüttet und beides mit einem Kochlöffel schnell verrührt. Dann fügt man unter fortwährendem Schlagen

Oben: Tiroler Knödel
Unten: Haferflockenschnitzel mit Champignons
 und Löwenzahnsalat mit Eiern

erst das eine, dann das andere Ei und etwas Salz bei und rührt den Teig durch ein großlöcheriges Sieb in siedendes Salzwasser. Wenn die Knöpfli schwimmen, nimmt man sie mit dem Schaumlöffel heraus und gibt sie bis zum Anrichten in heißes Wasser. Wird die Speise zu Fleisch gereicht, so streut man gehacktes Grün oder Käse darüber.

398. Polentanockerln

30 dag Polentamehl
6 dag Fett
Zutaten

Das Polentamehl wird in 1 Liter siedendem Salzwasser gekocht. Kurz vor dem Essen dünstet man eine kleine, in Streifchen geschnittene Zwiebel im Fett und sticht dann mit einem in das heiße Fett getauchten Löffel Nockerln von der Masse aus, die auf einer heißen Schüssel appetitlich angerichtet und mit Zwiebeln und Fett übergossen werden. Die Speise eignet sich sowohl zu Soßenfleisch wie auch zu Salat oder zu saurer Milch.

399. Maisgrießnockerln

35 dag Maisgrieß
6 dag Zucker
3 dag Butter
1½ Liter Milch
Zutaten

In die gezuckerte, siedende Milch kocht man den Maisgrieß unter fortwährendem Rühren ein, salzt ihn und läßt ihn zugedeckt weich dünsten. Ist der Grieß gekocht, macht man die Butter flüssig und sticht mit einem in die Butter getauchten Eßlöffel Nockerln aus, die auf einer heißen Platte angerichtet und zu Obst gereicht werden. Auch mit Mohn oder Zucker bestreut, schmecken sie vortrefflich.

400. Abgetriebene Grießnockerln

24 dag Grieß
12 dag Fett
3 Eier
Zutaten

In dem flaumig abgetriebenen Fett werden die Eier gut verrührt. Dann fügt man den Grieß bei, salzt und sticht Nockerln aus, die man im siedenden Salzwasser zugedeckt 15 Minuten langsam kochen läßt. Mit Salat oder Obstsoße reicht man sie als Hauptspeise.

401. Käsenockerln

40 dag Weizenvollmehl
2 Eier
20 dag Käse
5 dag Butter
Zutaten

Die Eier versprudeln und unter das gesalzene Mehl mischen. ¼ Liter heißes Wasser darübergeben und zu einem nicht zu weichen Teig verarbeiten. In einem Topf zirka 2 Liter Wasser kochen, die Nockerln durch ein Spätzlesieb reiben und einkochen. Das Wasser sollte gesalzen sein. Nach 5 Minuten Kochzeit die Nockerln abseihen und abschwemmen. Die Butter in einer Pfanne erwärmen und die Nockerln darin schwenken. Mit geriebenem Käse bestreuen.

402. Grießplätzchen mit Käse

25 dag Grieß
22 dag Käse
10 dag Fett
2 Eier
1 Liter Milch
Zutaten

Die Milch wird mit 8 dag Fett und Salz aufgesotten, der Grieß langsam eingerührt und weich gekocht. Nachdem die Masse etwas ausgekühlt ist, gibt man die Eier und 12 dag geriebenen Käse bei, verrührt alles gut und streicht die Masse auf ein befeuchtetes Brett. Wenn sie steif ist, sticht man runde Plätzchen aus und schichtet sie ziegelartig in eine mit Fett ausgestrichene Form. Das Ganze wird mit Käse bestreut, im heißen Rohr ½ Stunde goldgelb gebacken und zu grünem Salat gereicht. Da die Speise schon durch Käse und Milch nahrhaft ist, kann sie auch ohne Eier bereitet werden.

403. Gedünsteter Reis

40 dag Reis (Vollreis)
5 dag Fett
Zutaten

Der Reis wird im heißen Fett etwa eine Minute lang geröstet, dann mit 1 Liter heißer Suppe aufgegossen und gesalzen. Nun fügt man eine kleine Zwiebel hinzu, läßt den Reis gut aufkochen und innerhalb 20 Minuten zugedeckt weich dünsten, ohne ihn umzurühren. Beim Anrichten wird die Zwiebel entfernt und der Reis mit feingeschnittenem Grün bestreut. Auch geriebener Käse ist eine wohlschmeckende Beigabe. Vollreis gleich zubereiten, nur 1 Stunde langsam garen lassen und erst dann salzen.

404. Chinesischer und Indischer Reis

40 dag Reis (Vollreis)
6 dag Käse
5 dag Butter
Zutaten

Man läßt den Reis in 3 Liter Wasser 18 Minuten sieden, faßt ihn dann mit dem Schaumlöffel möglichst trocken in eine Schüssel heraus und gießt die zerlassene Butter darüber. Obenauf wird die Speise mit dem Käse und feingehacktem Grün bestreut.

Auf indische Art bereitet man den Reis, indem man ihn mit 3 Liter Wasser zusetzt, 15 Minuten sieden läßt, dann das Wasser abgießt und die Butter beifügt, ohne sie vorher zu zerlassen. Das Kochgefäß wird nun mit einem Deckel fast vollständig bedeckt, und zwar so, daß die verdampfende Flüssigkeit noch durch einen Spalt entweichen kann. Die Reiskörner quellen auf solche Weise zu ansehnlicher Größe an. Salzen erst, wenn der Reis weich ist.

405. Grießknödel

50 dag Grieß
10 dag Fett
3 dag Margarine
Zutaten

Das Fett wird in ½ Liter gesalzenem Wasser aufgesotten, der Grieß unter fortwährendem Rühren hineingetan und so lange gerührt, bis sich die Masse von der Pfanne löst, oder Fett und Wasser werden siedend gemacht, der gesalzene Grieß damit abgebrüht und alles gut verrührt. Aus der noch warmen Masse formt man 6 Knödel, die in siedendem Salzwasser zugedeckt 20 bis 25 Minuten langsam sieden müssen. Man schmalzt sie mit in Fett gedünsteten Zwiebeln ab und reicht Salz dazu. Mit Fett und Bröseln abgeschmalzen, schmecken die Knödel auch gut zu gedünstetem Obst.

406. Feine Grießknödel

25 dag Grieß
10 dag Speck
½ Liter Milch
2 Eier
Zutaten

Der Speck wird feinwürfelig geschnitten, goldgelb geröstet, dazu gibt man ½ Liter Milch, etwas Salz und läßt das Ganze aufsieden. Der Grieß wird nun im Faden unter fortwährendem Rühren eingekocht, gerührt, bis sich die Masse von der Pfanne löst, und kalt gestellt. Nach dem Auskühlen mischt man die Eier darunter, formt 6 bis 12 Knödel, die in siedendem Salzwasser 20 Minuten zugedeckt langsam gekocht werden.

407. Apfelknödel

1 kg Äpfel
30 dag Mehl (Vollmehl)
20 dag Brösel
10 dag Zucker
5 dag Fett
1 Ei
Zutaten

Die geschälten, in kleine Würfel geschnittenen Äpfel werden mit 5 dag Zucker, etwas Zimt und Zitronenschalen bestreut und eine Weile an der Wärme stehen gelassen. Hierauf vermengt man sie mit dem Ei und Mehl, formt 12 Knödel daraus und siedet sie in Salzwasser zirka 20 Minuen. Nun werden sie in den im Fett gerösteten Bröseln, die man mit Zimt und Zucker würzt, gedreht und angerichtet.

408. Marillenknödel mit Brandteig

1 kg Marillen
30 dag Weizenvollmehl
15 dag Butter
15 dag Brösel
8 dag Rohzucker
2 Eier
Zutaten

½ Liter Wasser wird mit 10 dag Butter und Salz aufgekocht, das Mehl unter ständigem Rühren beigegeben, bis sich die Masse vom Topf löst. Nach dem Erkalten gibt man nach und nach die Eier dazu und bereitet daraus einen feinen Teig. Mit nassen Händen umgibt man die Marillen damit und formt Knödel, die man in kochendes Salzwasser legt und darin langsam ziehen läßt. Sind die Knödel an der Oberfläche, nimmt man sie heraus und dreht sie in folgenden Zutaten: 5 dag Butter, Brösel, Zucker und Zimt werden geröstet und die gekochten Knödel darin gerüttelt, bis sie eingebröselt sind. Frische Pfirsiche, Zwetschken und Erdbeeren sowie tiefgekühltes Obst eignen sich für diese Masse.

409. Reisknödel

24 dag Reis
6 dag Mehl (Vollmehl)
4 dag Fett
2 Eier
Zutaten

Der Reis wird mit ½ Liter Wasser oder Suppe und etwas Salz im Rohr 20 Minuten gedünstet. Hierauf wird das Fett abgetrieben und mit den Eiern, dem etwas ausgekühlten Reis und dem Mehl gemischt. Aus dieser Masse formt man 6 Knödel und siedet sie in Salzwasser zugedeckt 20 bis 25 Minuten schön langsam. Man reicht die Knödel zu Soßenfleisch oder gibt sie, wie Grießknödel abgeschmalzen, zu Salat oder Obst.

410. Semmelknödel

65 dag Knödelbrot
  oder Semmeln
10 dag Mehl oder
  Weizenvollmehl
10 dag Fett
2 Eier
½ Liter Milch
Zutaten

Das in Würfel geschnittene Knödelbrot wird mit etwas feingehackter Zwiebel in Fett gedünstet und kalt gestellt. Milch und Eier werden versprudelt, gesalzen und über das Brot geschüttet. Wenn sich die Flüssigkeit in das Brot gut eingezogen hat, rührt man das Mehl darunter und formt 6 Knödel, die in siedendem Salzwasser langsam und zugedeckt 25 Minuten kochen müssen.

411. Hirseknödel

30 dag Hirse
10 dag Speck
2 Eier
5 dag Weizenvollmehl
1 kleine Zwiebel

Speck und Zwiebel kleinwürfelig schneiden und dünsten. Die gewaschene Hirse dazugeben und nochmals durchdünsten. Nun gibt man schwach ¾ Liter Wasser dazu, würzt mit Hefewürze und Salz und läßt die Hirse vollkommen weich dünsten. Nach dem Erkalten gibt man die Eier dazu und soviel Vollmehl, daß sich Knödel formen lassen (mit nassen Händen). Man gibt sie in kochendes Salzwasser und läßt sie zirka 10 Minuten ziehen. Mit zerlassener Butter werden die Hirseknödel zu Salat serviert. Mit Buchweizen können diese Knödel genauso gemacht werden.

412. Tiroler Knödel

60 dag Knödelbrot
40 dag Selchfleisch
10 dag Mehl oder
  Weizenvollmehl
6 dag Fett
2 Eier
⅜ Liter Milch
Zutaten

Das würfelig geschnittene alte Knödelbrot röstet man in Fett mit etwas feingehackter Zwiebel. Hierauf werden Eier und Milch versprudelt, die Masse damit angeweicht und zuletzt das in kleine Würfel geschnittene, gesottene Selchfleisch nebst Mehl und Salz beigefügt. Die Menge ergibt 6 Knödel, die man in siedendem Salzwasser 25 Minuten zugedeckt langsam kochen läßt. Tiroler Knödel schmecken am besten mit Sauerkraut oder Salat.

413. Bauernknödel

50 dag Knödelbrot
20 dag Mehl oder
  Weizenvollmehl
20 dag Selchfleisch
5 dag Fett
1 Ei
¼ Liter Milch
1 Zwiebel
Zutaten

Aus Milch, Mehl, Ei und Salz macht man einen Teig und mengt das zu Würfeln geschnittene Fleisch und Knödelbrot darunter. Aus der Masse formt man einen Knödel, der, in 5 Liter siedendem Salzwasser eingekocht, eine ¾ bis 1 Stunde zugedeckt langsam sieden muß. Vor dem Essen schneidet man ihn in schöne Stücke, richtet diese appetitlich an, gibt die in Fett geröstete Zwiebel darüber und bringt ihn zu Tisch.

414. Grammelknödel

30 dag Mehl oder
  Weizenvollmehl
20 dag Weißbrot
16 dag Grammeln
4 dag Fett
4 dag Brösel
2 Eier
¼ Liter Milch
Zutaten

In den heißgemachten Grammeln läßt man eine feingehackte Zwiebel anlaufen und mischt dies mit den kleingeschnittenen Weißbrotwürfeln. Milch und Eier sprudelt man gut ab, schüttet die Menge auf die vorbereiteten Brotwürfel und Mehl, salzt und mischt das Ganze zu einem schnell abgerührten Knödelteig. Aus demselben formt man 6 Knödel, legt sie ins siedende Wasser ein und läßt sie zugedeckt 20 Minuten langsam kochen. Beim Anrichten bestreut man sie mit den in Fett gerösteten Bröseln.

415. Gemüseknödel

Zutaten:
10 dag Erbsen
10 dag Karotten
10 dag Bohnen
10 dag Karfiol
8 dag Fett
10 Semmeln
⅛ Liter Milch
3 dag Butter
3 Eier

Grüne Erbsen, kleinwürfelig geschnittene Karotten, länglich geschnittene grüne Bohnen und Karfiolröschen werden weich gekocht. Im Fett dünstet man eine feingehackte Zwiebel glasig und mischt dies mit den Semmelwürfeln, Milch, Eiern, den Gemüsen, Salz, etwas Muskat und Petersiliengrün. Der Knödel wird nun in eine Serviette gebunden und in siedendem Wasser eine ¾ bis 1 Stunde zugedeckt gar gekocht. Mit grünem Salat schmeckt er vorzüglich.

416. Serviettenknödel

Zutaten:
20 dag Knödelbrot oder Semmeln
10 dag Fett
4 Eier
⅛ Liter Milch

In kleine Würfel geschnittenes altes Knödelbrot weicht man in Milch ein. Dann wird das Fett heiß gemacht, eine feingehackte Zwiebel darin gedämpft, dem angeweichten Brot samt Eiern beigemengt und gesalzen. Nun legt man ein nasses Tuch in eine Schüssel, schüttet die Masse darauf, bindet das Tuch zusammen, kocht den Knödel in 5 Liter Salzwasser 1 Stunde zugedeckt gar. Anstatt in ein Tuch kann die Masse auch in Cellophan eingebunden gekocht werden. Beim Anrichten löst man den Knödel vorsichtig aus der Serviette, schneidet ihn in schöne Scheiben und reicht Salat oder Obstsoße dazu.

417. Servietten-Grießknödel

Zutaten:
30 dag Grieß
12 dag Knödelbrot oder Semmeln
10 dag Fett
4 Eier
½ Liter Milch

Milch und Grieß läßt man mit etwas Salz aufquellen. Das würfelig geschnittene Knödelbrot wird in Fett mit etwas feingehackter Zwiebel angeröstet und mit allen anderen Zutaten gemischt. Nun legt man ein feuchtes Tuch in eine Schüssel, gibt die Masse darauf, bindet das Tuch zusammen, kocht den Kloß in 5 Liter siedendem

Salzwasser 1 Stunde zugedeckt gar. Beim Anrichten löst man ihn vorsichtig aus dem Tuch, schneidet ihn in schöne Stücke und serviert ihn zu Salat oder Obst.

418. Topfenknödel mit Weißbrot

50 dag Topfen
20 dag Mais- oder
 Weizengrieß
10 dag Butter
10 dag Weißbrot
3 Eier
Zutaten

Butter und Eier werden recht flaumig gerührt, mit dem passierten Topfen, Grieß, Semmelwürfeln und Salz gut vermischt. Aus der Masse formt man 12 Knödel, die in siedendem Wasser zugedeckt 24 Minuten langsam sieden müssen. Topfenknödel reicht man zu gedünstetem Obst oder Salat oder einer Soße.

419. Zwetschkenknödel

1 kg Zwetschken
44 dag gekochte
 Kartoffeln
22 dag Mehl oder
 Weizenvollmehl
10 dag Topfen
16 dag Brösel
11 dag Fett
8 dag Zucker
1 Ei
Zutaten

Aus den geriebenen Kartoffeln, Topfen, Muskat, Mehl, Ei, Salz und 3 dag Fett wird rasch ein Teig zusammengeknetet, den man auswalkt und in kleine Vierecke zerschneidet. Diese belegt man mit je einer Zwetschke und drückt den Teig gleichmäßig rings um die Frucht. Man legt diese Knödel nacheinander in schwach gesalzenes, siedendes Wasser ein. Sobald sie schwimmen, werden sie herausgenommen und gleich in das heiße Fett, worin die Brösel mit 6 dag Zucker und etwas Zimt geröstet wurden, gegeben und in der Pfanne gerüttelt, bis sie eingebröselt sind. Man kann statt Zwetschken auch Marillen verwenden. Beim Anrichten bestreut man die Speise mit Zucker. Wenn man die Früchte entkernt und vor dem Einfüllen in den Kartoffelteig ein kleines Stückchen Zucker in die Frucht legt, so schmecken sie besonders gut. Bereitet man aus gedörrten Marillen Knödel, so werden die Früchte über Nacht in kaltes Wasser gelegt und so aufgequollen verwendet.

420. Strudelteig

40 dag Mehl oder
  Weizenvollmehl
4 Eßlöffel gutes
  Speiseöl
Zutaten

Das kranzförmig auf das Nudelbrett gegebene Mehl wird gesalzen, in die Mitte werden 4 Eßlöffel Öl und schwach ¼ Liter lauwarmes Wasser geschüttet. Dann rührt man Öl und Wasser gut durch, gibt das Mehl nach und nach dazu und knetet den Teig, bis er Blasen wirft. Zur Bereitung des Teiges kann auch 1 Ei verwendet werden; dann nimmt man nur einen schwachen Eßlöffel Öl. Darauf bestreicht man den Strudelteig oben mit lauwarmem Wasser und läßt ihn mit einer Schüssel zugedeckt ½ Stunde rasten. Nach dieser Zeit walkt man den Teig aus, gibt ihn auf ein bemehltes Tuch und zieht ihn gleichmäßig dünn aus. Der Strudelteig kann auch nur mit Wasser gemacht werden. Strudelteig kann auch schon am Abend bereitet werden, falls man den Strudel am frühen Morgen machen will.

421. Zwetschkenstrudel (Kirschenstrudel)

Strudelteig (Nr. 420)
1 kg Zwetschken
10 dag Zucker
8 dag Fett
12 dag Brösel
Zutaten

Die Früchte werden entkernt und geschnitten, die Brösel in heißem Fett geröstet und gezuckert. Mit dem Rest des Fettes bestreicht man die Pfanne oder ein Kuchenblech. Nun werden die Brösel gleichmäßig auf den ausgezogenen Teig gestreut, dann das Obst darauf verteilt und der Strudel durch langsames Aufheben des Tuches zusammengerollt. Vorsichtig in die Pfanne gelegt, wird er im heißen Rohr eine ¾ Stunde gebacken, beim Anrichten in appetitliche Stücke geschnitten und mit 2 dag Zucker bestreut. Kirschenstrudel bereitet man auf die gleiche Weise.

422. Heidelbeer- oder Schwarzbeerstrudel

Strudelteig (Nr. 420)
1 kg Schwarzbeeren
8 dag Zucker
12 dag Fett
12 dag Brösel
Zutaten

Der dünn ausgezogene Teig wird mit den in Fett gerösteten, gezuckerten Bröseln und dem Obst bestreut, zusammengerollt und weiterbehandelt wie Zwetschkenstrudel Nr. 421.

423. Rhabarberstrudel

Zutaten
1 kg Rhabarber
18 dag Zucker
12 dag Brösel
12 dag Fett

Der ausgezogene Teig wird mit den in Fett gerösteten Bröseln, 16 dag Zucker und den zu kleinen Stücken geschnittenen Rhabarberstengeln bestreut, zusammengerollt und nach Nr. 421 behandelt.

424. Apfelstrudel

Zutaten
1,25 kg Äpfel
12 dag Fett
12 dag Brösel
8 dag Zucker
5 dag kleine Weinbeeren

Die Äpfel schält und hobelt man, vermischt sie mit Zucker, Weinbeeren und etwas Zimt und stellt sie seitwärts auf den Herd. Der ausgezogene Teig wird mit den in Fett gerösteten Bröseln und dem Obst bestreut, zusammengerollt und wie der Zwetschkenstrudel Nr. 421 behandelt.

425. Reisstrudel

Zutaten
Strudelteig (Nr. 420)
15 dag Reis
10 dag Rosinen
8 dag Zucker
6 dag Fett
3 Eier
1 Liter Milch

4 dag Fett, die Dotter und 6 dag Zucker treibt man ab und vermengt den in ¾ Liter Milch mit etwas Salz und Zitronenschale weichgesottenen Reis und hernach den Schnee der drei Eiklar mit. Diese Fülle wird auf dem ausgezogenen Teig verteilt, mit den Rosinen bestreut und der Strudel zusammengerollt. in der mit 2 dag Fett ausgestrichenen Bratpfanne bäckt man den Strudel bei guter Hitze 20 Minuten, gießt ¼ Liter siedende Milch darüber und bäckt ihn so lange weiter, bis die Milch sich ganz eingezogen hat. In hübsche Stücke zerteilt und mit dem Rest des Zuckers bestreut, wird der Strudel schnell aufgetragen.

426. Rahmstrudel

Strudelteig (Nr. 420)
8 dag Zucker
6 dag Fett
5 dag Rosinen
5 dag Weinbeeren
5 dag Mandeln
3 Eier
¼ Liter Milch
¼ Liter Sauerrahm
Zutaten

Zu einem Abtrieb aus 4 dag Fett, 6 dag Zucker und den Dottern mengt man den Rahm und dann den Schnee der 3 Eiweiß. Damit bestreicht man den ausgezogenen Strudelteig gleichmäßig, streut die feingeschnittenen Mandeln, Weinbeeren, Rosinen und etwas feingewiegte Zitronenschale darüber, rollt den Teig zusammen und bäckt ihn in der ausgefetteten Bratpfanne 20 Minuten. Hierauf gießt man ¼ Liter siedende Milch über den Strudel und läßt ihn im Rohr, bis die Milch eingezogen ist. Der Rest des Zuckers wird, nachdem der Strudel in zierliche Stücke geteilt worden ist, darübergestreut.

427. Milchstrudel

Strudelteig (Nr. 420)
10 dag Fett
10 dag Weinbeeren
8 dag Brösel
6 dag Zucker
2 Eier
1 Liter Milch
⅛ Liter Sauerrahm
Zutaten

In 8 dag Fett röstet man die Brösel und streut sie samt den Weinbeeren auf den dünn ausgezogenen Strudelteig. Rahm, Eier und Zucker werden gut versprudelt und ebenfalls auf dem Teig verteilt. Der Strudel wird zusammengerollt, in eine mit 2 dag Fett bestrichene Kasserolle gegeben und im Rohr eine ¾ Stunde gebacken. Bevor man den Strudel zu Tisch bringt, wird er mit der siedenden Milch übergossen.

428. Topfenstrudel

Strudelteig (Nr. 420)
50 dag Topfen
8 dag Zucker
7 dag Fett
3 dag Grieß
5 dag Weinbeeren
3 Eier
¼ Liter Milch
⅛ Liter Sauerrahm
Zutaten

Aus 5 dag Fett, den Eidottern, 6 dag Zucker, dem Sauerrahm und dem durch ein Sieb gerührten Topfen wird ein feiner Abtrieb hergestellt und zuletzt das zu Schnee geschlagene Eiweiß und der Grieß leicht daruntergemengt. Mit dieser Fülle bestreicht man den dünn ausgezogenen Strudelteig, verteilt die Weinbeeren darauf und behandelt den Strudel weiter wie Rahmstrudel Nr. 426.

429. Tiroler Strudel

Strudelteig (Nr. 420)
20 dag rohe,
    geriebene Kartoffeln
12 dag Zucker
8 dag Rosinen
7 dag Fett
4 dag Mandeln
4 dag Brösel
3 Eier
¼ Liter Milch
¼ Liter Sauerrahm
Zutaten

Man treibt 5 dag Fett, die Dotter und 10 dag Zucker schaumig ab, mischt die Kartoffeln, den Rahm und den steifen Eierschnee leicht durcheinander und verteilt diese Fülle auf dem ausgezogenen Strudelteig. Nachdem auch die Brösel, Rosinen und feinstiftelig geschnittenen Mandeln gleichmäßig darübergestreut worden sind, wird der Strudel zusammengerollt und ½ Stunde im Rohr gebacken. Wenn er Farbe angenommen hat, begießt man ihn mit ¼ Liter Milch und macht ihn fertig wie den Rahmstrudel Nr. 426.

430. Grießstrudel

Strudelteig (Nr. 420)
18 dag Grieß
8 dag Fett
2 dag Butter
3 Eier
⅛ Liter Sauerrahm
Zutaten

Das Fett wird abgetrieben, die Dotter werden fein damit verrührt, Grieß, Rahm sowie der Schnee vom Eiweiß beigemengt und alles mit etwas Salz gewürzt. Nun verteilt man die Fülle gleichmäßig auf dem dünn ausgezogenen Strudelteig, gibt ihn zusammengerollt auf ein feuchtes Tuch und umwindet ihn wie eine lange Wurst mit einer Schnur. In 5 Liter Salzwasser läßt man den Strudel zugedeckt 1 Stunde kochen. Beim Anrichten schneidet man den Strudel in dünne Scheiben und gibt das Fett und die darin gerösteten Zwiebelringe darüber.

431. Kartoffelstrudel mit Bröseln

75 dag gekochte,
    geriebene Kartoffeln
36 dag Mehl oder
    Weizenvollmehl
15 dag Brösel
10 dag Fett
1 Ei
Zutaten

Kartoffeln, Mehl, 2 dag zerlassenes Fett und Ei werden mit Salz und Muskat gewürzt und rasch zu einem Teig verarbeitet. Der Teig wird auf dem gut bemehlten Strudeltuch so dünn wie möglich ausgewalkt, mit 8 dag flüssigem Fett bestrichen, mit Bröseln bestreut und zusammengerollt. Der Strudel wird weiter wie Grießstrudel

Nr. 430 behandelt. Als Fülle verwendet man auch Speck oder Grammeln und Brösel, so auch durch die Fleischmaschine getriebenes Restefleisch jeglicher Art mit feingehackter, in Fett gedünsteter Zwiebel.

432. Kartoffelstrudel mit Kirschen

70 dag gekochte, geschälte Kartoffeln
60 dag Kirschen
30 dag Mehl oder Weizenvollmehl
10 dag Zucker
5 dag Butter
1 Ei
Zutaten

Aus den durch die Fleischhackmaschine getriebenen Kartoffeln, dem Mehl, Ei, Butter, etwas Salz und Muskat macht man rasch einen Teig, rollt ihn ½ cm dick aus, streut die Kirschen oder geschälte, geschnittene Äpfel oder entkernte Zwetschken und Zucker darauf, rollt ihn zusammen und bäckt den Strudel auf dem Blech im heißen Rohr. Der Strudel wird in Stücke geschnitten und mit Zucker bestreut zu Tisch geracht.

433. Spinatstrudel

Strudelteig (Nr. 420)
50 dag Spinat
10 dag Speck
⅛ Liter Sauerrahm
5 dag Butter
5 dag Brösel
Zutaten

Spinat ganz kurz im heißen Wasser ziehen lassen, abtropfen und schneiden. Den Speck in kleine Würfel schneiden, mit einer gehackten Zwiebel durchdünsten und mit dem Spinat vermischen, noch einmal gut durchkochen lassen und mit Sauerrahm und Kräutersalz abschmecken.
Der Strudelteig wird dünn ausgewalkt, die Spinatfülle daraufgegeben, zusammengerollt und mit einem Teller in 5 cm lange Stücke gedrückt. Der Strudel wird in Salzwasser 20 Minuten gekocht und mit Bröseln und Butter angerichtet.

434. Krautstrudel

Strudelteig (Nr. 420)
60 dag geschnittenes Weißkraut
25 dag geselchtes Schweinefleisch
4 dag Fett
3 dag Zucker
Zutaten

Im heißen Fett bräunt man den Zucker, läßt feingehackte Zwiebeln darin anlaufen und fügt das feingeschnittene Weißkraut nebst Salz und Kümmel bei, mischt alles gut, läßt das Ganze 20 Minuten dünsten und gut auskühlen. Dann wird die Masse samt dem gesottenen, feingewiegten Selchfleisch auf den sehr dünn ausgezogenen Strudelteig gestreut. Der Strudel wird hernach zusammengerollt und lichtbraun gebacken und mit Kartoffelsalat serviert.

Hafergerichte

Haferspeisen gehören zu den nahrhaftesten, leichtestverdaulichen und billigsten Gerichten und sollten deshalb, wie Milch, von alt und jung täglich genossen werden.

Der Hafer enthält 13 bis 18% Eiweißstoffe, 5 bis 8 % Fett, 65 bis 68 % Stärkemehl, 3 % Nährsalze und nur ganz wenig unverdauliche Stoffe; kein anderes Getreide enthält die einzelnen Nährstoffe in so guter Vereinigung, weshalb Hafergerichte ganz besonders nahrhaft sind. Die im Hafer enthaltenen Reizstoffe regen auch die Verdauung an und bewirken, daß Haferspeisen sehr leicht verdaut werden. Für Säuglinge, die auf die Wohltat der durch keine andere Nahrung ganz zu ersetzenden Muttermilch verzichten müssen, ist es zweckmäßig, in die gewässerte Milch etwas Hafermehl einzukochen. Denn während alle anderen Mehlarten vom Säuglingsmagen vor dem neunten Monat meist nur ungenügend verdaut werden, ist das Hafermehl auch dem ganz jungen Säugling fast ausnahmslos gut bekömmlich. Leider wird der Hafer als Nahrungsmittel noch immer unterschätzt und jetzt mehr noch als früher nur als diätetisches Mittel verwendet. Haferspeisen sollte man aber öfter auf den Tisch bringen.

In der Schweiz gehörten einst Hafermus, Milch und Käse zur täglichen Kost. Sie haben die Bewohner dieses Landes gesund und widerstandsfähig gemacht. Durch den Kaffee verdrängt, tritt nun aber leider auch dort zum Schaden der Gesundheit das Hafermus mehr und mehr in den Hintergrund, was von Ärzten sehr beklagt wird. Bei den Bergschotten und Schweden hingegen hat sich die Vorliebe für Haferspeisen noch erhalten. Auch in England und Nordamerika ist Hafergrütze ein bei arm und reich beliebtes Frühstücksgericht.

Hafergrütze und Milch tragen ganz besonders zur Bildung von gesundem Blut und starken Knochen bei.

435. Hafergrützsuppe

14 dag Hafergrütze
Zutaten

Die in zwei Liter siedendes Wasser eingestreute Hafergrütze wird gesalzen und weich gekocht. Vor dem Anrichten gibt man der Suppe etwas Milch bei und rührt sie gut durch. Will man sie feiner bereiten, so fügt man zuletzt ein Stückchen frische Butter oder etwas Rahm hinzu. Hafergrütze kann auch in Fleischsuppe oder Milch eingekocht werden.

436. Hafergrützbrei

25 dag Hafergrütze
6 dag Fett
Zutaten

3 dag Fett werden erhitzt, die Hafergrütze darin geröstet, gesalzen, mit 2 Liter Wasser vergossen und weich gekocht. Vor dem Anrichten läßt man eine feingehackte Zwiebel im Fett anlaufen und schüttet dies über den angerichteten Brei. Diese Speise eignet sich, mit Milch gegeben, am besten zum Frühstück. Ihres hohen Nährgehaltes und ihrer leichten Verdaulichkeit wegen ist sie für Blutarme und Kinder besonders zu empfehlen.

Oben: Haferflockenkipferln
Unten: Falsche Spiegeleier

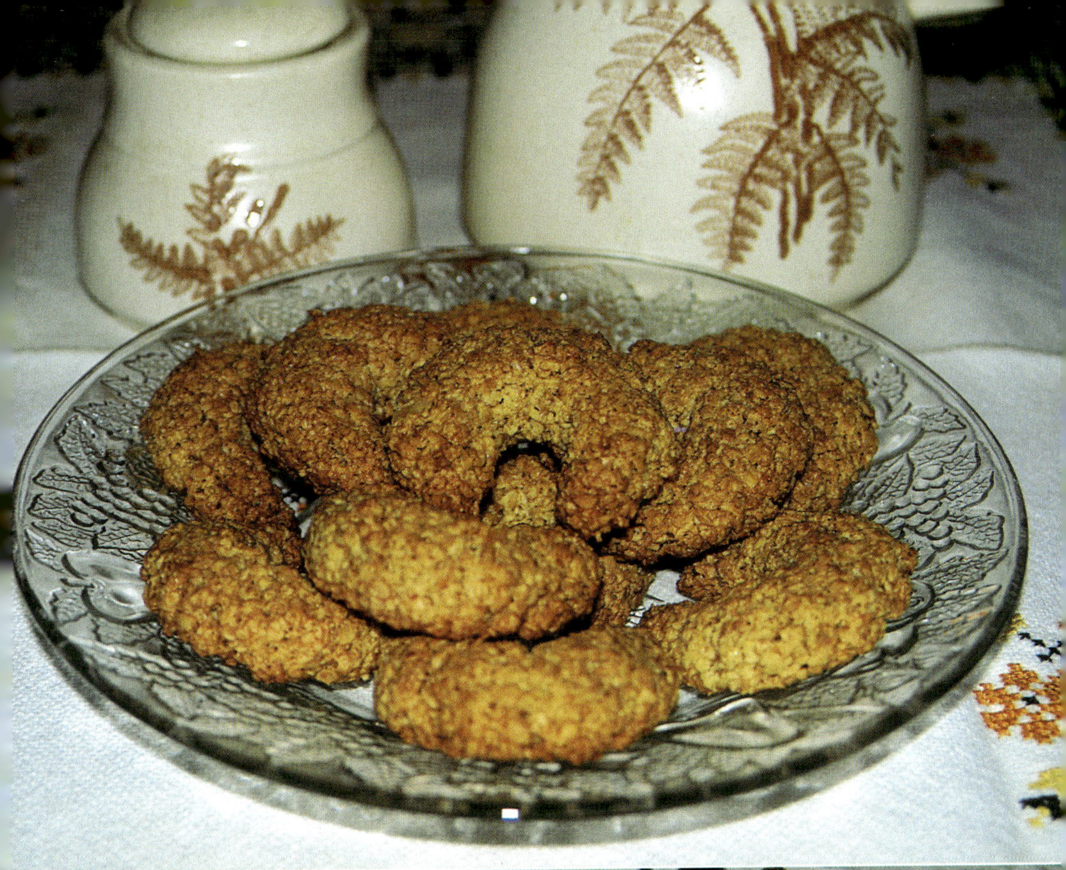
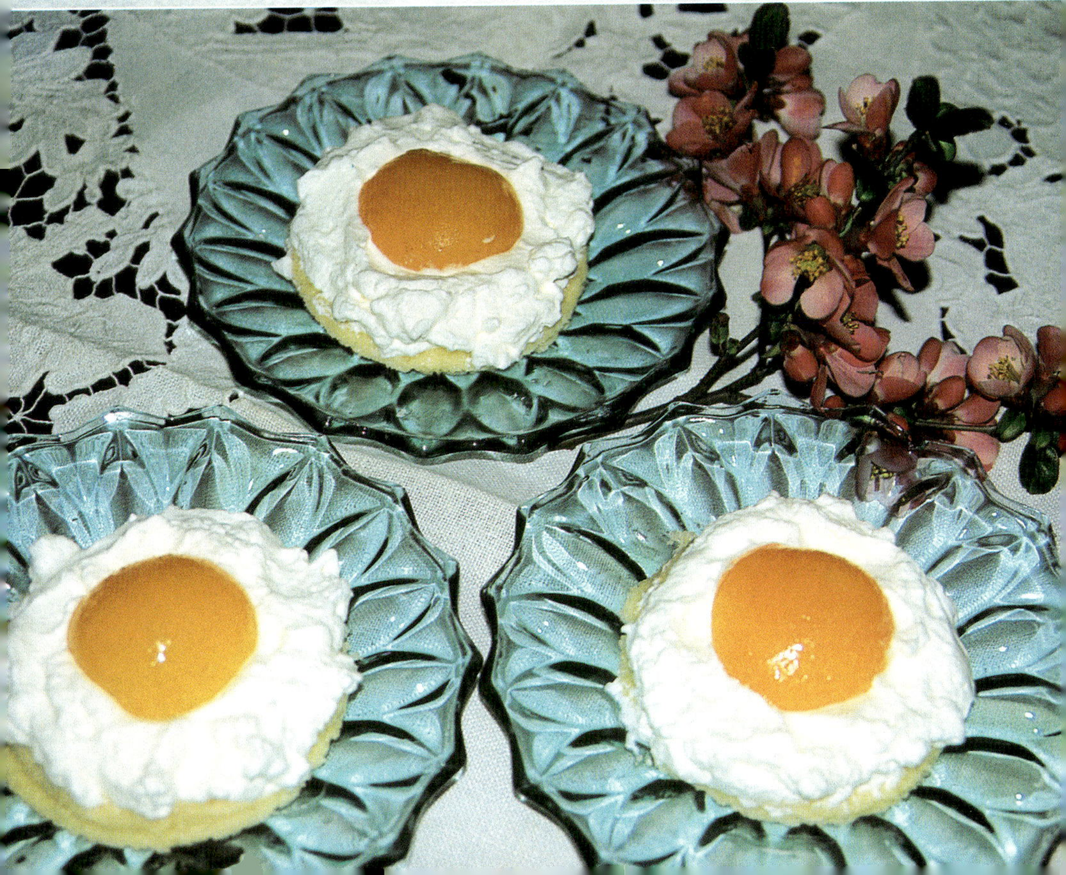

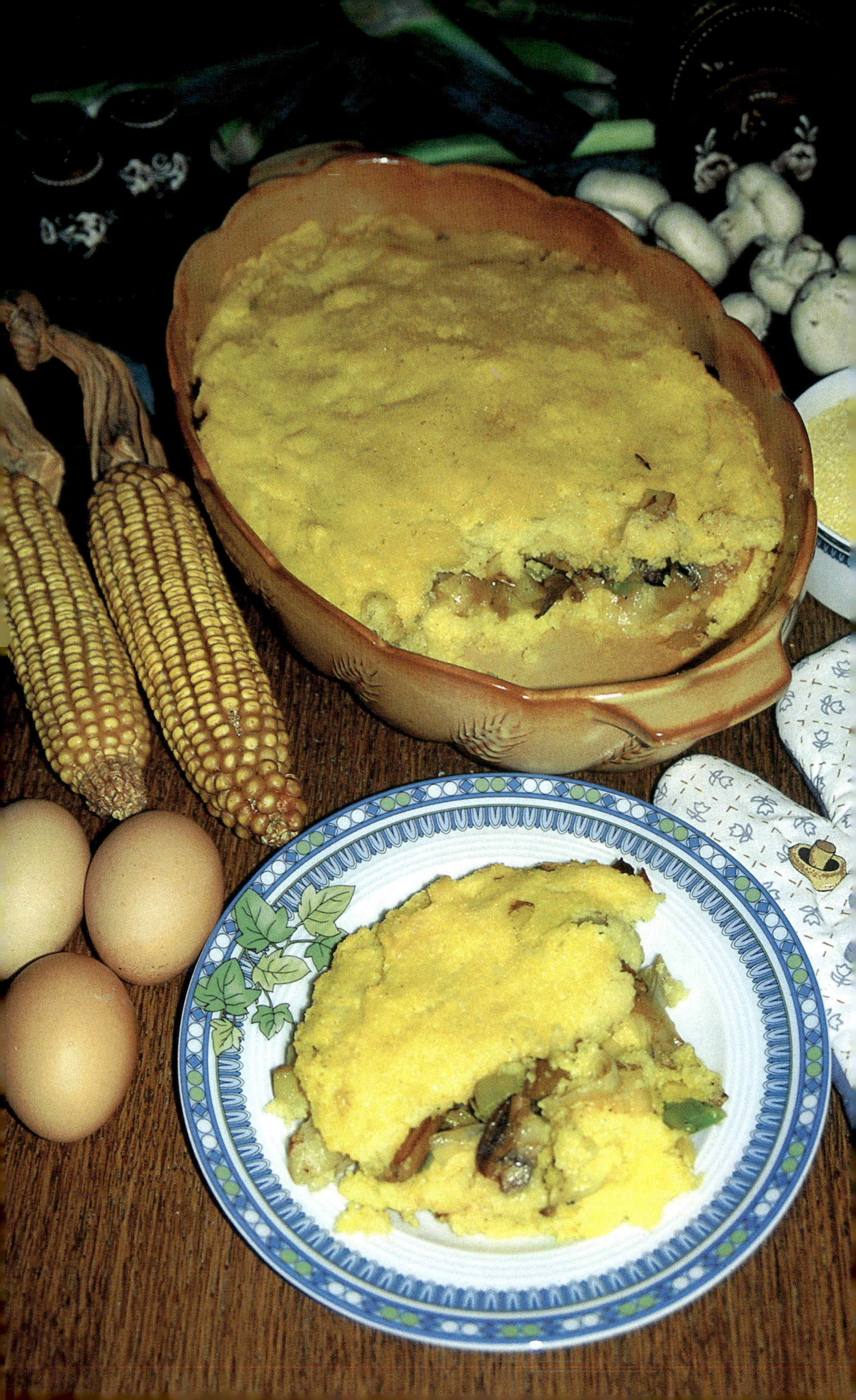

437. Hafergrützsterz

50 dag Hafergrütze
15 dag Fett
Zutaten

Die Hafergrütze wird in 1¼ Liter siedendem, gesalzenem Wasser weich gekocht und, nachdem sie gar gekocht worden ist, im heißen Fett geröstet. Man kann den Sterz auch wie Brennsterz Rezept Nr. 502 bereiten.

438. Hafergrützschmarren

50 dag Hafergrütze
15 dag Fett
5 dag Weinbeeren
5 dag Zucker
3 Eier
Zutaten

Zu der mit ½ Liter Salzwasser weichgekochten Hafergrütze rührt man 3 Dotter, Zucker, Weinbeeren und den steifen Eierschnee. Darauf gibt man die Masse ins heiße Fett und behandelt den Schmarren weiter wie Reisschmarren Nr. 512.

439. Hafergrützauflauf

12 dag Hafergrütze
10 dag Zucker
7 dag Fett
4 dag Weinbeeren
3 Eier
1 Liter Milch
Zutaten

Hafergrützauflauf bereitet man wie den Hirseauflauf Nr. 530, nur mischt man die Weinbeeren darunter, ehe der Schnee unter die Masse gezogen wird.

440. Hafergrützstrudel

Strudelteig (Nr. 420)
25 dag Hafergrütze
8 dag Zucker
5 dag Weinbeeren
2 dag Fett
3 Eier
⅛ Liter Rahm
¼ Liter Milch
Zutaten

Die Hafergrütze wird in ½ Liter siedendem Salzwasser gekocht. Dann vermengt man Dotter, Zucker, Hafergrütze, Rahm, Milch und den steifen Schnee, verteilt die Masse gleichmäßig auf den dünn ausgezogenen Strudelteig, streut die Weinbeeren darüber, rollt den Strudel zusammen und bäckt ihn in einer gut ausgefetteten Kasserolle.

Würziger Maisauflauf

441. Hafergrützschnitten

25 dag Hafergrütze
12 dag Brösel
5 dag Zucker
5 Eier
Zutaten

Die in ½ Liter siedendem Wasser eingekochte Hafergrütze wird weich gedünstet. Hierauf vermengt man sie gleichmäßig mit 3 ganzen Eiern, 5 dag Bröseln und 5 dag Zucker so, daß sie keine Knollen bildet. Diese Masse wird nun 1½ cm dick auf ein befeuchtetes Nudelbrett gestrichen. Wenn sie erkaltet ist, schneidet man davon 24 Schnitten, dreht sie zuerst in 2 Eiern, die man mit 3 Eßlöffeln Milch gut versprudelt hat, dann in den Bröseln und bäckt sie im Fett. Die Schnitten werden mit Zucker bestreut und mit gedünstetem Obst zu Tisch gegeben.

442. Hafergrützpudding

20 dag Hafergrütze
7 dag Fett
5 dag Zucker
4 dag Rosinen
3 Eier
Zutaten

Die Hafergrütze wird in ⅜ Liter siedendem Salzwasser gekocht. Unter die Grütze mischt man einen flaumigen Abtrieb, den man aus 5 dag Fett, Zucker, den Dottern, 1 Eßlöffel Zitronensaft, den Rosinen und dem steifen Eierschnee herstellt. Diese Masse wird in eine mit 2 dag Fett bestrichene, mit Bröseln ausgestreute Puddingform gefüllt und im Wasserbad 1 Stunde gekocht, siehe Rezept Nr. 546. Man reicht den Pudding mit gedünstetem Obst oder Obstsaft.

443. Flammeri aus Hafergrütze

10 dag Hafergrütze
10 dag Zucker
4 dag Mandeln
2 Eier
1 Zitrone
1 Liter Milch
Zutaten

In der siedenden Milch wird die Hafergrütze mit etwas Salz, Zitronenschale und einigen feingeschnittenen Mandeln gekocht. Hierauf rührt man die Eidotter, den Rest der geschnittenen Mandeln, den Zitronensaft, Zucker und den steifen Schnee der 2 Eiweiß unter die Masse. Man vollendet die Speise wie den Flammeri aus Mehl, Nr. 490.

444. Hafergrütztorte

18 dag Hafergrütze
18 dag Zucker
1 dag Fett
6 Eier
Zutaten

Dem schaumigen Abtrieb von Zucker, Dottern und einigen Tropfen Zitronensaft mischt man die Hafergrütze und den steifen Eierschnee bei. Die Masse wird in einer befetteten und mit Hafergrütze bestreuten Form lichtbraun im Rohr gebacken. Die erkaltete Torte kann man mit Butter- oder Schokoladenschaum füllen und mit Zuckerglasur überziehen.

445. Cremesuppe mit Haferflocken

15 dag Haferflocken
10 dag Spinat oder Kräuter
5 dag Butter
2 Eßlöffel Sauerrahm
1 Dotter
Zutaten

Die Haferflocken in Butter dünsten und mit 2 Liter Wasser aufgießen. Mit Hefewürze und Kräutersalz würzen. Damit die Suppe grün wird, gibt man Spinat oder Kräuter, wie Brennessel, Löwenzahn, Sauerampfer, Petersilie, Schnittlauch usw., dazu. Die Suppe wird passiert und mit Sauerrahm und Dotter legiert. Vor dem Servieren gebähte Semmelwürfel beigeben.

446. Haferflockensuppe

15 dag Haferflocken
10 dag Knödelbrot oder Semmeln
2 dag Butter
2 Eßlöffel Sauerrahm
1 Dotter
Zutaten

Die Haferflocken werden in 2 Liter siedendem Salzwasser weich gekocht. Vor dem Anrichten wird die Suppe durch ein Sieb gerührt und mit dem Dotter, mit Butter, 2 Löffeln Sauerrahm und feingehacktem Grün gut vermengt. Das in schön gleichmäßige Streifchen geschnittene Knödelbrot wird im Rohr gebäht und zur Suppe gereicht.

447. Haferflockenstrudel

Strudelteig (Nr. 420)
12 dag Haferflocken
5 dag Weinbeeren
5 dag Zucker
3 Eier
½ Liter Milch
Zutaten

Die in Milch weich gekochten Haferflocken werden einem schaumig gerührten Abtrieb aus Eidottern und Zucker beigemengt und der steife Eierschnee unter die Masse gezogen. Diese Fülle verteilt man gleichmäßig auf dem gut ausgezogenen Strudelteig, streut die Weinbeeren darüber, rollt den Strudel zusammen und bäckt ihn bei guter Hitze in einer ausgefetteten Kasserolle.

448. Dalken mit Haferflocken

12 dag Haferflocken
5 dag Fett
2 dag Zucker
4 Eier
½ Liter Milch
Zutaten

Nachdem die Haferflocken mit Milch und etwas Salz gekocht sind, mischt man den Zucker, die Dotter und das zu Schnee geschlagene Eiweiß darunter und behandelt sie weiter wie Dalken, Nr. 618.

449. Haferflockenschnitzel mit Champignons

12 dag Haferflocken
15 dag Champignons
4 dag Butter
2 Eier
Zutaten

In einem halben Liter Wasser werden die Haferflocken mit etwas Salz zu einem dicken Brei gekocht. Aus Butter, einer gehackten Zwiebel, die in der Butter glasig gemacht wird, und den Champignons dünstet man eine pikante Masse, die mit grünem Pfeffer, Petersiliengrün und Kräutersalz gut abgeschmeckt wird. Nun werden alle Zutaten mit den Eiern vermischt, daraus formt man Schnitzel, die im heißen Rohr gebacken werden. Man kann sie auch im Öl herausbacken, da muß man allerdings etwas Weizenvollmehl oder Brösel dazugeben.

450. Haferflockenpudding mit Schokolade

9 dag Haferflocken
10 dag Fett
5 dag Zucker
5 dag Schokolade
4 dag Mandeln
1 dag Brösel
6 Eier
1½ Deziliter Milch
Zutaten

Die Haferflocken werden mit der siedenden Milch abgerührt und 1 Stunde stehengelassen. Nun bereitet man aus 8 dag Fett, dem Zucker, der geriebenen Schokolade und den Dottern nebst einigen Tropfen Zitronensaft einen feinen Abtrieb, salzt und vermengt damit die eingeweichten Flocken, die länglich geschnittenen Mandeln und den steifen Schnee. In einer mit Fett ausgestrichenen und mit Bröseln bestreuten Puddingform wird der Pudding im Wasserbad 1 Stunde gekocht. Siehe Rezept 546. Man reicht ihn mit gedünstetem Obst oder Obstsaft.

451. Haferflockenkipferln

25 dag Haferflocken
10 dag Butter
5 dag Zucker
1 Ei
Zutaten

Butter, Zucker und 1 Ei rührt man recht flaumig, vermischt dies mit den Haferflocken, 1 Messerspitze Natron, feingehackten Zitronenschalen und formt kleine Kipferln, die man auf gut befettetem Blech bäckt.

452. Haferflockenkekse

58 dag Haferflocken
20 dag Zucker
6 dag Butter
5 g Natron
3 Eier
⅛ Liter Sauerrahm
Zutaten

Aus den durch die Kaffeemühle getriebenen Haferflocken und den übrigen Zutaten bereitet man mit feingestoßener Vanille einen Teig und läßt ihn rasten. Daraus werden kleine Plätzchen ausgestochen, die bei mäßiger Hitze auf dem befetteten Blech hellbraun gebacken werden.

453. Haferflockenstangerln

25 dag Haferflocken
25 dag Butter
20 dag Zucker
25 dag Haselnüsse
25 dag Vollmehl
4 Eier
Zutaten

Butter, Zucker und Eier werden schaumig gerührt, dann geriebene Haselnüsse, Haferflocken, Zimt und etwas Salz beigefügt und zuletzt das Mehl daruntergemischt. Nun wird der Teig zu kleinfingerdicken Rollen ausgerollt und in etwa 5 cm lange Stücke geschnitten. Diese werden auf ein befettetes Blech gelegt, mit Eigelb bestrichen und in schwacher Hitze gebacken.

454. Haferflockenkrapferln

30 dag Haferflocken
25 dag Butter
20 dag Zucker
25 dag Weizenvollmehl
25 dag Rosinen
2 Eier
Zutaten

Butter, Zucker und Eier schaumig rühren, 1 Backpulver und die übrigen Zutaten daruntermengen, nußgroße Krapferln formen und auf einem befetteten Blech bei mäßiger Hitze bakken.

455. Haferflockenaniskrapferln

20 dag Zucker
25 dag Mehl (Vollmehl)
13 dag Haferflocken
4 Eier
Zutaten

Eier und Zucker schlägt man schaumig, gibt die übrigen Zutaten nebst Anis und etwas Salz dazu und verrührt die Masse. Auf ein befettetes, bemehltes Blech gibt man kleine Häufchen von der Masse, bestreut sie mit Zucker und läßt die Krapferln über Nacht in der Küche stehen. Am folgenden Tag werden sie bei schwacher Hitze hell gebacken.

456. Haferflockenbusserln

15 dag Zucker
13 dag Haferflocken
13 dag Haselnüsse
3 Eiweiß
½ Zitrone
Zutaten

Eiweiß und Zucker werden sehr gut abgeschlagen und der Zitronensaft dazugegeben. Dann gibt man die Haferflocken und die geriebenen Haselnüsse dazu und vermischt alles gut. Auf ein befettetes Blech werden gleichmäßige Busserln aufgesetzt und bei mäßiger Hitze gebacken.

457. Haferflockenschnitten

16 dag Haferflocken
10 dag Vollmehl
8 dag Zucker
6 dag Butter
1 Ei
⅛ Liter Milch
½ Zitrone
½ Päckch. Backpulver
Zutaten

Die Haferflocken werden in der Butter hellgelb angeröstet; Ei, Zucker und den Saft der halben Zitrone treibt man sehr flaumig ab, dazu mischt man die feingehackte Zitronenschale. Mehl und Backpulver werden gemischt und zusammengesiebt und dieses samt der Milch zum Abtrieb gegeben. Ein nach allen Seiten mit einem Rand versehenes Blech wird befettet, die Masse glatt daraufgestrichen, zu schöner Farbe gebacken und zu Schnitten geschnitten.

458. Hafermehlsuppe

10 dag Hafermehl
8 dag Fett
Zutaten

Aus Fett und Hafermehl wird eine lichte Einbrenn bereitet, die man unter fleißigem Rühren mit 2 Liter Wasser vergießt, salzt und ¼ Stunde kocht. Die Suppe wird über feingehacktem Grün angerichtet und nach Belieben mit gerösteten Brotwürfeln gereicht.

459. Hafermehlkekse

20 dag Hafermehl
12 dag Zucker
4 dag Fett
3 g Natron
1 Ei
5 Eßlöffel Sauerrahm
Zutaten

Mehl, Zucker, 2 Messerspitzen Natron und etwas Vanille werden gemischt und kranzförmig auf das Nudelbrett gegeben. In der Mitte werden erst das Ei, der Rahm und das Fett gut verrührt und dann mit den anderen Zutaten schnell zu einem Teig verarbeitet, der sofort ausgewalkt und wie Kekse Nr. 716 weiterbehandelt wird.

460. Hafermehlkuchen

20 dag Zucker
10 dag Hafermehl
2 dag Fett
4 Eier
Zutaten

Dem schaumigen Abtrieb von Dottern und Zucker werden das Hafermehl und der steife Eierschnee beigegeben. Diese Masse füllt man in eine mit Fett ausgestrichene, mit Hafermehl bestreute Form und bäckt sie ungefähr ½ Stunde im Rohr. Er wird in der Mitte durchgeschnitten und mit Marmelade bestrichen.

461. Hafermehltorte

20 dag Zucker
18 dag Mandeln
14 dag Hafermehl
14 dag Fett
4 Eier
Zutaten

Hat man das Fett flaumig abgetrieben, so werden abwechselnd 10 dag Zucker und die Dotter unter Rühren beigegeben. Hierauf vermengt man die mit den Schalen geriebenen Mandeln, das Hafermehl, feingeschnittene Zitronenschalen, 5 g Natron und den steifen Eierschnee mit der Masse und bäckt sie in einer gut ausgefetteten, mit Hafermehl ausgestreuten Form ungefähr eine ¾ Stunde im Rohr. Erkaltet, wird die Torte mit 10 dag Staubzucker bestreut und mit einem glühenden Backschäufelchen so gebrannt, daß kleine Vierecke entstehen. Man kann sie auch mit Eingesottenem füllen oder eine Obstsoße dazu reichen.

Milchgerichte

Die Milch ist die Königin der Nahrungsmittel. Sie bildet wegen ihrer vorzüglichen Zusammensetzung eine vollwertige Nahrung, die alle zum Aufbau des menschlichen Körpers nötigen Stoffe enthält und deshalb von jung und alt täglich genossen werden sollte.

Die Milch darf nicht wie Wasser getrunken werden, sie ist ein Lebensmittel, das eingespeichelt und im Mund vorverdaut werden muß.

In den Anweisungen ist einfach Milch angegeben. Es kann Vollmilch oder

Magermilch verwendet werden. Wird die Milch getrunken, so sollte sie entweder als Frischmilch oder abgekocht genossen werden. Abgekochte Milch sollte möglichst kurz danach getrunken werden, mit anderen Worten, das Abkochen sollte kurz vor dem Verabreichen der Milch stattfinden, wenn der Geschmack rein, gut und zuträglich sein soll. Läßt man die gesottene Milch längere Zeit auf dem Herd stehen, so schließt die sich bildende Milchhaut das Fett ein. Der Milchzucker bräunt sich, und wir sagen, die Milch hat einen Kochgeschmack. Vollkommen einwandfreie Milch sollte nur angewärmt werden. In diesem Falle bleibt das Albumin (Milcheiweiß) unverändert, und dadurch sind die Bekömmlichkeit und die leichte Verdaulichkeit die gleichen wie bei frischgemolkener Milch.

Milch kann anbrennen. Dies wird verhütet, wenn man den sauberen Milchtopf mit kaltem Wasser ausspült und erst dann auf den Herd stellt, wenn sich die Platte schon gründlich erhitzt hat. Pasteurisierte Milch nicht abkochen. Beachtet man diese Regel, so wird sich die Milch nie anbrennen.

Milch und Milchprodukte sind am nährstoffreichsten. Sie fördern Gesundheit und Leistungsfähigkeit. Es gibt kein Nahrungsmittel, das gleich diesem Eiweiß, Fett, Zucker, Mineralstoffe und die Vitamine A, B, C, D, E und K enthält. Der Säugling gedeiht nur mit Milch, für das Klein- und Schulkind gibt es keine gesündere Nahrung für Körper und Geist. Der Erwachsene steigert seine Leistungsfähigkeit, und der alte Mensch erhält seine Körper- und Geisteskräfte. Unsere Heimat versorgt uns reichlich mit dieser köstlichen Gabe. Ihre Verwendungsmöglichkeit ist unbegrenzt. Deshalb ist es nicht nur ein gesundheitliches, sondern auch ein wirtschaftliches Gebot, sich der Hauptsache nach aus Milch und Milchprodukten, wie Süß- und Sauermilch, Joghurt, Süß- und Sauerrahm, Butter, Topfen und Käse, zu ernähren. Österreich etwa erzeugt eine Fülle von Milchprodukten. Kartoffeln mit Butter oder Topfen, Vollkornbrot mit Butter und Honig bestrichen, dazu ein Glas Milch, gehören wohl zu den zuträglichsten Morgen- und Abendmahlzeiten für jung und alt. Außerdem ergeben Topfenbrote, belegt mit Tomaten und Rettichen sowie Milch dazu ein sehr bekömmliches Abendessen.

Käse enthält sehr wichtige Aufbaustoffe zur Knochenbildung.

Alle Käsesorten sind äußerst wertvoll als Frühstück mit frisch gekochten oder gebratenen Kartoffeln oder mit Vollkornbrot und Milch, gleichso als Jause oder bei Wanderungen. Aus Reib- und Schneidkäse bereitet man mannigfaltige Speisen, die mit frischem Salat, Paradeissoße oder Preiselbeerkompott eine ausreichende, sehr zuträgliche Nahrung ergeben. Geriebener

Käse dient zur Verfeinerung und Nährstoffbereicherung von Gemüsen und Reisfleisch, von gedünstetem Reis, Nockerln, Makkaroni, Nudeln und anderem. Zu den schon vorhandenen Käsespeisen-Rezepten habe ich noch eine Reihe anderer hinzugefügt.

462. Käseomeletten

28 dag Mehl oder
Weizenvollmehl
15 dag Käse
6 dag Fett
2 Eier
½ Liter Milch
Zutaten

Milch und Mehl werden glatt verrührt, man salzt und vermengt den Teig gut mit den Eiern und rührt zuletzt den geriebenen Käse darunter. Aus dieser Masse bäckt man mit dem Fett 12 Omeletten. Diese werden heiß mit beliebigem Salat oder Sauerkraut gereicht. Bei Vollmehl halb Wasser und halb Milch nehmen.

463. Käse-Reisauflauf

40 dag Reis
20 dag Käse
7 dag Fett
2 Eier
¼ Liter Sauerrahm
Zutaten

Der Reis, 5 dag Fett, ein Liter Wasser und etwas Salz werden gedünstet. Eine Auflaufform fettet man mit 2 dag Fett aus und gibt abwechselnd eine Schicht Reis und geriebenen Käse hinein, so daß 3 Schichten Reis und 2 Schichten Käse in die Form kommen. Rahm und Dotter sprudelt man erst allein gut ab, vermischt dann mit dem steifen Schnee und schüttet dies auf den Käsereis. Man bäckt ihn im Rohr zu schöner Farbe und bringt ihn, mit Petersiliengrün bestreut, mit frischem Salat zu Tisch.

464. Käseschnitzel

24 Weißbrotscheiben
12 Käsescheiben
10 dag Butter
10 dag Brösel
2 Eier
Zutaten

Aus einem schmalen Weißbrotwecken schneidet man 24 gleichmäßige Scheiben. Auf 12 legt man gleichgroße Käsescheiben und deckt sie mit den restlichen Weißbrotscheiben. Die Eier werden mit etwas Milch versprudelt und wenig gesalzen. Nun legt man die Doppelscheiben nach und nach in die Eier, läßt beidseitig gut aufsaugen und paniert sie mit Bröseln. Vor dem Essen werden sie in einer flachen Pfanne in heißer Butter, zugedeckt, auf beiden Seiten hellbraun gebacken und mit grünem Salat oder Preiselbeeren gereicht.

465. Käse-Makkaroniauflauf

45 dag Makkaroni
24 dag Reibkäse
6 dag Butter
2 Eier
⅛ Liter Sauerrahm
Zutaten

Die Makkaroni oder Nudeln werden weich gekocht. Eine Auflaufform wird mit 3 dag Butter bestrichen und abwechselnd mit Makkaroni und 20 dag geriebenem Käse gefüllt. Rahm, Dotter, 3 dag Butter, 4 dag geriebenen Käse, den steifen Schnee, etwas Salz und Muskat verrührt man gut und schüttet dies über den Auflauf. Im heißen Rohr hellbraun gebacken, bestreut man ihn mit Schnittlauch und reicht ihn mit gemischtem Salat.

466. Käsemaisschnitten

25 dag Maismehl
20 dag Käse
10 dag Butter
10 dag Brösel
1 Liter Milch
3 Eier
Zutaten

Maismehl oder Maisgrieß wird in wenig gesalzener, siedender Milch weich gekocht. Ausgekühlt, gibt man 2 Eier, den geriebenen Käse und etwas Muskat bei, verrührt dies gut, streicht die Masse auf eine nasse Platte und stellt sie kalt. Ist sie schön steif, schneidet man Streifen, paniert sie mit dem mit etwas Milch verklopften Ei und Bröseln. Die Schnitten bäckt man in einer flachen Pfanne in der Butter hellbraun. Mit Obstsoße oder auch Salat reichen.

467. Käsekrapferln

24 dag Mehl
  oder Vollmehl
20 dag Käse
14 dag Butter
1 Ei
Zutaten

16 dag geriebener Käse, das Mehl, die Butter, Ei, wenig Salz und Muskat werden zu einem Teig verarbeitet und rasten gelassen. Nach dem Auswalken sticht man runde Krapferln aus oder schneidet Schnitten. Man legt sie auf ein mit wenig Öl bestrichenes Blech, bestreicht sie mit Ei und streut den Rest des geriebenen Käses auf die Krapferln. Die lichtbraun gebackenen Krapferln oder Schnitten reicht man mit einer Soße oder Salat. Das Gebäck eignet sich auch als Beilage zu Gemüseplatten oder zum Verzieren von Lungenbraten.

468. Hirselaibchen mit Käse

30 dag Hirse
5 dag Butter
2 Eier
1 Zwiebel
Käse und Tomaten
  zum Belegen
Zutaten

Eine feingehackte Zwiebel in Butter anlaufen lassen, die Hirse, die gewaschen sein sollte, mitdünsten und mit doppelt soviel Wasser wie Hirse aufgießen. Gewürzt wird mit Hefewürze und Salz. Ist die Hirse weich und ausgekühlt, mischt man die Eier darunter und soviel Weizenvollmehl, daß sich mit nassen Händen Laibchen formen lassen. Die Laibchen werden auf ein befettetes Backblech gelegt und bei sehr guter Hitze gebacken. Sind sie fast fertig, werden sie mit Tomatenscheiben belegt, sind diese weich, kommt bei ausgeschaltetem Rohr eine dünne Käsescheibe darauf.

Alle Getreidelaibchen können so gemacht werden; wichtig ist, daß das Getreide vorher weich gedünstet wird. Ob das Getreide geschrotet oder ganz ist, ist egal.

469. Käsekuchen nach Schweizer Art

Mürber Teig (Nr. 625)

Fülle:
20 dag Käse
⅜ Liter Sauerrahm
3 Eier
Zutaten

Rahm, Eier und einen Teelöffel Maizena schlägt man gut ab, gibt etwas Salz und Muskat bei und rührt den geriebenen Käse leicht darunter. Ein Kuchenblech wird mit dem ausgewalkten mürben Teig belegt, man streicht die Fülle gleichmäßig auf den Teig und bäckt den Kuchen goldgelb.

470. Käsespiegeleier

20 dag Käse
6 dag Butter
6 Eier
Zutaten

Eine mit Butter befettete flache Form wird mit dünnen Käseschnitten belegt, diese werden etwas gebraten, darauf setzt man die einzelnen Eier, bestreut sie mit wenig Salz und brät weiter, bis das Eiweiß geronnen, die Dotter jedoch noch weich sind. Mit Salat, Vollkornbrot und Milch ergibt dies ein gutes, nahrhaftes Mittagessen.

471. Käsegemüse

1 kg Gemüse
20 dag Käse
6 dag Butter
5 dag Mehl (Vollmehl)
½ Liter Milch
2 Eier
Zutaten

Dazu verwendet man Karfiol, Möhren, Schwarzwurzeln oder Kohl. Das geputzte, gewaschene Gemüse wird weich gekocht. Aus 4 dag Butter, Mehl und ½ Liter Milch bereitet man eine lichte Soße, gibt etwas Salz und Muskat bei. Ausgekühlt, gibt man die Eier dazu und rührt die Soße glatt. Das gekochte Gemüse gibt man in eine mit 2 dag Butter befettete Auflaufform, streut den geriebenen Käse darüber und verteilt die Soße gleichmäßig über das Ganze. Mit Petersilienkartoffeln und Salat ergibt dies ein nahrhaftes Mittagessen.

472. Feines Käsegebäck

Zutaten
15 dag Weizenvollmehl
15 dag Butter
15 dag Emmentaler
1 Ei
2 Eßlöffel Wasser

Das Mehl mit einem Teel. Backpulver vermischen, mit Butter, dem geriebenen Käse, Ei, Wasser und etwas Salz sowie einer Messerspitze Cayenne-Pfeffer zu einem glatten Teig verarbeiten. Man läßt diesen eine halbe Stunde rasten. Messerrückendick auswalken, mit Ei bestreichen und mit verschiedenen kleinen Ausstechern ausstechen. Einen Teil mit Mohn oder Kümmel bestreuen. Auf einige Formen streut man etwas Paprika oder setzt eine abgezogene Mandel darauf. Käsegebäck wird immer hell gebacken.

473. Käsebrezen

Zutaten
20 dag Mehl (Vollmehl)
15 dag Butter
15 dag gerieb. Käse
1 Dotter
1 Ei zum Bestreichen

Aus Mehl, Butter, Käse, Salz und Dotter macht man einen Teig, den man rasten läßt. Es werden ca. 20-cm-Streifen gerollt, die man zu Brezeln formt, mit Ei bestreicht und mit Kümmel bestreut. Nur goldgelb backen, da jedes Käsegebäck sonst bitter wird.

474. Käseschnitten

Zutaten
12 Brotschnitten
18 dag Käse
6 dag Butter
6 Sardellen
6 Tomaten

Die Brotschnitten bestreicht man dünn mit Butter, garniert sie mit geschnittenem Käse, entgräteten Sardellen und Paradeisscheiben.

475. Käsesalat

Zutaten
30 dag Schneidkäse
40 dag Kartoffeln
6 Löffel Essig
2 Löffel Öl

Die gekochten, geschälten, kalten Kartoffeln und der Käse werden feinwürfelig geschnitten, Essig, Öl, etwas Senf, Schnittlauch und wenig Salz mischt man gut, gibt dies über Käse und Kartoffeln und vermischt alles leicht.

476. Käsesalat

Zutaten
30 dag Kartoffeln
30 dag Käse
6 Tomaten
6 Sardellen
3 Essiggurkerln
3 Eier
6 Löffel Essig
2 Löffel Öl

Die gekochten, geschälten, kalten Kartoffeln, beliebiger Schneidkäse, Tomaten, Gurkerln und eine große Zwiebeln schneidet man in sehr dünne Scheiben und gibt die entgräteten, geschnittenen Sardellen dazu. Essig, Öl, Senf und etwas Salz mischt man gut und gibt dies über das Geschnittene. Der Salat wird mit gekochten Eiern, die in schöne Stücke geschnitten werden, belegt. Mit grünem Salat, Vollkornbrot und Milch ergibt der Käsesalat an heißen Sommertagen eine äußerst bekömmliche Hauptmahlzeit.

477. Milchnudeln

Zutaten
20 dag Nudeln
4 dag Zucker
2 Liter Milch

Die Milch wird aufgekocht, gezuckert, etwas gesalzen, die Nudeln beigegeben, durchgerührt und 20 Minuten gekocht. Eine Zugabe von Vanille oder feingehackter Zitronenschale verbessert die Speise.

478. Milchfaverl

Zutaten
26 dag Mehl (Vollmehl)
2 Liter Milch
1 Ei

Mehl, Ei und Salz bröselt man mit 3 Eßlöffeln Milch oder Wasser ab. Die feinen Faverln werden in 2 Liter siedende Milch unter Rühren eingekocht und 20 Minuten gesotten. Nach Wunsch kann das Faverl auch gesüßt und mit Vanille oder Zitronenschalen gewürzt werden.

479. Reisbrei

Zutaten
20 dag Reis oder Naturreis
4 dag Zucker
2 Liter Milch

Man schüttet den Reis in die siedende Milch, salzt ein wenig und läßt ihn unter öfterem Rühren weich kochen. Der Reisbrei wird mit Zucker und Zimt oder geriebener Schokolade bestreut zu Tisch gegeben. Auch kann nicht polierter Reis verwendet werden.

480. Gestürzter Reis

30 dag Reis
8 dag Zucker
5 dag Fett
2 Liter Milch
Zutaten

Aus Reis, Milch, Zucker, Fett, Salz und einem kleinen Stückchen Vanille wird ein Brei gekocht, den man in einer mit kaltem Wasser ausgespülten Form zum Erkalten stellt. Beim Anrichten wird die Speise gestürzt und mit Obstsaft oder Obstsoße zu Tisch gegeben. Schmeckt auch mit Naturreis ausgezeichnet.

481. Reisspeise mit Rahm

10 dag Reis (Vollreis)
4 dag Zucker
4 Blatt weiße Gelatine
¼ Liter Schlagrahm
½ Liter Milch
Zutaten

Der Reis wird schnell in siedendes Wasser gegeben, sofort wieder abgegossen und in Milch mit Vanille und etwas Salz 20 Minuten gesotten. Wenn er vom Feuer gezogen ist, fügt man die in kaltem Wasser abgespülte Gelatine und 2 dag Zucker hinzu, rührt alles gut durch und stellt die Masse kalt. Darauf werden ⅛ Liter Rahm steif geschlagen, mit dem erkalteten Reis vermischt und für einige Stunden in einer mit frischem Wasser ausgespülten Form an einen kalten Ort, am besten aufs Eis, gestellt. Vor Tisch wird der Rest des Rahms geschlagen, gesüßt, die gestürzte Speise damit verziert und als Nachspeise mit Obstsaft gereicht.

482. Maisbrei

16 dag Maisgrieß
2 Liter Milch
Zutaten

Der Maisgrieß oder das Maismehl wird in der etwas gesalzenen, siedenden Milch weich gekocht.

483. Hirsebrei

24 dag Hirse
2 Liter Milch
Zutaten

Bereitung wie Reisbrei Nr. 479.

484. Grießbrei

16 dag Grieß
4 dag Zucker
2 Liter Milch
Zutaten

Der Grieß wird unter fortwährendem Rühren langsam in die siedende Milch eingestreut und eine Prise Salz beigefügt. Hernach läßt man den Brei unter öfterem Rühren weich kochen. Nach dem Anrichten wird er mit Zucker und Zimt oder geriebener Schokolade bestreut.

485. Gestürzter Grieß

24 dag Grieß
10 dag Zucker
5 dag Fett
4 dag Mandeln
2 Liter Milch
Zutaten

Aus Milch, Fett, Grieß, Zucker, etwas Vanille und einer Prise Salz kocht man einen Brei. Nun werden die geschälten, länglich geschnittenen Mandeln beigefügt. Die Masse wird in eine mit kaltem Wasser gespülte Form oder in den Reisring eingefüllt und kalt gestellt. Die Speise wird mit Obstsaft zu Tisch gegeben.

486. Gestürzter Grieß mit Schokolade

15 dag Schokolade
12 dag Grieß
5 dag Fett
4 dag Zucker
1 Liter Milch
Zutaten

Die Bereitung ist dieselbe wie bei gestürztem Grieß Nr. 485, nur gibt man statt der Mandeln die geriebene Schokolade unter die Masse und reicht an Stelle des Obstsaftes Vanilleschaum dazu. Das Gericht wird als Nachspeise gereicht.

487. Falsche Spiegeleier

10 dag Grieß
5 dag Zucker
3 dag Fett
1 Ei
⅜ Liter Milch
¼ Liter Schlagrahm
6 Marillen
(Aprikosen)
Zutaten

Aus Grieß, Milch, Fett, 2 dag Zucker und etwas Salz kocht man einen Brei, der, ein wenig abgekühlt, mit dem Ei verrührt und auf ein mit Wasser befeuchtetes Brett gestrichen wird. Erkaltet, werden davon mit dem Krapfenmodel 12 Formen ausgestochen; dann gibt man auf jede einen Löffel sehr steif geschlagenen, gesüßten Rahm, legt in die Mitte eine halbe Aprikose und reicht die Speise als Nachtisch.

488. Milchkoch

24 dag Mehl (Vollmehl)
4 dag Zucker
2 Liter Milch
Zutaten

Das Mehl wird mit ¼ Liter kalter Milch recht glatt versprudelt. Wenn die übrigen 1¾ Liter Milch, die man ein wenig salzt, sieden, wird das Versprudelte unter fortwährendem Rühren eingekocht und zehn Minuten sieden gelassen. Will man die Speise feiner haben, so gibt man 1 bis 2 Dotter dazu. Beim Anrichten streut man Zucker und Zimt oder geriebene Schokolade darüber.

489. Gebranntes Milchkoch

26 dag Mehl (Vollmehl)
5 dag Zucker
1 Ei
2 Liter Milch
Zutaten

Aus etwas kalter Milch, Mehl und Ei wird ein dünner Brei angerührt und der Rest der Milch mit Vanille und etwas Salz zum Sieden gebracht. Nun gießt man den Brei unter fleißigem Rühren sehr langsam in die Milch ein und kocht ihn fertig, Dieses Koch gibt man dann in eine mit kaltem Wasser ausgespülte Porzellanschüssel, bestreut es, nachdem sich oben eine Haut gebildet hat, dick mit Zucker und brennt diesen mit einer glühenden Eisenschaufel. Man kann den Zucker auch in einer Eisenpfanne bräunen und über das Koch schütten. Einige feingeschnittene, mitgebrannte Mandeln verfeinern die Speise wesentlich.

490. Flammeri aus Mehl

13 dag Mehl (Vollmehl)
2 dag Zucker
2 Eier
1 Liter Milch
Zutaten

Das Mehl wird in etwas kalter Milch angerührt, langsam in der inzwischen mit Zucker und etwas Vanille zum Sieden gebrachten Milch gekocht und gesalzen. Später wird die Masse mit den Eidottern verrührt und, wenn sie ein wenig erkaltet ist, das zu Schnee geschlagene Eiweiß daruntergezogen. Der Brei wird in eine mit kaltem Wasser ausgespülte Schüssel gegeben, wenn er vollends erkaltet ist, gestürzt und mit Obstsaft als Nachtisch gereicht.

491. Flammeri aus Grieß

1 Liter Milch
4 dag Zucker
4 Eiweiß
13 dag Grieß
Zutaten

Grieß, Zucker, etwas Salz, Zitronenschale siedet man in der Milch weich. Später werden die 4 Eiweiß zu steifem Schnee geschlagen, unter den etwas ausgekühlten Grieß gezogen und die Speise weiter wie Flammeri aus Mehl Nr. 490 behandelt.

Eierspeisen, Omeletten, Schmarren, Aufläufe und Puddings

E i e r gehören zu den wichtigsten Nahrungsmitteln. Durch Zusatz von Eiern werden die Speisen nicht nur nahrhafter, schmackhafter und verdaulicher, sie erhalten auch ein schöneres Aussehen. Übergewichtige, stoffwechselkranke Menschen sollten den Eiergenuß einschränken.

Früher standen uns im Sommer frische und billige Eier zur Verfügung, im Winter aber waren sie teuer; daher trachtete man in der einfachen Küche, ihren Verbrauch aufs äußerste zu beschränken. Dies war jedoch verkehrt, denn im Winter ist das Nahrungsbedürfnis infolge des durch die Kälte gesteigerten Stoffverbrauches viel größer und der Körper kräftiger Nahrung bedürftiger als im Sommer.

Legte man zur Zeit, wenn die Eier billig waren, einen genügenden Vorrat davon ein, so war das ängstliche Sparen mit diesem vorzüglichen Nahrungsmittel auch im Winter überflüssig. Das Verfahren ist auch heute noch so einfach und so wenig kostspielig, daß jede Hausfrau es versuchen und auf gutes Gelingen rechnen kann. Zu 10 Liter frischem, gesottenem, ausgekühltem Wasser mische man 1 Liter Wasserglas, rühre alles gut durch und schütte diese Flüssigkeit auf die in einem sauberen Topf oder Faß eingeschichteten, ganz frischen, sauberen Eier. Gekaufte oder durch längere Zeit zusammengesparte Eier prüfe man vor dem Einlegen. Dazu fülle man einen Kübel mit kaltem Wasser und lege die Eier vorsichtig auf dessen Grund.

Hebt sich ein Ei vom Boden oder fängt es zu schwimmen an, so ist es nicht mehr ganz frisch und deshalb schnell zu verbrauchen. Wo kein größerer Vorrat von Eiern auf einmal vorhanden ist, können sie nach und nach in kleinen Mengen in das mit dem Wasser vermischte Wasserglas eingelegt werden. Die Flüssigkeit muß stets über den Eiern stehen; damit weniger verdunstet, ist es angebracht, die Gefäße zuzubinden oder mit einem Deckel zu verschließen. Dem Wasserglas entnommene Eier wasche man vor dem Gebrauch gut ab. Wasserglas ist in jeder Drogerie zu billigem Preis erhältlich; hat es seinen Zweck bei der Erhaltung der Eier erfüllt, so kann daraus eine gute Lauge zum Waschen und Putzen bereitet werden.

Auf die Frage, ob gekochte oder rohe Eier leichter verdaulich seien, ist zu antworten, daß zwischen beiden kein wesentlicher Unterschied besteht, nur müssen die hartgekochten Eier gut gekaut werden.

Der Eidotter ist nahrhafter als das Eiweiß; vor allem enthält er mehr Fett. Im Dotter befindet sich auch Lezithin, auf das schon in den Bemerkungen über Hülsenfrüchte hingewiesen wurde.

Eier werden am besten mit kaltem Wasser aufgesetzt und darin gelassen, bis es siedet. Auf solche Weise wird das Ei durch und durch heiß, und der Dotter bleibt nicht kalt, wie es meist bei weichen Eiern der Fall ist, wenn das Ei in heißes Wasser gelegt und kurze Zeit gesotten wird.

Zur Herstellung guter Omeletten braucht man eine ganz flache Eisenpfanne, die für wenig Geld in jeder Küchengeschirrhandlung erhältlich ist. Geht man mit gutem Willen an die nicht schwierige Bereitung der einfachen Omeletten, so wird bald die nötige Übung darin erworben, und die so gute und billige Speise kann zur Freude und zum Vorteil der Hausgenossen oft auf den Tisch kommen. Am flaumigsten werden die Omeletten, wenn sie auf der sehr heißen Herdplatte bereitet werden. Man gibt etwas Fett in die Pfanne, läßt dies schnell heiß werden, gibt in die Mitte der Pfanne so viel Teig, daß, wenn derselbe durch Drehung der Pfanne auseinandergeronnen ist, der ganze Boden der Pfanne bedeckt ist, und läßt die Omelette so lange backen, bis die Oberfläche derselben fest ist, hierauf wird die Omelette gewendet und auch auf der anderen Seite zu schöner Farbe gebacken. Die Omelettenpfanne sollte nach dem Gebrauch gut mit Papier ausgerieben, nicht ausgewaschen werden! So braucht man weniger Fett und vermeidet das Hängenbleiben der Omeletten. Ist beim Backen etwas Teig in der Pfanne hängengeblieben, so stelle man sie trocken auf den heißen Herd, streue ein wenig Salz darauf und reibe sie dann tüchtig mit Papier blank.

Die Schmarren sind beliebte Mehlspeisen; ihre Bereitung erfordert zwar Sorgfalt, aber doch weniger Zeit als die der meisten anderen Mehlspeisen.

Schmarren sollte man nicht mit so viel Fett, wie es auf dem Land im allgemeinen üblich ist, zubereiten, denn dadurch werden sie nicht nur teurer, sondern auch schwer verdaulich. Die Schmarren sind ausgiebig und gut und ergeben, mit gedünstetem Obst, Obstsoßen oder grünem Salat gereicht, beliebte Abendessen. Bei Reisschmarren und Maissterz (Polenta), die länger kochen müssen, wird wieder die Kochkiste zu Hilfe genommen.

In Aufläufen werden uns die Nahrungsmittel wie Reis, Grieß, Mais, Hirse, Nudeln und Makkaroni in leicht verdaulicher Form geboten; denn sie werden erst in der Kiste gar gemacht und nachher noch im Rohr als Auflauf einem zweiten Kochvorgang unterworfen. Wie man aus den Vorschriften ersieht, sind die Aufläufe, da zu ihrer Bereitung auch Milch, Eier und Fett verwendet werden, nahrhafte Speisen. Grieß-, Mais-, Hirse-, Nudel-, Topfen- und Brotauflauf geraten am besten in einer Bratpfanne; für alle übrigen eignet sich eine tiefe Auflaufform oder als Ersatz dafür ein Reindl (Kasserolle) besser. Reis-, Grieß-, Mais-, Hirse, Nudel-, Topfen-, Käse-, Brotauflauf und Scheiterhaufen sind einfach und ausgiebig. Man reicht sie mittags als Hauptspeise, wogegen Mehl-, Eier-, Heiden-, Rahm- und Omelettenauflauf an Sonn- und Festtagen als Nachspeisen auf den Tisch kommen. Aufläufe sind stets in dem Kochgeschirr, in dem sie gebacken wurden, rasch auf den Tisch zu bringen. Besonders gut eignen sich Jena-Auflaufformen.

Puddings zu bereiten, war früher in einfachen Haushalten nicht üblich, weil man die Ansicht vertrat, daß sie nur für den feinen Tisch passen. Wie aus den nachfolgenden Vorschriften zu ersehen ist, sind aber gerade die Puddings billige Mehlspeisen, dabei leicht verdaulich und schmackhaft. Der einfache Semmelpudding ist so zusammengestellt, daß er mit Obstsoße und der üblichen Vorspeise eine ausgiebige Hauptmahlzeit bilden kann. Alle anderen Puddings sind als Nachspeisen zu verwenden. Das Kochen von Puddings auf dem Herd erfordert viel Zeit, Aufmerksamkeit und Energie. Daher kommt es auch, daß sich viele Hausfrauen nicht leicht zu ihrer Bereitung entschließen können. Ein anderer Übelstand ist, daß das Stürzen nicht immer glatt von Statten geht und so die Mühe nicht durch tadelloses Gelingen belohnt wird. Ganz anders verhält sich die Sache bei Verwendung der Kochkiste, wo mit 15 Minuten Vorkochen die ganze Arbeit getan und ein Mißglücken ausgeschlossen ist. In der Kochkiste bereitete Puddings sind auch ohne großen Eierzusatz locker; durch Dünsten werden die darin enthaltenen Nährstoffe gut aufgeschlossen und durch die lange Kochdauer dem Körper besonders zuträglich gemacht.

Beim Kochen der Puddings ist folgendes zu beachten. Die Form sollte glatt sein und womöglich ein Rohr haben, damit der Dampf nicht nur von außen, sondern auch von innen den Pudding gar machen kann. Form und Deckel müssen mit kaltem Fett gut ausgestrichen und mit Bröseln bestreut werden, ehe die Puddingmasse hineinkommt. Weil die Speise beim Kochen aufgeht, fülle man die Form nicht ganz. Inzwischen bringt man in einem Fünflitertopf 1 Liter Wasser zum Sieden, stellt dann die Form hinein, schließt den Topf mit einem gut passenden Deckel, wie man sie bei Töpfen für die Kochkiste benützt, kocht das Ganze bei geschlossenem Deckel 15 Minuten auf gutem Feuer vor und stellt den Topf hernach in die Kiste. Kocht man die Puddings auf dem Herd, müssen sie bei geschlossenem Topf 1 Stunde ununterbrochen dampfen. Das Garkochen beruht ausschließlich auf der Einwirkung des Dampfes. Diese Vorschriften müssen deshalb streng eingehalten werden. Kurz vor dem Anrichten wird die Puddingform aus dem Wasser gehoben. Nach Abheben des Deckels legt man eine erwärmte Schüssel darüber und stürzt die Speise darauf. Wenn die Form richtig eingefettet und eingebröselt wurde, geht das Stürzen bei gekochten Puddings ohne Schwierigkeiten vor sich.

492. Gekochte Eier

Für 6 Personen:
12 Eier
Zutaten

Die gewaschenen Eier werden mit 1½ Liter Wasser zugesetzt. Für weiche Eier rechnet man 2 Minuten, für kernweiche 4 und für hartgesottene Eier 7 bis 10 Minuten Siedezeit. Um von harten Eiern die Schale gut und schnell zu entfernen, legt man sie bis zum Erkalten in frisches Wasser.

493. Rühreier (Eierspeise)

Für 6 Personen:
12 Eier
5 dag Butter
Zutaten

Man gibt die mit etwas Salz versprudelten Eier in heiße Butter oder Fett. Mit einem Löffel werden die Eier, die sich am Boden der Pfanne angesetzt haben, vorsichtig abgelöst und auf einer heißen Platte angerichtet. Man fährt damit fort, bis alle Eier geronnen, aber nicht fest geworden sind. Den Eiern können beim Versprudeln auch einige Löffel Milch beigefügt werden. Als Würze für Rühreier eignet sich Schnittlauch oder etwas geriebener Zwiebel.

494. Rühreier mit Schinken

Für 6 Personen:
13 dag Schinken
10 Eier
5 dag Butter
Zutaten

Die Speise wird wie Rührei Nr. 493 bereitet, oder man schüttet die unversprudelten Eier in Butter oder Fett und rührt mit der Gabel in der Masse, bis die Eierspeise geronnen, aber auch nicht fest ist. Dann fügt man den feingewiegten Schinken und Schnittlauch bei und gibt die Speise sofort zu Tisch.

495. Spiegeleier

Für 6 Personen:
12 Eier
5 dag Butter
Zutaten

Wenn man dazu nicht eine besondere Pfanne mit Vertiefungen hat, so nimmt man eine flache Eisenpfanne, läßt Butter darin heiß werden und schlägt die Eier vorsichtig, eines neben das andere, in die Pfanne. Dann werden sie gesalzen und auf mäßigem Feuer gelassen, bis das Eiweiß etwas gestockt ist. Um auch den Dotter steif zu machen, stellt man darauf die Pfanne ganz kurze Zeit ins heiße Rohr.

496. Französische Eierspeise

Für 6 Personen:
12 Eier
5 dag Butter
1 Zitrone
Zutaten

Die Eier werden in siedendes Salzwasser geschlagen, dem 2 Löffel Essig beigemischt sind, und zugedeckt so lange gekocht, bis das Eiweiß etwas fest geworden ist. Inzwischen legt man Butterstückchen in eine heiße Schüssel, gibt etwas Salz und Zitronensaft dazu und legt die Eier vorsichtig mit einem Schaumlöffel hinein. Man kann sie auch auf gerösteten Weiß- oder Schwarzbrotscheiben zu Tisch geben.

497. Verlorene Eier

Für 6 Personen:
12 Eier
5 dag Speck
4 dag Mehl (Vollmehl)
Zutaten

Ein Liter schwach gesalzenes Wasser, in das einige Löffel Essig gegeben werden, wird zum Sieden gebracht. Darauf werden die Eier nacheinander vorsichtig hineingeschlagen und so lange gekocht, bis sich das Eiweiß gefestigt hat. Inzwischen läßt man den würfelig geschnittenen Speck gelb anlaufen und bereitet mit dem Mehl eine lichte Einbrenn, die mit dem Wasser, in dem die Eier gesotten wurden, zu einer schmackhaften, dicklichen Soße verkocht wird. Mit dieser werden die Eier angerichtet und Kartoffelbrei und grüner Salat dazu gereicht.

498. Omeletten

28 dag Mehl oder
  Weizenvollmehl
6 dag Zucker
4 dag Fett
2 Eier
½ Liter Milch
Zutaten

Mehl und Milch, bei Vollmehl halb Wasser und halb Milch nehmen, werden erst mit etwas Salz glatt abgeschlagen, dann mit den Dottern und dem steifen Eierschnee vermengt. Nun läßt man in der Pfanne 1 Eßlöffel Fett heiß werden, gießt es wieder zurück und schüttet 1 Schöpflöffel Teig hinein. Sobald der Teig an der oberen Seite des Kuchens fest geworden ist, wendet man ihn auf die andere Seite und bäckt ihn auch hier lichtbraun. Je rascher das Ausbacken vor sich geht, desto lockerer werden die Omeletten. Sie werden mit Marmelade gefüllt, zusammengerollt zu Tisch gegeben. Man kann die Omeletten auch ein wenig anbacken, feingeschnittene Äpfel daraufgeben und sie mit diesen fertigbacken. Ungezuckert, mit einer Beimischung von 10 dag geriebenem Käse, schmecken die Kuchen vorzüglich zu Salat. Bei Verwendung von mehr Eiern werden die Omeletten feiner. Aus der Masse werden 12 Omeletten; nach dem Ausbacken gibt man jede einzelne schnell auf den Dunst.

499. Buttermilchomeletten

30 dag Mehl oder
   Vollmehl
6 dag Fett
⁶/₁₀ Liter Buttermilch
1 Ei
Zutaten

Zubereitung wie oben Nr. 498, nur läßt man den Zucker weg, verwendet statt der Milch Buttermilch und gibt zum Teig zum Schluß eine Messerspitze Natron. Die Omeletten werden mit Salat gereicht. Bei Vollmehl halb Wasser und halb Milch nehmen.

500. Topfenomeletten

28 dag Mehl oder
   Vollmehl
6 dag Zucker
4 dag Fett
1 Ei
½ Liter Milch
Zutaten

Fülle:
30 dag Topfen
6 dag Zucker
5 dag Butter
5 dag Rosinen
2 Eier
⅛ Liter Sauerrahm
Zutaten

Aus den Zutaten bereitet man unter Zugabe von etwas Salz einen fein abgerührten Omelettenteig und bäckt daraus 12 gleichmäßig große Omeletten. Aus 4 dag Zucker, der Butter und den 2 Dottern macht man einen feinen Abtrieb, dazu gibt man den passierten Topfen, die Rosinen, den Rahm und den Schnee der 2 Eiweiß nebst fein gehackter Zitronenschale. Mit dieser Fülle füllt man die Omeletten, rollt sie zusammen, gibt sie in eine mit Fett ausgestrichene Pfanne und überbäckt sie kurz im heißen Rohr, worauf sie schnell mit dem Rest des Zuckers bestreut zu Tisch gegeben werden. Bei Vollmehl halb Wasser und halb Milch nehmen.

501. Französische Omeletten

6 dag Butter
4 dag Mehl
4 dag Zucker
6 Eier
Zutaten

Das Eiweiß wird zu festem Schnee geschlagen, Mehl, Dotter, Zucker, Salz und etwas feingestoßene Vanille werden leicht daruntergemischt und die Masse in drei mit Butter ausgestrichenen Pfannen bei guter Hitze im Rohr gebacken, ohne sie zu wenden. Die Oberseite der fertigen Omeletten bestreicht man mit Eingesottenem, klappt sie in der Mitte zusammen und gibt sie sofort zu Tisch.

502. Brennsterz (Sterz, Mus, Koch)

50 dag Mehl oder
  Vollmehl
10 dag Fett
Zutaten

Man salzt das Mehl, brüht es mit ½ Liter siedendem Wasser ab, rührt schnell durch und gibt den Teig ins heiße Fett. Unter fortwährendem Stoßen mit der Schmarrenschaufel wird das Gericht nun langsam geröstet, bis es bröselig geworden ist. Man kann statt Wasser auch Mager- oder Buttermilch verwenden, was den Nährwert erhöht und Geschmack sowie Farbe verbessert.

503. Kartoffelmischteigsterz

1½ kg gekochte,
  geriebene Kartoffeln
30 dag Mehl oder
  Vollmehl
20 dag Fett
Zutaten

Kartoffeln, Mehl und Salz bröselt man fein ab und gibt dies ins heiße Fett. Ist der Sterz zu beiden Seiten ordentlich gebacken, stößt man ihn mit der Schmarrenschaufel schön fein. Schmeckt gut zu Kaffee, Milch oder saurer Suppe.

504. Kartoffelsterz mit Maisgrieß

1½ kg Kartoffeln
12 dag Maisgrieß
10 dag Fett
¼ Liter Milch
Zutaten

In einer Pfanne läßt man das Fett heiß werden, röstet Malsgrieß darin ganz wenig an, gießt mit reichlich ¼ Liter Milch oder Wasser auf und salzt. Sieht der Maisgrieß durch Aufkochen aus wie feiner Grießschmarren, so fügt man die gekochten, geschälten, feinblättrig geschnittenen Kartoffeln dazu und röstet alles gut durch. Das Gericht ergibt mit Milch oder Obstsoße ein gesundes, ausgiebiges Frühstück oder Abendessen.

505. Kartoffelsterz mit Grieß

1 kg gekochte,
　geriebene Kartoffeln
10 dag Fett
8 dag Grieß
8 dag Mehl oder
　Vollmehl
Zutaten

Die gekochten, geschälten, geriebenen Kartoffeln werden mit dem in 2 dag Fett gerösteten Grieß und dem Mehl nebst Salz vermischt. Das Fett wird in einer flachen Pfanne heiß gemacht, die Masse hineinverteilt, auf beiden Seiten gebräunt und mit der Schmarrenschaufel (Muser) bröselig gestoßen. Diesen Kartoffelsterz reicht man mit saurer Suppe, Milch oder Kaffee.

506. Kartoffelsterz mit rohen Kartoffeln

1 kg geschälte Kartoffeln
30 dag Mehl oder
　Vollmehl
20 dag Fett
3 Eier
Zutaten

Die rohen, geschälten Kartoffeln werden feinblättrig geschnitten, und zwar zur Vermeidung des Schwarzwerdens im Wasser. Sie werden mit einem Tuch gut ausgedrückt, mit dem Mehl und dann mit den Eiern vermischt und gesalzen. Die Masse wird in das heiße Fett gegeben, auf beiden Seiten hellbraun geröstet und dann mit der Schmarrenschaufel zerkleinert. Man reicht den Kartoffelsterz mit Obst und Gemüse.

507. Einfacher Schmarren

60 dag Mehl oder
　Vollmehl
10 dag Fett
6 dag Rosinen
3 dag Zucker
2 Eier
1 Liter Milch
Zutaten

Nachdem Milch und Mehl, bei Weizenvollmehl halb Wasser und Milch nehmen, fein verrührt worden sind, werden die Eidotter, das Salz und zuletzt der Eierschnee daruntergemischt. Der Teig wird in eine flache Eisenpfanne, in der man das Fett heiß werden ließ, gefüllt und ins heiße Rohr gegeben.

Wenn er oben lichtbraun ist, stellt man die Pfanne auf den Herd, gibt die Rosinen hinein, zerreißt den Schmarren mit der Gabel und richtet ihn an. An Stelle der Rosinen können auch Weinbeeren verwendet werden. Man kann aber auch beides weglassen.

508. Kaiserschmarren

6 dag Mehl (Vollmehl)
6 dag Fett
6 dag Zucker
6 dag Rosinen
3 dag Butter
6 Eier
Zutaten

Aus $^3/_{10}$ Liter Wasser, Mehl, 3 dag Zucker und Salz wird ein Teig gemacht, dem die Eidotter und zuletzt der Eierschnee beigemischt werden. Inzwischen läßt man das Fett in einer flachen Pfanne heiß werden, gießt den Teig hinein, stellt ihn in die heiße Röhre und bäckt ihn, bis er Farbe hat. Die Butter wird nun daruntergeschoben, der Schmarren, sobald sie zergangen ist, mit Rosinen bestreut und mit der Gabel in große Stücke zerrissen. Schnell angerichtet und mit dem Rest des Zuckers, in dem ein Stückchen Vanille gestoßen wurde, bestreut, bringt man ihn zu Tisch.

509. Semmelschmarren

40 dag Semmeln
10 dag Fett
5 dag Rosinen
3 dag Zucker
3 Eier
¼ Liter Milch
Zutaten

Die würfelig geschnittenen Semmeln werden mit der Milch angeweicht, die Dotter und der Zucker damit vermengt und zuletzt der Schnee der 3 Eiklar daruntergemischt. Nun gibt man die Masse ins heiße Fett, läßt den Schmarren auf langsamem Feuer Farbe annehmen, streut die Rosinen darüber und zerstößt ihn mit der Schmarrenschaufel. Mit Zucker und wenig Zimt bestreut, wird der Schmarren zu Tisch gegeben.

510. Grießschmarren

57 dag Grieß
20 dag Fett
4 dag Zucker
¾ Liter Milch
Zutaten

Das Fett wird heiß gemacht und der Grieß hineingegeben. Nachdem er eine Welle angezogen hat, wird er mit der kalten Milch vergossen, gesalzen und ins Rohr gestellt. Hat sich an der Unterseite eine braune Kruste gebildet, so nimmt man den Schmarren aus dem Rohr, zerstößt ihn mit der Schaufel ganz fein und gibt ihn, mit Zucker und etwas Zimt bestreut, zu Tisch. Grießschmarren sowie alle Grießgerichte sind aus Vollgrieß besonders gut und gesund. Die Rezepte sind gleich.

511. Gebackener Grießschmarren

60 dag Grieß
25 dag Fett
2 Eier
¾ Liter Milch
Zutaten

Grieß und Milch werden miteinander vermischt und 2 bis 4 Stunden stehen gelassen. Dieser Masse gibt man 2 dag Zucker, die Eidotter und zuletzt den Eierschnee bei, salzt, schüttet sie in heißes Fett und stellt den Schmarren zum Backen in das Rohr, bis er eine schöne braune Farbe angenommen hat. Dann wird er auf den Herd gestellt, mit der Schaufel fein zerstoßen und, mit Zucker und Zimt bestreut, auf den Tisch gegeben. Man kann dem Schmarren auch 6 dag Weinbeeren beimengen.

512. Reisschmarren

50 dag Reis
12 dag Fett
7 dag Zucker
5 dag Rosinen
3 Eier
1¼ Liter Milch
Zutaten

Aus Reis und Milch mit etwas Salz wird ein Brei gekocht; wenn dieser ausgekühlt ist, rührt man die Dotter, 4 dag Zucker und zuletzt den Schnee der Eiklar dazu und gibt ihn ins heiße Fett. Weiter behandelt wird der Reisschmarren wie Semmelschmarren Nr. 509; nur streut man Vanillezucker darüber.

513. Polenta auf rumänische Art

50 dag Maisgrieß oder Maismehl
Zutaten

Man bringt 1½ Liter Wasser zum Sieden, salzt und streut Maisgrieß oder Maismehl unter fortwährendem Rühren hinein. Ist die Masse fein verrührt, deckt man sie zu und läßt sie entweder am Rand des Herdes oder im Rohr 1 Stunde ausdünsten. Die Polenta muß so fest sein, daß sie sich ausgekühlt aus der Form stürzen läßt. Die Polenta, die sich gut schneiden läßt, kann beliebig zu Würfeln oder Schnitten geschnitten und mit heißem Speck oder Butter angeröstet verwendet werden. Die Speise muß mit der Gabel gerührt werden, damit die Würfel ganz bleiben. Man kann die Polenta zu Suppe, Milch oder Kaffe geben oder auch zu Salat oder Obstsoße.

514. Polenta als Auflauf

1 kg Maisgrieß
30 dag Marmelade
5 dag Fett
Zutaten

Die nach Nr. 513 hergestellte Polenta wird erkaltet in 6 Scheiben geschnitten. In eine befettete Pfanne legt man eine Scheibe Polenta, bestreicht sie mit Marmelade, gibt wieder eine Scheibe darauf und fährt so abwechselnd fort, bis Polentascheiben und Obstmus verbraucht sind. Der Auflauf wird im heißen Rohr gebacken, auf eine heiße Platte gegeben und zu Tisch gebracht.

Werden die einzelnen Scheiben mit 20 dag geriebenem Käse, Grammeln oder Fleischhaschee belegt, so ergibt diese Speise mit Salat oder grünen Gemüsen ein gutes Mittagessen.

515. Maissterz oder Polenta

50 dag Maisgrieß
15 dag Speck
Zutaten

Auf einen Teil Polenta (Maisgrieß) gibt man zwei Teile Wasser. So lange rühren, bis ein dikker Brei entsteht, und ausdünsten lassen. Den Speck schneidet man in kleine Würfel und röstet ihn auf dem Herd in einer Eisenpfanne lichtbraun. Darauf entfernt man die Grammeln (Grieben) und brösselt den Mais mit einer Gabel aus dem Topf ins Fett. Sobald der Sterz gut verrührt ist, richtet man ihn an und gibt die Speckgrammeln darüber.

516. Maisschmarren

40 dag Mais
20 dag Fett
7 dag Zucker
4 dag Rosinen
2 Eier
1 Liter Milch
Zutaten

Diese Speise wird wie gebackener Grießschmarren Nr. 511 bereitet.

517. Weizentommerl

1 kg Äpfel
30 dag Mehl oder Vollmehl
5 dag Zucker
5 dag Fett
½ Liter Milch
1 Ei
Zutaten

Milch und Mehl werden versprudelt, gesalzen, mit dem Eidotter und Eiweiß nebst einer Messerspitze Natron vermengt. Eine flache Pfanne wird mit Fett bestrichen, mit den Apfelspalten belegt. Darauf kommt die Masse und wird langsam gebacken. Vor dem Anrichten streut man Zucker auf das Tommerl. An Stelle von Äpfeln können auch Kirschen oder Zwetschken verwendet werden. Bei Weizenvollmehl halb Wasser und halb Milch nehmen.

518. Maistommerl

1 kg Früchte
30 dag Maisgrieß
5 dag Fett
5 dag Zucker
1 Ei
Zutaten

In ¾ Liter Wasser oder Milch wird Maisgrieß mit dem Ei und Salz versprudelt und mehrere Stunden stehen gelassen. Dann streicht man eine Pfanne mit Fett aus, streut geschnittene Äpfel, Zwetschken, Kirschen, Rhabarber, Ribiseln, Schwarzbeeren oder andere Früchte hinein, gießt den Teig darüber und läßt die Speise im Rohr backen. Vor dem Anrichten streut man den Zucker darauf.

519. Topfentommerl

30 dag Topfen
15 dag Mehl oder Weizenvollmehl
5 dag Zucker
5 dag Fett
2 Eier
½ Liter Milch
Zutaten

Zucker und Dotter treibt man schaumig ab, mischt den durch ein Sieb gerührten Topfen, Milch oder Sauerrahm dazu, salzt und zieht das Mehl und den Schnee der Eier darunter. Dann füllt man die Masse in eine mit Fett ausgestrichene Form und gibt sie ins heiße Rohr. Nach einer ¾ Stunde ist das Tommerl gut aufgelaufen und fertig.

520. Topfennockerln

40 dag Topfen
20 dag Mehl oder
 Weizenvollmehl
8 dag Zucker
5 dag Fett
2 Eier
¼ Liter Milch
⅛ Liter Sauerrahm
 oder Buttermilch
Zutaten

Aus dem durch ein Sieb getriebenen Topfen, Mehl, Eiern, Sauerrahm oder Buttermilch und etwas Salz macht man einen Nockerlteig. In einer Pfanne läßt man 5 dag Fett mit ⅛ Liter Wasser aufsieden, sticht Nockerln ab, setzt sie nebeneinander in die Pfanne und stellt sie in das heiße Rohr. Nach zirka ½ Stunde sind sie gebräunt. In ¼ Liter Milch löst man Zucker auf, gibt etwas Vanille oder Zitronenschale dazu, gießt die Milch über die Nockerln und läßt sie im heißen Rohr einziehen. Man reicht die Nockerln mit Zucker bestreut zu Tisch.

521. Hirse-Topfenlaibchen

30 dag Hirse
15 dag Topfen
2 Eier
5 dag Butter
1 kleine Zwiebel
Zutaten

Die Zwiebel fein schneiden und in der Butter weich dünsten. Nun gibt man die gewaschene Hirse dazu, dünstet noch einmal gut durch und gießt mit schwach ¾ Liter Wasser auf, würzt mit Hefewürze und etwas Salz. Ist die Hirse weich und ausgekühlt, gibt man den Topfen und die Eier dazu, formt mit nassen Händen Laibchen, die man auf ein befettetes Backblech legt und bei 200 Grad bäckt. Falls die Masse ein bißchen zu weich ist, gibt man Weizenvollmehl dazu. Man kann die Laibchen auch süß machen, dann läßt man die Zwiebel weg und würzt mit Zitronenschale und etwas Rohzucker.

522. Topfennudeln mit Kartoffeln

30 dag Topfen
30 dag gekochte,
 geriebene Kartoffeln
20 dag Weizenmehl
 (Vollmehl)
4 dag Butter
1 Ei
Zutaten

Die Kartoffeln werden gekocht, geschält, gerieben und mit dem durch ein Sieb getriebenen Topfen, Mehl, dem Ei, Muskat und etwas Salz zu einem Teig verarbeitet. Daraus formt man Nudeln, die man in siedendem Salzwasser ziehen läßt, bis sie an der Oberfläche schwimmen. Dann gibt man sie mit dem Schaumlöffel auf eine erwärmte Platte, schmalzt mit heißer Butter, in der man feingehackte Petersilie anlaufen ließ, ab und reicht das Ganze zu Salat oder Gemüse.

523. Topfenlaibchen

50 dag gekochte, geriebene Kartoffeln
30 dag Topfen
10 dag Fett
10 dag Mehl oder Vollmehl
1 Ei
Zutaten

Aus den geriebenen Kartoffeln, dem durch ein Sieb gerührten Topfen, Mehl, Ei, Muskat und Salz bereitet man einen Teig. Aus der Masse formt man kleine Laibchen und bäckt sie auf beiden Seiten in ein wenig Fett goldgelb.

524. Topfentascherln

40 dag Topfen
20 dag Mehl oder Vollmehl
10 dag Butter
8 dag Zucker
4 dag Rosinen
2 dag Pignoli
2 Eier
Zutaten

Butter, Mehl, 20 dag Topfen, 3 dag Zucker und Salz verarbeitet man zu einem Teig und läßt ihn an einem kühlen Ort rasten. Unterdessen rührt man 3 dag Zucker, 2 Dotter, 20 dag Topfen, 5 Eßlöffel saure Milch oder Sauerrahm, die geschnittenen Pignoli, Rosinen und etwas Zitronengelb zu einem Abtrieb. Der Teig wird auf einem bemehlten Brett messerrückendick ausgewalkt und in Vierecke geradelt, die man mit dem Abtrieb belegt. Dann faßt man die vier Ecken zusammen, drückt die Ränder ineinander, damit die Fülle nicht herauskommt, legt die Tascherln auf ein unbefettetes Blech und bestreicht sie mit Eiweiß. Nach dem Backen werden die Topfentascherln mit Zucker bestreut.

525. Topfenschmarren

55 dag Topfen
35 dag Mehl oder Vollmehl
10 dag Fett
5 dag Zucker
5 dag Rosinen
1 Ei
Zutaten

Trockenen Topfen, Mehl, Ei, Zitronengeschmack und etwas Salz bröselt man gut ab. In einer flachen Pfanne läßt man das Fett heiß werden, gibt die Schmarrenmasse hinein und stellt sie in das heiße Rohr. Sobald sich der Schmarren gebräunt hat, gibt man Rosinen dazu und stößt ihn fein. Angerichtet, wird er mit Zucker bestreut und zu gekochter Milch oder mit einer Obstsoße gereicht.

526. Buchweizenauflauf

25 dag Buchweizen
8 dag Zucker
7 dag Butter
3 Eier
1 Liter Milch/Wasser
Zutaten

Der Buchweizen wird gewaschen und im Milch-Wasser-Gemisch, dem man etwas Salz beigibt, weich gekocht. Das Eiweiß wird zu festem Schnee geschlagen. Aus Dottern, Zucker und Butter macht man einen Abtrieb, der mit Zitronensaft und -schale (ungespritzt) gewürzt wird. Nun gibt man den ausgekühlten Buchweizenbrei und den festen Schnee dazu. Der Auflauf wird in einer ausgebutterten Auflaufform bei 200 Grad gebacken.

527. Reisauflauf

25 dag Reis
8 dag Fett
6 dag Zucker
3 Eier
1 Liter Milch
Zutaten

Aus Reis und Milch, einer Prise Salz und Zitronenschalen kocht man einen Brei. Dann treibt man 7 dag Fett, Zucker und Eidotter flaumig ab, mischt den Reisbrei langsam dem Abtrieb bei und zieht zuletzt den Schnee der 3 Eiklar unter die Masse. In der mit 1 dag Fett ausgestrichenen Form bäckt man den Reisauflauf bei guter Hitze und gibt ihn sogleich zu Tisch. Man kann der Masse auch eine Handvoll Rosinen beimengen. Der Auflauf kann mit Obstsaft oder gekochtem Obst gereicht werden.

528. Pilzauflauf

50 dag Steinpilze
3 Eier
⅛ Liter Sauerrahm
5 dag Vollmehl
5 dag Butter
1 Zwiebel
Zutaten

Eine feingehackte Zwiebel wird mit den geschnittenen Pilzen (können auch andere Schwammerln sein) in der Butter gedünstet, mit Mehl gestäubt und einige Minuten gekocht. Nach dem Auskühlen gibt man die Eidotter und den Sauerrahm dazu, würzt mit Kräutersalz, Petersiliengrün, Muskat und Zitronensaft. Nun zieht man den steifen Schnee darunter, gibt die Masse in eine ausgebutterte Auflaufform und bäckt den Auflauf bei guter Hitze ca. 40 Minuten lang.

529. Maisauflauf

20 dag Maisgrieß
8 dag Zucker
6 dag Fett
3 Eier
1 Liter Milch
Zutaten

Man läßt die etwas gesalzene Milch aufsieden, streut den Mais langsam ein und kocht ihn weich. Die weitere Behandlung ist wie bei Reisauflauf Nr. 527.

530. Hirseauflauf

20 dag Hirse
8 dag Zucker
7 dag Fett
3 Eier
1 Liter Milch
Zutaten

Die Hirse wird mit Milch, 5 feingschnittenen bitteren Mandeln und etwas Salz gesotten. Aus 6 dag Fett, den Dottern und dem Zucker macht man einen flaumigen Abtrieb, dem man zuletzt die Hirse und den Schnee der Eier leicht beimengt. Die Form wird mit Fett ausgestrichen, die Hirse hineingefüllt und der Auflauf im Rohr gebacken.

531. Buchweizenauflauf, pikant

30 dag Buchweizen
10 dag Butter
3 Eier
15 dag geriebener Käse
2 Eßlöffel feingehackte Kräuter
Zutaten

Eine feingehackte Zwiebel in 3 dag Butter anlaufen lassen. Den Buchweizen ein wenig mitdünsten und mit der doppelten Menge Wasser aufgießen, gewürzt wird mit Hefewürze und Kräutersalz. Aufkochen lassen und ca. 20 Minuten bei kleiner Hitze fertigdünsten. Butter und

Dotter flaumig rühren, den geriebenen Käse sowie die Kräuter dazugeben. Den ausgekühlten fertigen Buchweizen sowie den Eierschnee darunterziehen. In einer befetteten Auflaufform bei 180 Grad ca. 40 Minuten backen.

532. Würziger Maisauflauf

30 dag Maisgrieß
2 bis 3 Stangen Lauch
15 dag Butter
3 Eier
15 dag geriebener Emmentaler
20 dag Champignons
Zutaten

1 Liter Wasser mit einem Gemüsewürfel zum Kochen bringen, den Maisgrieß hineingeben, so lange rühren, bis ein dicker Brei entsteht, und 5 Minuten ziehen lassen. Den Lauch und die Champignons in dünne Scheiben schneiden und in Butter weichdünsten. Die Dotter in den ausgekühlten Maisbrei mischen, den geriebenen Käse und den festen Eierschnee darunterziehen. Eine Auflaufform ausbuttern und die Hälfte des Breies hineingeben. Darauf den (mit Kräutersalz und grünem Pfeffer) pikant gewürzten Lauch und die Champignons verteilen. Mit der restlichen Maismasse abdecken. Den Auflauf bei 200 Grad ca. ½ Stunde backen. Mit grünem Salat servieren.

533. Topfenauflauf

30 dag Nudeln
30 dag Topfen
4 dag Fett
3 Eier
¼ Liter Sauerrahm
Zutaten

Die gekochten Nudeln werden abwechselnd mit einem aus Fett, Eidottern, Topfen, Sauerrahm und Eierschnee bereiteten Abtrieb in eine mit 4 dag Fett ausgestrichene Form geschichtet. Dann wird die Speise im heißen Rohr 20 bis 30 Minuten gebacken. Dem Auflauf kann man auch Weinbeeren und Zucker beigeben.

534. Apfel-Topfen-Auflauf

50 dag Topfen
50 dag Äpfel
3 Eier
6 dag Grieß
12 dag Zucker
2 Eßlöffel Sauerrahm
½ Päckchen Backpulver
Zutaten

Der Topfen wird durch ein Sieb gestrichen, mit den ganzen Eiern, Grieß, Backpulver, Vanille und Rahm vermischt. Die Äpfel schneidet man in dünne Scheiben, beträufelt sie mit Zitronensaft und mengt sie unter den Topfen, füllt alles in eine gebutterte Auflaufform und bäckt sie im mittelheißen Rohr.

535. Scheiterhaufen

35 dag Milchbrot oder Semmeln
75 dag Äpfel
8 dag Zucker
4 dag Rosinen
4 dag Fett
2 Eier
¼ Liter Milch
⅛ Liter Sauerrahm
Zutaten

Man schneidet das Brot in lange Streifen und die Äpfel feinblättrig. In die Form, die mit 4 dag Fett ausgestrichen ist, schichtet man nun abwechselnd das mit Milch angefeuchtete Brot, Zucker, Rosinen und Äpfel (die letzte Schicht sollten Äpfel sein) und stellt den Auflauf ins heiße Rohr. Wenn die Äpfel weich sind, gibt man den Rahm, mit Eidottern und Eierschnee versprudelt, darüber und stellt das Ganze noch einige Minuten ins Rohr. Noch besser wird der Scheiterhaufen, wenn an Stelle von Milchbrot altbackene Semmeln oder Kipferln verwendet werden.

536. Brotauflauf

80 dag Äpfel
75 dag Knödelbrot
20 dag Fett
4 dag Zucker
1 Liter Milch
Zutaten

Kleinblättrig geschnittenes Knödel- oder Schwarzbrot wird in 18 dag Fett geröstet und mit ¾ Liter siedender Milch übergossen. Diese Masse schichtet man nun abwechselnd mit geschnittenen Äpfeln und Zucker in die mit Fett ausgestrichene Form. Über die letzte Lage, die aus Brot bestehen sollte, wird der Rest der Milch gegossen und der Auflauf ungefähr eine ¾ Stunde im heißen Backrohr gebacken. Er kann auch mit Zwetschken, Schwarzbeeren, Kirschen u.dgl. gefüllt werden. Will man den Auflauf feiner bereiten, so gibt man zum Schluß 2 Eier und Sauerrahm darüber.

537. Kartoffelauflauf

Zutaten
1¼ kg gekochte, geschälte Kartoffeln
15 dag Fleischreste
6 dag Fett
2 Eier
6 Löffel Sauerrahm

Die gekochten Kartoffeln werden geschält und durch ein Sieb gestrichen. Aus 3 dag Fett und den Dottern macht man einen Abtrieb, salzt, rührt die Kartoffeln, den Rahm und zuletzt den Schnee unter die Masse. In eine ausgefettete Auflaufform wird die Hälfte der Masse gegeben, die in 2 dag Fett abgerösteten Fleischreste (oder gewässerter, feingehackter Hering) darübergestreut und die Form mit dem Rest der Masse gefüllt. Die Speise wird ½ Stunde bei guter Hitze gebacken und in der Form mit Salat zu Tisch gegeben.

538. Käseauflauf

Zutaten
15 dag Käse
9 dag Mehl (Vollmehl)
5 dag Fett
6 Eier
¾ Liter Milch

Milch und Mehl sehr gut versprudeln, die Dotter und den geriebenen Käse dazu geben. Mit Salz und grünem Pfeffer würzen und das festgeschlagene Eiweiß darunterziehen. Eine Auflaufform mit dem Fett (Butter) ausstreichen, die Masse hineingeben und bei guter Hitze hellbraun backen.

539. Omelettenauflauf

Zutaten
20 dag Mehl oder Weizenvollmehl
12 dag Weinbeeren
2 dag Fett
4 dag Zucker
5 dag Haselnüsse
3 Eier
½ Liter Milch
⅛ Liter Sauerrahm

Aus Mehl, Milch, 4 dag Zucker, 1 Ei und einer Prise Salz wird ein Teig bereitet, aus dem man 12 Omeletten bäckt. Erkaltet, werden diese nudelig geschnitten, in eine mit 2 dag Fett ausgestrichene Form gelegt und schichtenweise die Weinbeeren, die geschnittenen Haselnüsse und einige Mandeln dazwischengegeben. Den Rahm versprudelt man mit 2 Eidottern, fügt feingewiegte Zitronenschale bei, mischt zuletzt den Schnee der 2 Eiklar darunter, gießt das Ganze über die Masse und bäckt den Auflauf bei guter Hitze. Bei Weizenvollmehl halb Wasser und halb Milch nehmen.

540. Eierauflauf

15 dag Zucker
3 dag Butter
15 g Kartoffelmehl
6 Eier
1 Liter Milch
Zutaten

Das Kartoffelmehl wird mit der kalten Milch glatt angerührt und auf dem Feuer bis zum Kochen kräftig geschlagen. Unterdessen rührt man den Zucker mit den Eiern flaumig und gibt die vom Feuer gezogene Masse unter fortwährendem Schlagen darunter. Eine tiefe Auflaufform streicht man mit Butter aus, bestreut sie mit hellen Semmelbröseln, schüttet die Masse hinein und bäckt den Auflauf 20 bis 25 Minuten im nicht zu heißen Rohr. Wenn der Eierauflauf nicht rasch zu Tisch gebracht wird, fällt er zusammen. Mit Obstsaft gereicht, ergibt dieses Gericht einen feinen Nachtisch.

541. Echte Salzburger Nockerln

4 Eier
5 dag Butter
1 dag Mehl
1 Eßlöffel Zucker
Zutaten

Die vier Eiweiß werden zu einem festen, steifen Schnee geschlagen, der Zucker vorsichtig daruntergemischt und dann die Dotter mit dem Mehl leicht daruntergezogen. In einer Auflaufform wird die Butter erhitzt, und aus der Masse werden nacheinander 3 große Nockerln eingelegt und in das heiße Rohr gestellt. Nach 10 Minuten Backzeit werden sie, mit Vanillezucker bestreut, sofort serviert.

542. Heidenauflauf

7 dag Heidenmehl
7 dag Zucker
2 dag Fett
1 dag Brösel
3 Eier
Zutaten

Eidotter und Zucker rührt man schaumig, mengt das Heidenmehl, etwas Zitronensaft und feingewiegte Schale samt dem steifen Schnee darunter, füllt die Masse schnell in die mit 2 dag Fett ausgeschmierte, gut ausgebröselte Form und bäckt sie bei guter Hitze 20 bis 25 Minuten. Der Auflauf wird gestürzt, heißer Zitronenguß darübergegeben und sofort als Nachtisch gereicht.

542a. Zitronenguß zum Heidenauflauf

8 dag Zucker
2 Zitronen
Zutaten

Zucker und Zitronensaft werden mit ½ Liter Wasser zum Sieden gebracht und heiß über den Auflauf gegossen. Statt Zitronensaft kann man auch gesüßten, heißen Süßmost als Überguß verwenden.

543. Bröselauflauf

14 dag Zucker
11 dag Brösel
6 Eier
½ Zitrone

Überguß:
1 Liter Süßmost
Zutaten

Zucker, Dotter und den Saft ½ Zitrone recht schaumig rühren, dazu mischt man den steifen Schnee, die Brösel und etwas Zimt, rührt alles leicht durch und bäckt die Masse in einer gut befetteten, mit Bröseln bestreuten Form.

Süßmost, etwas Zitronenschale, Zimtrinde und Gewürznelken werden aufgekocht, vor dem Servieren auf den Auflauf geschüttet, 10 Minuten stehen gelassen und dann zu Tisch gebracht.

544. Schokoladenauflauf

20 dag Weißbrot
10 dag Zucker
8 dag Schokolade
6 dag Butter
4 Eier
½ Liter Milch
Zutaten

Feingeschnittenes Weißbrot übergießt man mit siedender Milch. Aus 4 dag Butter, dem Zucker und den Dottern bereitet man einen feinen Abtrieb. Dazu gibt man die geriebene Schokolade, das Weißbrot und den steifen Schnee. Die Masse wird in eine mit 2 dag Butter befettete Auflaufform gefüllt, bei guter Hitze gebacken und mit Obstsaft oder Vanillecreme serviert.

545. Dinkelauflauf mit Äpfeln

20 dag Dinkelschrot
3 Eier
10 dag Butter
10 dag Honig
½ Liter Milch
½ Liter Wasser
1 Zitrone
75 dag Äpfel
Zutaten

Milch und Wasser werden mit einer Prise Salz aufgekocht, der Dinkelschrot zu einem dicken Brei darin aufgekocht. Aus Butter, Dottern und Honig oder Rohzucker macht man einen Abtrieb, würzt mit Saft und Schale einer ungespritzten Zitrone. Die Eiweiß werden zu festem Schnee geschlagen. Der ausgekühlte Dinkelbrei wird mit dem Abtrieb und dem Schnee vermischt. Eine Auflaufform wird ausgebuttert und mit einer Lage des Auflaufs bedeckt. Die Äpfel werden geraspelt und über den Brei gelegt. Bedeckt wird der Auflauf mit dem restlichen Brei. Bei 200 Grad backen.

546. Käsepudding

15 dag Mehl (Vollmehl)
12 dag Butter
8 dag Käse
5 Eier
⅛ Liter Sauerrahm
Zutaten

Butter und Dotter werden flaumig gerührt, mit Muskat und Salz gewürzt und langsam der Rahm beigegeben. Zuletzt mischt man den steifen Schnee, das Mehl und den geriebenen Käse leicht darunter. Die Masse wird in eine befettete Puddingform gegeben und geschlossen. Ein Topf mit gut schließendem Deckel wird mit so viel Wasser gefüllt, daß die Puddingform zu ⅔ im Wasser steht. Siedet das Wasser, gibt man die geschlossene Puddingform hinein, schließt den Topf und kocht den Pudding 1 Stunde im immer gleich siedenden Wasserbad. Kurz vor dem Essen stürzt man ihn aus der Form und reicht ihn mit Salat zu Tisch.

547. Spinatpudding

50 dag Spinat
15 dag Reis
15 dag Makkaroni
5 dag Speck
5 dag Fett
3 dag Käse
2 Eier
Zutaten

Lange Makkaroni werden weich gekocht, abgespült und kalt gestellt. Der in ½ Liter Wasser weichgekochte Reis wird mit dem gekochten, ausgedrückten, passierten Spinat, dem feingeschnittenen, gebratenen Speck, in dem man feingehackte Zwiebel gedünstet hat, dem Käse, Ei, Salz und Muskat gemischt. Eine Puddingform wird mit Fett gut bestrichen, mit den Makkaroni schön ausgelegt und mit der Masse gefüllt. Der Pudding wird 1 Stunde im Wasserbad gekocht, siehe Rezept Nr. 546. Spinatpudding serviert man mit Kartoffelsalat oder einer Soße und Kartoffeln.

548. Semmelpudding

½ kg altes Milchbrot oder Semmeln
11 dag Fett
10 dag Zucker
10 dag Weinbeeren
4 dag Mandeln
1 dag Brösel
2 Eier
½ Liter Milch
Zutaten

Würfelig geschnittenes Brot oder Semmeln werden in der Milch angeweicht. Von 9 dag Fett, Zucker und den Dottern wird ein Abtrieb bereitet, den man samt den Weinbeeren, den geschälten, stiftelig geschnittenen Mandeln, Salz, etwas Zitronenschale und dem Schnee der 2 Eiklar dem Brot beimengt. Diese Masse wird nun in eine mit 2 dag Fett ausgestrichene und gut ausgebröselte Puddingform gefüllt, die nicht ganz voll sein darf, da der Pudding aufquillt. Die Form wird mit dem ebenfalls angefetteten, gut passenden Deckel verschlossen. Der Pudding wird 1 Stunde im Wasserbad gekocht, siehe Rezept Nr. 546. Kurz vor dem Essen stürzt man ihn vorsichtig aus der Form und gibt ihn mit Obstsaft zu Tisch.

549. Reispudding

12 dag Reis 5 dag Fett 4 dag Zucker 4 dag Rosinen 1 dag Brösel 3 Eier ½ Liter Milch Zutaten	Aus Milch und Reis wird ein dicker Brei gekocht. 5 dag Fett, Zucker, etwas Salz und die Dotter treibt man schaumig ab, würzt mit 5 feingeschnittenen Mandeln, mischt den Brei zum Abtrieb und mengt den steifen Schnee leicht darunter. Die weitere Behandlung ist wie bei Käsepudding, Rezept Nr. 546.

550. Grießpudding

15 dag Grieß 5 dag Fett 4 dag Rosinen 4 dag Zucker 1 dag Brösel 3 Eier ½ Liter Milch Zutaten	Die Bereitung ist dieselbe wie bei Reispudding, Rezept Nr. 549.

551. Topfenpudding

20 dag Topfen 8 dag Zucker 4 dag Fett 5 dag Mandeln 2 dag Brösel 3 Eier Zutaten	4 dag Fett werden flaumig abgetrieben und Dotter und Zucker langsam dazugerührt. Darauf werden der durch ein Sieb gestrichene Topfen, die geschälten, stiftelig geschnittenen Mandeln, Brösel und etwas Salz nebst dem steifen Schnee der 3 Eiweiß beigefügt, alles leicht gemischt und die Masse in die Puddingform gefüllt. Weiteres Verfahren wie bei Käsepudding, Rezept Nr. 546.

552. Schokoladenpudding

Zutaten
10 dag Schokolade
9 dag Mandeln
6 dag Fett
8 dag Zucker
4 dag Brösel
4 Eier
¼ Liter Schlagrahm

6 dag Fett, 6 dag Zucker und die Eidotter treibt man flaumig ab. Die geriebene Schokolade, die gewiegten Mandeln, 3 dag Brösel, etwas Zitronensaft und -schale, ein wenig Salz und der feste Schnee der Eiweiß werden unter den Abtrieb gemischt und die Masse in eine Puddingform gefüllt. Das weitere Verfahren ist wie bei Käsepudding, Rezept Nr. 546. Man verziert den Schokoladenpudding, nachdem er vorsichtig auf die Platte gestürzt worden ist, mit Schlagrahm, den man mit 2 dag Zucker gesüßt hat.

553. Mandelpudding

Zutaten
14 dag Mandeln
14 dag Milchbrot
9 dag Zucker
6 dag Fett
1 dag Brösel
4 Eier

Die Mandeln werden samt der Schale gerieben und das geschnittene Brot (ohne Rinde) in Milch angeweicht. Aus 6 dag Fett, den Dottern und dem Zucker bereitet man einen feinen Abtrieb, dem erst die Mandeln, dann das gut ausgedrückte, durch ein Sieb gestrichene Milchbrot, etwas Vanille und zuletzt der steife Schnee beigemengt werden. Das weitere Verfahren ist wie bei Käsepudding, Rezept Nr. 546.

554. Brotpudding

Zutaten
14 dag Schwarzbrotbrösel
14 dag Zucker
4 dag Zitronat
4 dag Mandeln
3 dag Fett
1 dag Brösel
5 Eier

Zucker und Dotter werden schaumig gerührt, dann die Schwarzbrotbrösel, feingewiegtes Zitronat und die Mandeln beigefügt und zuletzt der steife Eierschnee leicht daruntergemengt. Weitere Bereitung wie bei Käsepudding, Rezept Nr. 546. Zum Brotpudding gibt man Vanillesoße.

555. Biskuitpudding

15 dag Zucker
8 dag Stärkemehl
2 dag Butter
1 dag Brösel
6 Eier
Zutaten

Die Dotter werden mit Zucker und etwas Salz schaumig gerührt, dann das Stärkemehl und der steife Eierschnee dazugemengt und mit Zitronenschale gewürzt. Man behandelt den Pudding weiter wie Käsepudding, Rezept Nr. 546.

Germspeisen (Hefebackwerk) und Kuchen

Germgebäcke ergeben meist billige Speisen, die auch nahrhaft sind, wenn man darauf achtet, daß sie gut aufgehen und vollkommen ausgebacken werden. Schlecht aufgegangene und ungenügend gebackene Germspeisen sind einesteils zuwenig ausgiebig, andernteils auch sehr schwer verdaulich und daher ungesund.

Die Germ oder Hefe besteht aus Pilzen, die durch die Wärme zu rascher Entwicklung und Vermehrung gebracht werden. Mit ungekochter, lauwarmer Milch, etwas Mehl und Zucker zu einem dickflüssigen Teig gerührt und an die Wärme gestellt, geht sie am schnellsten in Gärung über, während kalt angerührte und an einen kalten Ort gestellte Germ nur sehr langsam, mit zu heißer Milch angerührte, überhaupt nicht aufgeht. Frische, gute Germ fühlt sich feucht an und hat einen angenehmen, schwach säuerlichen, obstartigen Geruch. Man kaufe immer die beste und teuerste Sorte, denn von der minderwertigen braucht man mehr, und das damit hergestellte Gebäck geht auch weniger auf.

Es gibt warme und kalte Germteige.

Bei Bereitung von kaltem Germteig mischt man am Abend alle Zutaten kalt zusammen. Man gibt also das gesalzene Mehl in die Schüssel, sprudelt Milch, Germ, Zucker und Fett gut ab, schüttet das Ganze ins Mehl und schlägt den Germteig sehr fein ab. Der Teig bleibt über Nacht in der Speisekammer zugedeckt stehen und kann dann frühmorgens, je nach Teigart, fertiggemacht und nach nochmaligem Aufgehen gebacken werden.

Bei Bereitung von warmem Germteig wird die in lauwarmer, ungekochter Milch aufgelöste Germ mit einigen Löffeln erwärmten Mehls und etwas Zucker versprudelt und an die Wärme gestellt. Ist die Germ gut aufgegangen, mischt man das erwärmte Mehl, die lauwarme Milch und die anderen Zutaten dazu und knetet oder schlägt den Teig so lange ab, bis er Blasen wirft. Das Abschlagen und Kneten hat den Zweck, den Teig mit Luft zu durchsetzen, die sich in der Wärme ausdehnt und dadurch erst den Teig, dann das Gebäck lockert. Bei ganz feinen Germteigen empfiehlt es sich, auch alle anderen Zutaten zu erwärmen. Fertig abgeschlagen, wird der Teig mit einem ebenfalls angewärmten Tuch bedeckt und an einen warmen Ort gestellt; gebacken darf er erst werden, wenn die Masse sich durch Aufgehen verdoppelt hat, weder früher noch später. Darauf ist wohl zu achten, denn zu lange gegangener Teig wird groblöcherig und fällt beim Backen wieder zusammen.

Die Backbleche oder Formen müssen vor dem Gebrauch eingefettet und je nach Art des Gebäcks mit Bröseln ausgestreut werden. Nach dem Gebrauch wasche man sie nicht, sonst hängen die Kuchen später leicht an und brechen beim Stürzen. Durch sauberes Abreiben der Bleche und Formen mit sauberem Papier wird dieser Übelstand vermieden. Sollte ein Kuchen trotzdem anhängen, so schlage man um die heiße Form ein nasses Tuch und lasse ihn umgestürzt noch ein wenig stehen. Für einfaches Gebäck, wie Milchbrot, kann das Blech mit einer Speckschwarte eingefettet werden. Erwärmt man es vorher noch ein wenig, so wird auch das letzte Restchen Fett aus der Schwarte gezogen. Einfach ist es auch, Formen und Bleche mit Alufolie oder Backpapier auszulegen. Da brauchen sie nicht eingefettet zu werden.

Brotform aus Eisenblech

Sehr vorteilhaft ist, Schwarz- und Weißbrot in langen Schwarzblechformen (Weckengröße) zu backen. Auf diese Art wird der Backofen am besten ausgenützt, weil keine Zwischenräume freibleiben. Die langen Wecken lassen sich dann zu gleichmäßigen Stücken schneiden, und bei angeschnittenen Wecken haben wir eine viel kleinere Schnittfläche als bei Laiben, und das Brot trocknet deshalb viel weniger aus.

Germspeisen müssen bei guter, gleichmäßiger Hitze gebacken werden. Man sollte sich daran gewöhnen, vor dem Einschieben durch Hineinhalten der Hand die Hitze des Rohres zu prüfen. In den ersten 15 Minuten darf es nicht geöffnet werden, weil das Backwerk sonst nicht gut aufgeht. Ist man nicht sicher, ob das Gebäck durchgebacken ist, so steche man mit einer Stricknadel in die Mitte hinein. Ist die Nadel blank, dann ist der Kuchen gut durch; hängt Teig daran, so stelle man das Gebackene nochmals ins Rohr.

Damit die beim Backen entwickelte Feuchtigkeit schnell verdunsten kann, ist es ratsam, alle auf Blechen oder in Formen gebackenen Kuchen und Germspeisen nach dem Backen auf ein Tortensieb oder ein grobes Tuch zu legen. Es ist aber nicht gut, sie einer zu schnellen Abkühlung auszusetzen, da sie dann gleich zusammenfallen.

Damit ein mürber Kuchen gelinge, achte man darauf, daß der Teig schnell bearbeitet werde und an einem kalten Ort mindestens ½ Stunde raste, ehe man ihn auswalkt.

Bei Obstkuchen darf während des Backens kein Zucker auf die Früchte gestreut werden, damit nicht zuviel Saft erzeugt wird. Am besten ist es, den Kuchen erst nach dem Backen, kurz vor dem Anrichten, zu bezuckern und ihn dann noch einige Minuten ins Rohr zu stellen; dadurch werden die Früchte saftig und schön glänzend, während der Teig resch bleibt. Einen auf diese Weise bereiteten Obstkuchen kann man noch gut am zweiten Tag, mit Zucker bestreut, kurze Zeit ins heiße Rohr schieben, um ihn dann wieder frisch und wohlschmeckend auf den Tisch zu bringen.

Bei Ausbackteigen, z.B. bei Apfelkrapferln, Goldschnitten, Zwetschkenschnitten und Schlosserbuben, schlage man das Eiweiß nicht zu Schnee, weil dieser den Teig lockert, so daß er beim Ausbacken mehr Fett zieht und dadurch an Wohlgeschmack und Bekömmlichkeit verliert. Bei jenen Teigen, die in Fett ausgebacken werden, ist es ratsam, Eier zu nehmen; spart man damit, so ziehen die Speisen beim Ausbacken mehr Fett, sind schwer verdaulich, weniger ausgiebig und dazu noch teurer als wenn einige Eier zum Teig verwendet werden.

In Fett gebackene Speisen lege man zum Abtropfen auf ein Sieb. Um sie warm zu halten, können sie kurze Zeit in ein heißes Rohr gestellt werden: Sie zuzudecken, ist jedoch nicht ratsam, da sie dadurch das Resche verlieren.

556. Schwarzbrot
(Bauernbrot)

4 kg Roggenmehl
⅛ kg Sauerteig
8 dag Salz
Zutaten

Das Mehl wird am Morgen in den Backtrog geschüttet und an die Wärme gestellt. Mittags weicht man den beim letzten Backen zurückbehaltenen Sauerteig mit ⅛ Liter lauwarmem Wasser an und läßt ihn bis zum Abend an einem warmen Ort stehen. Nun macht man in die Mitte des Mehles eine Vertiefung, schüttet den Sauerteig und ½ Liter lauwarmes Wasser hinein und mengt so viel von dem Mehl dazu, bis es einen dünnen Teig ergibt, der, zugedeckt und warm gestellt, bis zum nächsten Morgen (ungefähr 10 Stunden) stehenbleibt. Darauf werden 1½ Liter lauwarmes Wasser hineingegeben und so viel Mehl dazugemengt, bis ein dünner Teig entsteht, der, zugedeckt und warm gestellt, bis zum nächsten Morgen (ungefähr 10 Stunden) stehenbleibt. Darauf werden 1½ Liter lauwarmes Wasser, Salz, etwas Kümmel, Koriander und Fenchel in die Masse gegeben und mit dem Mehl im Backtrog sehr gut verknetet. In größeren Stücken nimmt man nun den Teig auf das bemehlte Nudelbrett, arbeitet ihn nochmals tüchtig ab, legt ihn zum Aufgehen in den Trog zurück und formt nach 2 bis 3 Stunden 4 Laibe oder Striezel daraus. Dabei darf nicht vergessen werden, ⅛ kg Teig für das nächste Brotbacken als Sauerteig zurückzubehalten. Die Laibe müssen nochmals 1 Stunde aufgehen, werden dann mit lauwarmem Wasser bestrichen und in einem gutgeheizten Backofen gebacken. Kühl und luftig aufbewahrt, hält sich Roggenbrot einige Wochen.

557. Brot im Römertopf oder in feuerfester Glasform (Jenaer)

1 kg Weizenvollmehl
35 dag Roggenvollmehl
1 Eßlöffel Salz
1 Eßlöffel Sauerteig
1 Teelöffel Backferment
1 Teelöffel Brotgewürz
Zutaten

Vorteig (abends).
35 dag Weizenvollmehl mit dem in lauwarmem Wasser aufgelösten Sauerteig und Backferment zu einem weichen Teig verarbeiten und über Nacht mit Deckel und Tuch zugedeckt stehenlassen. Am nächsten Tag zuerst Sauerteig für das nächste Brotbacken in ein Schraubglas geben. Im Kühlschrank hält sich der Sauerteig wochenlang. Das restliche Mehl wird mit Salz und Brotgewürz (Kümmel, Koriander und Fenchel) vermengt, mit dem Vorteig und lauwarmem Wasser zu einem nicht zu weichen Teig geknetet. Dieser bleibt in einem Topf, fest zugedeckt mit Deckel und Tuch. So gibt man ihn ins Backrohr bei 30-50 Grad und läßt ihn gut gehen. Der Römertopf wurde inzwischen im Wasser eingeweicht, abgetrocknet und mit Öl oder Butter eingefettet. Nach dem Gehen des Brotteiges noch einmal gut kneten, in den Römertopf oder eine große Jenaer-Form geben und wieder bei 30-50 Grad zugedeckt gehen lassen (ca. 2-3 cm). Nun wird das Backrohr 20 Minuten auf 250 Grad eingeschaltet, nach 20 Minuten auf 200 Grad zurückgeschaltet. Nach 50 Minuten das Backrohr ausschalten und noch 20 Minuten in der Nachwärme lassen. Beide – der Römertopf sowie die Jenaer-Form – müssen mit Deckeln versehen sein. Sauerteig und Backferment erhalten Sie im Reformhaus.

558. Brot mit Topfen

80 dag Weizenvollmehl
20 dag Roggenvollmehl
25 dag Topfen
4 dag Germ
1 Eßlöffel Brotgewürz
1 kleiner Eßlöffel Salz
Zutaten

Weizen- und Roggenvollmehl mischen. In ¼ Liter lauwarmem Wasser löst man 4 dag Germ auf, wodurch ein sogenanntes „Dampfl" entsteht. Das Salz in ¼ Liter warmem Wasser auflösen, zum aufgegangenen Dampfl und dem Mehl geben sowie den Topfen und das Brotgewürz (Kümmel, Koriander und Fenchel) beimengen. Der Teig wird nun sehr gut geknetet und muß zweimal aufgehen. Zwischendurch nochmals kneten.
20 Minuten bei 250 Grad und 50 Minuten bei 200 Grad backen, 20 Minuten in der Nachwärme lassen. Den Teig mit Wasser bestreichen und einen Topf mit Wasser in das Rohr geben. In Kastenformen backen und den Teig vor dem Backen mit einer Nadel einstechen.

559. Weißbrot (mit Weizenvollmehl)

60 dag Weizenvollmehl
5 dag Sauerteig
Zutaten

Weizenmehl wird in einer Schüssel an die Wärme gestellt. Der mit ⅛ Liter lauwarmem Wasser angerührte, wie bei Roggenbrot gewonnene Sauerteig wird in eine Vertiefung in die Mitte gegeben und mit etwas Mehl zu einem Teiglein angemacht. Ist der Sauerteig gut aufgegangen, so werden das übrige Mehl mit ¼ Liter lauwarmem Wasser und etwas Salz gut daruntergemischt und alles verknetet. Nachdem der Teig nochmals 1 Stunde an der Wärme aufgegangen ist, wird er zu einem Laib geformt und bei guter Hitze im Rohr gebacken.

560. Knödelbrot

55 dag Mehl oder Weizenvollmehl
2 dag Germ
⅛ Liter Milch
Zutaten

Die Germ wird mit lauwarmer Milch und etwas Mehl angerührt und an die Wärme gestellt. Wenn sie aufgegangen ist, schüttet man sie auf das Mehl, macht mit ¼ Liter lauwarmem Wasser und etwas Salz einen Teig, knetet ihn gut ab, formt ein Laibchen und läßt dasselbe auf dem Blech 1 Stunde an einem mäßig warmen Ort aufgehen. Das Brot wird dann mit Wasser bestrichen, mit einer groben Gabel einige Male eingestochen und bei guter Hitze im Rohr gebacken.

561. Milchbrot

62 dag Mehl (Vollmehl)
3 dag Fett
3 dag Germ
1 dag Zucker
⅜ Liter Milch/Wasser
Zutaten

Die mit lauwarmer Milch, Zucker und etwas Mehl aufgegangene Germ wird mit Weizenmehl, Salz, etwas feingewiegter Zitronenschale und der lauwarmen Milch samt dem zerlassenen Fett zu einem Teig verarbeitet. Dieser wird gut abgeknetet, zu einem Striezel geflochten, auf das befettete Blech gelegt und, mit einem Tuch bedeckt, an einen warmen Ort zum Aufgehen gestellt. Ist der Teig gut aufgegangen, wird er mit Milch oder Ei bestrichen und gebacken.

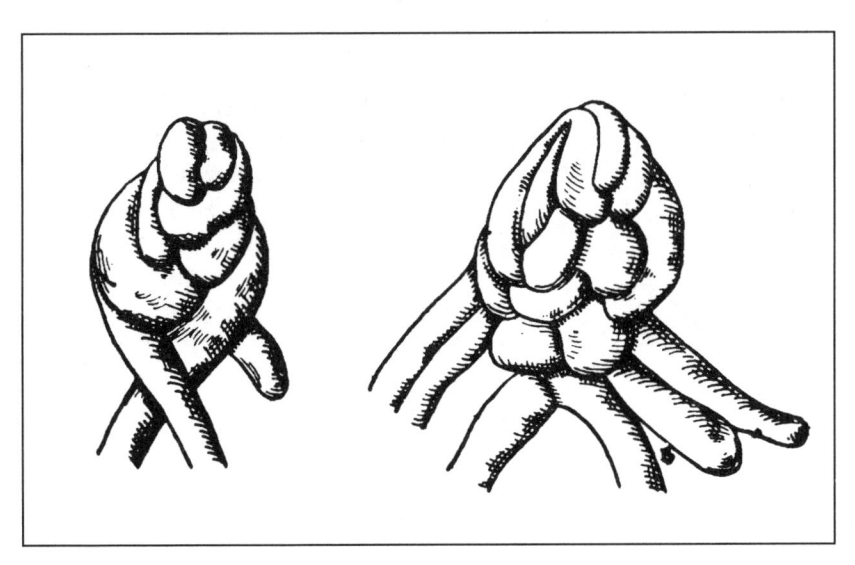

Dreifaches und sechsfaches Flechten von Germstriezeln

562. Kletzenbrot Nr. 1

2 kg Schwarzbrotteig
1 kg gekochte Kletzen
1 kg Zwetschken
½ kg Feigen
20 dag Nüsse
5 g Zimt
5 g Nelken
5 g Neugewürz
Zutaten

Die gekochten, trockenen Kletzen (Birnen etc.) und entkernten Zwetschken werden nebst den Feigen nudelig geschnitten. Dazu gibt man die geschnittenen Nüsse sowie das Gewürz und vermischt alles. Die Zutaten werden mit 1½ kg gut aufgegangenem Schwarz- oder Weißbrotteig gut geknetet, so daß die Früchte gleichmäßig mit dem Teig vermischt sind. ½ kg Brotteig wird ausgewalkt und in ihm das länglich geformte Kletzenbrot eingeschlagen. Nachdem das Brot in einem warmen Raum gut aufgegangen ist (dies dauert meist 4 Stunden), wird es mit Wasser bestrichen und schön hellbraun (Backzeit 2 Stunden) gebacken. Wenn fertig, wird es mit Zuckerwasser bestrichen, nochmals kurz in den Ofen geschoben und dann zum Auskühlen gestellt.

563. Kletzenbrot Nr. 2

2 kg gut aufgegangener Brotteig
½ kg Zibeben
½ kg Rosinen
½ kg Feigen
10 dag Pignolien
10 dag geschälte Nüsse
5 dag Zitronat
5 dag Orangeat
5 g Zimt
5 g Neugewürz
5 g Nelken
Zutaten

1½ kg gut aufgegangener Weiß- oder Schwarzbrotteig wird mit den erlesenen sauberen Früchten, länglich geschnittenen Feigen und Nüssen, Zitronat und Orangeat, Pignolien und den Gewürzen recht gut durchgeknetet. ½ kg Brotteig wird ausgewalkt und in ihm das länglich geformte Früchtebrot eingeschlagen. Nachdem das Brot in einem warmen Raum gut aufgegangen ist (4 Stunden), wird es mit Wasser bestrichen und 2 Stunden lang gebacken. Hierauf wird es mit Zuckerwasser bestrichen, nochmals kurz in den Ofen geschoben und dann zum Auskühlen gestellt.

564. Vollmehl-Weckerln

20 dag Weizenvollmehl
20 dag Roggenvollmehl
1 Teelöffel Honig
⅛ Liter Buttermilch
⅛ Liter Wasser
2 dag Germ
Zutaten

Buttermilch, lauwarmes Wasser, Germ, Honig, Salz und Brotgewürze werden gut vermengt und mit dem Mehl zu einem gut knetbaren Teig verarbeitet. An einem warmen Ort gehen lassen. Noch einmal durchkneten, Weckerln oder Laibchen formen, mit Wasser bestreichen, mit Sesam, Mohn oder Kümmel bestreuen. Ins kalte Rohr geben und bei guter Hitze backen.

565. Kaffeebrot

50 dag Mehl oder Weizenvollmehl
6 dag Rosinen
5 dag Fett
3 dag Zucker
1 dag Brösel
3 dag Germ
1 Ei
⅜ Liter Milch
Zutaten

Der Teig wird bereitet wie bei Milchbrot Nr. 561, dann mengt man das Ei, hierauf die ausgelesenen und gereinigten Rosinen bei. Eine längliche Form wird eingefettet, ausgebröselt, der Teig hineingegeben, mit einem Tuch bedeckt, zum Aufgehen gestellt und anschließend gebacken. Bei Weizenvollmehl nur 2 dag Germ nehmen.

566. Feine Kipferln

37 dag Mehl (Vollmehl)
4 dag Fett
2 dag Zucker
2 dag Germ
2 Eier
⅛ Liter Milch
Zutaten

Die Germ wird mit Zucker, Milch und etwas Mehl verrührt, zum Aufgehen gestellt. Inzwischen macht man aus Fett und Eiern (etwas Ei muß zum Bestreichen der Kipferln zurückbleiben) einen Abtrieb, gibt ihn mit der aufgegangenen Germ, Salz und etwas Vanillezucker zum Mehl und verarbeitet alles zu einem feinen Teig, der zugedeckt gut aufgehen muß. Die Kipferln werden wie nachstehend, Nr. 567, geformt; man kann sie auch mit Obstmus oder einer Nußfülle füllen.

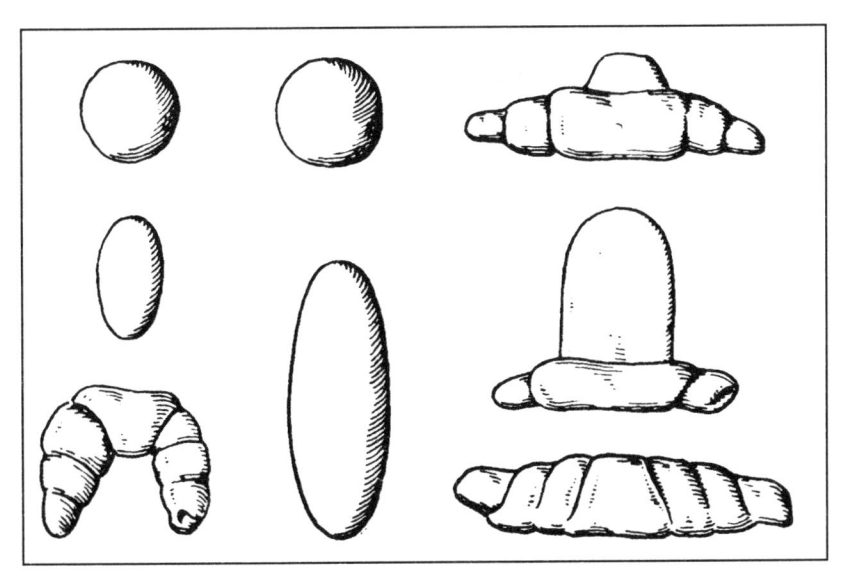

Werdegang beim Kipferlformen: Laibchen, ausgewalkte Zunge, Rollen des Teiges, fertiges Kipferl

567. Kipferln

46 dag Mehl (Vollmehl)
8 dag Öl
2 dag Zucker
2 dag Germ
1 Ei
¼ Liter Milch/Wasser
Zutaten

Aus Milch, Mehl, Germ, etwas Salz, Öl und dem Ei macht man einen Teig, der zugedeckt in einer Schüssel gehen muß. Dann wird er ausgewalkt, in Vierecke geschnitten, die, von einer Spitze aus zusammengerollt, zu Kipferln geformt und auf das befettete Blech gelegt werden. Wer Fertigkeit besitzt, teile den Teig zu 12 Laibchen, die, wenn aufgegangen, als lange Zungen (20 cm) ausgewalkt und dann zu schönen Kipferln gerollt werden (siehe Bild). Die Kipferln müssen nochmals ½ Stunde zugedeckt aufgehen, werden dann mit Ei bestrichen und gebacken.

568. Gefüllte Germkipferln

28 dag Mehl oder
   Weizenvollmehl
8 dag Öl
2 dag Zucker
2 dag Germ
2 Dotter
$1/10$ Liter Milch

Fülle:
10 dag Nüsse
5 dag Zucker
3 Eßlöffel Rahm (Sahne)
Zutaten

Aus den angegebenen Zutaten bereitet man einen Germteig, den man sehr gut aufgehen läßt. Inzwischen treibt man die Nüsse durch die Bröselmaschine und vermischt sie mit dem Zucker und Rahm. Nun wird der Teig ausgewalkt, zu Vierecken geradelt, gefüllt und zu Kipferln zusammengerollt. Wenn die Kipferln gut aufgegangen sind, werden sie mit Ei bestrichen und gebacken.

569. Schober

50 dag Mehl (Vollmehl)
7 dag Öl
3 dag Germ
⅜ Liter Milch
Zutaten

Aus Mehl, 5 dag Öl, Milch, Salz und der aufgegangenen Germ wird ein Teig gemacht und tüchtig abgeschlagen. Dann wird er in eine mit 2 dag Öl gut ausgestrichene, halbtiefe Pfanne gegeben, mit einem Tuch zugedeckt, an die Wärme gestellt und, wenn er gut aufgegangen ist, ½ bis eine ¾ Stunde im Rohr gebacken. Bei Weizenvollmehl halb Wasser und halb Milch nehmen.

570. Gugelhupf

50 dag Mehl
  oder Weizenmehl
5 dag Öl
5 dag Rosinen
3 dag Zucker
3 dag Germ
2 Eier
¼ Liter Milch
Zutaten

Die Germ wird mit etwas lauwarmer Milch, Zucker und Mehl angerührt und zum Aufgehen gestellt. Unterdessen treibt man das Fett mit den Dottern und dem Zucker flaumig ab, zieht den steifen Eierschnee darunter und mischt Mehl, Germ, Milch, den Abtrieb, Salz und etwas feingewiegte Zitronenschale zu einem Teig. Wenn dieser fein abgeschlagen ist, werden die Rosinen beigegeben, die Masse in eine befettete, ausgebröselte Form gefüllt und zugedeckt zum Aufgehen an die Wärme gestellt. Hat sie sich durch Aufgehen verdoppelt, wird der Gugelhupf im Rohr eine ¾ bis 1 Stunde gebacken, nach 10 Minuten aus der Form gestürzt. Bei Weizenvollmehl halb Wasser und halb Milch nehmen.

571. Gugelhupf mit Backpulver

25 dag Mehl (Vollmehl)
10 dag Zucker
10 dag Fett
4 Eier
1 dag Brösel
½ Päckchen Backpulver
Zutaten

Mit dem abgetriebenen Fett verrührt man abwechselnd Zucker, Eidotter und 4 Eßlöffel Milch recht fein, mischt anschließend Mehl, ½ Päckchen Backpulver, Salz und den steifen Schnee leicht darunter und füllt die Masse in die gut mit Fett ausgestrichene, ausgebröselte Form. Der Kuchen muß sofort ins Rohr kommen, ½ bis eine ¾ Stunde fertigbacken, nach 10 Minuten gestürzt und mit Zucker bestreut werden.

572. Patzerlgugelhupf (Alt-Wiener Gugelhupf)

50 dag Mehl
  oder Vollmehl
8 dag Öl
6 dag Zucker
3 dag Germ
2 Eidotter
¼ Liter Milch
Zutaten

Fülle:
10 dag Mandeln
  oder Nüsse
  oder Mohn
1 Eßlöffel Honig
⅛ Liter Milch
2 dag feine Semmelbrösel
Zutaten

Das Mehl gibt man zwecks Vorwärmens in eine Schüssel an einen warmen Ort. ⅛ Liter Milch erwärmt man, gibt die Germ und etwas Zucker dazu, quirlt alles gut ab, rührt es in die Mitte des Mehls zu einem dünnen Teiglein und läßt es zugedeckt an einem warmen Ort aufgehen. Dann macht man aus allen Zutaten und etwas Salz einen feinen Germteig.

Die geriebenen Mandeln, Nüsse oder Mohn und die Brösel werden mit ⅛ Liter Milch überbrüht, mit dem Honig, Zimt, Nelken und feinen Zitronenschalen vermengt und kalt gestellt.

Der gut aufgegangene Germteig wird zu zwei langen Strängen gewälzt; diese teilt man zu 15 Teilen, so daß 30 gleich große Laibchen entstehen. Ebenfalls aus der Fülle macht man 30 Patzerln. Die Teiglaibchen werden nun rund ausgezogen, mit den Patzerln gefüllt und schön geschlossen. Diese gefüllten Laibchen gibt man in die gut befettete Gugelhupfform und drückt sie vorsichtig gleich. Der fertige Gugelhupf wird, nachdem er zugedeckt gut aufgegangen ist, eine Stunde im gut heißen Rohr gebacken. Noch warm wird der gestürzte Gugelhupf mit Vanillezucker bestreut. Bei Weizenvollmehl halb Wasser und halb Milch nehmen.

573. Feiner Gugelhupf

28 dag Mehl (Vollmehl)
16 dag Butter
6 dag Zucker
3 dag Mandeln
2 dag Germ
1 Ei
3 Eidotter
⅛ Liter Milch
Zutaten

Die Germ wird mit Milch, Mehl und etwas Zucker aufgestellt. Mehl, Butter, Zucker, 3 Dotter, 1 Ei und etwas Salz bröselt man in einer Schüssel ab, vermischt die aufgegangene Germ damit und verarbeitet alles zu einem feinen Teig. Dieser wird tüchtig abgeschlagen und muß in der ausgefetteten, mit stiftelig geschnittenen Mandeln ausgestreuten Form zur mehr als doppelten

Patzerlgugelhupf. Die einzelnen gefüllten Teigpatzerln (oben) und unten der fertige Patzerlgugelhupf

Menge aufgehen, ehe er ins Rohr kommt. Das Aufgehen dauert 2 Stunden, das Backen ungefähr 1 Stunde.

574. Kartoffelbrot

50 dag Mehl oder Weizenvollmehl
8 dag gekochte, geriebene Kartoffeln
8 dag Öl
5 dag Zucker
3 dag Germ
1 Ei
2/10 Liter Milch
Zutaten

Die in lauwarmer Milch mit Mehl und etwas Zucker aufgegangene Germ wird dem inzwischen erwärmten Rest des Mehls beigegeben und mit den geriebenen Kartoffeln, dem Öl, dem übrigen Zucker samt etwas Zitronenschale, Salz und dem Ei zu einem feinen Teig verarbeitet. Dieser wird auf dem Blech zum Aufgehen an die Wärme gestellt und, wenn er sich verdoppelt hat, ungefähr eine ¾ Stunde bei mäßiger Hitze gebacken. Bei Weizenvollmehl halb Wasser und halb Milch nehmen.

575. Feines Kartoffelbrot

40 dag Mehl oder Weizenvollmehl
10 dag gekochte, geriebene Kartoffeln
6 dag Fett
4 dag Zucker
3 dag Germ
2 Eidotter
¼ Liter Milch
Zutaten

Der Teig wird bereitet wie Kartoffelbrot Nr. 574, nur mit dem Unterschied, daß er nicht auf dem Brett abgeknetet, sondern, weil er etwas weicher ist, in der Schüssel abgeschlagen und später in einer ausgefetteten, länglichen Form gebacken wird. Bei Weizenvollmehl halb Wasser und halb Milch nehmen.

576. Stollen

2 kg Mehl (Vollmehl)
40 dag Fett
32 dag große Rosinen
16 dag große Weinbeeren
16 dag Zucker
12 dag Germ
8 dag Zitronat
2 dag Butter
1 Liter Milch/Wasser
Zutaten

In der lauwarmen Milch wird die Germ mit etwas Mehl und Zucker angerührt und zum Aufgehen gestellt. Das Fett wird flüssig gemacht, die Rosinen und Weinbeeren werden ausgesucht und das Zitronat fein geschnitten. Der Rest des Mehls wird erwärmt, mit der aufgegangenen Germ, dem Fett und etwas Salz zu einem feinen Teig verarbeitet, der eine ¾ Stunde tüchtig mit den Händen gewirkt werden muß. Dann gibt man die Rosinen, die Weinbeeren und das Zitronat hinein und bearbeitet den Teig nochmals ¼ Stunde, formt einen Wecken und läßt ihn 2 Stunden aufgehen. Nachher wird der Teig von der Mitte aus nach einer Seite ausgewalkt und mit kaltem Wasser bestrichen. Hierauf schlägt man die dünne Hälfte über die dicke und stellt den Teig auf dem bestrichenen Blech noch einmal zum Aufgehen. Nach 1½stündiger Backzeit wird der Stollen mit Butter bestrichen und mit Zucker bestreut. Der Stollen ist ein Weihnachtsgebäck; er gewinnt an Geschmack, Bekömmlichkeit und Ausgiebigkeit, wenn er nicht frisch gegessen wird. In kleinen Mengen bereitet, trocknet der Stollen beim Backen aus, daher ist das Rezept für 24 Personen berechnet. Der Stollen hält sich 4 bis 5 Wochen.

577. Rosinenstollen

2 kg Mehl (Vollmehl)
42 dag Rosinen
40 dag Fett (oder
45 dag Butter)
21 dag Mandeln
21 dag Zucker
12 dag Germ
¾ Liter Milch/Wasser
Zutaten

Der Rosinenstollen wird wie der Stollen vorher, Nr. 576, zubereitet.

578. Stollen (fein)

1¼ kg Mehl
oder Vollmehl
40 dag Butter
30 dag Zucker
38 dag Rosinen
12 dag Mandeln
12 dag Zitronat
10 dag Germ
2 Eier
2 Dotter
⅜ Liter Milch/Wasser
Zutaten

Aus Mehl, Milch, Butter, Eiern, Dottern, Zucker, Germ und Salz macht man einen Germteig, den man mit etwas Muskat, Kardamom, Ingwer, Zitronenschale und Vanille würzt. Wenn der Teig sehr fein geknetet worden ist, gibt man die Rosinen, die geschälten, stiftelig geschnittenen Mandeln und das feingehackte Zitronat dazu und knetet alles gut darunter. Nun wird der Teig zu einem Rechteck ausgewalkt, übereinandergeschlagen und in eine passende, befettete Form gegeben. Der Stollen muß nun sehr gut aufgehen und wird dann schön braun gebacken. Ist er fertig, wird er mit flüssiger Butter bestrichen und Zucker bestreut.

579. Mandelstollen

2 kg Mehl (Vollmehl)
50 dag Butter
42 dag Mandeln
42 dag Zucker
14 dag Germ
¾ Liter Milch/Wasser
Zutaten

Mandelstollen wird wie Stollen Nr. 576 bereitet, nur verwendet man an Stelle der Rosinen und Weinbeeren die abgezogenen, zur Hälfte gewiegten, zur Hälfte gestoßenen Mandeln. Der Stollen wird durch die Mandeln schwerer und muß deshalb 3 Stunden zugedeckt an einem warmen Ort aufgehen, ehe er gebacken werden kann.

580. Buchteln (Wuchteln)

55 dag Mehl oder Weizenvollmehl
13 dag Öl oder Butter
3 dag Zucker
2 dag Germ
1 Ei
⅜ Liter Milch/Wasser
Zutaten

Der aus Mehl, 5 dag Butter, 3 dag Zucker, Salz, Milch, Ei und der aufgegangenen Germ bereitete feine Teig wird zugedeckt zum Aufgehen gestellt. In einer Bratpfanne läßt man den Rest der Butter flüssig, aber nicht heiß werden, sticht von dem aufgegangenen Teig mit einem Eßlöffel kleine Buchteln ab, dreht sie in der Pfanne im Fett, damit sie sich nach dem Backen leicht voneinander lösen, und legt sie der Reihe nach in die Pfanne. Wenn sie noch einmal gut gegangen sind, werden sie ungefähr eine ¾ Stunde im Rohr gebacken. Füllt man die Buchteln, so walkt man den Teig nicht zu dünn aus, schneidet ihn in kleine Vierecke, gibt in die Mitte einen kleinen Löffel Powidl-, Nuß- oder Mohnfülle, schlägt den Teig darüber, so daß er die Fülle überall umgibt, und behandelt die Buchteln weiter wie ungefüllte. Bei Weizenvollmehl halb Wasser und halb Milch nehmen.

581. Buchteln mit Backpulver

60 dag Mehl (Vollmehl)
10 dag Zucker
10 dag Butter
1 Ei
¼ Liter Milch/Wasser
1½ Päckchen Backpulver
Zutaten

7 dag Butter, Zucker und Ei gut abtreiben, Mehl, Milch, Backpulver, etwas Salz und Vanille dazugeben, gut durchkneten und wie Buchteln weiter bearbeiten und gleich backen.

582. Germknödel

50 dag Mehl (Vollmehl)
6 dag Fett
2 dag Zucker
3 dag Germ
⅛ Liter Milch/Wasser
3 Eier
Marmelade
Zutaten

Zu den angegebenen Zutaten gibt man etwas Salz, Zitronenschale und -saft und bereitet einen Germteig, den man eine Stunde aufgehen läßt. Wenn dies der Fall ist, wird der Teig 1 cm dick ausgewalkt und in Vierecke geradelt. Diese werden in der Mitte mit Marmelade gefüllt und zu Knödeln geformt, die man abermals ½ Stunde aufgehen läßt. Inzwischen richtet man sich einen Topf, in welchem man Wasser zum Sieden bringt, und bindet ein Tuch darüber. Wenn das Wasser siedet, gibt man so viele Knödel auf das Tuch, daß die Oberfläche bedeckt ist. Man deckt die Knödel mit einer zirka 10 bis 20 cm hohen, gut abschließenden Form zu und kocht sie 20 bis 30 Minuten. Die Knödel werden mit Obstsaft gereicht und sofort zu Tisch gegeben.

Man kann die Knödel vor dem Servieren auch mit Zucker und geriebenem Mohn bestreuen und mit flüssiger Butter servieren.

583. Gefüllte Germschnitten

50 dag Mehl oder
    Weizenvollmehl
8 dag Butter
6 dag Zucker
3 dag Germ
2 Eier
¼ Liter Milch/Wasser

Fülle:
10 dag Nüsse
25 dag Marmelade
Zimt
Zutaten

Zu den angegebenen Zutaten gibt man noch etwas Salz und Zitronenschale und bereitet einen feinen Germteig, den man gut aufgehen läßt.

Die durchgetriebenen Nüsse werden mit Zimt gemischt. Nun teilt man den Teig in drei gleiche Teile, die man rechteckig auswalkt. In eine gut befettete Form gibt man nun einen Teil, bestreicht ihn mit Marmelade und bestreut ihn mit Nüssen. Nun wird der zweite Teil daraufgegeben, mit dem Rest gefüllt und mit dem dritten Teil zugedeckt. Nochmals aufgehen lassen, mit Ei bestreichen und backen. Bei Weizenvollmehl halb Wasser und halb Milch nehmen.

Geflochtener Kranzkuchen

584. Geflochtener Kranzkuchen

50 dag Mehl oder
  Weizenvollmehl
8 dag Öl
2 dag Zucker
3 dag Germ
¼ Liter Milch/Wasser
1 Ei
Zutaten

Zu diesen Zutaten gibt man noch Salz und Zitronenschale und macht daraus einen Germteig, den man eine Stunde aufgehen läßt. Ist dies der Fall, so teilt man den Teig in drei oder vier Teile und flicht daraus einen Kranz, den man in die Kranzkuchenform gibt. Ist er ums Doppelte aufgegangen, wird er mit Ei bestrichen, mit Kristallzucker und geschälten, feinstiftelig geschnittenen Mandeln bestreut, ins heiße Rohr gegeben und lichtbraun gebacken. Bei Weizenvollmehl halb Wasser und halb Milch nehmen.

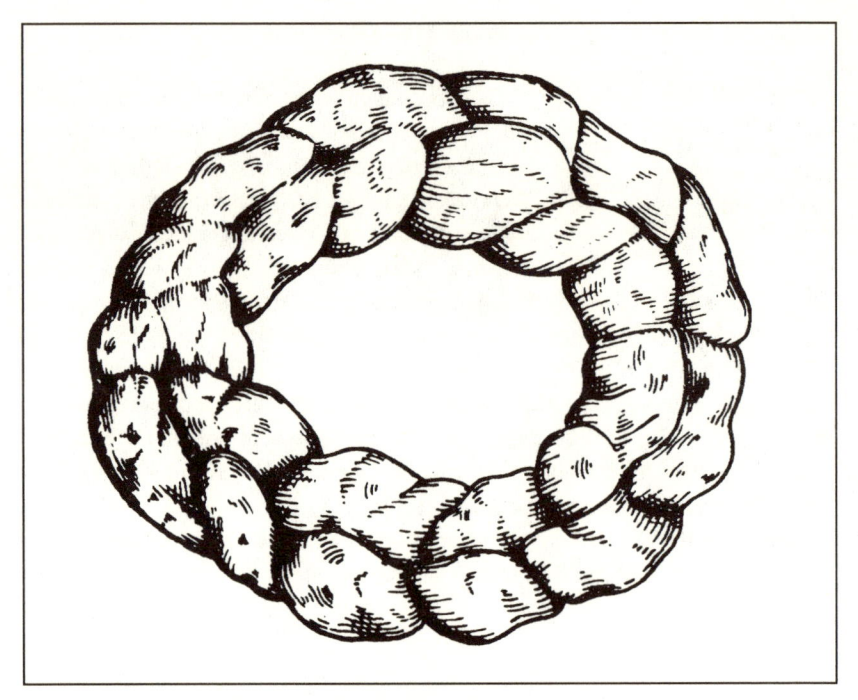

585. Geschnittener Kranzkuchen

50 dag Mehl oder
   Weizenvollmehl
8 dag Öl
2 dag Zucker
3 dag Germ
¼ Liter Milch/Wasser
1 Ei

Fülle:
8 dag Zucker
10 dag Butter
Zutaten

Aus Mehl, Germ, Öl, Ei, Zucker, Milch, Salz und feingewiegter Zitronenschale bereitet man einen Germteig, den man gut aufgehen läßt. Ist dies der Fall, so wird er zu einem schönen Rechteck ausgewalkt, mit dem Abtrieb von Butter und Zucker gleichmäßig bestrichen und zusammengerollt.

Die Rolle wird nun der Länge nach durchschnitten und derart übereinandergelegt geflochten, daß die Schnittfläche immer zuoberst ist. Der Kuchen wird nun in eine befettete Kranzkuchenform gegeben, zum Aufgehen an einen warmen Ort gestellt und bei mittlerer Hitze schön braun gebacken.

In Ermangelung einer Kranzkuchenform nimmt man eine Kasserolle, stellt in deren Mitte eine glatte, henkellose, gut befettete Tasse, um welche man den Kuchen legt. Bei Weizenvollmehl halb Wasser und halb Milch nehmen.

586. Dukatennudeln mit gebrannter Zuckersoße

50 dag Mehl (Vollmehl)
4 dag Öl
2 dag Zucker
3 dag Germ
¼ Liter Milch/Wasser
1 Ei
Salz
Zitronenschale

Zuckersoße:
10 dag Zucker
1 dag Stärkemehl
¾ Liter Milch
Vanille
Zutaten

Aus diesen Zutaten bereitet man einen Germteig, den man gut aufgehen läßt. Ist dies der Fall, so wird er 1 cm dick ausgewalkt, Krapferln werden ausgestochen, auf ein befettetes Blech gelegt und nochmals zum Aufgehen an die Wärme gestellt. Dann werden sie im heißen Rohr schön braun gebacken.

Zuckersoße: Der Zucker wird gebräunt, mit ½ Liter kalter Milch übergossen und zum Sieden gebracht. Die Stärke wird in ¼ Liter Milch versprudelt, in die siedende Milch eingekocht und nochmals gut sieden gelassen. Die Dukatennudeln werden in eine Form geschichtet, die Zuckersoße darübergeschüttet und nochmals zirka 20 Minuten ins heiße Rohr gestellt.

587. Wespennester

50 dag Mehl oder
   Weizenvollmehl
8 dag Fett
2 dag Zucker
3 dag Germ
¼ Liter Milch/Wasser
2 Eier

Fülle:
7 dag Mandeln
7 dag Rosinen
6 dag Butter
4 dag Zucker
Zutaten

Zu den angegebenen Zutaten gibt man noch etwas Salz und Zitronenschale und bereitet einen Germteig, den man gut aufgehen läßt. Ist dies der Fall, walkt man ihn zu einem Rechteck aus, welches man mit Butter bestreicht, mit geschnittenen Mandeln, Rosinen, Zucker und etwas Zimt bestreut. Das Rechteck wird zu einem Strudel zusammengerollt und in 5 cm lange Stücke geschnitten. Diese werden nun in flüssige Butter getaucht und so in eine befettete Form gelegt, daß die befettete Schnittseite oben ist und zwischen den einzelnen Nestern 2 cm Zwischenraum bleiben. Das Ganze wird nochmals zum Aufgehen gestellt und dann gebacken. Die gebackenen Nester können mit Zuckerglasur bestrichen werden: 10 dag Zucker und $1/10$ Liter Wasser 20 Minuten sieden.

588. Kärntner Reindling

50 dag Mehl oder
   Weizenvollmehl
8 dag Butter
¼ Liter Milch/Wasser
3 Eier
2 dag Germ
2 dag Zucker

Fülle:
10 dag Rosinen
10 dag Zucker
5 dag Pignolien
8 dag Butter
5 g Zimt
Zutaten

Aus obigen Zutaten und etwas Salz bereitet man einen Germteig, den man rasten läßt, bis er zur Hälfte aufgegangen ist. Dann wird er ½ cm dick ausgewalkt, mit flüssiger Butter bestrichen, mit Rosinen, Zucker, Pignolien und Zimt bestreut, zusammengerollt und in eine gut befettete Gugelhupfform gegeben. Nachdem er gut aufgegangen ist, wird er gebacken und nach 10 Minuten gestürzt. Bei Weizenvollmehl halb Wasser und halb Milch nehmen.

589. Germstrudel

50 dag Mehl (Vollmehl)
38 dag Powidl
    (Zwetschkenmus)
6 dag Fett
7 dag Zucker
3 dag Germ
1 Ei
¼ Liter Milch/Wasser
Zutaten

Aus Mehl, Germ, 4 dag Fett, 1 Ei, 2 dag Zucker, etwas Salz, Zitronenschale und ¼ Liter Milch macht man einen Germteig und läßt ihn 1 Stunde aufgehen. Inzwischen wird der Powidl (Zwetschkenmus) mit $1/10$ Liter warmem Wasser und 2 dag Zucker fein verrührt, dann auf den dünn ausgewalkten Teig gestrichen und zusammengerollt. Nun muß der Strudel in einer mit 2 dag Fett ausgestrichenen Pfanne nochmals 1 Stunde aufgehen, ehe er in den Ofen kommt. Seine Backzeit beträgt ungefähr 1 Stunde. Germstrudel ist auch mit Topfen- oder Mohnfülle sehr schmackhaft.

Wird der dünn ausgewalkte Germteig mit 5 dag flüssigem Schweinefett bestrichen, dann mit 5 dag feinem Zucker und Zimt und mit 8 dag Rosinen bestreut, zusammengerollt und weiterbehandelt wie oben, so ergibt dies einen ausgezeichneten Rosinengermstrudel.

590. Mohnstrudel

Germteig wie
Kärntner Reindling
    Nr. 588
⅛ Liter Milch
10 dag Mohn
5 dag Fett
5 dag Zucker
5 dag Rosinen
1 Ei
Zutaten

Die Milch und der geriebene Mohn werden gekocht. Mohn, Fett, Zucker, Dotter, das zu Schnee geschlagene Eiweiß, Zimt und Nelken vermischt man. Ist die Fülle auf dem Germteig aufgestrichen, werden die Rosinen darübergestreut, der Teig gerollt und nach gutem Aufgehen gebacken.

591. Kapuzinerstrudel mit Nußfülle

30 dag Mehl (Vollmehl)
10 dag Butter
2 dag Zucker
2 Dotter
2 dag Germ
⅛ Liter Milch/Wasser

Fülle:
15 dag Haselnüsse
15 dag Zucker
2 Eiweiß
Zutaten

Aus den Zutaten richtet man mit etwas Salz, Vanille und Zitronengeschmack einen Teig an, den man gut aufgehen läßt. Unterdessen bereitet man aus den geriebenen Nüssen, dem gesiebten Zucker, dem festen Schnee der 2 Eiweiß und etwas Zimt die Fülle, indem die obigen Zutaten zu einer gut verstreichbaren Masse abgerührt werden. Der gut aufgegangene Teig wird zu einem Rechteck ausgewalkt, mit der Fülle bestrichen und zusammengerollt. Auf einem befetteten Backblech läßt man den Strudel nochmals aufgehen und bäckt ihn dann bei guter Hitze zu schöner Farbe. Erkaltet überzieht man ihn mit Schokoladenglasur Nr. 646.

592. Potitze

50 dag Mehl oder
    Weizenvollmehl
5 dag Fett
3 dag Germ
1 dag Zucker
2 Eier
¼ Liter Milch/Wasser
Nußfülle
Zutaten

Das Mehl muß sehr trocken und erwärmt sein, ehe man es mit allen anderen Zutaten (bis auf 2 dag Fett, die zum Ausstreichen der Form gebraucht werden) und etwas Salz zu einem feinen Teig verarbeitet, der ¼ Stunde zugedeckt rasten muß. Auf einem bemehlten Tuch wird er nun so dünn wie möglich ausgewalkt, mit der erwärmten Fülle bestrichen, zusammengerollt und schneckenförmig in eine gut angefettete, ausgebröselte Form gegeben. Die Potitze muß 1 Stunde zugedeckt an einem warmen Ort aufgehen, wird dann 1 Stunde im Rohr gebacken, nachher gestürzt und erst am nächsten Tag, in dünne Scheiben geschnitten, zu Tisch gegeben. Sie hält sich mehrere Wochen. Bei Weizenvollmehl halb Wasser und halb Milch nehmen.

592a. Nußfülle für die Potitze

20 dag Honig
22 dag Walnüsse
1 dag Fett
1 Zitrone
Zutaten

Der Honig wird mit dem Fett 2 Minuten gesotten, dann die Hälfte der feingehackten Nüsse, der Zucker, Zitronengelb, Zitronensaft, etwas Zimt, Neugewürz und Nelken hineingegeben. Diese Fülle streicht man etwas ausgekühlt auf den Teig und streut den Rest der Nüsse darüber.

593. Germstrauben

50 dag Mehl
4 dag Butter
4 dag Zucker
3 dag Germ
2 Eier
¼ Liter Milch/Wasser
Zutaten

Aus den angegebenen Zutaten bereitet man mit etwas Salz, Zitronen- und Vanillegeschmack einen feinen Germteig, welchen man aufgehen läßt. Nun wird er ausgewalkt und mit einem Krapfenradl zu etwa 30 Vierecken abgeradelt. Jedes einzelne Viereck wird noch 3 bis 4 mal eingeradelt, aber nicht bis zum Rand. Die durch die Einschnitte entstandenen Teigstreifen werden durcheinandergezogen, in viel Fett ausgebacken und, mit Zucker bestreut, zu Tisch gebracht. Die Strauben ergeben ein ausgiebiges Gericht und werden mit Kaffee, Milch, Obstsoße oder Kompott zu Tisch gebracht.

594. Einfache Krapfen

55 dag Mehl
5 dag Fett
3 dag Germ
1 Ei
⅜ Liter Milch
Zutaten

⅛ Liter lauwarme Milch, Germ und 2 Eßlöffel Mehl werden angerührt und zum Aufgehen an die Wärme gestellt. Unterdessen vermengt man das restliche Mehl, 5 dag Fett, die lauwarme Milch, das Ei und etwas Salz und schlägt den Teig ab, bis er Blasen wirft. Dann wird er mit einem Tuch bedeckt, in die Nähe des Herdes gestellt, bis er zu doppelter Höhe aufgegangen ist. Dann nimmt man ihn auf das bemehlte Brett, drückt ihn mit der ebenfalls bemehlten Hand auseinander und sticht mit einem Krapfenstecher 30 Krapfen aus. Wenn der letzte ausgestochen ist, wird es meist gerade Zeit sein, die inzwischen aufgegangenen ersten Krapfen zu backen. Man zieht sie so auseinander, daß der Teig in der Mitte ganz dünn wird, am Rand aber dicker bleibt. Nun werden sie vorsichtig in heißes Fett eingelegt, sogleich mit Fett übergossen, schnell gebacken und dann auf ein Sieb zum Abropfen gegeben.

595. Bessere Krapfen

62 dag Mehl
8 dag Fett
6 dag Zucker
6 dag kleine Weinbeeren
4 dag Germ
2 Eier
⅜ Liter Milch
Zutaten

Sie werden bereitet wie die einfachen Krapfen Nr. 594, nur mengt man 8 dag Fett zum Teig und, wenn dieser fein abgeschlagen ist, die kleinen Weinbeeren und etwas Zitronengelb darunter und bestreut die fertigen Krapfen mit Zucker.

596. Faschingskrapfen

60 dag Mehl
8 dag Fett
10 dag Zucker
4 dag Germ
4 Eidotter
¼ Liter Milch
Zutaten

Alle Zutaten werden etwas erwärmt. 8 dag flüssiges Fett rührt man flaumig, treibt nach und nach die Eidotter damit ab, zuletzt auch den Zucker, und vermischt diesen Abtrieb nebst der aufgegangenen Germ und etwas Salz mit dem gesiebten Mehl. Wenn die Masse durch Abschlagen feinblasig geworden ist, stellt man sie, mit einem Tuch bedeckt, an eine gleichmäßig warme Stelle des Raumes. Nachdem der Teig sehr gut aufgegangen ist, wird ein Teil davon aufs bemehlte Brett genommen und halbzentimeterdick ausgewalkt. Nun sticht man mit dem Krapfenstecher Blättchen aus, belegt eines in der Mitte mit fester Marillenmarmelade und legt ein zweites darüber. Die so entstandenen Krapfen werden nun mit einem etwas kleineren Ausstecher wieder ausgestochen, auf ein bemehltes Tuch gelegt, leicht zugedeckt und nochmals zum Aufgehen gestellt. Hierauf bäckt man sie im nicht zu heißen, tiefen Fett (3 cm hoch) anfangs bedeckt, nach dem Umwenden aber offen, auf beiden Seiten schön goldbraun und legt sie auf ein Sieb zum Abtropfen. Etwas ausgekühlt, werden die Krapfen mit Zucker bestreut. Die Masse ergibt 30 Stück. Der Teig kann aber auch, dicker ausgewalkt, nur einmal ausgestochen und ungefüllt verwendet werden.

597. Schnürkrapfen

30 dag Mehl (Vollmehl)
10 dag Butter
6 dag Zucker
3 Dotter
⅛ Liter Sauerrahm
Zutaten

Das Mehl wird auf dem Nudelbrett kranzförmig geordnet. In die dadurch entstandene Vertiefung gibt man 10 dag Butter, die Dotter und den Rahm, etwas Zitronenschale und Salz, verarbeitet alles zu einem Teig und läßt diesen ½ Stunde rasten. Dann walkt man ihn stark messerrückendick aus, radelt mit dem Krapfenradl oder schneidet mit dem Messer 12 längliche Teigstückchen, bindet diese mit dünnem Bindfaden auf das Eisen, bäckt sie im heißen, tiefen Fett aus und dreht sie noch heiß in einer Mischung von Zucker und Zimt. Die Schnürkrapfen können mit geschlagenem Rahm oder Apfelschaum, Erdbeerschaum u.dgl. gefüllt werden. Weniger fett werden Schnürkrapfen, wenn man sie auf einem eigens dazu geformten Blech im Rohr bäckt.

598. Rosenkrapfen

20 dag Mehl (Vollmehl)
4 dag Butter
3 dag Zucker
3 Eidotter
Zutaten

Aus Mehl, Eidottern, 4 dag Butter, 3 Eßlöffeln Sauerrahm, 2 dag Zucker, Salz und etwas Zitronengelb bereitet man einen Teig, der, fein abgearbeitet, 15 Minuten rasten muß. Ausgewalkt wird er zusammengeschlagen und wieder zum Rasten gestellt. Nachdem dieses Verfahren dreimal wiederholt worden ist, wird er dünn ausgewalkt und mit drei Krapfenstechern von verschiedener Größe ausgestochen. In jedes Scheibchen macht man vom Rand gegen die Mitte zu 5 kurze Einschnitte, betupft sie in der Mitte mit etwas Eigelb und legt drei in der Weise aufeinander, daß das größte nach unten, das kleinste nach oben kommt. Dann werden die Krapfen in der Mitte ein wenig zusammengedrückt und etwas geschüttelt, damit die Blättchen gegen den Rand hin nicht zusammenkleben. Hierauf bäckt man sie im heißen Fett, streut, wenn sie auf dem Sieb abgetropft sind, Zucker darüber und gibt in die Mitte der Krapfen ein wenig Marmelade. Die Zutaten ergeben 18 Krapfen.

599. Schneeballen

30 dag Mehl
10 dag Butter
2 dag Zucker
4 Eidotter
⅛ Liter Sauerrahm
Zutaten

Der Teig wird bereitet wie Schnürkrapfen Nr. 597. Nach dem Rasten walkt man ihn dünn aus und radelt viereckige Stücke ab, die noch einige Einschnitte mit dem Radel erhalten müssen. Die durch die Einschnitte entstandenen Teigstreifen werden durcheinandergezogen und die Schneeballen im Schneeballeneisen in viel Fett gebakken.

600. Brandteigkugeln

22 dag Mehl
4 dag Butter
5 dag Zucker
4 Eier
4/10 Liter Milch/Wasser
Zutaten

Milch/Wasser und 4 dag Butter werden zum Sieden gebracht. Dann gibt man das Mehl dazu und rührt die Masse auf dem Feuer, bis sich der Teig von der Pfanne löst, worauf man ihn auskühlen läßt. Nun knetet man nach und nach die Eier unter die Masse, mischt etwas Salz und eine Messerspitze doppelkohlensaures Natron dazu und formt mit dem Löffel Kugeln daraus, die in viel Fett ausgebacken, auf ein Sieb zum Abtropfen gelegt und mit Zucker bestreut werden. Ohne Zucker bereitet, können die Brandteigkugeln auch zu grünem Salat gereicht werden.

Aus der gleichen Teigmasse werden auch die Spritzstrauben bereitet, die man mit Obstsaft zu Tisch gibt.

601. Schweizer Küchli

32 dag Mehl
5 dag Zucker
3 Eier
1/10 Liter Sauerrahm
Zutaten

Rahm, Eier und Salz werden in einer Schüssel gut verrührt, dann mit dem Mehl vermengt und auf dem Nudelbrett sehr gut abgeknetet. Dieser Teig muß zugedeckt ½ Stunde rasten. Das Kneten und Rasten des Teiges werden dreimal wiederholt, denn er muß sehr fein und zäh sein. Dann formt man 12 Laibchen daraus. Auch diese müssen noch ein wenig rasten, hierauf werden sie sehr fein ausgewalkt, so dünn und gleichmäßig wie möglich ausgezogen, in viel Fett rasch goldgelb gebacken und gezuckert.

602. Trichterstrauben

Zutaten
62 dag Mehl
12 dag Butter
2 dag Germ
10 dag Zucker
1 Ei
¾ Liter Milch

Mehl und Milch werden mit der Schneerute glatt verrührt, ein wenig gezuckert und gesalzen. Nun bröselt man, indem man den Teig weiterschlägt, die Germ hinein, gibt hernach 12 dag Butter und das Ei dazu und läßt den Teig an einem warmen Ort ½ Stunde stehen. Dann läßt man ihn durch einen Straubentrichter oder einen großen gewöhnlichen Trichter in das sehr heiße Fett laufen. Man fängt in der Mitte an, gießt ohne Unterbrechung in der Runde weiter, bis die Oberfläche der Pfanne voll ist, bäckt die Strauben auf beiden Seiten, legt sie auf ein Sieb und gibt sie warm und bezuckert zu Tisch.

603. Holunderstrauben

Zutaten
22 dag Mehl
5 dag Zucker
2 Eier
¼ Liter Milch

Milch, Mehl und etwas Salz werden erst allein und dann mit den Eiern zu einem feinen Teig abgeschlagen. Hierauf taucht man die Holunderblüten (24 Stück) eine nach der anderen in den Teig, gibt sie in das heiße Fett, bäckt die Strauben lichtbraun und gibt sie zum Abtropfen auf ein Sieb, um sie dann mit Zucker zu bestreuen.

604. Natronküchlein

Zutaten
30 dag Mehl
5 dag Zucker
2 Eier
½ Liter Buttermilch

Das Mehl wird mit der Buttermilch verquirlt und mit den Dottern, 2 dag Zucker, Salz, etwas Zitronengelb und einer Messerspitze voll doppelkohlensaurem Natron vermischt. Zuletzt mengt man den Schnee unter die Masse, sticht mit dem Löffel kleine Küchlein aus, gibt sie ins heiße Fett und bestreut die gebackenen mit dem Rest des Zuckers. Werden statt der Buttermilch ¼ Liter Sauerrahm und ¼ Liter saure Milch verwendet, so werden die Küchlein mürber und feiner.

605. Ausgestochene Natronküchlein

Zutaten
21 dag Mehl
3 dag Fett
5 dag Zucker
1 g Natron
1 Ei

3 dag Fett, 6 Löffel Sauerrahm, 2 dag Zucker, eine Prise Salz und das Ei werden zusammen abgeschlagen, diese Mischung dann dem mit Natron vermengten Mehl beigegeben und alles zu einem feinen Teig verarbeitet. Wenn dieser ¼ Stunde gerastet hat, walkt man ihn dünn aus, sticht mit einem Krapfenstecher Blättchen aus und mit einem kleineren noch die innere Rundung davon weg. Die auf solche Weise entstandenen Ringlein bäckt man im heißen Fett beiderseits goldgelb, läßt sie auf einem Sieb abtropfen und gibt sie, mit dem Rest des Zuckers bestreut, zu Tisch.

606. Hasenöhrl

Zutaten
55 dag Mehl oder Vollmehl
5 dag Fett

Man bringt ⅜ Liter Wasser mit 5 dag Fett zum Sieden, salzt, brüht damit das Mehl ab und verarbeitet es rasch zu einem Teig. Dieser wird nun stark messerrückendick ausgewalkt, worauf man kleine Vierecke herausradelt, die man in viel heißem Fett rasch ausbäckt. Statt Wasser können zum Bereiten des Teiges auch frische Milch oder kalte Milch verwendet werden. Hasenöhrl schmecken am besten zu Salat oder Sauerkraut.

607. Hasenöhrl aus Kartoffelteig

Zutaten
40 dag gekochte, geriebene Kartoffeln
40 dag Mehl oder Vollmehl
4 dag Fett

Aus den Kartoffeln, Mehl, 4 dag flüssigem Fett und etwas Salz bereite man einen Teig. Dieser wird nun messerrückendick ausgewalkt, worauf man kleine Vierecke herausradelt, die man in viel heißem Fett rasch ausbäckt. Diese Hasenöhrl bringt man mit Sauerkraut oder grünem Salat zu Tisch.

608. Ennstaler Krapfen

1 kg Roggenmehl
⁶/₈ Liter Wasser oder Milch
Zutaten

Aus Mehl, Salz und dem kalten Wasser oder der Milch einen Teig bereiten, in 36 Teile teilen, länglich auswalken und in sehr heißem Fett auf beiden Seiten rasch backen.

609. Chapatti nach Hunza-Art

25 dag Weizenvollmehl
5 dag Butter
Salz
Zutaten

Mehl, Butter und Salz verrührt man mit lauwarmem Wasser zu einem nicht zu festen Teig, der sehr gut geknetet wird. Nachdem er eine Stunde gerastet hat, formt man kleine Laibchen, die man ganz dünn und kreisrund auswalkt. Ein Backblech wird gut eingefettet und die Chapatti bei guter Hitze auf beiden Seiten goldbraun gebacken. Dies ist ein sehr gutes Knabbergebäck.

610. Ofenkrapfen aus Brandteig

30 dag Weizenvollmehl
8 dag Butter
3 Eier
Zutaten

⅜ Liter Wasser mit Salz und Butter aufkochen. Unter ständigem Rühren gibt man das Weizenvollmehl dazu und rührt so lange, bis sich der Teig von der Pfanne löst. Nach dem Auskühlen die Eier nach und nach daruntermischen. Ein Backblech wird naß gemacht, und mit feuchten Händen formt man kleine Laibchen, die mit folgenden Füllen belegt und wieder mit Teig abgedeckt werden. Die Ofenkrapfen werden mit Ei bestrichen und bei 200 Grad gebacken.

Pikant können die Ofenkrapfen mit gedünsteten Champignons oder Pilzen oder mit Zwiebeln und Schinken gefüllt werden.

Sehr gut sind die Ofenkrapfen mit Marmelade gefüllt oder mit Topfen, den man mit einem Ei und etwas Zucker sowie Zitronensaft abrührt.

611. Grießkrapferln

20 dag Grieß
6 dag Fett
12 dag Brösel
4 dag Zucker
3 Eier
¾ Liter Milch
Zutaten

Die Milch wird mit 6 dag Fett, 4 dag Zucker und Salz aufgesotten, der Grieß langsam hineingerührt und 20 Minuten gekocht. Ist der Brei ausgekühlt, rührt man 2 Eier darunter und streicht ihn ½ cm dick auf ein befeuchtetes Brett. Aus der erkalteten Masse werden kleine Scheiben ausgestochen, die man in der Mitte mit etwas Marmelade belegt, mit einer zweiten Scheibe bedeckt und am Rand zusammendrückt. In Ei getaucht und eingebröselt, werden die Krapfen sehr schnell in viel heißem Fett ausgebacken.

612. Apfelkrapferln

½ kg Äpfel
22 dag Mehl oder Vollmehl
6 dag Zucker
2 Eier
¼ Liter Milch/Wasser
Zutaten

Aus Milch und Mehl rührt man einen glatten Teig, der zuletzt mit den Eiern und etwas Salz gut abgeschlagen wird. In diesen taucht man dünngeschnittene Scheiben von großen Äpfeln, bäckt sie schnell in viel heißem Fett auf beiden Seiten lichtbraun und bringt sie, nach Belieben mit Zucker und Zimt bestreut, heiß zu Tisch. Bei Weizenvollmehl halb Wasser und halb Milch nehmen.

613. Schlosserbuben

25 dag gedörrte Zwetschken
10 dag Mehl
4 dag Zucker
2 Eier
1/10 Liter Milch
Zutaten

Die gedörrten Zwetschken werden nicht ganz weich gesotten und zum Abtropfen auf ein Sieb gelegt. Inzwischen bereitet man aus Milch, Mehl, Eiern und Salz einen Teig. Im Anschluß daran werden die Zwetschken in den Teig getaucht, in viel heißem Fett ausgebacken und schließlich mit Zucker bestreut. Aus frischen Zwetschken ist die Speise viel feiner, nur ist es dann ratsam, den Kern zu entfernen, weil sie sonst innen nicht gar werden.

614. Arme Ritter

28 dag Semmeln
16 dag Brösel
6 dag Zucker
2 Eier
⅜ Liter Milch
Zutaten

Nachdem man die Semmeln zu Scheiben geschnitten hat, werden Milch, Eier, 4 dag Zucker und Salz versprudelt, die Schnitten darin eingeweicht, dann eingebröselt und in viel heißem Fett ausgebacken. Man bestreut sie mit Zimt und Zucker und reicht Obst dazu. Ungezuckert eignen sich die Armen Ritter auch als Beilage zu Gemüsen oder Salat.

615. Goldschnitten

37 dag Milchbrot
22 dag Mehl
1 Ei
⅜ Liter Buttermilch
Zutaten

Aus Mehl, Ei und ein wenig Salz wird ein Teig bereitet. Das Milchbrot schneidet man zu größeren Schnitten, taucht diese in den Teig und bäckt sie rasch auf beiden Seiten in viel heißem Fett goldgelb. Die Schnitten können zu Salat oder, mit Zucker und Zimt bestreut, auch zu Obst gereicht werden.

616. Grießschnitten

30 dag Grieß
5 dag Fett
9 dag Brösel
1 Ei
1¼ Liter Milch
Zutaten

5 dag Fett und 1⅛ Liter Milch bringt man zum Sieden, streut den Grieß unter fortwährendem Rühren langsam hinein, salzt und kocht ihn fertig. Dann streicht man die Masse fingerdick auf ein befeuchtetes Brett und schneidet sie erkaltet in hübsche Stücke. Das Ei wird mit dem Rest der Milch versprudelt, etwas gesalzen, die Schnitten werden darin auf beiden Seiten befeuchtet, dann eingebröselt und schnell in viel heißem Fett ausgebacken. Man reicht sie zu Soßenfleisch oder Salat. Mit Zucker und Zimt bestreut, ergeben sie auch mit gedünstetem Obst oder Obstsaft eine gute Mahlzeit.

617. Zwetschkenschnitten

50 dag gedörrte Zwetschken
30 dag Milchbrot
10 dag Mehl
6 dag Zucker
2 Eier
⅛ Liter Milch
Zutaten

Die in der Kochkiste mit Zimt, Nelken und Zitronenschalen weichgesottenen Zwetschken werden entkernt und gewiegt. Das Milchbrot schneidet man zu Scheiben und bestreicht die eine Seite mit den Zwetschken. Die Schnitten zieht man dann durch einen aus Milch, Mehl, 2 dag Zucker, etwas Salz und Eiern bereiteten, fein abgerührten Teig und bäckt sie in viel heißem Fett auf beiden Seiten. Beim Anrichten werden sie mit Zucker bestreut.

618. Dalken

20 dag Mehl
10 dag Fett
4 dag Zucker
3 Eier
½ Liter Milch
Zutaten

Milch, Mehl und etwas Salz werden mit 1 dag Zucker zu einem feinen Teig abgerührt, dem man 3 Eidotter und zuletzt den sehr steifen Schnee beimengt. In den Vertiefungen der Dalkenpfanne läßt man etwas Fett heiß werden, gibt je 1 Eßlöffel Teig hinein, bäckt die Dalken auf beiden Seiten lichtbraun, bestreut sie mit Zucker und gibt sie schnell zu Tisch. Feiner werden die Dalken, wenn man eine davon mit Powidl oder Marmelade bestreicht, eine zweite daraufgibt und sie dann mit Zucker bestreut.

619. Dalken mit Germ

25 dag Mehl
10 dag Fett
4 dag Zucker
1 dag Germ
3 Eier
¼ Liter Milch
Zutaten

Lauwarme Milch, Germ, Zucker, das erwärmte Mehl und etwas Salz rührt man zu einem glatten Teig und schlägt ihn fest ab. Dann gibt man die Dotter und zuletzt das zu Schnee geschlagene Eiweiß dazu, schlägt alles noch einmal gut durch und läßt den Teig an einem warmen Ort ungefähr 1½ Stunden aufgehen. Gebacken werden sie wie die Dalken Nr. 618.

620. Grammelkrapferln mit Germ

60 dag Mehl oder
    Vollmehl
30 dag Grammeln
    (Grieben)
3 dag Germ
3 Dotter
$^1/_{10}$ Liter Süßmost
$^1/_{10}$ Liter Rahm
$^1/_8$ Liter Milch/Wasser
Zutaten

Aus den durch die Maschine getriebenen Grammeln, etwas Salz und allen übrigen Zutaten macht man einen Germteig, den man gut aufgehen läßt. ist dies der Fall, so wird der Teig zu einem Rechteck ausgewalkt und wieder zusammengeschlagen. Dies wiederholt man dreimal nacheinander. Nun läßt man den Teig ¼ Stunde rasten und walkt ihn dann 1 cm dick aus. Die Krapferln werden aufs Blech gelegt, mit Ei bestrichen, mit Kümmel bestreut und gebacken. Bei Weizenvollmehl halb Wasser und halb Milch nehmen.

621. Grammelkrapferln mit Natron

25 dag Grammeln
25 dag Mehl (Vollmehl)
10 dag Zucker
3 g Natron
2 Eier
Saft und Schale einer
    halben Zitrone
Zimt
Zutaten

Die durch die Maschine getriebenen Grammeln werden mit Mehl und Zucker abgebröselt. Dann gibt man Natron, Eier, Zimt, Zitronenschale und -saft dazu und bereitet einen Teig, den man ½ Stunde rasten läßt. Er wird ½ cm dick ausgewalkt, Krapferln werden ausgestochen, mit Ei bestrichen und lichtbraun gebacken.

622. Apfelkolatschen

70 dag Äpfel
32 dag Mehl (Vollmehl)
8 dag Fett
5 dag Weinbeeren
4 dag Zucker
2 Eier
Zutaten

In die Mitte des kranzförmig aufs Brett gegebenen Mehls kommen das Fett, zwei Dotter, 2 dag Zucker, ⅛ Liter Wasser und etwas Salz. Die Zutaten werden mit dem Kochlöffel gut gemischt, das Mehl von der Mitte aus dazugerührt und alles rasch zu einem Teig verarbeitet. Derselbe muß nun kalt gestellt ½ Stunde zugedeckt rasten. Inzwischen werden die Äpfel geschält, gehobelt und mit den kleinen Weinbeeren gemischt. Der Teig wird dünn ausgewalkt, zu Vierecken abgeradelt und mit Äpfeln gefüllt, am Rand mit Eiweiß bestrichen, zusammengeschlagen und an den Enden etwas zusammengedrückt. Die Kolatschen werden dann auf ein befettetes Blech gelegt, mit Eiweiß bestrichen und 20 Minuten im Rohr gebacken. Mit Zucker bestreut, können sie warm oder kalt zu Tisch gebracht werden.

623. Topfenkolatschen

27 dag Mehl (Vollmehl)
3 dag Fett
4 dag Zucker
1 dag Germ
1 Ei
⅛ Liter Milch/Wasser
Topfenfülle
Zutaten

Die Zutaten werden mit 2 dag Fett und etwas Salz zu einem feinen Germteig verarbeitet, der zugedeckt aufgehen muß. Der Teig wird auf einem bemehlten Brett messerrückendick ausgewalkt, in Vierecke geradelt und gefüllt. Dann nimmt man die vier Spitzen des Teiges zusammen, drückt die Ränder aneinander, damit die Fülle nicht herauskommt, legt die Kolatschen auf ein befettetes Blech und läßt sie noch einmal aufgehen. Mit Ei bestrichen, bäckt man sie je nach Größe ¼ bis ½ Stunde im Rohr.

623a. Topfenfülle

20 dag Topfen
5 dag Zucker
3 dag Rosinen
2 dag Fett
1 Ei
1/10 Liter Sauerrahm
Zutaten

Einem flaumigen Abtrieb aus Fett, Eidotter und Zucker fügt man den Rahm, den fein verrührten Topfen, die Rosinen, etwas Salz, Zitronengelb und den steifen Schnee bei.

624. Kartoffelkolatschen

75 dag gekochte,
    passierte Kartoffeln
20 dag Mehl
    oder Vollmehl
10 dag Butter
4 dag Zucker
1 Ei
½ Päckchen Backpulver
Zutaten

Aus Kartoffeln, Mehl, Butter, Ei, Salz, etwas Muskat und Backpulver bereitet man einen Teig. Dieser wird ausgewalkt, zu Vierecken geschnitten, mit Marmelade gefüllt, zusammengeschlagen und auf einem befetteten Blech gebacken.

625. Mürber Teig nach Schweizer Art

25 dag Mehl oder Vollmehl
10 dag Butter
1 Ei
Zutaten

Das Mehl wird kranzförmig auf das Nudelbrett gegeben, in die Mitte gibt man Butter, Ei, etwas Salz und $1/10$ Liter Wasser. Wenn diese Zutaten gut vermischt sind, gibt man das Mehl bei und verarbeitet alles rasch zu einem Teig. Wenn dieser zugedeckt an einem kühlen Ort gerastet hat, wird er ausgewalkt und auf ein rundes oder langes Blech gelegt. Der über den Rand des Bleches hängende Teig wird abgeschnitten. Daraus schneidet man lange schmale Streifen, die entweder auf die Blechränder gelegt und auf den Teig festgedrückt oder auch gitterartig auf den mit Obst belegten Teig gegeben werden. Mürben Teig verwendet man zum Bereiten von verschiedenen Obstkuchen und Pasteten.

626. Grießkuchen

Mürber Teig (Nr. 625)
12 dag Grieß
5 dag Zucker
5 dag Rosinen
4 dag Mandeln
3 Eier
1 Liter Milch
Zutaten

Der Grieß wird mit Milch, etwas Salz und Zitronenschale gar gekocht. Von 7 dag Zucker und den Dottern macht man einen flaumigen Abtrieb, mischt den Grießbrei, die Rosinen, die stiftelig geschnittenen Mandeln dazu und zieht zuletzt den Schnee darunter. Das Blech wird mit dem mürben Teig belegt und dieser dann vorgebacken. Wenn das geschehen ist, streicht man die Grießfülle darauf und bäckt den Kuchen noch ½ Stunde.

627. Reiskuchen

Mürber Teig (Nr. 625)
12 dag Reis
5 dag Zucker
5 dag Rosinen
1 dag Stärkemehl
4 Eier
1¼ Liter Milch
Zutaten

In die kalte Milch rührt man das Stärkemehl ein, bringt sie darauf mit etwas Salz und Zitronenschale zum Sieden, gibt den Reis dazu und kocht ihn gar. Reis, Zucker, Rosinen und die Dotter werden vermischt und zum Schluß der steife Schnee daruntergezogen. Das Blech belegt man mit mürbem Teig und läßt ihn vorbacken. Mit der Reisfülle bestrichen, wird er dann nochmals ½ Stunde gebacken und warm sowie bezuckert zu Tisch gegeben.

628. Topfenfleckerln mit Zwetschken

25 dag Topfen
25 dag Butter
25 dag Mehl
1 Ei
1 dag Germ
Zutaten

Die Germ wird in wenig Milch aufgelöst, mit dem Ei und allen anderen Zutaten zu einem Teig verarbeitet, der etwas gesalzen wird. Wenn er gerastet hat, wird er ausgewalkt und in Vierecke geschnitten. Die Fleckerln legt man auf ein Backblech und belegt jedes mit einer entkernten Zwetschke oder Marille. Nach dem Aufgehen bäckt man die Fleckerln im mäßig heißen Rohr.

629. Zwetschkenkuchen

Mürber Teig (Nr. 625)
1 kg entkernte
  Zwetschken
5 dag Zucker
Zutaten

Man bereitet einen mürben Teig nach Nr. 625, läßt ihn vorbacken und legt die sorgfältig entkernten Zwetschken mit der Schale darauf. Dann wird der Kuchen gebacken, mit 3 dag Zucker bestreut und nochmals schnell in den Ofen gegeben. Zur Abwechslung kann der Zwetschkenkuchen vor dem Backen mit einer Handvoll Bröseln aus Roggenbrot oder Lebkuchen bestreut werden. Kirschkuchen wird ebenso bereitet.

630. Rhabarberkuchen

Mürber Teig (Nr. 625)
75 dag geputzte
  Rhabarber
15 dag Zucker
5 dag Brösel
Zutaten

Der aus mürbem Teig bereitete und vorgebackene Kuchen wird erst mit Bröseln, dann mit den abgezogenen, in kleine Würfel geschnittenen Rhabarberstengeln belegt und in 10 Minuten fertiggebacken. Bei zarten, jungen Stengeln kann das Abziehen unterbleiben. Nach dem Backen streut man 10 dag Zucker auf den Kuchen und schiebt ihn nochmals ins Rohr. Der Rest des Zuckers wird erst bei Tisch darübergestreut.

631. Erdbeerkuchen

Mürber Teig (Nr. 625)
75 dag Erdbeeren
5 dag Zucker
Zutaten

Der Kuchen wird aus mürbem Teig nach Nr. 625 bereitet und im Rohr in 20 Minuten fertiggebacken. Die Erdbeeren läßt man gezuckert ½ Stunde stehen, ehe man den gebackenen, noch heißen Kuchen damit belegt. Vollkommen erkaltet, kann er auch mit Schlagrahm (¼ Liter mit 3 dag Zucker gesüßt) verziert werden.

632. Feiner Erdbeerkuchen

18 dag Mehl
14 dag Butter
4 dag Staubzucker
Vanillin
Belag:
3 Eiweiß
½ Liter Erdbeeren
8 dag Staubzucker
Zutaten

Aus diesen Zutaten bereitet man einen Teig und läßt ihn ½ Stunde rasten. Er wird fingerdick auf eine Tortenform gegeben und gelblich gebacken. Den festen Schnee von 3 Eiweiß vermischt man mit ½ Liter Erdbeeren und dem Staubzucker, schlägt alles mit dem Schneebesen gut 20 Minuten, gibt den Schaum auf den Kuchen und stellt ihn kurz ins heiße Rohr.

633. Apfelkuchen

Mürber Teig (Nr. 625)
1 kg geschälte Äpfel
10 dag Zucker
Zutaten

Der nach Nr. 625 bereitete und auf ein Blech gelegte mürbe Teig wird nicht vorgebacken, sondern man gibt die in Spalten geschnittenen Äpfel gleich darauf. Wenn sie weich sind und der Teig lichtbraun ist, streut man den Zucker darüber und schiebt den Kuchen noch für kurze Zeit ins Rohr. Verfeinert wird er durch folgenden Überguß: 5 g Kartoffelmehl werden mit ⅛ Liter Milch glattgerührt und unter beständigem Schlagen aufgekocht. Dann zieht man die Milch vom Feuer und gibt, wenn sie ein wenig erkaltet ist, 2 dag Zucker und 2 Eier dazu. Wenn alles gut abgesprudelt und ein wenig gesalzen ist, gibt man die Masse über den noch nicht ganz fertiggebackenen Kuchen und stellt ihn nochmals 10 Minuten ins Rohr.

634. Apfelschlangel

30 dag Mehl oder
  Weizenvollmehl
10 dag Butter
 8 dag Staubzucker
 1 Ei
 1 Messerspitze
  Backpulver
Fülle:
60 dag geschälte Äpfel
 5 dag Zucker
 5 dag Rosinen
Zutaten

Mehl, Zucker, Butter, Backpulver, Vanillin und etwas Salz bröselt man gut ab und verarbeitet dies mit einem Ei und etwas Wasser zu einem Teig, welchen man rasten läßt. Die geschälten, vom Kernhaus befreiten Äpfel werden fein geschnitten und mit Zucker, Rosinen und etwas Zimt vermischt. Der Teig wird zu einem Rechteck ausgewalkt und in der Mitte mit der Fülle belegt. Nun legt man einen Teil des Teiges links und den andern rechts über die Fülle. Der Schlangel wird auf einem befetteten Blech schön hellbraun gebacken. In schöne Stücke geschnitten, wird er mit Zucker bestreut und als Nachspeise gereicht. Der Schlangel gewinnt sehr an Aussehen, wenn man ihn mit einem gut versprudelten Eidotter vor dem Backen bestreicht.

635. Streuselkuchen

35 dag Mehl oder
  Vollmehl
 7 dag Öl
 1 dag Zucker
 2 dag Germ
 1 Ei
¼ Liter Milch/Wasser
Streusel
Zutaten

Aus Mehl, Milch, 1 dag Zucker, 4 dag Öl, dem Ei, etwas Salz und Germ bereitet man einen Germteig, läßt ihn ein wenig aufgehen, verteilt ihn dann gleichmäßig auf das mit 1 dag Fett bestrichene Blech und stellt ihn an die Wärme. Ist der Teig um das Doppelte aufgegangen, so bestreicht man ihn mit 2 dag zerlassenem Fett, streut den Streusel darauf und bäckt den Kuchen bei guter Hitze zu hellbrauner Farbe. Das Ei kann auch weggelassen werden. An Stelle des Streusels kann der mit Fett bestrichene Kuchen auch mit 8 dag stiftelig geschnittenen Mandeln, Zucker und Zimt bestreut und gebacken werden. Bei Weizenvollmehl halb Wasser und halb Milch nehmen.

635a. Streusel

10 dag Mehl
7 dag Butter
5 dag Zucker
3 dag Mandeln
Zutaten

Mehl und Zucker übergießt man in einer Schüssel mit der zerlassenen Butter, gibt die geriebenen Mandeln, etwas Zitronengelb, Zimt und Salz dazu und mischt alles mit der Gabel so, daß große Brösel entstehen, die dann auf den Teig gestreut werden.

636. Mohnstreuselkuchen

35 dag Mehl oder
   Vollmehl
4 dag Öl
2 dag Zucker
1 Ei
¼ Liter Milch/Wasser
2 dag Germ

Streusel:
6 dag Mohn
6 dag Butter
6 dag Zucker
6 dag Haselnüsse
Zutaten

Aus diesen Zutaten bereitet man unter Zugabe von Salz und feingehackter Zitronenschale einen gut abgeschlagenen Germteig und läßt ihn gut aufgehen. Für den Streusel werden die etwas weiche Butter, Zucker, geriebener Mohn und Haselnüsse, feingehackte Zitronenschale und etwas Zimt gut abgebröselt. Der gut aufgegangene Teig wird auf einem Backblech, das befettet wurde, gleichmäßig verteilt, mit einer hellen Marmelade dünn bestrichen, mit Streusel bestreut und nochmals gut aufgehen gelassen, worauf der Kuchen zirka ½ Stunde bei guter Hitze gebacken wird. Bezuckert wird er zu Tisch gegeben. Bei Weizenvollmehl halb Wasser und halb Milch nehmen.

637. Apfelkuchen aus Germteig

75 dag Äpfel
35 dag Mehl oder
   Vollmehl
6 dag Zucker
6 dag Öl
2 dag Germ
1 Ei
⅛ Liter Milch/Wasser
Zutaten

Der nach Nr. 635 bereitete Germteig wird, nachdem er ein wenig aufgegangen ist, aufs Blech gegeben und dann nochmals zum Aufgehen gestellt. Inzwischen dünstet man die geschälten, in kleine Spalten geschnittenen Äpfel in ¼ Liter Wasser mit 2 dag Zucker, etwas Zitronenschale und ganzem Zimt. Ist der Teig ums

Doppelte aufgegangen, wird er mit den ausgekühlten Äpfeln schön belegt und eine ¾ Stunde gebacken. Der Kuchen kann, mit Zucker bestreut, warm oder kalt aufgetragen werden. Zum Belegen eignen sich auch rohe Apfelspalten, Zwetschken, Rhabarber, Kirschen, Marillen (Aprikosen) und Obstmus (Marmelade). Auch dieser Kuchen kann mit dem in Nr. 639 angegebenen Überguß verfeinert werden. Bei Weizenvollmehl halb Wasser und halb Milch nehmen.

638. Topfenkuchen aus Germteig

35 dag Mehl oder Vollmehl
6 dag Öl
1 dag Zucker
2 dag Germ
1 Ei
⅛ Liter Milch/Wasser

Fülle:
30 dag Topfen
6 dag Rosinen
6 dag Butter
6 dag Zucker
1 Ei
Zutaten

Aus Mehl, Milch, Germ, 4 dag Öl, Ei und Salz macht man einen Germteig und läßt ihn gut aufgehen. Für die Fülle treibt man Butter, Eidotter und Zucker flaumig ab, gibt den passierten Topfen, die Rosinen, feingehackte Zitronenschale und den Schnee dazu und verrührt das Ganze. Eine mit 2 dag Öl bestrichene Kuchenform belegt man mit dem Teig, ein kleines Stück läßt man für die Herstellung des Gitters zurück, gibt die Fülle gleichmäßig darüber und macht zum Schluß aus dem Teigrest ein nettes Gitter. Sobald der Kuchen schön aufgegangen ist, bestreicht man das Gitter mit Eidotter oder Milch, bäckt den Kuchen bei gleichmäßiger Hitze zu schöner Farbe und gibt ihn, mit Zucker bestreut, zu Tisch. Bei Vollmehl halb Wasser und halb Milch nehmen.

Übergüsse für Kuchen

Die mit mürbem Teig Nr. 628, 629 und 630 hergestellten Obstkuchen können mit nachstehenden Übergüssen verbessert werden.

639. Überguß Nr. 1

5 dag Zucker
5 dag Mehl
2 Eier
⅛ Liter Sauerrahm
Zutaten

Der mit Äpfeln oder Rhabarber belegte Kuchen wird zuerst etwas vorgebacken. Rahm, Mehl, Zucker und Dotter werden glatt verrührt, mit dem festen Schnee vermischt, auf den Kuchen gleichmäßig verteilt und dann fertiggebacken.

640. Überguß Nr. 2

6 dag Mandeln
6 dag Zucker
3 Eiweiß
Zutaten

Bereitet man einen Kuchen aus weichen oder konservierten Früchten, so bäckt man ihn, mit Pfirsichkernen belegt, vor, gibt nach dem Vorbacken die Früchte darauf und verteilt die Fülle auf dem Kuchen. Das Eiweiß wird zu steifem Schnee geschlagen, mit den geschälten, geriebenen Mandeln und Zucker gemischt, auf den Kuchen gegeben und zum Fertigbacken ins Rohr gestellt.

641. Überguß Nr. 3

20 dag Zucker
15 dag Mandeln
4 Eiweiß
1 Liter Ribiseln
Zutaten

Zum steifen Schnee mischt man den Zucker und die geschälten, geriebenen Mandeln. Nun gibt man auf den vorgebackenen Kuchen die Hälfte dieser Fülle und bestreicht damit den Kuchenboden, zur anderen Hälfte mischt man 1 Liter Ribiseln dazu, gibt sie auf den Kuchen und bäckt ihn fertig. Mit Zucker bestreut, wird der Kuchen zu Tisch gegeben. Auch alle anderen Obstkuchen können so bereitet werden, nur müssen feste Früchte wie Rhabarber u.dgl. vorgedünstet werden.

642. Überguß Nr. 4

4 Eiweiß
8 dag Brösel
8 dag Butter
8 dag Zucker
Zutaten

Brösel, Butter und Zucker werden gemischt und ganz wenig angeröstet, mit dem sehr festen Schnee von 4 Eiweiß gemischt, auf den mit Zwetschken belegten Kuchen gestreut und derselbe gebacken.

Torten, feine Kuchen und kleines Gebäck

Das Gelingen der Torten und feinen Kuchen hängt von den dazu verwendeten Zutaten und der Hitze des Rohres ab.

Bei allen gerührten Torten und Kuchen muß, je nach den Angaben, entweder die Butter allein oder es müssen Butter und Zucker oder Dotter und Zucker sehr gut abgetrieben werden, ehe man die anderen Zutaten beigibt. Der Abtrieb ist immer nach der gleichen Seite zu rühren, damit die durch das Rühren von der Masse aufgenommene Luft nicht wieder herausgetrieben wird.

Das Aufgehen der Torten wird durch die Zugabe von Eierschnee bewirkt, von dessen Güte das Gelingen der Torten zum großen Teil abhängt. Zum Schneeschlagen trenne man Eiweiß und Dotter vorsichtig. Um zu vermeiden, daß durch ein schlechtes Ei die verwendeten Eier sämtlich unbrauchbar gemacht werden, empfiehlt es sich, jedes einzelne Ei über einer kleinen Schale aufzuschlagen. Schnee läßt sich am schnellsten und am besten in einem trockenen, sauberen Schneekessel aus Messing schlagen. Wo kein solcher vorhanden ist, verwende man eine Porzellanschüssel. Unter Beifügung einiger Körner Salz wird das Eiweiß an einem kühlen Ort erst langsam und dann immer schneller so lange geschlagen, bis der Schnee so steif ist, daß die beim Schlagen sich bildenden einzelnen Spitzen nicht mehr umfallen. Je länger das Eiweiß geschlagen und je fester es wird, desto mehr Luft wird in dasselbe eingeschlossen, diese dehnt sich in der Hitze beim Backen aus und lockert das Gebäck. Die weitverbreitete Ansicht, daß der Eierschnee dann steif genug sei, wenn er nicht mehr aus der umgekehrten Schüssel herausfällt, ist falsch. Der Schnee muß gleich nach dem Schlagen verwendet werden.

Bei allen Torten und feinen Kuchen sollten dem Abtrieb immer zuletzt Mehl und Schnee, Brösel und Schnee, Mandeln und Schnee oder Grieß und Schnee beigegeben und leicht unter die Masse gezogen werden. Denn rührt man erst diese Zutaten und dann später den Schnee hinein, so verteilt sich letzterer nicht so gut in der Masse, und die Torten gehen weniger auf.

Das Ausfetten der Tortenform richtet sich nach der Tortenmasse. Bei Biskuittorten und all jenen Torten mit wenig Butter bestreicht man die Tortenform zur halben Höhe sehr gut mit Butter, während die zweite, obere Hälfte nicht bestrichen wird. Ist die Torte fertig, fährt man mit einem flachen Messer rasch der Form nach, wonach sich die Torte glatt löst. Bei Tortenmassen mit viel Fett bestreicht man die ganze Form mit wenig Butter. Sobald die Masse eingefüllt ist, wird sie bei **guter Hitze** gebacken, und es ist darauf zu achten, daß das Rohr in den ersten 15 Minuten nicht geöffnet wird, sonst fällt die Masse zusammen. Beim Nachsehen vermeide man aus dem gleichen Grund das Zuschlagen der Backrohrtür. Durch Einstechen mit einem dünnen Hölzchen in die Mitte der Torte kann man sich überzeugen, ob sie ausgebakken ist. Einige Minuten nach dem Backen wird die Form gestürzt, der Torenboden aber erst abgenommen, wenn die Torte erkaltet ist.

Zum Glasieren muß die Torte vollkommen erkaltet sein. Das Glasieren geschieht deshalb am besten erst am nächsten Tag. Die Glasur wird auf die Mitte der Torte geschüttet und gleichmäßig verteilt, indem man die Torte nach allen Seiten dreht. Mit dem Messer aufgestrichene Glasur wird nicht glatt. Soll auch der Rand glasiert werden, so muß dies dagegen mit dem Messer geschehen. Zum Glasieren der Torten verwendet man Zucker-, Zitronen-, Kakao- oder Schokoladenglasur. Die einzelnen Torten, mit Ausnahme der Schokoladenschaumtorte, können, nachdem sie glasiert und trocken sind, mit Eiweißglasur verziert werden. Zu diesem Zweck füllt man die Glasur in eine Tüte aus weißem Papier, am besten Pergamentpapier, und bespritzt die Torte.

Zu feinem Backwerk werden die **Mandeln** meist geschält. Dies geschieht, indem man sie mit siedendem Wasser abbrüht und dann aus der Schale drückt. Getrocknet werden sie sodann mit der Reibmaschine gerieben. An Stelle der Mandeln können auch die billigeren Haselnüsse Verwendung finden. Bei feinen Teigen müssen Mandeln und Haselnüsse durch ein Drahtsieb gegeben werden.

Auch **Vanille**, dieses köstliche Gewürz, sollte nur in kleinen Mengen verwendet werden. Ihr verhältnismäßig hoher Preis verlangt möglichst gute Ausnützung. Diese wird erreicht, indem man die Schote der Länge nach spaltet, wodurch die Körnchen, die den stärksten Wohlgeruch enthalten, gut zur Geltung kommen. Am besten ist es, die gespaltene Schote mit Zucker zu stoßen und diesen zum Backwerk zu verwenden. Den Rest der Vanille gibt man zu jenen Speisen, bei denen sie mitgesotten wird. Vanille ist immer in gestoßenem Zucker aufzubewahren.

Zitronenschale ist ein Gewürz, das wegen seiner ätherischen Öle für verschiedene Speisen und verschiedenes Backwerk Verwendung findet. Man kann sich diese Würze dadurch billig herstellen, indem man das Gelb der Zitronen abreibt, mit Staubzucker fest in ein Gläschen einstößt und dieses dann mit Pergamentpapier zubindet. Dies geschieht am zweckmäßigsten im Jänner und Februar. Gleichzeitig sorge man auch für Vorrat an Zitronensaft. Dünn geschälte und getrocknete Zitronenschalen von ungespritzten Zitronen finden beim Dünsten von Obst und vielen anderen Speisen Verwendung. Schalen von gespritzten Zitronen niemals verwenden, auch nicht, wenn sie abgewaschen sind.

Alle Teige zu kleinem Backwerk sind rasch fertigzumachen; denn dauert diese Arbeit zu lange, so wird der Teig weich und erfordert eine Zugabe von Mehl, was die Güte des Backwerks beeinträchtigt. Mürbe Teige bereite man nicht in der warmen Küche, sondern an einem kühlen Ort. Alle Teige sind gleichmäßig und nicht zu dünn auszuwalken und müssen einige Male gewendet werden, um das Ankleben zu vermeiden. Zu dünn ausgewalkter Teig bewirkt das Austrocknen des Gebäckes im Ofen, zu dick ausgewalkter Teig ergibt weniger gutes Backwerk.

Das Backblech muß vor dem Gebrauch stets mit weichem, sauberem Papier gut abgerieben werden, sonst bekommt kleines Backwerk unten ein unappetitliches Aussehen. Backwerk, das kein Fett enthält, bedarf eines gut eingefetteten oder mit Wachs bestrichenen Backbleches, während bei Backwerken mit reichlichem Fettgehalt, wie bei mürben Teigen, das Einfetten unterbleiben kann. Belegt man das Blech mit Backwerk, in dem viel Butter verwendet wurde, so gibt man auf das Blech ein weißes Papier, legt das Gebäck darauf und erhält dadurch in Form und Farbe schönes Backwerk.

Wichtig ist die Einhaltung der angegebenen Backzeit; da aber die Backöfen und Herde verschieden heiß sind, ist es notwendig, recht oft nachzusehen und dem Backen die größere Aufmerksamkeit zu widmen. Mandel- und Butterbäckereien verlieren bei zu starker Hitze ihre Form.

Um dem Backwerk auch bei längerem Aufbewahren seinen Wohlgeschmack zu erhalten, verwahre man es in einer geschlossenen Blechbüchse.

Von Lebkuchen, die ein beliebtes und wegen ihres Honiggehaltes auch besonders nahrhaftes und gesundes Weihnachtsgebäck sind und sich dazu noch vortrefflich halten, wird meist ein größerer Vorrat angelegt; diesem Umstand wurde bei der Zusammenstellung der Rezepte Rechnung getragen. Als Lebkuchengewürz gelten Zitronenschale, Nelken, Zimt, Neugewürz und Kardamom. Diese Gewürze werden sehr fein gemacht verwendet. Auch die im Handel geführten Lebkuchengewürze sind ausgezeichnet. Für unsere Gesundheit ist es von größter Wichtigkeit, den Industriezucker soweit wie möglich zu streichen. Nicht nur Honig ist ein Zuckerersatz, auch mit Roh-Rohrzucker, Rohzucker, usw. können wir alle Speisen süßen.

643. Zuckerglasur

20 dag Staubzucker
4 Kindereßlöffel Flüssigkeit
Zutaten

Der sehr fein gesiebte Staubzucker wird mit der Flüssigkeit in einem Porzellantäßchen mit einem Silberlöffel 20 Minuten gerührt.

Als Flüssigkeit verwende man Wasser, Milch, Kaffee oder auch Zitronen-, Orangen-, Himbeer-, Erdbeersaft usw. Man spricht dann von einer Milch-, Kaffee-, Zitronen-, Orangen-, Himbeer- oder Erdbeerglasur usw.

644. Karamelglasur

15 dag Zucker
2 dag Butter
Zutaten

Der Zucker wird gebräunt, die Butter beigegeben, einmal aufgekocht und über die Torte geschüttet. Da die Glasur sehr schnell fest wird, markiere man sofort nach dem Gelieren die einzelnen Stücke mit einem in flüssige Butter getauchten Messer, um dann die Torte mühelos teilen zu können.

645. Kakaoglasur

Zutaten:
15 dag Staubzucker
2 dag Kakao

Der ganze feine Staubzucker, der Kakao und 3 schwache Eßlöffel heißes Wasser werden 20 Minuten gerührt.

646. Schokoladenglasur

Zutaten:
10 dag Schokolade
2 dag Staubzucker
5 g Kakao

Die Schokolade und 3 Eßlöffel Wasser werden erhitzt; unterdessen rührt man Zucker und Kakao mit einem Eßlöffel Wasser fein ab und gibt dies zur heißen Schokolade. Dann wird das Ganze auf dem Herd so lange gerührt, bis die Glasur fein und glänzend ist. Sie darf aber nicht sieden.

647. Schokoladenglasur mit Butter

Zutaten:
10 dag Schokolade
5 dag Butter

Die Schokolade wird im warmen Rohr erweicht und mit der Butter am Rand des Herdes glatt verrührt. Die sehr feine und glänzende Glasur wird noch warm zum Glasieren von Torten, Bäckereien und dergleichen verwendet.

648. Eiweißglasur

Zutaten:
12 dag Staubzucker
1 kleines Eiweiß
Zitronensaft

Der feine Staubzucker wird mit dem Eiweiß und einigen Tropfen Zitronensaft gemischt und 20 Minuten gerührt.

Diese Glasur, die sehr schaumig geschlagen werden muß, verwendet man zum Spritzen der verschiedensten Verzierungen auf Torten. Zur Herstellung von Eiweißglasur muß unbedingt sehr feiner weißer Staubzucker verwendet werden. Geschlagen wird er in einem weißen Porzellantäschchen mit einem Silberlöffel.

649. Buttercreme zum Füllen von Torten

7 dag Butter
3 dag Staubzucker
1 Dotter
Vanille
Zutaten

Butter und Dotter werden flaumig abgetrieben, Vanille und Zucker beigefügt und alles nochmals gut vermischt.

650. Kaffeecreme zum Füllen von Torten

10 dag Butter
8 dag Staubzucker
2 dag Mehl
⅛ Liter schwarzer Kaffee
Zutaten

Den schwarzen Kaffee und das Mehl verrührt man gut und kocht dies unter fortwährendem Rühren zur Creme. Unterdessen rührt man Butter und Zucker gut flaumig ab, vermischt dies sehr gut mit der ausgekühlten Creme und stellt sie kalt.

651. Buttercreme mit Schokolade

15 dag Butter
10 dag Schokolade
10 dag Zucker
2 Eier
Zutaten

Zucker und Eier schlägt man über Dunst zu dicker Creme und rührt sie bis zum Auskühlen. Unterdessen treibt man die Butter erst allein und dann mit der im heißen Rohr erweichten Schokolade flaumig ab und mischt beide Cremen unter fleißigem Rühren zusammen. Erkaltet verwendet man diese Creme als Tortenfülle und zum Verzieren.

652. Rhabarbertorte

30 dag Mehl (Vollmehl)
15 dag Zucker
15 dag Butter
2 Dotter

Fülle:
½ kg Rhabarber-
marmelade

Überzug:
¼ Liter Schlagrahm
5 dag Zucker
Zutaten

Aus Mehl, Zucker, Butter, etwas Vanille und 2 Dottern bereitet man einen mürben Teig und läßt ihn zugedeckt rasten. Daraus bäckt man 4 Tortenblätter und füllt 3 davon mit der süßen Rhabarbermarmelade. Auf das letzte Tortenblatt streicht man den gut geschlagenen, gesüßten Schlagrahm. Schmeckt auch mit Weizenvollmehl ausgezeichnet.

653. Gemischte Torte

12 dag Zucker
7 dag Mehl (Vollmehl)
5 dag Schwarzbrotbrösel
2 dag Fett
6 Eier
Buttercreme
Zuckerglasur
Zutaten

Für das erste Tortenblatt werden 5 dag Zucker und 3 Dotter schaumig gerührt; die Brösel, gestoßenen Nelken, Zimt, Zitronenschalen und der Schnee der 3 Eiweiß werden dem Abtrieb beigegeben und leicht damit vermengt. Die Tortenform wird gut befettet, die Masse eingefüllt und ungefähr 20 Minuten gebacken.

Für das zweite Blatt rührt man 3 Eidotter mit 7 dag Zucker schaumig und mischt diesem Abtrieb 7 dag Mehl und das zu steifem Schnee geschlagene Eiweiß bei. Die Masse wird in einer gut befetteten Form ungefähr 20 Minuten im Rohr gebacken. Nun bestreicht man das eine Tortenblatt mit Marmelade oder mit Buttercreme Nr. 649, legt das andere darauf, überzieht das Ganze mit einer Zuckerglasur und verziert die Torte nach Belieben.

654. Mohntorte

15 dag Mohn
15 dag Butter
10 dag Zucker
5 dag Zitronat
6 Eier
Zutaten

Butter und Zucker rührt man erst allein und dann mit den Dottern sehr flaumig ab. Nun werden der steife Eierschnee, der feingeriebene Mohn, das feingeschnittene Zitronat mit dem Abtrieb gemischt und in einer befetteten Tortenform zu schöner Farbe gebacken. Die Torte wird mit Marillenmarmelade gefüllt und mit Schokoladenglasur (Nr. 646) überzogen.

655. Grießtorte

10 dag Zucker
10 dag Grieß
3 dag Mandeln
1 dag Fett
4 Eier
Zitronenglasur
Zutaten

Die Bereitung ist dieselbe wie bei Mohntorte Nr. 654, nur werden dem Abtrieb die abgezogenen, geriebenen Mandeln beigefügt. Nach Erkalten wird die Torte mit der Glasur überzogen.

656. Knacktorte

10 dag Zucker
10 dag Mandeln
10 dag Haselnüsse
1 dag Fett
4 g Zitronat
4 g Orangeat
4 Eier
Zutaten

Man treibt Dotter und Zucker schaumig ab, gibt die samt den Schalen geriebenen Mandeln und Haselnüsse, das feingeschnittene Zitronat und Orangeat sowie den steifen Eierschnee dazu, bäckt die Torte ungefähr 40 Minuten im Rohr und füllt sie nach dem Kaltwerden nach Belieben mit Marmelade oder einer Creme, z.B. Nr. 651. Die Torte wird mit einer Glasur überzogen.

657. Heiden- oder Buchweizentorte

15 dag Rohzucker
18 dag Mandeln
14 dag Heidenmehl
15 dag Butter
4 Eier
Zutaten

15 dag Butter werden flaumig gerührt und dem Abtrieb 10 dag Zucker und die Dotter abwechselnd beigegeben. Hierauf mengt man die mit den Schalen geriebenen Mandeln, das Heidenmehl, 5 g Natron und den steifen Eierschnee der Masse bei, die nun in der gut eingefetteten und mit Heidenmehl ausgestreuten Form ungefähr eine ¾ Stunde im Rohr gebakken wird. Gut ausgekühlt, wird die Torte mit 5 dag Zucker bestreut und mit einem glühenden Eisenstangerl so gebrannt, daß kleine Vierecke entstehen. Man kann die Torte auch quer in der Mitte durchschneiden und sie mit Marmelade füllen.

658. Heidenmehlblättertorte

25 dag Heidenmehl
8 dag Rohzucker
4 dag Butter
2 Eier
²/₁₀ Liter Milch
½ Pck. Backpulver

Füllcreme:
 1 Puddingpulver oder
  Maizena
 2 dag Kakao
 5 dag Rohzucker
 ½ Liter Milch

Streichcreme:
 6 dag Butter
 4 dag Rohzucker
 2 dag Kakao
Zutaten

Butter, Zucker, Eier, 1 Eßlöffel Honig und den Saft einer halben Zitrone treibt man flaumig ab und gibt das Heidenmehl und Backpulver, so auch die Milch und die feingehackten Zitronenschalen dazu. Ist alles gemischt, bäckt man aus der Masse 4 Blätter, die man mit der Füllcreme füllt und mit der Streichcreme verziert.

Zur Füllcreme nimmt man das Pudding-Pulver, verrührt es mit ½ Liter Milch, dem Kakao und Zucker, läßt alles unter fortwährendem Rühren gut aufkochen und stellt die Creme dann kalt. Die zusammengesetzte Torte wird oben mit einer Streichcreme bestrichen.

Die Zutaten werden sehr flaumig abgetrieben und mit einem Messer schön gleichmäßig verteilt.

659. Brottorte

10 dag Rohzucker
10 dag Schwarzbrotbrösel
8 dag Mandeln
1 dag Zitronat
1 dag Fett
4 Eier
Marmelade
Kakaoglasur
Zutaten

Den mit Zucker schaumig gerührten Dottern werden die mit den Schalen geriebenen Mandeln, das geschnittene Zitronat, etwas Zimt, Zitronenschale und Nelkenpulver beigegeben und zuletzt das zu steifem Schnee geschlagene Eiweiß und die Brösel daruntergemischt. Die Masse wird in einer befetteten Tortenform ungefähr eine ¾ Stunde gebacken, nach dem Erkalten gefüllt und mit Kakaoglasur überzogen.

660. Pischingertorte

14 dag Butter
10 dag Zucker
10 dag Schokolade
6 Oblaten
3 Eidotter
Schokoladenglasur
Zutaten

Gute, frische Butter, Zucker und Eidotter werden auf der warmen Herdplatte in einer Schüssel abgerührt, bis die Masse flaumig ist. Dann mischt man die erweichte Schokolade dazu, nimmt die Masse vom Herd und rührt, bis sie erkaltet ist, bestreicht 5 Oblaten gleichmäßig mit diesem Abtrieb, legt die sechste mit der glatten Seite nach oben darauf und überzieht die Torte mit Schokoladenglasur.

661. Spar-Biskuittorte

10 dag Zucker
20 dag Mehl oder
  Vollmehl
4 Eier
½ Pck. Backpulver
Zutaten

Zucker und ⅛ Liter kochendes Wasser schlägt man mit 4 Dottern sehr schaumig. Dazu kommen das Backpulver, das Mehl und der sehr steife Schnee. Man bäckt die Masse in einer befetteten Form eine ¾ Stunde. Erkaltet, wird die Torte mit der Creme Nr. 651 gefüllt und an der Oberfläche mit Creme schön bespritzt. Man kann aus dieser Masse auch eine Schokoladen-, Nuß-, Mohn- oder Mandeltorte machen, dann mischt man die gewünschte Zutat zum Mehl; beides zusammen muß 20 dag ergeben.

662. Biskuittorte

10 dag Zucker
11 dag Mehl
3 dag Butter
6 Eier
¼ Liter Schlagrahm
Schokoladenglasur
Zutaten

Nachdem die Dotter und 8 dag Zucker schaumig abgetrieben worden sind, mischt man etwas Zitronensaft und -schale, das Mehl und das zu steifem Schnee geschlagene Eiweiß, zuletzt auch noch die zerlassene Butter darunter. Die Masse wird in einer befetteten und mit Mehl ausgestreuten Form ungefähr eine ¾ Stunde gebacken. Erkaltet schneidet man die Torte durch, füllt sie mit dem mit 2 dag Zucker gesüßten, geschlagenen Rahm und überzieht sie mit Schokoladenglasur.

663. Biskuittorte, über Dunst geschlagen

12 dag Zucker
12 dag Mehl (Vollmehl)
3 Eier
Zutaten

$^1/_{10}$ Liter siedendes Wasser, Zucker und die Dotter schlägt man in einem Schneebecken über Dunst sehr schaumig, schüttet die Masse in eine Schüssel und schlägt sie weiter bis zum Erkalten. Dann mischt man Vanille, eine kleine Messerspitze Backpulver, den sehr festen Schnee und das Mehl dazu. Die Masse wird in eine befettete Tortenform gefüllt und zirka eine ¾ Stunde gebacken. Erkaltet schneidet man sie der Mitte durch, füllt sie mit einer Buttercreme oder Marmelade und glasiert sie mit beliebiger Glasur. Dies ergibt eine schöne Torte.

664. Linzer Torte

10 dag Zucker
   (Rohzucker)
18 dag Mehl oder
   Weizenvollmehl
18 dag Mandeln
18 dag Butter
1 Eidotter
Marmelade
Zutaten

Mehl, Zucker, die feingeriebenen Mandeln, etwas Zimt, Nelkenpulver und Kakao vermengt man auf dem Nudelbrett, schneidet die Butter feinblättrig hinein, gibt den Eidotter und 2 Eßlöffel Wasser dazu und mischt alles zu einem feinen Teig. Nach halbstündigem Rasten wird dieser fingerdick ausgewalkt und nach der Größe des Tortenbleches eine runde Platte daraus geschnitten, die in den befetteten Tortenreif gelegt und mit einem aus dem Rest des Teiges hergestellten Gitter verziert wird. Die Torte wird ungefähr ½ Stunde gebacken und, wenn sie erkaltet ist, das Gitter mit Marmelade gefüllt.

665. Falsche Linzer Torte

25 dag Mehl (Vollmehl)
25 dag gekochte
   passierte Kartoffeln
10 dag Zucker
5 dag Butter
1 Ei
1 Päckchen Backpulver
Zutaten

Aus Mehl, Kartoffeln, feinem Zucker, Butter, Backpulver, etwas Vanille, 1 Ei und 2 Eßlöffeln Wasser bereitet man einen Teig. Die weitere Bereitung ist die gleiche wie bei der Linzer Torte Nr. 664. Mit Weizenvollmehl und Rohzucker sehr gut.

666. Feine Linzer Torte

25 dag Mehl oder
Weizenvollmehl
25 dag Zucker
25 dag Butter
25 dag Mandeln
4 Dotter
2 Eier
Zutaten

Mehl, Zucker und Vanille werden gesiebt, die mit der Schale geriebenen Mandeln und etwas Zimt beigegeben und mit der blättrig geschnittenen Butter abgebröselt. Nun gibt man Eier und Dotter und 2 Eßlöffel Wasser dazu, verarbeitet alles rasch zu einem Teig, den man an einem kühlen Ort ½ Stunde ruhen läßt.

Zwei Drittel des Teiges werden nun je nach Größe der Tortenform ausgewalkt und als Boden in eine Tortenform gelegt. Diese Fläche wird mit einer dicken Marmelade bestrichen, es muß aber rundherum ein Rand von 1 cm freigelassen werden.

Der Rest des Teiges wird, wenn möglich, mit etwas Grahammehl verknetet. Aus diesem Rest formt man runde, lange Streifen, gibt sie als Gitter über die ganze Tortenfläche und schließt rundherum mit einem Teigstreifen ab. Die Torte wird bei gleichmäßiger Hitze eine ¾ Stunde gebacken, wenn erkaltet, bezuckert und die Vierecke des Gitters mit schönem Gelee gefüllt.

667. Sandtorte

28 dag Butter
28 dag Zucker
14 dag Kartoffelmehl
14 dag Weizenmehl
6 Eier
1 Zitrone
½ Pck. Backpulver
Zutaten

Die Butter wird erst allein und dann mit beiden Mehlen sehr flaumig gerührt. Zucker, Eier und Zitronensaft schlägt man sehr flaumig und rührt den flaumigen Abtrieb von Butter und Mehl langsam unter fortwährendem Rühren ein, ebenso Backpulver und feine Zitronenschalen. Die Masse wird in einer großen Tortenform etwa eine ¾ Stunde gebacken. Erkaltet schneidet man sie in der Mitte durch, füllt sie mit Marmelade und glasiert sie mit Schokoladenglasur.

668. Sachertorte

12 dag Schokolade
12 dag Mehl
12 dag Zucker
12 dag Butter
4 Eier
Zutaten

Die Schokolade wird auf einem Tellerchen zum Erweichen ins Rohr gestellt. Inzwischen treibt man die Butter flaumig ab, gibt die erweichte Schokolade dazu und rührt alles zu einem feinen Abtrieb. Nun werden Dotter und Zucker abwechselnd dazugemischt, abermals gut gerührt, dann das Mehl und der steife Eierschnee unter die Masse gezogen und diese in einer befetteten Form gebacken. Erkaltet überzieht man die Torte mit Schokoladenglasur mit Butter (Nr. 647). Füllt man sie mit Schlagrahm oder Marmelade, so wird sie noch feiner.

669. Sachertorte mit Vollmehl

20 dag Weizenvollmehl
10 dag Gelbzucker
10 dag Schokolade
10 dag Öl
10 dag Wasser
4 Eier
½ P. Backpulver
Zutaten

Die Eiweiß zu festem Schnee schlagen und ein Drittel des Zuckers mitschlagen. Aus Dotter, dem restlichen Zucker und Öl einen Abtrieb machen, die erweichte Schokolade und das Wasser dazugeben. Das Backpulver wird mit dem Mehl gut vermischt und mit dem Schnee in die Masse gezogen. Die Torte wird in einer am Boden ausgebutterten Form gebacken, mit Marillenmarmelade bestrichen und mit Schokoladenglasur glasiert.

670. Schokoladencremetorte

15 dag Schokolade
6 dag Zucker
6 dag Mandeln
1 dag Brösel
6 Eier

Creme:
7 dag Zucker
7 dag Butter
5 dag Schokolade
3 dag Mandeln
2 Dotter
Zutaten

Dotter und Zucker werden gerührt, dann die geriebenen Mandeln, Schokolade, Brösel und der Schnee daruntergemischt. Man bäckt die Masse in einer befetteten, mit sehr feinen Bröseln ausgestreuten Form ungefähr eine ¾ Stunde und gibt nach dem Erkalten nachstehende Creme darüber. Gute, frische Butter treibt man ab, mengt dann den Zucker, die Dotter, etwas Vanille und die geriebene Schokolade dazu, rührt alles wieder schaumig, gibt diese Masse über die Torte und bestreut sie mit geschälten, grobgeschnittenen Mandeln.

671. Mandeltorte

25 dag Butter
25 dag Zucker
25 dag Mehl (Vollmehl)
13 dag geriebene Mandeln
6 Eier
Zutaten

Die Butter, der Zucker und die Dotter werden mit dem Saft von ½ Zitrone sehr flaumig gerührt. Den sehr steifen Eierschnee, die geriebenen Mandeln, das mit einem ½ Päckchen Backpulver vermischte, gesiebte Mehl und die feingehackten Zitronenschalen mischt man leicht darunter. Die Masse wird in einer befetteten, bemehlten Tortenform zu schöner Farbe gebacken. Erkaltet wird die Torte durchgeschnitten und mit einem beliebigen Gelee oder mit Buttercreme mit Schokolade (Nr. 651) gefüllt, mit Zitronenglasur (Nr. 643) glasiert und mit geschälten Mandeln verziert. Man kann die Torte auch anstatt mit Zitronenglasur mit der Buttercreme mit Schokolade bestreichen und mittels Spritzsack mit der Creme schön garnieren.

672. Stefanientorte

21 dag Butter
15 dag Zucker
6 dag Mandeln
6 dag Haselnüsse
4 dag Brösel
2 dag Mehl
6 Eier
Buttercreme
Schokoladenglasur
Zutaten

Die Butter wird flaumig abgetrieben, dann werden nacheinander Dotter und Zucker beigegeben und das Ganze zu einem feinen Abtrieb gerührt. Hierauf mischt man die geriebenen Mandeln und Haselnüsse, die mit Zitronensaft angeweichten Brösel, das Mehl und das zu Schnee geschlagene Eiweiß leicht unter die Masse. Diese wird nacheinander zu 4 Blättern gebacken. Man bestreicht die einzelnen Blätter beim Aufeinanderlegen mit der Creme Nr. 649 und überzieht die gefüllte Torte mit einer Schokoladen- oder Kakaoglasur.

673. Einfache gemischte Torte

Erste Masse:
14 dag Mehl (Vollmehl)
10 dag Zucker
5 dag Butter
1 Ei
⅛ Liter Milch/Wasser
½ Päckchen Backpulver
1 Päckchen Vanillin

Zweite Masse:
14 dag Mehl (Vollmehl)
10 dag Zucker
5 dag Butter
4 dag Haselnüsse
2 Eier
½ Päckchen Backpulver
Zutaten

Nachdem die Butter flaumig abgetrieben ist, mischt man Zucker und das Ei dazu und treibt alles sehr gut ab. Man rührt nun Milch/Wasser langsam dazu, gibt zuletzt Mehl, Vanille und Backpulver dazu und bäckt die Masse in einer großen, befetteten, bemehlten Tortenform.

Butter, Zucker, Dotter und Zitronensaft treibt man sehr gut ab und gibt dann einen Eßlöffel schwarzen Kaffee bei. Zuletzt werden der steife Eierschnee, die geriebenen Haselnüsse, Mehl und Backpulver leicht daruntergemischt und gleichfalls in einer großen Tortenform gebacken.

Erkaltet füllt man die Torte mit Marmelade, legt das zweite Tortenblatt darauf und glasiert sie mit beliebiger Glasur.

674. Wirtschaftstorte

42 dag Mehl (Vollmehl)
30 dag Zucker
10 dag Butter
2 dag Kakao
15 g Natron
3 Eier
½ Zitrone
¼ Liter Milch/Wasser
Zutaten

Dotter, Butter, Zucker, feingewiegte Zitronenschale und -saft werden sehr gut abgetrieben und dann die Milch daruntergerührt. Zum Schluß den steifen Eierschnee mit allen übrigen Zutaten, etwas Zimt und Neugewürz leicht unter die Masse mischen. Sie kommt in eine befettete, bemehlte Tortenform. Man bäckt sie bei mäßiger Hitze, füllt sie mit Marmelade und glasiert sie mit beliebiger Glasur.

675. Kaffeetorte

14 dag Zucker
14 dag Nüsse
4 dag Brösel
4 Eier
Zutaten

Dotter und Zucker treibt man sehr schaumig ab, gibt das zu sehr festem Schnee geschlagene Eiweiß, die geriebenen Haselnüsse und die mit starkem Bohnenkaffee befeuchteten Brösel dazu und verrührt das Ganze. In einer befetteten Tortenform bäckt man die Masse zirka eine ¾ Stunde zu schöner Farbe. Erkaltet wird sie in der Mitte durchgeschnitten, mit Kaffeecreme gefüllt und verziert. Man kann sie mit Kaffeezuckerln geschmackvoll verzieren.

676. Kneipptorte

14 dag Weizenschrot
10 dag Honig
10 dag Mandeln
4 Eier
Zutaten

Das Eiweiß zu festem Schnee schlagen, nach und nach die Dotter sowie den Honig und die mit der Schale geriebenen Mandeln dazugeben. Saft und Schale einer halben Zitrone sind die Würze. Zum Schluß zieht man das Schrotmehl darunter und bäckt die Torte bei guter Hitze. Mit Marillenmarmelade füllen.

677. Grammeltorte

40 dag Weizenvollmehl
30 dag Grammeln
20 dag Rohzucker
2 Eier
Zutaten

Die durch die Fleischmaschine getriebenen Grammeln werden mit Mehl und Zucker abgebröselt. Dann gibt man etwas Zimt, Nelkenpulver und Zitronenschale, die ganzen Eier und 2 Eßlöffel Wasser dazu und verarbeitet alles zu einem Teig, den man ½ Stunde rasten läßt.

Zwei Drittel des Teiges werden in Größe der Form ausgewalkt und als Boden in eine befettete, bemehlte Form gelegt. Diese Fläche wird mit einer dicken Marmelade bestrichen, es muß aber rundherum ein Rand von 1 cm freigelassen werden. Aus dem Rest des Teiges wird über die ganze Fläche ein Gitter gegeben, welches man rundherum mit einem Teigstreifen abschließt. Die Torte wird bei gleichmäßiger Hitze eine Stunde gebacken, wenn erkaltet, bezuckert, und die Vierecke des Gitters werden mit Marmelade gefüllt. Die Bereitung ist gleich wie bei der Linzer Torte Nr. 664.

678. Topfentorte

Zutaten
12 dag Zucker
12 dag Butter
12 dag Topfen
12 dag Mandeln
4 große Eier
2 dag Brösel

Aus 12 dag Zucker, der Butter, den Dottern und dem Saft von ½ Zitrone bereitet man einen Abtrieb und gibt zum Schluß den passierten Topfen dazu. Die sehr flaumige Masse mischt man hierauf mit dem steifen Eierschnee, den Bröseln, den geriebenen Mandeln, den feingehackten Zitronenschalen und bäckt die Torte in einer befetteten Tortenform zirka eine ¾ Stunde. Erkaltet wird sie mit 8 dag feinem Zucker bestreut und mit einem glühenden Eisenstangerl so gebrannt, daß kleine Vierecke entstehen.

679. Topfentorte mit Vollmehlboden

Zutaten
Boden:
12 dag Weizenvollmehl
8 dag Rohzucker
5 dag Öl
5 dag Wasser
2 Eier

Fülle:
3 Eier
50 dag Topfen
10 dag Rohzucker
4 Orangen
1 Zitrone
6 Blätter Gelatine
¼ Liter Schlagrahm

Dotter, Zucker und Vanillezucker werden flaumig abgetrieben, Öl und das warme Wasser beigegeben. Gut eine Messerspitze Backpulver wird mit dem Vollmehl vermischt und mit dem festgeschlagenen Eiweiß unter den Abtrieb vermengt. Die Masse in eine Springtortenform geben und bei mäßiger Hitze backen.

Fülle: Dotter und Zucker flaumig abtreiben, Topfen und die in kaltem Wasser abgeschwemmte, im Saft der Orangen und Zitrone aufgelöste (lauwarme) Gelatine in den Abtrieb geben. ⅛ Liter Schlagrahm schlagen sowie das Eiweiß der 3 Eier zu festem Schnee schlagen und unter die Masse ziehen.

Der Tortenboden wird nach dem Auskühlen wieder in die Springform gegeben, die Fülle daraufgegeben und in den Kühlschrank gestellt. Nach dem Erkalten wird die Torte mit dem restlichen Schlagrahm verziert. Auch ohne Schlagobers ist die Torte ausgezeichnet. Die Zuckerbeigabe hängt von der Säure der Zitrusfrüchte ab.

680. Haustorte mit Schokolade

5 dag Schokolade
7 dag Brösel
13 dag Zucker
5 sehr große Eier
13 dag Butter
Vanille
Zutaten

Butter, Zucker, Dotter und Vanille werden sehr gut abgetrieben, dann die im Rohr erweichte Schokolade beigegeben. Wenn dies gut verrührt ist, mischt man den steifen Eierschnee und die Brösel leicht darunter. Die Masse wird in eine befettete, mit Mehl ausgestreute Form gegeben und bei mäßiger Hitze gebacken. Die Torte wird gefüllt und mit Schokoladenglasur überzogen.

681. Möhrentorte

20 dag Möhren
15 dag Zucker
20 dag Mandeln
2 dag Maizena
4 Eier
Zutaten

Die zarten, geputzten Möhren werden durch die Fleischmaschine getrieben, mit Zucker, Saft und Schale einer halben Zitrone gut verrührt. Nun fügt man die Dotter und die geriebenen Mandeln dazu und rührt die Masse eine halbe Stunde flaumig. Hierauf gibt man Maizena und den sehr steifen Schnee unter die Masse. Sie wird in einer gut befetteten, bemehlten Tortenform eine ¾ bis 1 Stunde gebacken. Besonders schön wird die Torte, wenn man sie mit Orangenglasur überzieht und mit Marzipanmöhren verziert.

682. Orangentorte

18 dag Mehl
10 dag Zucker
8 dag Mandeln
6 dag Butter
3 Eier
⅛ Liter Milch
   oder Süßmost
1 Orange
½ Päckchen Backpulver

Creme:
12 dag Butter
10 dag Zucker
3 Dotter
1 Orange

Glasur:
6 Eßlöffel Orangensaft
30 dag Zucker
Zutaten

Butter, Zucker, Dotter und etwas Vanille werden sehr gut abgetrieben. Diesem Abtrieb fügt man die Milch oder den Süßmost, den Saft und die feingewiegte Schale einer Orange bei. Zuletzt mischt man den steifen Schnee, die geschälten, geriebenen Mandeln, Mehl und Backpulver leicht darunter. Die Masse wird in einer befetteten, bemehlten Form bei mäßiger Hitze gebakken.

Die Zutaten zur Creme werden schaumig gerührt, der Saft einer Orange und die feine Schale von ½ Orange beigegeben. Wenn die Torte erkaltet ist, wird sie durchgeschnitten, gefüllt, mit Orangenglasur glasiert und mit Orangenspalten verziert.

683. Apfeltorte

24 dag Mehl (Vollmehl)
12 dag Butter
10 dag Staubzucker
2 Dotter

Fülle:
1 kg passierte Äpfel
4 dag Zucker

Eiweißschaum:
3 Eiweiß
15 dag Zucker
Zutaten

Mehl, Butter, Zucker und Zitronengeschmack bröselt man gut ab und bereitet unter Zugabe von 2 Dottern und 2 Eßlöffeln Wasser einen Teig, läßt ihn rasten und bäckt davon 4 Tortenblätter. Unterdessen hat man die Äpfel gebraten, passiert und mit Zucker und etwas Zimt gemischt. 3 Tortenblätter füllt man mit den so bereiteten Äpfeln und legt das 4. Blatt unbestrichen darauf. Aus den 3 Eiweiß schlägt man einen festen Schnee, gibt den feinen Zucker und Zitronengeschmack dazu und schlägt dies über Wasserdampf so lange, bis der Schaum sehr fest ist. Diesen Schaum verteilt man gleichmäßig auf das letzte Tortenblatt und läßt die Torte an einem warmen Ort stehen, bis der Schaum steif geworden ist. Mit einem ins heiße Wasser getauchten Messer kann man die Torte in schöne Stücke schneiden. Wird mit Weizenvollmehl und Rohzucker sehr gut.

684. Grabnerhoftorte

25 dag Schrotmehl
15 dag Zucker
14 dag Mandeln
6 dag Zitronat
6 dag Orangeat
12 dag Datteln
8 Eier
1 Zitrone
 (Saft und Schale)
Zutaten

Zucker, Dotter und etwas Vanillezucker werden gut abgetrieben. Unterdessen werden Zitronat, Orangeat und Datteln fein geschnitten und dann mit dem Abtrieb ganz glatt verrührt. Nun gibt man zur Masse das Schrotmehl, die geriebenen Mandeln und den sehr festen Schnee. Zwei gleich große Tortenformen werden befettet, bemehlt, mit der Masse gefüllt und gebacken. Erkaltet wird die Torte mit einer Creme gefüllt und mit Schokoladenglasur überzogen.

685. Bohnentorte

35 dag gekochte,
 passierte Bohnen
20 dag Zucker
7 dag Brösel
2 dag Fett
4 Eier
½ Pck. Backpulver
Zutaten

Die weichgekochten Bohnen werden passiert. Zucker, Eidotter, den Saft einer Zitrone und die feingeschnittene Schale treibt man sehr flaumig ab, dazu gibt man die Bohnenmasse, den festen Schnee, das Backpulver und die Brösel, vermischt das Ganze und bäckt die Torte in einer befetteten Form eine ¾ Stunde zu schöner Farbe. Erkaltet wird sie durchgeschnitten, mit Marmelade bestrichen und schließlich mit gesüßtem Schlagrahm oder einer Buttercreme (Nr. 649) verziert.

686. Kastanientorte

10 dag Zucker
10 dag gekochte,
 passierte Kastanien
5 dag Brösel
6 Eier

Fülle:
¼ Liter Schlagrahm
10 dag passierte
 Kastanien
5 dag Zucker
Vanille
Zutaten

Zucker und Dotter rührt man sehr flaumig ab, vermischt dies mit den passierten Kastanien, Bröseln und Schnee und bäckt sie 1 Stunde. Erkaltet wird sie mit der Fülle gefüllt und mit Schokoladenglasur überzogen.

687. Almbuttertorte

10 dag Zucker
12 dag Mehl
5 Eier
1 Zitrone

Creme:
8 dag Mehl
14 dag Butter
5 dag Zucker
⅛ Liter Süßrahm
Vanille
4 Dotter
Zutaten

Die Masse wird wie Biskuittorte bereitet, in 3 Blättern gebacken und mit der Creme gefüllt.

C r e m e : Süßrahm, Mehl und Dotter werden über Dampf dick geschlagen und nach dem Erkalten mit der abgetriebenen Butter und dem Vanillezucker vermischt. Die Torte wird mit Kaffeeglasur (20 dag Zucker, vier Löffel Kaffee 20 Minuten rühren) versehen.

688. Panamatorte

14 dag Zucker
14 dag Mandeln
7 dag Schokolade
7 Eier
1 Zitrone

Creme:
14 dag Butter
14 dag Zucker
5 dag Schokolade
2 Dotter
Vanille
Zutaten

Zucker, Dotter und Zitronensaft sehr gut abtreiben, mit geriebener Schokolade, Mandeln und Schnee mischen und langsam backen. Die Zutaten zur Creme werden sehr schaumig gerührt. Die Torte wird mit einem Teil der Creme gefüllt. Der Rest der Creme wird geschmackvoll auf die Torte dressiert. Nach Belieben streut man Pistazien oder geröstete Mandeln darauf.

689. Dobostorte

20 dag Zucker
12 dag Mehl (Vollmehl)
14 dag Butter
7 dag Schokolade
6 Eier
Zutaten

10 dag Zucker und 6 Dotter werden schaumig gerührt. Hernach verrührt man den festen Eierschnee und 12 dag Mehl mit dem Abtrieb. Diese Masse wird 2 Messerrücken dick auf den mit Butter bestrichenen und mit Mehl bestreuten Tortenblättchen (sechs Stück) hell gebacken.

Creme zur Fülle: 10 dag Zucker, 14 dag Butter werden flaumig gerührt. Nun gibt man die erwärmte Schokolade und etwas Vanille dazu und rührt das Ganze glatt und kalt. Man kann an Stelle von Schokolade Kaffee nehmen, dann ist es eine Kaffeetorte, oder gebrannte, geriebene Haselnüsse, dann ist es eine Haselnußtorte. Zum Glasieren kann man eine beliebige Glasur verwenden.

690. Haselnußtorte

20 dag Zucker
28 dag Haselnüsse
4 dag Mehl
9 Eier
Zutaten

4 ganze Eier und 5 Dotter werden mit dem Zucker ½ Stunde sehr gut abgetrieben. Nun gibt man den steifen Schnee, die geriebenen Haselnüsse, Mehl und etwas Zitronenschale darunter. Die Masse wird in einer befetteten, bemehlten Tortenform gebacken, wenn erkaltet, durchgeschnitten, mit Marmelade gefüllt und beliebig glasiert.

691. Faschingstorte

28 dag Haselnüsse
20 dag Zucker
4 dag Schokolade
11 Eiklar
Zutaten

Den sehr festen Schnee vom Eiklar vermengt man leicht mit den feingeriebenen Haselnüssen, der geriebenen Schokolade, dem Zucker und etwas Zimt. Die Masse bäckt man in einer sehr gut befetteten und bemehlten Tortenform und überzieht sie erkaltet mit Schokoladenglasur. Das beim Faschingskrapfenbacken übriggebliebene Eiweiß findet hier gute Verwendung.

692. Cremetorte mit Biskotten

36 Stück Biskotten
20 dag Zucker
20 dag Butter
3 dag Vanillepuddingpulver
3 Eier
6 Blätter weiße Gelatine
¼ Liter Milch
⅛ Liter Schlagrahm
Zutaten

Die Biskotten werden in die Hälfte geteilt. Eine mittelgroße Tortenform wird mit feinem Öl bestrichen und der Rand mit Biskottenhälften, die am flachen Teil mit Marillenmarmelade bestrichen werden, belegt, und zwar so, daß die bestrichene Seite am Tortenrand liegt. Den Tortenboden belegt man ebenfalls mit Biskottenhälften. Butter, 10 dag Zucker, 3 Dotter und Vanille treibt man sehr flaumig ab. Unterdessen verrührt man die kalte Milch mit dem Vanillepuddingpulver und läßt das Ganze unter fortwährendem Rühren aufkochen. Nun gibt man die im kalten Wasser abgespülte Gelatine dazu, verrührt sie glatt bis zum Auskühlen, mischt dies mit dem flaumigen Abtrieb und zieht zum Schluß den steifen Schnee von 3 Eiweiß darunter. Diese Creme füllt man nun abwechselnd mit den Biskottenhälften in die Tortenform, zuoberst gibt man Creme, die man glattstreicht. Die Torte wird bis zum Erstarren der Creme kalt gestellt. Ist dies der Fall, wird der feste Schnee von 2 Eiweiß erst mit 10 dag feinem Zucker und hernach mit dem geschlagenen Rahm vermischt und mittels Dressiertüte die Masse auf die aus der Form gehobene Torte gespritzt.

693. Joghurttorte

Boden:
14 dag Weizenvollmehl
6 dag Rohzucker
2 Eier
5 dag Öl
5 dag Wasser
1 kleiner Teelöffel Backpulver
Vanillezucker
Zutaten

Das Eiweiß zu festem Schnee schlagen, ein Löfferl Zucker darunter schlagen. Aus Dotter, Zucker und Vanillezucker einen Abtrieb machen, zuerst das Öl, dann das Wasser dazugeben. Das Vollmehl mit Backpulver vermischen, mit dem Abtrieb vermengen sowie den steifen Schnee darunterziehen. In einer Tortenform, die nur am Boden befettet wird, bei 200 Grad backen. Nach dem Erkalten wird die Torte mit Marmelade bestrichen und mit Beeren oder Früchten belegt.

Überguß:
¾ Liter Joghurt
6 Blätter Gelatine
1 Zitrone
Honig nach Geschmack
Zutaten

Die Gelatine wird kalt abgeschwemmt und in ⅛ leicht erwärmtem Joghurt aufgelöst und mit dem restlichen Joghurt gut vermischt. Mit Honig und Zitronensaft abschmecken. Nun gibt man den Überguß über die mit Früchten belegte Torte und stellt sie über Nacht in den Kühlschrank.

694. Haselnußstangerln

18 dag Staubzucker
14 dag ausgeschälte
 Haselnüsse
1 Ei
1 Eiweiß
Zutaten

Die Haselnüsse reibt man fein und verarbeitet sie mit 10 dag Staubzucker und einem Ei rasch zu einem Teig, der ¼ Stunde an einem kühlen Ort rasten muß und dann ausgewalkt wird. Die Enden radelt man ab, drückt den Teigrest wieder zusammen und walkt ihn abermals aus. Die Teigplatten werden mit Glasur bestrichen und mit einem scharfen Messer zu Stangerln geschnitten, diese auf ein befettetes oder mit Bienenwachs bestrichenes Blech gelegt und bei mäßiger Hitze 10 Minuten gebacken. Die Glasur bereitet man aus 8 dag Zucker, 1 Eiweiß (von 1 kleinen Ei) und einigen Tropfen Zitronensaft, indem man diese Zutaten in einem kleinen Porzellantopf mit einem Eßlöffel 15 Minuten rührt. Die Masse ergibt 30 Stangerln.

695. Anisstangerln

5 dag Zucker
6 dag Mehl
3 Eier
Zutaten

Dotter und Zucker rührt man schaumig, mischt das Mehl und zuletzt den Schnee leicht darunter und streicht den Teig auf ein befettetes Blech. Mit Anis bestreut, wird die Masse bei mäßiger Hitze auf einem gut befetteten Blech 15 Minuten gebacken und in 24 Stangerln geteilt.

696. Biskuitwürfel

15 dag Zucker
14 dag Mehl
2 dag Butter
6 Eier
Zutaten

Nachdem die Dotter mit dem Zucker und feingeriebener Zitronenschale schaumig gerührt worden sind, mischt man Schnee mit Mehl darunter. Ein längliches, mit einem ausgebogenen Rand versehenes Blech wird mit Butter bestrichen, die Masse fingerdick darauf verteilt und bei mäßiger Hitze gebacken. Das Biskuit wird zu Würfeln geschnitten, mit Gelee bestrichen, aufeinandergelegt und mit beliebiger Glasur überzogen.

697. Indianerkrapfen

7 dag Zucker
3 dag Weizenmehl
3 dag Stärkemehl
4 Dotter
3 Eiweiß
Zutaten

Dotter und Zucker werden sehr lange verrührt, die beiden Mehlsorten mit dem Schnee zur Masse gemischt. Die Form wird mit Fett ausgestrichen, mit Mehl bestreut, bis zu dreiviertel Höhe mit der Masse gefüllt und bei mäßiger Hitze gebacken. Ausgekühlt werden die Krapfen ausgehöhlt, mit gezuckertem Schlagrahm gefüllt und mit Schokoladenglasur überzogen.

698. Zuckernüsse

23 dag Mehl oder Vollmehl
12 dag Zucker oder Rohzucker
5 dag Mandeln
1 Ei
Zutaten

Mehl, Zucker, die mit der Schale geriebenen Mandeln, etwas Zimt, 2 gestoßene Nelken, Zitronenschalen und 1 Messerspitze Hirschhornsalz mischt man in einer Schüssel und macht dann in der Mitte eine Vertiefung, in die man das Ei und $^2/_{10}$ Liter Milch (4 Eßlöffel) gibt. Ei und Milch werden erst gut abgerührt und die ganze Masse dann schnell zu einem feinen Teig geknetet. Man formt daraus Würstchen, die, mit dem Messer in kleine Teile geschnitten, in der Hand zu haselnußgroßen Kugeln geformt, auf ein befettetes Blech gelegt und schnell gebacken werden. Der Teig ergibt 48 Zuckernüsse.

699. Mandelschnitten

5 dag Zucker
10 dag Mehl
6 dag Mandeln
6 dag Rosinen
2 Eier
Zutaten

Zucker, Dotter und etwas Zitronensaft rührt man schaumig, mischt einen Teil der geschälten, stiftelig geschnittenen Mandeln und Rosinen, das Mehl und zuletzt das zu steifem Schnee geschlagene Eiweiß dazu, streicht den Teig auf ein gut befettetes Blech, bestreut ihn mit dem Rest der Mandeln und Rosinen und läßt ihn ungefähr 15 Minuten im heißen Rohr backen. Noch warm, wird das Gebäck in 24 Schnitten geteilt.

700. Haselnußschnitten

20 dag Mehl (Vollmehl)
15 dag Zucker
10 dag Haselnüsse
3 kleine Eier
Zutaten

Die Eier werden mit Zucker schaumig gerührt, dann mit dem Mehl und 2 Eßlöffeln Wasser und den ganzen Haselnüssen oder Mandeln schnell zu einem Teig verarbeitet. Aus diesem formt man einen Wecken, bäckt ihn ungefähr 20 Minuten auf einem befetteten Blech und schneidet ihn ausgekühlt mit einem recht scharfen Messer zu 24 Schnitten.

701. Anisbögen

20 dag Zucker
15 dag Mehl
4 Eier
Zutaten

Zu dem schaumigen Abtrieb der 4 Eier und Zucker gibt man das Mehl und rührt die Masse noch einmal gut durch. Dann bestreicht man ein Blech mit Wachs, gibt den Teig löffelweise darauf, bestreut die Häufchen mit Anis und bäckt sie ungefähr 5 Minuten im Rohr. Noch warm, nimmt man sie rasch vom Blech und gibt ihnen über dem Stiel eines Holzlöffels eine hübsche, gebogene Form. Aus der Masse bereitet man 60 Anisbögen.

702. Anisbäckerei

28 dag Roggenmehl
18 dag Zucker
2 Eier
2 Eßlöffel Honig
Zutaten

Die Zutaten werden mit 2 Teelöffel gestoßenem Anis und 1 Teelöffel aufgelöstem Natron zu einem Teig verarbeitet, ½ cm dick ausgewalkt, ausgestochen und gebacken.

703. Feiner Linzerteig für gemischte Bäckereien

42 dag Mehl oder
  Weizenvollmehl
30 dag Butter
14 dag geschälte
  Mandeln
7 dag Staubzucker oder
  Rohzucker
1 Ei
1 Zitrone
Zutaten

Mehl, Butter, geschälte geriebene Mandeln bröselt man gut ab, gibt Zitronensaft und feine -schale und das Ei bei und bereitet daraus einen Teig, den man eine Weile an einem kalten Ort rasten läßt. Daraus bereitet man Schnitten, Kipferln, Brezerln, gefüllte Husarenkrapferln u.dgl. Ausgewalkt sticht man die verschiedenen Formen aus, z.B. Krapferln, gefüllte Geleescheiben usw.

704. Gefüllte Krapferln

19 dag Mehl (Vollmehl)
10 dag Staubzucker
12 dag Butter
Zutaten

Mehl, Butter und 10 dag Zucker vermengt man zu einem Teig und läßt ihn an einem kühlen Ort ¼ Stunde rasten. Dann walkt man ihn aus und sticht 60 kleine Krapferln aus, die auf dem Blech licht gebacken werden. Noch heiß, wird jene Seite, mit der sie auf dem Blech lagen, mit Marmelade bestrichen, mit einem zweiten Krapferl belegt und mit Vanillezucker bestreut.

705. Karlsbader Ringerln

22 dag Mehl
14 dag Butter
 5 dag Staubzucker
 5 dag Kristallzucker
 2 dag Mandeln
 2 Dotter
Zutaten

Mehl, Butter, Dotter, 5 dag Staubzucker und Vanille werden abgebröselt und zu einem Teig verarbeitet. Nachdem derselbe ½ Stunde gerastet hat, sticht man aus dem ausgewalkten Teig Ringerln, die, mit Dotter bestrichen, in Kristallzukker und feingehackten Mandeln gedreht und auf einem Blech gebacken werden.

706. Von Stufe zu Stufe

20 dag Mehl (Vollmehl)
10 dag Butter
6 dag Staubzucker
6 dag weiße Mandeln
1 Ei
Zutaten

Die geschälten Mandeln werden gerieben und mit den Zutaten zu einem Teig verarbeitet. Nachdem dieser ½ Stunde gerastet hat, wird er ausgewalkt, mit dreierlei Formen in verschiedenen Größen ausgestochen, gebacken, mit Marmelade bestrichen und immer drei übereinander gesetzt. Schmeckt mit Weizenvollmehl ausgezeichnet.

707. Mailänderli

50 dag Mehl (Vollmehl)
25 dag Butter
20 dag Zucker
2 Eier
Zutaten

Die Butter wird mit dem Mehl abgebröselt, die Eier schlägt man mit dem Zucker ¼ Stunde gut ab, gibt feingewiegte Zitronenschale und das mit Butter vermischte Mehl bei, verarbeitet dies zu einem Teig, den man rasten läßt. Der Teig wird ½ cm dick ausgewalkt, zu Formen ausgestochen, die man, mit Eigelb bestrichen, bei mäßiger Hitze bäckt. Mit Vollmehl sehr gut.

708. Butterbrote

20 dag Mehl (Vollmehl)
10 dag Staubzucker
6 dag Butter
6 dag Mandeln
5 dag Schokolade
1 Ei
Glasur:
10 dag Zucker
2 Dotter
Zutaten

Mandeln und Schokolade werden gerieben und mit den anderen Zutaten und etwas Zimt zu einem Teig verarbeitet. Der ausgewalkte Teig wird brotschnittenartig ausgestochen, geformt und nach dem Backen mit folgender Glasur überzogen: 2 Dotter werden erst allein und dann mit 10 dag Zucker so lange gerührt, bis die Masse ganz dick ist. Hernach auf die Brote streichen und trocknen lassen. Mundet mit Vollmehl sehr gut.

709. Domino

14 dag Nüsse
8 dag Zucker
5 dag Schokolade
2 Eiweiß
Zutaten

Die erweichte Schokolade wird mit den geriebenen Nüssen, dem Zucker und 2 Eiweiß vermischt und geknetet. Der Teig wird fingerdick ausgewalkt, zu Dominotaferln geschnitten und bei mäßiger Hitze gebacken. Die Taferln werden mit Eiweißglasur überzogen und, wenn trocken, mit flüssiger Schokolade mit Dominopunkten versehen.

710. Butterkrapferln mit spanischer Windhaube

26 dag Butter
28 dag Mehl
32 dag Staubzucker
3 Eier
Zutaten

Butter und Mehl, 8 dag Zucker, Vanille und 3 Dotter werden auf dem Nudelbrett zu einem Teig verarbeitet. Nachdem derselbe an einem sehr kalten Ort ½ Stunde gerastet hat, sticht man aus dem ausgewalkten Teig dünne Krapferln aus. Die Hälfte davon wird nun mit einer Glasur (3 Klar mit 24 dag Zucker fest schlagen) bestrichen. Nun werden die bestrichenen und nichtbestrichenen hellgelb gebacken. Die unbestrichenen Krapferln füllt man mit Marmelade, und die bestrichenen setzt man darauf.

711. Zimtsterne

6 Eiweiß
40 dag Zucker
1 Eßlöffel
  Zitronensaft
4 g Zimt
50 dag geriebene
  Mandeln oder Nüsse
Zutaten

Das Eiweiß wird zu Schnee geschlagen, der Zucker löffelweise dazugegeben und gerührt, bis die Masse fest ist. Nun wird ein Drittel der Masse zum Glasieren zurückbehalten. Zu den restlichen zwei Dritteln gibt man die Nüsse, Zitronensaft und Zimt und verarbeitet das Ganze mit den Händen zu einem festen Teig. Dann rollt man diesen ½ cm dick aus, sticht Sterne aus, glasiert und bäckt sie hellgelb.

712. Gestreifte Schnitten

15 dag Zucker
20 dag Mehl (Vollmehl)
10 dag Mandeln
5 dag Schokolade
4 Eier
Zutaten

Eier und Zucker schlägt man sehr flaumig ab, vermischt dies mit Mehl und den geschälten, blättrig geschnittenen Mandeln. Die Masse wird in die Hälfte geteilt und eine davon mit geriebener Schokolade vermischt. Beide Massen werden in einer Biskuitform flach aufgeschüttet, gebacken, mit Marmelade gefüllt und schwarz und weiß aufeinandergelegt. Schmeckt auch mit Vollmehl und Rohzucker ausgezeichnet.

713. Schokoladeschnitten

13 dag Schokolade
13 dag Butter
13 dag Zucker
13 dag Mehl (Vollmehl)
4 Eier
8 dag Mandeln
Zutaten

Zucker, Butter und Dotter treibt man flaumig ab, vermischt dies leicht mit der geriebenen Schokolade, dem Mehl und dem sehr steif geschlagenen Eierschnee. Ein befettetes Blech wird mit der Masse bestrichen, dieselbe gebacken und zu Schnitten geteilt. Vor dem Backen streut man die feingeschnittenen Mandeln darauf.

714. Plätzchen

10 dag Zucker
14 dag Mehl
2 Eier
Zutaten

Zucker und Eier werden schaumig gerührt und dann mit dem Mehl gut vermischt. Hierauf belegt man das mit Wachs bestrichene Blech mit 60 aus dem Teig hergestellten runden Platzerln, die über Nacht auf den Küchenkasten gestellt und am anderen Morgen bei guter Hitze ungefähr 3 Minuten gebacken werden.

715. Geleescheiben

30 dag Mehl oder
    Vollmehl
10 dag Staubzucker
10 dag Butter
1 Eidotter
½ Backpulver
Zutaten

Mehl, Zucker, Backpulver, Butter und feingeschnittene Zitronenschalen bröselt man gut ab. In die Mitte dieser Masse gibt man 1 Dotter und 3 Eßlöffel Apfelsaft oder Süßmost und bereitet daraus einen geschmeidigen Teig, den man rasten läßt. Der Teig wird dann dünn ausgewalkt, und mit dem Krapfenausstecher werden 60 runde Scheiben ausgestochen. Die Hälfte der Scheiben sticht man mit einem kleinen Ausstecher nochmals, so daß 1, 2, oder 3 kleine Löcher entstehen. Die Scheiben bäckt man auf einem befetteten Blech zu schöner Farbe. Die Scheiben ohne Löcher bestreicht man mit gut verrührtem Gelee, legt die durchlochten Scheiben darauf und gibt in die vorhandenen Löcher noch ein kleines Stückchen schönes Gelee.

716. Kekse

58 dag Mehl oder
    Weizenvollmehl
20 dag Staubzucker oder
    Rohzucker
6 dag Butter
5 g Natron
3 kleine Eier
⅛ Liter Sauerrahm
Zutaten

Butter, Mehl, Zucker, Natron und etwas Vanille werden gemischt und kranzförmig auf das Nudelbrett gegeben. In die Mitte gibt man die Eier und 2 Eßlöffel Wasser, den Rahm und verarbeitet alles rasch zu einem Teig. Nachdem dieser ¼ Stunde gerastet hat, walkt man ihn aus, sticht mit der Keksform 80 Stück davon aus und bäckt sie auf einem ganz wenig befetteten Blech ungefähr 5 Minuten bei guter Hitze. Man kann auch jede andere beliebige Form zum Ausstechen benützen.

717. Nußwürfel

24 dag Zucker
14 dag ausgeschälte
    Walnüsse
4 dag Brösel
4 Eier
2 Eidotter
Zutaten

14 dag Zucker rührt man mit 6 Dottern schaumig und vermengt dies mit den feingeschnittenen Wal- oder Haselnüssen, den mit 1 Kaffeelöffel Zitronensaft angefeuchteten Bröseln und zum Schluß mit dem festen Schnee der 4 Eiweiß. Die Masse wird auf ein befettetes Blech gestrichen und bei guter Hitze 10 Minuten

gebacken. Die eine Hälfte davon wird mit Marmelade bestrichen, die andere legt man darüber und schneidet 24 Würfel daraus. Man bestreicht jeden Würfel mit Glasur und verziert ihn mit einer halben Walnuß. Für die Glasur werden 10 dag Zucker und $^1/_{10}$ Liter Wasser zu Sirup gekocht.

718. Nußkrapferln

10 dag ausgeschälte Walnüsse
10 dag Zucker
3 dag Brösel
2 Eiweiß
Zutaten

Die feingehackten Nüsse, der Zucker und die Brösel werden schnell mit dem steifen Schnee gemischt und aus dieser Masse 24 Kugeln geformt, die, breitgedrückt, auf einem gut befetteten Blech bei mäßiger Hitze 15 Minuten gebacken werden.

719. Zweifarbiges Kleingebäck

26 dag Mehl oder Weizenvollmehl
10 dag Butter
8 dag Zucker oder Rohzucker
2 dag Kakao
1 Ei
1 Backpulver
Zutaten

Butter, Zucker und Ei rührt man sehr flaumig, gibt das mit dem Mehl gesiebte Backpulver, Vanillin und 3 Eßlöffel Milch/Wasser dazu und bereitet daraus einen feinen Teig. Dieser wird halbiert, und man knetet in die eine Hälfte den Kakao ein. Aus jeder Hälfte macht man 6 bis 7 Teile und wälzt jeden Teil zu 40 cm langen Strängen. Jetzt legt man die weißen und braunen Stränge abwechselnd fest nebeneinander, schneidet querüber etwa 1 cm breite Streifen und bäckt sie auf befettetem Blech bei mäßiger Hitze. Aus diesen abgeschnittenen Streifen kann man auch Schnecken, Kipferln, Brezerln usw. formen.

720. Makronen

15 dag Zucker
12 dag Mandeln
2 Eiweiß
Zutaten

Geschälte, feingehackte Mandeln, Zucker und etwas Zitronenschale mischt man leicht mit dem steifen Eierschnee. Dann gibt man die Masse löffelweise auf ein befettetes Blech und läßt die Makronen zwei Stunden im warmen Rohr trocknen. Die Masse ergibt 24 Stück.

721. Windkrapferln

12 dag Mandeln
8 dag Zucker
1 Eiweiß
Zutaten

Die geschälten Mandeln werden durch die Reibmaschine getrieben und mit Zucker, etwas Zitronensaft und dem Schnee von einem großen Eiweiß schnell vermischt. Nun schneidet man aus Oblaten 24 Scheibchen, verteilt die Masse darauf und läßt sie bei sehr mäßiger Hitze 10 Minuten im Rohr stehen.

722. Sesambusserln

15 dag Weizenvollmehl
15 dag Weizenschrot
15 dag Butter
15 dag Honig
10 dag Datteln
10 dag Sesam
2 Eier
2 Eßlöffel Wasser
Anis
Zutaten

Die weiche Butter wird mit dem Honig und den Eiern schaumig gerührt. Mehl, Schrot und Wasser beigeben, ebenso die feingeschnittenen Datteln, Sesam und ein kleines Löfferl Anis. Etwas rasten lassen. Die Busserln auf ein vorbereitetes Backblech setzen und bei 200 Grad backken.

723. Kokosbusserln

16 dag Kokosett
16 dag Zucker
2 Eiklar
Zutaten

Die Eiweiß werden zu sehr festem Schnee geschlagen, mit dem gesiebten Zucker vermischt und noch ¼ Stunde mit der Schneerute weitergeschlagen. Danach mengt man das Kokosett bei. Auf ein befettetes und bemehltes Blech setzt man nußgroße Plätzchen und bäckt sie ¼ Stunde zu schöner Farbe.

724. Kokosscheiben

Zutaten
14 dag Mehl (Vollmehl)
12 dag Kokosett
10 dag Butter
 6 dag Zucker
 2 Eidotter
½ Pck. Backpulver

Dotter, Zucker, Butter und den Saft von ½ Zitrone treibt man sehr flaumig ab, mischt Backpulver, Mehl, Kokosett und die feingeschnittene Schale von ½ Zitrone dazu, verknetet dies zu einem geschmeidigen Teig und läßt ihn an einem kühlen Ort ½ Stunde rasten. Nach dieser Zeit wird der Teig ausgewalkt, und mit einem kleinen Krapfenausstecher werden 30 Scheiben ausgestochen, die auf einem wenig befetteten Blech hellbraun gebacken werden. Nach Belieben bestreicht man die Scheiben vor dem Backen mit Eidotter oder nachher mit gekochtem Zuckersirup. Siehe Rezept Nr. 643.

725. Gefüllte spanische Winde

Zutaten
14 dag Staubzucker
14 dag Kristallzucker
 4 Eiweiß
¼ Liter Schlagobers

Gesiebter Staubzucker wird mit dem Kristallzucker gemischt. Nachdem man die Eiweiß zu sehr steifem Schnee geschlagen hat, gibt man $1/3$ des gemischten Zuckers löffelweise unter fortwährendem Schlagen dazu. Hernach rührt man die restlichen $2/3$ Zucker darunter. Ein Backblech belegt man mit Papier, das nicht befettet wird. Darauf spritzt man mittels Dressiersack runde Tassen. Diese werden bei gelinder Wärme so lange getrocknet, bis sie sich leicht vom Papier lösen. Die untere, flache Seite wird etwas eingedrückt, und die Tassen werden nochmals getrocknet. Vor Tisch werden je 2 Tassen mit gesüßtem Schlagobers gefüllt und aufeinandergelegt.

726. Schokoladensterne

Zutaten
14 dag Staubzucker
 5 dag Schokolade
 1 kleines Eiweiß

Der Zucker, die feingeriebene Schokolade und der steife Schnee werden gut vermengt. Der Teig wird auf Zucker dünn ausgewalkt. Davon werden 42 Sternchen ausgestochen und diese auf einem bestrichenen Blech bei mäßiger Hitze 10 Minuten gebacken.

727. Christbaumringerln

20 dag Staubzucker
2 kleine Eiweiß
1 Zitrone
Zutaten

Sehr fein gesiebter Staubzucker wird mit 2 kleinen Eiweiß fest geschlagen, der Zitronensaft tropfenweise allmählich zur Masse gemischt. Mittels Dressiertrichter und -sack formt man auf ein befettetes Blech beliebige Ringerln oder auch Sternchen usw. und trocknet diese an der Luft. Man kann die Masse auch beliebig färben.

728. Zitronatkrapferln

14 dag Zucker
14 dag Nußkerne
7 dag Zitronat
  und Aranzini
4 Eiklar
Zutaten

Eiklar und Zucker werden über Dampf dickschaumig geschlagen, mit grobgehackten Nußkernen, Zitronat und Aranzini verrührt, kleine Häufchen auf das befettete Blech gelegt und bei mäßiger Hitze gebacken.

729. Windkipferln (Pignolienkipferln)

21 dag Zucker
20 dag Haselnüsse
3 Eiweiß
Zutaten

Eiweiß wird sehr fest geschlagen und mit dem Zucker leicht verrührt. Diese Masse wird nun über Dampf geschlagen, bis sie dick ist. Nun nimmt man jedesmal 1 Kaffeelöffchen voll heraus, dreht die Masse in geschnittenen Haselnüssen, formt Kipferln und gibt sie auf ein befettetes, bemehltes Blech. Die Kipferln werden bei ganz schwacher Hitze gebacken.

Man kann statt Haselnüssen auch Pignolien nehmen, dann sind es Pignolienkipferln.

730. Schwammerln aus Marzipan

10 dag weiße
  Mandeln
10 dag Zucker
Zutaten

Die geriebenen Mandeln, der Zucker und feingeriebene Zitronenschalen werden mit ganz wenig Eiweiß zu einem Teig verarbeitet. Daraus formt man kleine Schwammerln, bestreicht sie mit beliebiger Glasur oder Eidotter, je nachdem, ob man Eierschwammerln, Herrenpilze oder Fliegenschwämme formen will. Auch verschiedene Früchte formt man daraus.

731. Schokoladezuckerln (Christbaumschmuck)

Zutaten
10 dag Kokosfett
10 dag Staubzucker
5 dag Kakao
3 dag Vanille- puddingpulver

In das flüssige Kokosfett gibt man das Puddingpulver und läßt es am heißen Herd unter fleißigem Rühren aufquellen, aber nicht sieden. Nun gibt man den Zucker und den Kakao dazu und rührt alles am heißen Herd, bis die Masse glänzend schwarz ist. Kleine Zuckerlformen pinselt man mit flüssiger Butter aus, füllt die Masse in die Formen ein und läßt sie erkalten. Will man sie an den Christbaum hängen, so gibt man etwas flüssige Masse in die Form, legt einen doppelten Faden (Silberfaden) hinein, läßt die zwei Fäden aus der Form hängen und füllt die Masse dann auf, so dick man die Zuckerln haben will. Wenn diese kalt und fest geworden sind, kann man sie ohne Mühe auf den Christbaum hängen.

Werden die Formen nur mit kaltem Wasser ausgespült, bleibt die Schokolade matt; bepinselt man sie mit Butter, wird sie schön glänzend.

732. Dessertkugeln

Zutaten
18 dag Nüsse
10 dag Zucker
8 dag Schokolade
2 Eiweiß

Die im Rohr erweichte Schokolade wird mit dem Zucker, einem Eiweiß, den mit der Schale geriebenen Haselnüssen rasch zu einem Teig verarbeitet. Aus diesem Teig formt man lauter gleich große Kugeln, welche zuerst in Eiweiß und dann in Kristallzucker oder grobgehackten Nüssen oder Pistazien gedreht werden. Die fertigen Kugeln werden auf schöne Papiermanschetten gegeben und geschmackvoll in eine schöne Schachtel gelegt. Die Dessertkugeln sehen genauso gut aus wie sie schmecken.

Man kann auch aus der Masse Nestchen bereiten, die man in Schokoladeglasur dreht und im Innern mit Dottercreme füllt. In Papiermanschetten sehen sie ebenfalls sehr schön aus.

733. Wespennester

30 dag Zucker
25 dag Mandeln
13 dag Schokolade
5 Eiklar
Zutaten

Die geschälten, stiftelig geschnittenen Mandeln werden mit einem Löffel Zucker geröstet. Eiklar wird zu steifem Schnee geschlagen, die gerösteten Mandeln, die geriebene Schokolade, Zucker und feine Zitronenschale daruntergemischt. Auf ein befettetes Blech werden, ziemlich weit voneinander, weil sie auseinandergehen, Häufchen aufgesetzt und bei mäßiger Hitze gebacken.

734. Mandelbäckerei

24 dag Zucker
38 dag Mandeln
3 Eiweiß
1 Zitrone
Zutaten

Eiweiß und Zucker werden sehr gut abgetrieben und nach und nach Saft und Schale einer Zitrone beigegeben. Nun mischt man die ungeschälten, geriebenen Mandeln dazu und bereitet einen Teig, welcher ausgewalkt und beliebig ausgestochen wird. Die Bäckerei kommt auf ein befettetes Blech und wird bei mäßiger Hitze gebacken.

735. Haselnußbögen

20 dag Staubzucker
14 dag geschälte, geriebene Haselnüsse
4 dag geschälte Haselnüsse
2 Oblaten
6 Eiweiß
Zutaten

Eiklar und feiner Staubzucker werden mittels Schneerute auf Dampf recht flaumig gerührt und mit den geschälten, geriebenen Haselnüssen leicht vermischt. Diese Masse wird ½ cm dick auf Oblaten gestrichen, mit 4 dag geschälten, blättrig geschnittenen Haselnüssen bestreut, in breite Streifen geschnitten und auf dem befetteten Bogenblech gebacken.

736. Biskotten

16 dag Zucker
4 Dotter
Zutaten

Zucker und Dotter werden ½ Stunde abgetrieben. Biskottenformen werden mit Mehl bestäubt, mit 1 Kaffeelöffchen dieser Masse gefüllt und bei mäßiger Hitze gebacken.

737. Haselnußstangerln, gelb

17 dag Haselnüsse
10 dag Staubzucker
5 dag Butter
2 dag Mehl
1 Ei

Glasur:
2 Dotter
6 dag Zucker
Vanille
Zutaten

Die geriebenen Haselnüsse werden mit all den anderen Zutaten und etwas Vanille zu einem Teig verarbeitet, der, ausgewalkt, zu Stangerln geschnitten wird. Diese werden mit der gut abgetriebenen Vanilleglasur bestrichen und im mäßig warmen Rohr gebacken.

738. Hirsekrapferln mit Mandeln

15 dag Hirsemehl
10 dag Butter
5 dag Mandeln
5 dag Honig
1 Ei
Zutaten

Aus Hirsemehl, Butter, Honig, den geschälten, geriebenen Mandeln, Zitronengeschmack (Saft und Schale) und dem Ei macht man einen Teig, den man rasten läßt. Er wird ausgewalkt, Krapferln werden ausgestochen und nach dem Backen mit Ribiselgelee gefüllt.

739. Nußplätzchen

38 dag geriebene
    Walnüsse
20 dag Staubzucker
2 Eier
Zitronensaft und
    -schale
Zutaten

2 ganze Eier werden mit dem Zucker sehr gut abgetrieben und mit den Nüssen und Zitronengeschmack vermengt. Auf das befettete, bemehlte Blech setzt man mit dem Löffel kleine, runde Plätzchen und bäckt sie zu schöner Farbe.

740. Nußsternchen

24 dag Mehl (Vollmehl)
12 dag Butter
6 dag Staubzucker
3 Dotter
2 Löffel Schlagobers

Verzierung:
12 dag Zucker
12 dag Haselnüsse
3 Eiweiß
Zutaten

Mehl, Butter, gesiebten Staubzucker und etwas Vanille bröselt man gut ab, gibt in die Mitte die Dotter und den Schlagobers und bereitet rasch einen Teig, den man ½ Stunde rasten läßt. Nun wird er ausgewalkt und zu Sternchen ausgestochen. Die Eiweiß schlägt man zu festem Schnee, gibt den Zucker dazu und die geriebenen Haselnüsse, setzt kleine Häufchen in die Mitte der Sterne und bäckt sie hellbraun. Schmeckt mit Weizenvollmehl sehr gut.

741. Nußkrapferln

20 dag Nüsse
15 dag Zucker
3 dag Aranzini
2 Eier
Zutaten

Eier und Zucker rührt man sehr schaumig und mischt die feingeriebenen Nüsse, feingeschnittenen Aranzini, etwas Muskat und Zimt bei. Auf das befettete, bemehlte Blech setzt man halbnußgroße Kugeln, drückt sie etwas breit und bäckt sie bei mäßiger Hitze.

742. Engländer

18 dag Mandeln
15 dag Zucker
2 Eiweiß
Zutaten

14 dag geschälte, geriebene Mandeln bringt man mit dem Zucker und dem Eiweiß in einem Schneebecken zum Herd und rührt die Masse, bis sie heiß ist. Dann wird sie auf 18 Oblaten (10 cm lang, 3 cm breit) gestrichen und mit dem Rest der Mandeln, die man stiftelig schneidet, verziert. Die Stangerln werden auf einem befetteten Blech bei mäßiger Hitze 10 Minuten gebacken.

743. Hirschhornkrapferln

24 dag Mehl oder
   Weizenvollmehl
4 dag Zucker
4 dag Butter
4 g Hirschhornsalz
2 große Eier
Zutaten

Eier, Zucker und die Butter werden gut verrührt. Dann mischt man Mehl, etwas Zitronensaft und -schale samt dem Hirschhornsalz darunter und verarbeitet das Ganze zu einem Teig, den man auswalkt, mit verschiedenen kleinen Förmchen aussticht und auf einem befetteten Blech 8 Minuten lang leicht bäckt.

744. Husarenkrapferln

9 dag Mehl
7 dag Butter
3 dag Zucker
1 dag Mandeln
1 Ei
Zutaten

Mehl und Butter werden abgebröselt und mit 2 dag Zucker, Eidotter und etwas Vanillezucker schnell zu einem Teig verarbeitet. Nachdem dieser an einem kühlen Ort 20 Minuten gerastet hat, formt man 30 Kugeln daraus, die, in der Mitte ein wenig eingedrückt und mit Eiweiß bestrichen, in die geschälten, grobgehackten, mit 1 dag grobem Zucker vermischten Mandeln getaucht und auf ein mit Papier belegtes Blech gesetzt werden. Die Krapferln werden im Rohr bei guter Hitze 5 Minuten gebacken. In die Vertiefung füllt man Obstgelee oder Marmelade

745. Gefüllte Krapferln mit Mandeln

13 dag Mehl oder
   Weizenvollmehl
7 dag Staubzucker
8 dag Butter
4 dag Mandeln
1 Eidotter
Zutaten

Aus Mehl, 7 dag Zucker, Butter, den geschälten, geriebenen Mandeln, Eidotter, etwas Zitronensaft und -schale bereitet man schnell einen Teig, der ¼ Stunde rasten muß. Weiterbehandelt werden die Krapferln wie jene in Nr. 704.

746. Mürbe Kipferln

17 dag Mehl (Vollmehl)
6 dag Staubzucker
12 dag Butter
3 dag Mandeln
1 Ei
Zutaten

Aus Mehl, Butter, 6 dag Zucker, 2 dag geschälten, geriebenen Mandeln, etwas Zitronenschale, ein wenig Salz und dem Dotter bereitet man einen feinen Teig. Dieser wird zu einer Wurst geformt, die man in nußgroße Stücke schneidet. Zu Kipferln gerollt und mit Eiweiß bestrichen, werden sie in mit Zucker gemischte Mandeln gedrückt und auf einem befetteten Blech ungefähr 8 Minuten bei guter Hitze gebacken. Die Masse ergibt 48 Kipferln. Schmeckt mit Weizenvollmehl sehr gut.

747. Vanillekipferln

16 dag Mehl (Vollmehl)
10 dag Butter
5 dag Staubzucker
4 dag Mandeln
1 Ei
5 dag Vanillezucker
Zutaten

Mehl und 5 dag Zucker werden gesiebt und mit der blättrig geschnittenen Butter, den geschälten, geriebenen und gestoßenen Mandeln und einem Ei zu einem Teig verarbeitet. Nun werden schöne Kipferln geformt, welche bei ganz schwacher Hitze gebacken und noch heiß in 5 dag Vanillezucker gedreht werden. Schmeckt sehr gut mit Weizenvollmehl.

748. Feine Vanillekipferln

15 dag Weizenvollmehl
15 dag Butter
15 dag Nüsse
5 dag Staubzucker
2 Dotter
Vanillezucker
Zutaten

Aus Mehl, Butter, gemahlenen Nüssen, 3 dag Zucker und den beiden Dottern einen Teig bereiten und kühl rasten lassen. Kipferln formen und noch heiß im restlichen Zucker mit dem Vanillezucker drehen.

749. Vanillekipferln mit Vanillepuddingpulver

22 dag Mehl (Vollmehl)
12 dag Butter
10 dag Staubzucker
1 Päckchen Vanille-
  puddingpulver
1 Dotter
Zutaten

Mehl, Puddingpulver, den gesiebten Staubzucker und die feingeschnittene Butter bröselt man erst gut ab und bereitet mit dem Dotter schnell einen feinen Teig. Hat derselbe kurz gerastet, formt man aus der Masse 36 gleichmäßige Kipferln, die, nachdem sie bei mittlerer Hitze gebacken wurden, in Vanillezucker gedreht werden. Die Kipferln, in Blechdosen aufbewahrt, werden nach einigen Wochen sehr mürbe. Schmeckt sehr gut mit Weizenvollmehl.

750. Nußkipferln

22 dag geriebene
  Nüsse
22 dag Butter
22 dag Mehl (Vollmehl)
11 dag Staubzucker
2 Dotter
Zutaten

Zucker, Mehl und Nüsse werden mit der blättrig geschnittenen Butter abgebröselt, die Dotter dazugegeben und mit 2 Eßlöffeln Wasser wird rasch ein Teig gemacht, den man ½ Stunde rasten läßt. Nun werden schöne Kipferln geformt, welche sofort nach dem Backen in Vanillezucker gedreht werden. Mundet mit Weizenvollmehl ausgezeichnet.

751. Schokoladekipferln

10 dag Mehl (Vollmehl)
6 dag Nüsse
5 dag Schokolade
7 dag Butter
3 dag Staubzucker
1 Päckchen Vanillezucker
1 Dotter
Zutaten

Aus Mehl, den geriebenen Nüssen, Schokolade und dem Zucker bereitet man mit der feingeschnittenen Butter, dem Vanillezucker und dem Dotter einen Teig, welchen man rasten läßt. Daraus formt man kleine Kipferln, bäckt sie bei mäßiger Hitze auf einem mit Butter bestrichenen Blech und dreht sie noch heiß in Staubzucker. Schmeckt mit Weizenvollmehl ausgezeichnet.

752. Spanische Kipferln

Zutaten
17 dag geriebene Mandeln
10 dag Staubzucker
15 dag Mehl oder Weizenvollmehl
2 Eier
10 dag Marmelade
12 dag geriebene Schokolade

Die Zutaten werden mit Zimt zu einem Teig verarbeitet, kleine Kipferln geformt, die gebakken, mit Marmelade bestrichen und zusammengesetzt werden.

753. Topfenkipferln

Zutaten
20 dag Topfen
20 dag Butter
20 dag Mehl (Vollmehl)
6 dag Staubzucker

Aus dem passierten Topfen, Butter, Mehl, 2 dag Zucker und etwas Salz bereitet man einen Teig, den man rasten läßt, auswalkt, zu Quadraten schneidet, mit Marmelade füllt, zu Kipferln formt und auf einem befetteten Blech bäckt. Hellbraun gebacken, bestreut man die Kipferln mit Zucker.

754. Linzer Kipferln

Zutaten
21 dag Butter
17 dag Mehl (Vollmehl)
10 dag Staubzucker
10 dag Mandeln

Die geriebenen Mandeln werden mit den Zutaten und mit etwas Vanillezucker zu einem Teig verarbeitet, den man rasten läßt. Dieser wird ausgewalkt, zu Kipferln ausgestochen, gebacken und mit beliebiger Glasur überzogen. Schmeckt auch mit Weizenvollmehl sehr gut.

755. Butterbrezeln

Zutaten
10 dag Mehl
6 dag Staubzucker
5 dag Butter
1 Ei

Mehl und Butter bröselt man ab, mischt 4 dag Zucker, Eidotter und etwas Salz dazu und vermengt schnell alles zu einem feinen Teig. Aus diesem formt man 20 Brezeln, die, mit Eiweiß

Scheiterhaufen

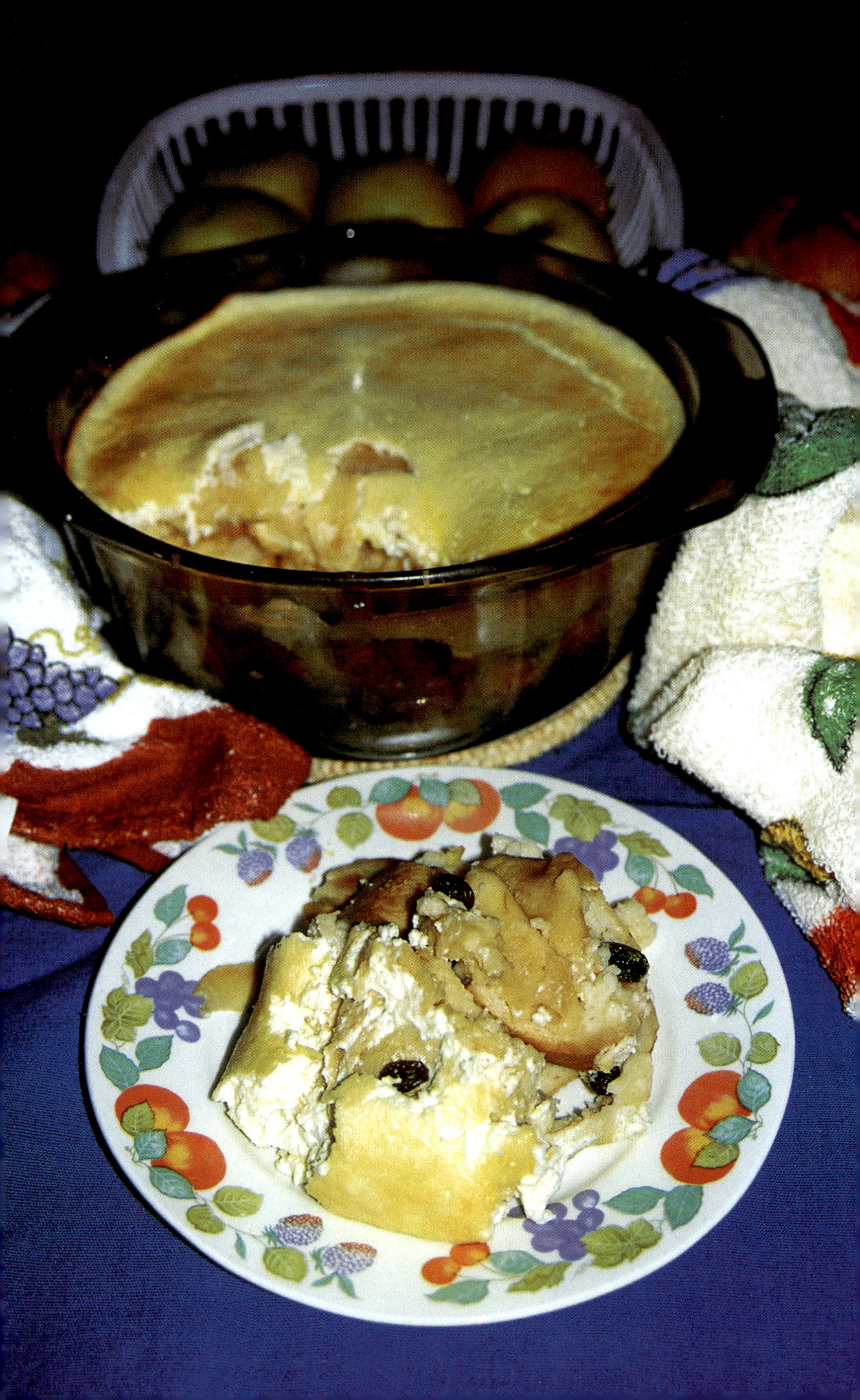

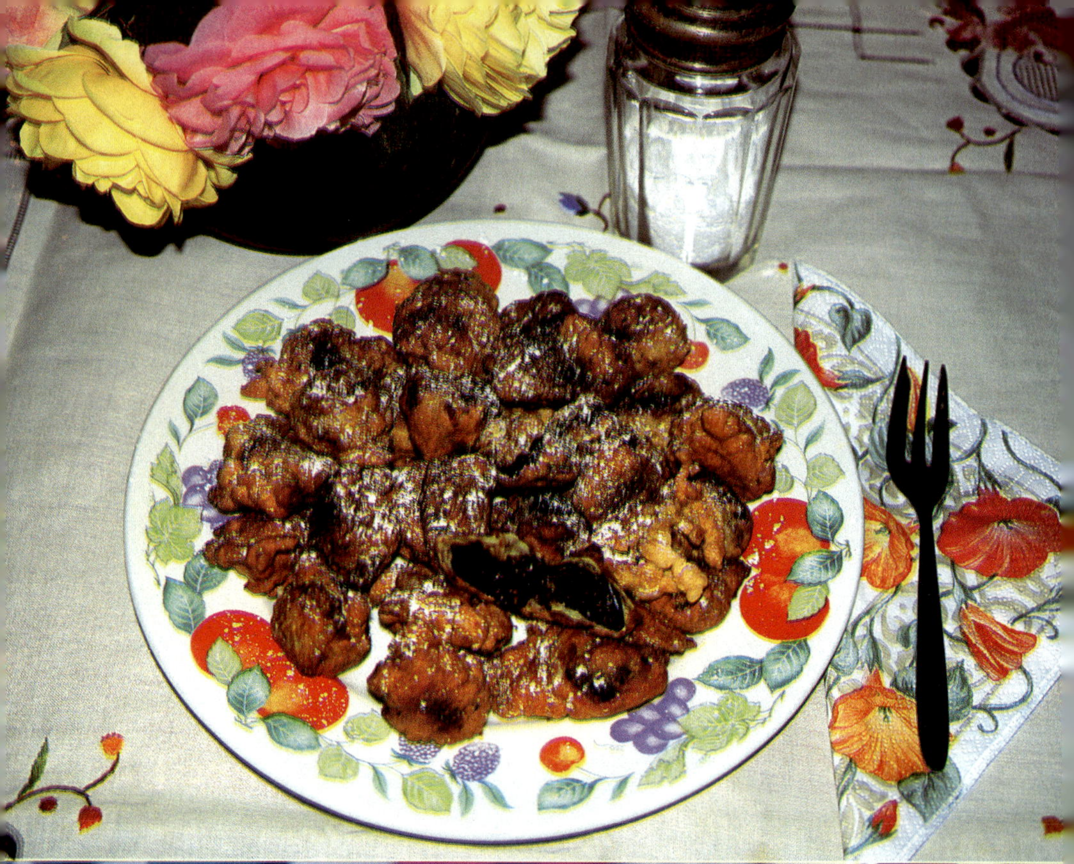
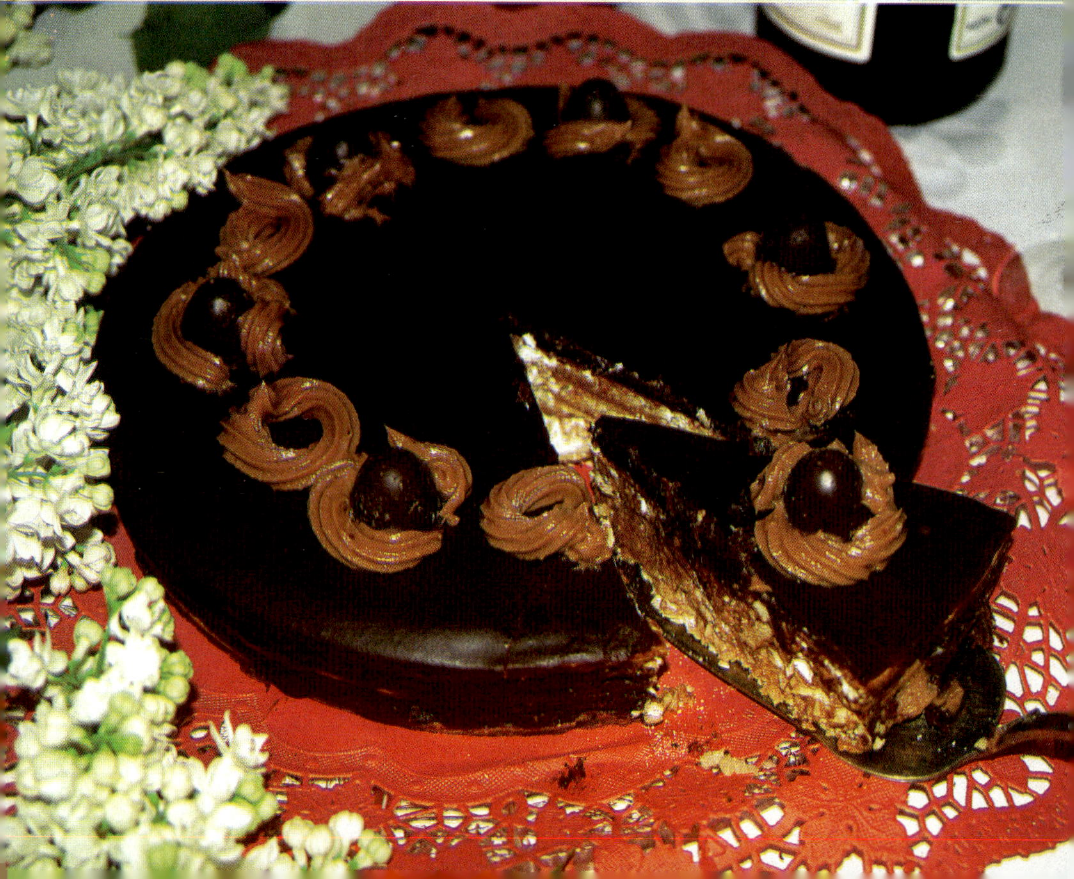

bestrichen und in groben Zucker gedrückt, auf einem Blech bei guter Hitze ungefähr 8 Minuten gebacken werden.

756. Gewürzeln

7 dag Mandeln
7 dag Zucker
5 dag Schokolade
4 dag Zitronat
2 Eiweiß
Zutaten

2 Eiweiß werden mit dem Zucker schaumig gerührt, mit dem feingeschnittenen Zitronat, den geriebenen Mandeln und der Schokolade gut vermengt, ½ cm dick auf Oblaten gestrichen, 10 Minuten bei mäßiger Hitze gebacken, und dann werden daraus 18 Stangerln geschnitten.

757. Biskuitschüsserln

16 dag Zucker
10 dag Mehl
4 Eier
Zutaten

Zucker und Eier werden, gut geschlagen, in kleine, gut ausgefettete und bemehlte Blechformen gefüllt und langsam gebacken. Erkaltet werden die kleinen Kuchen ausgehöhlt, außen mit Schokoladenglasur Nr. 646 überzogen, die Höhlung mit Schlagobers gefüllt und dieses mit Erdbeeren bestreut.

758. Topfenkrapferln

25 dag Butter
15 dag Staubzucker
25 dag Topfen
25 dag Mehl (Vollmehl)
1 Ei
Gelee oder Marmelade
Zutaten

Passierter Topfen, gesiebter Zucker, Mehl und Butter werden mit etwas Salz erst abgebröselt, dann geknetet und eine Stunde in einem kalten Raum rasten gelassen. Der Teig wird ausgewalkt, zu runden Krapferln ausgestochen, mit Teigringerln belegt, mit Dotter bestrichen und auf einem mit weißem Papier belegten Blech gebacken. Fertiggebacken, füllt man in die Mitte ein Stückchen Gelee oder etwas Marmelade und reicht die Krapferln zum Tee. Kann auch mit Weizenvollmehl bereitet werden.

Oben: Schlosserbuben
Unten: Pischingertorte

759. Nußschifferln

Teig:
18 dag Mehl
14 dag Butter
4 dag Staubzucker

Fülle:
20 dag Walnüsse
10 dag Zucker
⅛ Liter Wasser
Zutaten

Man bereitet aus den Zutaten einen Teig, den man ½ Stunde rasten läßt, dann messerrückendick auswalkt, in 12 Schiffchenformen drückt, mit der ausgekühlten Fülle füllt und oben mit einem Teigdeckel abschließt. Hellbraun backen.

F ü l l e : Aus Zucker und Wasser bereitet man eine Lösung, gibt die geriebenen Nüsse dazu und würzt nach Geschmack mit Zimt und Zitronenschalen. Die fertigen Schifferln können entweder angezuckert oder glasiert und mit einer Nuß verziert werden.

760. Christbaumgebäck

30 dag Mehl oder
   Weizenvollmehl
8 dag Schokolade
7 dag Butter
4 dag Staubzucker
½ Päckchen Backpulver
1 Ei
Zitronengeschmack
3 Eßlöffel Milch
Zutaten

Aus Mehl, der geriebenen Schokolade, Butter, Zucker und den anderen Zutaten bereitet man einen Teig und läßt ihn rasten. Dann wird er 3 mm dick ausgewalkt und zu Formen gestochen, die man durchlocht. Sobald braun gebacken, werden die Stücke mit Schokoladenglasur Nr. 646 überzogen und mit Schokoladenreis bestreut.

761. Falsche Salami

25 dag Schokolade
10 dag Zucker
14 dag geriebene
   Mandeln
4 dag grobgeschnittene
   Mandeln
4 dag Zitronat
1 Ei
Zutaten

Die erweichte Schokolade wird mit dem Ei verrührt, mit sämtlichen Zutaten vermischt und zu einem Teig verarbeitet. Aus diesem macht man eine nicht zu dicke Wurst, wickelt sie in Pergamentpapier, läßt sie drei Tage liegen und trocknen.

762. Falsche Leberwurst

15 dag geriebene
   Mandeln
15 dag Zucker
15 dag feines Zitronat
7 dag gestiftelte
   Mandeln
1 Eiklar
Zutaten

Zucker und die geriebenen Mandeln läßt man am Feuer rösten. Dann rührt man die übrigen Zutaten, feingeschnittene Zitronenschalen und Zimt dazu. Ist die Masse sehr bröselig, so gibt man etwas Eiweiß nach. Auf einem gezuckerten Blech formt man die Masse zu einer Wurst, bestreicht sie mit Schokoladenglasur Nr. 646, rollt sie in Staubzucker und läßt sie 2 bis 3 Tage trocknen.

763. Kleine Lebkuchen

15 dag Staubzucker
13 dag Haselnüsse
7 dag Vollmehl
15 dag Orangeat
   (Aranzini)
1 Eiweiß
Zutaten

Die Haselnüsse werden gerieben, mit 10 dag Zucker, dem Mehl, dem feingehackten Orangeat, etwas Zimt, 1 Eßlöffel Zitronensaft, 1 Kaffeelöffel Honig und dem Eiweiß zu einem Teig geknetet. Diesen walkt man aus, sticht 30 Lebkuchen ab, gibt ein mit Fett bestrichenes Papier auf das Blech und bäckt sie darauf bei mäßiger Hitze. Noch heiß, werden sie mit einem aus 5 dag Zucker und $^2/_{10}$ Liter Wasser gekochten Sirup bestrichen, wodurch sie schön glänzend werden.

764. Honig-Lebkuchen

64 dag Weizenvollmehl
33 dag Honig
10 dag Zucker
11 dag Mandeln
3 dag Zitronat
6 g Pottasche
6 g pulverisiertes
   Hirschhornsalz
1 Ei
Zutaten

Der Honig wird aufgesotten, dann vom Feuer gezogen und der Zucker, das Hirschhornsalz, die Pottasche, das Zitronat, etwas Zimt, Orangen- und Zitronenschalen, Neugewürz, Nelken und Kardamom feingestoßen dazugegeben. Man rührt die Masse bis zum Erkalten und läßt sie dann 24 Stunden stehen.

Durch das Stehen wird sie sehr zäh und muß deshalb nach der obigen Zeit zum Auflösen in ein heißes Wasserbad gestellt werden, jedoch an einem kühlen Ort. Hierauf gibt man in die Mitte des kranzförmig auf das Nudelbrett gelegten Mehls 8 dag mit der Schale geriebene Mandeln und den nun auch mit dem Ei vermengten Honig und bereitet daraus einen feinen Teig, der, fingerdick ausgewalkt, zu gleichmäßig großen Lebkuchen geschnitten wird. Die Kuchen belegt man mit einer halben geschälten Mandel und bäckt sie bei mäßiger Hitze auf einem gut befetteten Blech. Man kann das Gebäck mit Zuckerglasur Nr. 763 überziehen.

765. Pumpernickel

50 dag Mehl oder Weizenvollmehl
25 dag Zucker
2 Eier
12 dag Honig
5 g Natron
Zutaten

Aus Mehl, Zucker, Honig, Eiern, einem Eßlöffel siedender Milch, Natron, Zitronenschale, Zimt, Kardamom und Nelken bereitet man einen Teig und formt Kugeln daraus, die auf dem Blech gebacken werden.

766. Walder Lebkuchen

1 kg Roggenmehl
1 kg Honig
15 dag Butterschmalz
20 dag Mandeln
10 dag Aranzini
35 g Pottasche
Zutaten

12 Stück gemahlener Kardamom oder 1 Teelöffel Lebkuchengewürz, etwas Muskatnuß, Zimt und Zitronenschale werden mit dem Mehl vermischt. Der Honig wird in einem Gefäß erwärmt, man gibt die in Milch aufgelöste Pottasche und das Butterschmalz dazu. Nun bereitet man aus dem Mehl, den feingeschnittenen Aranzini und 10 dag geschälten, geriebenen Mandeln einen Teig. Zur Masse gibt man noch ⅛ l Slibowitz oder Rum, schlägt den Teig sehr gut ab und läßt ihn 3 bis 4 Tage rasten. Er wird dann fingerdick auf ein befettetes Blech gelegt, mit den restlichen geschälten Mandeln fein verziert, gebacken und schließlich in schöne Stücke geschnitten.

767. Lebkuchen Nr. 1

75 dag Roggenmehl
10 dag Staubzucker oder Rohzucker
20 dag Honig
5 Eier
5 g Natron
Zutaten

Aus den genannten Zutaten bereitet man mit Lebkuchengewürz, Kardomom, Zimt, Neugewürz, Nelken, Zitronenschalen, Muskat, feingehackt, gerieben oder gestoßen, einen Teig, walkt ihn aus, sticht Lebkuchen aus und bäckt sie auf befettetem, bemehltem Blech. Die Lebkuchen können mit Mandeln belegt und mit Glasur (10 dag Zucker mit $^1/_{10}$ Liter Wasser zum Faden kochen) glasiert werden.

768. Lebkuchen Nr. 2

35 dag Roggenmehl
10 dag Staubzucker
8 dag Honig
2 Eier

Glasur:
20 dag Staubzucker
4 Löffel Milch oder schwarzer Kaffee
Zutaten

Aus Mehl, Eiern, Zucker, Honig, Saft und Schale einer Zitrone, dem feinen Lebkuchengewürz und 2 Messerspitzen Natron wird ein Teig gemacht, gut geknetet und eine Stunde rasten gelassen, dann mit Lebkuchenformen ausgestochen, gebacken und hernach glasiert. Die Glasur wird eine ¼ Stunde gerührt und damit die kalten Lebkuchen überzogen.

769. Lebkuchen Nr. 3

56 dag Roggenmehl
20 dag Zucker (Rohzucker)
20 dag Nüsse
20 dag Aranzini
4 Eier
10 dag Honig
Zutaten

Die Eier werden mit dem Zucker abgetrieben, mit dem warmen Honig, den grobgehackten Nüssen, geschnittenen Aranzini, 1 Kaffeelöffel Natron, Lebkuchengewürz und dem Roggenmehl vermengt. Der Teig wird ½ cm dick ausgewalkt, die Formen ausgestochen und über Nacht stehen gelassen. Am nächsten Tag werden sie gebacken.

770. Lebkuchen Nr. 4

42 dag Mehl
10 dag Zucker (Rohzucker)
5 dag Butter
3 Eier
18 dag Honig
Zutaten

Butter, Eier und Zucker treibt man flaumig ab, mischt den Honig, 1½ Kaffeelöffchen Natron, Mehl und Lebkuchengewürz dazu. Die Masse wird nun auf ein befettetes, bemehltes Blech verteilt, bei mäßiger Hitze gebacken und in schöne Stücke geschnitten. Schmeckt mit Weizenvollmehl ausgezeichnet.

771. Nürnberger Lebkuchen

40 dag Zucker (Rohzucker)
50 dag Haselnüsse
60 dag Roggenmehl
65 g Zitronat
65 g Orangeat
8 Eier

Glasur:
10 dag Kristallzucker
$^{1}/_{10}$ Liter Wasser
Zutaten

Zucker und die ganzen Eier werden eine Stunde sehr gut abgetrieben. In der letzten Viertelstunde gibt man Kardamom, Zimt, Nelken und Anis, je 1 Kaffeelöffchen voll, bei. Nun mischt man die mit der Schale geriebenen Haselnüsse, feingeschnittenes Orangeat, Zitronat und das Mehl darunter und knetet alles zu einem Teig. Nun wird dieser ½ cm dick ausgewalkt, ausgestochen, und die Lebkuchen werden auf ein befettetes, bemehltes Blech gelegt und gebacken.

Glasur: Zucker und Wasser läßt man 20 Minuten kochen und glasiert damit die Lebkuchen. Besonders schön werden sie, wenn man sie vor dem Backen mit zierlich geschnittenen Mandeln und Zitronat garniert.

772. Gefüllter Lebkuchen

40 dag Mehl (Vollmehl)
10 dag Staubzucker
8 dag Honig
2 Eier
1 Päckchen Backpulver
Lebkuchengewürz

Fülle:
10 Zwetschken
5 Feigen
5 dag Nüsse
Zutaten

Aus diesen Zutaten wird ein Teig bereitet. Auf ein bestrichenes, bemehltes Blech gibt man die Hälfte des Teiges, welchen man mit Marmelade bestreicht und mit den feingeschnittenen Zwetschken, Feigen und Nüssen bestreut. Nun gibt man die zweite Hälfte des Teiges darauf, bestreicht den Kuchen mit Ei und bäckt ihn bei mäßiger Hitze. Der Lebkuchen kann auch vor dem Backen mit Mandeln verziert und nach dem Backen glasiert werden. Mundet mit Weizenvollmehl ausgezeichnet.

773. Honigschnitten

1 kg Mehl (Vollmehl)
15 dag Zucker
25 dag Nüsse
12 dag Zitronat
32 dag Honig
4 Eier
Zutaten

Zucker, Eier und Honig gut abtreiben, die geriebenen Nüsse, feingehacktes Zitronat, Mehl, Zimt, Nelken, je ½ Löffel voll, 2 Teelöffchen Natron dazugeben, auf einem befetteten Blech auswalken, backen und sofort in schöne Schnitten schneiden. Schmeckt mit Weizenvollmehl sehr gut.

774. Teekuchen

20 dag Weizenvollmehl
10 dag Öl
4 Eier
10 dag Zucker
10 dag Gemisch aus
   Rosinen, Nüssen und
   Schokolade
½ Päckchen Backpulver
Zutaten

Zuerst wird der Schnee geschlagen, $1/3$ des Zuckers schlägt man mit Dottern, Zucker und Vanillezucker schaumig, gibt zuerst das Öl bei und 1 dl Wasser. Rosinen, grobgehackte Nüsse und Schokolade gibt man nun zum Abtrieb, wie auch das Mehl mit dem untergemischten Backpulver und dem steifen Eierschnee. In Kastenform bei 200 Grad ca. 40 Minuten backen.

775. Feine Biskuitroulade

8 dag Zucker
7 dag Mehl (Vollmehl)
4 Eier
Marmelade
Zutaten

Nachdem die Dotter mit dem Zucker schaumig gerührt worden sind, mischt man das Mehl, 1 Messerspitze Natron oder Backpulver, Vanillin und den steifen Schnee der 4 Eiweiß der Masse bei. Ein langes Blech, das mit einem Rand versehen ist, wird mit einem befetteten weißen Papier belegt. Darauf streicht man die Masse gleichmäßig, bäckt sie bei mäßiger Hitze zu schöner Farbe und rollt sie samt dem Papier zusammen. Nach Erkalten rollt man die Roulade auf, zieht das Papier weg, bestreicht sie mit Marmelade und rollt sie wieder zusammen. Mit Weizenvollmehl wird die Roulade besonders schön.

776. Biskuitroulade

10 dag Zucker
10 dag Mehl (Vollmehl)
2 Eier
½ Päckchen Puddingpulver
1 Kaffeelöffchen Backpulver
Zutaten

Die Dotter werden mit 4 Eßlöffeln siedendem Wasser recht schaumig geschlagen, zwei Drittel des Zuckers gibt man unter tüchtigem Schlagen löffelweise darunter. Die Eiweiß werden zu festem Schnee geschlagen, das letzte Drittel des Zuckers löffelweise daruntergeschlagen. Das Ganze wird mit Dottern, Schnee, Mehl, Pudding- und Backpulver und Vanille leicht vermengt, aufs befettete Blech gestrichen und bei guter Hitze rasch gebacken. Man löst die Roulade vom Blech, bestreicht sie mit Marmelade, stellt sie kurz nochmals ins Rohr und rollt sie zusammen. Mit Weizenvollmehl wird die Roulade besonders schön.

777. Bischofsbrot

10 dag Zucker
  oder Rohzucker
14 dag Mehl
  oder Vollmehl
4 dag Rosinen
4 dag Weinbeeren
4 dag geschälte, geschnittene Mandeln
4 dag geschnittenes Zitronat
2 dag Pignolien
2 dag geschälte, geschnittene Pistazien
4 Eier
1 Zitrone
Zutaten

Zucker, Dotter, Zitronensaft und -schale treibt man sehr flaumig ab, dann mischt man den Schnee und die übrigen Zutaten dazu und bäckt die Masse in einer gut befetteten Zwiebackform. Schmeckt auch mit Weizenvollmehl sehr gut.

778. Zwieback

32 dag Mehl
  oder Vollmehl
18 dag Zucker
7 dag Fett
4 dag Haselnüsse
1 dag Germ
1 Ei
⅛ Liter Milch/Wasser
Zutaten

Die lauwarme Milch wird mit 2 dag Zucker, Germ und etwas Mehl angerührt und nach dem Aufgehen mit dem übrigen Mehl, dem zerlassenen Fett, den geriebenen Haselnüssen, dem Ei, etwas feingestoßenem Ingwer, Anis und dem restlichen Zucker zu einem Teig verarbeitet. Aus diesem formt man 2 lange, schmale Wecken, läßt sie bis zur doppelten Höhe aufgehen und bäckt sie bei mäßiger Hitze ½ bis eine ¾ Stunde. Am folgenden Tag schneidet man den Zwieback in dünne Scheiben, dreht sie auf beiden Seiten in Vanillezukker, legt sie dicht aneinander und läßt sie so einen Tag stehen. Hierauf dörrt man die Scheiben schön goldgelb und verwahrt den Zwieback an einem trokkenen Ort.

779. Aniszwieback

14 dag Zucker
13 dag Mehl (Vollmehl)
1 dag Anis
2 Eier
Zutaten

Eier und Zucker rührt man mit dem Schneebesen ¾ Stunden, mischt dann Anis und Mehl schnell dazu, füllt die Masse in eine gut befettete, mit Mehl bestäubte Bischofsbrotform und bäckt sie bei mäßiger Hitze. Der Zwieback wird, wenn er ganz erkaltet ist, in dünne Scheiben geschnitten und gebäht. Jeder Zwieback ist mit Vollmehl und Rohzucker besonders bekömmlich.

780. Englischer Zwieback

28 dag Rosinen
10 dag Zucker
14 dag Butter
5 dag Zitronat
5 dag Orangeat
19 dag Mehl (Vollmehl)
5 Eier
1 Zitrone
Zutaten

Butter wird erst allein, dann mit Zucker und Dottern sehr gut abgetrieben. Das feingewiegte Zitronat, Orangeat, Zitronensaft und Rosinen werden dazugemischt und zuletzt der steife Schnee und das Mehl leicht daruntergerührt. Die Masse wird in einer befetteten, bemehlten Biskuitform bei mäßiger Hitze ganz langsam gebakken und erst dann geschnitten, wenn sie vollends ausgekühlt ist. Schmeckt mit Weizenvollmehl sehr gut.

781. Herrenzwieback

12 dag Mehl (Vollmehl)
12 dag Zucker
12 dag Mandeln
3 Eier
Zutaten

Zucker und Eier werden sehr gut abgeschlagen, mit dem Mehl, den grobgehackten, ungeschälten Mandeln, Zitronenschale und etwas Zimt gut vermischt. Das Ganze wird in eine befettete, bemehlte Form gegeben, langsam gebakken und noch warm geschnitten.

782. Haselnußzwieback

20 dag Zucker
25 dag Mehl
   oder Vollmehl
5 dag Haselnüsse
5 dag Rosinen
5 dag Aranzini
4 Eier
Zutaten

Die ganzen Eier schlägt man mit dem Zucker sehr, sehr flaumig und gibt die geriebenen Haselnüsse, Rosinen, feingeschnittenen Aranzini nebst Vanille, etwas Zimt und Mehl dazu. In einer befetteten, bemehlten Biskuitform backen und nach dem Erkalten schneiden und rösten.

783. Biskuitbrot

15 dag Zucker
15 dag Mehl (Vollmehl)
3 Eier
Zutaten

Eier, Zucker und einige Tropfen Zitronensaft werden 15 Minuten mit der Schneerute geschlagen, dann wird das Mehl daruntergemischt und diese Masse in der gut ausgefetteten, mit Mehl bestreuten Form ungefähr 25 Minuten gebacken. Aus dieser Masse bäckt man auch schöne Biskotten.

784. Feineres Biskuitbrot

8 dag Mehl
   oder Vollmehl
8 dag Zucker
5 dag Feigen
2 dag Haselnüsse
2 dag Rosinen
3 Eier
Zutaten

Dotter und Zucker rührt man schaumig, mischt die Rosinen, die feingeschnittenen Feigen und Haselnüsse sowie das Mehl dazu, zieht den steifen Schnee unter die Masse und bäckt sie in einer ausgefetteten, mit Mehl bestreuten Biskuitform ungefähr ½ Stunde.

785. Zuckerbrot

14 dag Zucker
8 dag Mehl (Vollmehl)
6 dag Butter
3 Eier
Zutaten

Butter, Zucker und Dotter rührt man flaumig. Hierauf zieht man das Mehl und den steifen Schnee darunter, füllt die Masse in die ausgefettete, mit Mehl bestreute Form und bäckt sie ungefähr ½ Stunde.

786. Kuchen von Zuckerrübensirup

40 dag Mehl oder
 Weizenvollmehl
25 dag Sirup
5 dag Butter
¼ Liter Milch/Wasser
1 Päckchen Backpulver
Zutaten

5 dag Butter treibt man flaumig ab, gibt den Zuckersirup dazu, rührt dies gleichfalls gut ab, mischt Milch/Wasser, Mehl, Backpulver, etwas Salz und Zimt dazu, gibt die Masse auf ein befettetes, bemehltes Blech und bäckt sie. Wenn erkaltet, schneidet man schöne Stücke. Oder man nimmt 30 dag Roggenmehl, ¼ Liter Zuckerrübensirup, ¼ Liter Milch/Wasser, 1 Ei, 1 Messerspitze Natron und Lebkuchengewürz. Dies alles wird fest geschlagen, auf ein befettetes, bemehltes Blech gestrichen und bei guter Hitze gebacken. Die nach Erkalten geschnittenen Schnitten kann man mit Marmelade füllen und mit Hexenschaum Nr. 830 oder Schlagrahm garnieren.

787. Schokoladenbrot

7 dag Zucker
7 dag Schokolade
4 dag Mehl (Vollmehl)
2 dag Haselnüsse
3 Eier
Zutaten

Dotter und Zucker rührt man schaumig, mischt die geriebenen Haselnüsse, die Schokolade, das Mehl und den steifen Schnee leicht darunter und bäckt die Masse in der ausgefetteten, mit Bröseln bestreuten Form ½ Stunde.

788. Eiweißkuchen

16 dag Zucker
8 dag Butter
8 dag Mehl (Vollmehl)
6 dag Mandeln
4 Eiweiß
Zutaten

Das Eiweiß schlägt man zu Schnee und rührt den Zucker, die abgezogenen, geriebenen Mandeln, 8 dag zerlassene Butter und das Mehl darunter. Eine kleine Gugelhupfform wird nun sehr gut mit Fett ausgestrichen, mit geriebenen Mandeln und Bröseln bestreut, die Masse eingefüllt und ungefähr eine ¾ Stunde gebacken.

789. Marmorkuchen

26 dag Mehl (Vollmehl)
13 dag Zucker
12 dag Butter
⅛ Liter Milch/Wasser
1 dag Kakao
½ Päckchen Backpulver
4 Eier
Zutaten

Die Butter wird flaumig gerührt. Hierauf gibt man abwechselnd Zucker und Dotter dazu und mengt, nachdem alles nochmals tüchtig abgetrieben worden ist, Mehl, Milch/Wasser, Backpulver, etwas Salz, Vanille und den steifen Schnee gut darunter. Die Hälfte der Masse kommt in einen befetteten, bemehlten Tortenreifen, zum Rest rührt man den Kakao und verteilt die nun dunkle Masse über die helle. Der Kuchen wird ungefähr ½ Stunde gebacken.

790. Apfelkuchen

38 dag geschälte Äpfel
25 dag Mehl
   oder Vollmehl
20 dag Zucker
4 Eier
1 Päckchen Backpulver
Zutaten

Man rührt Dotter und Zucker schaumig, gibt die in feine Würfel geschnittenen Äpfel, das Mehl, Backpulver, Zitronensaft und den sehr festen Eierschnee dazu und rührt die Masse leicht durch. Eine Kuchenform wird gut befettet, mit der Masse gefüllt und eine ¾ Stunde gebacken.

791. Einfacher Kirschenkuchen

50 dag Kirschen
25 dag Weizenvollmehl
12 dag Butter
8 dag Zucker
2 Eier
$1/16$ Liter Wasser
½ Päckchen Backpulver
1 Zitrone
Zutaten

Aus Butter, Zucker, Eiern und Zitronensaft bereitet man einen flaumigen Abtrieb. Nun gibt man Mehl, Wasser, Backpulver und feine Zitronenschale bei und rührt alles leicht durch. Die Masse streicht man auf ein befettetes Kuchenblech, verteilt die Kirschen gleichmäßig darauf und bäckt den Kuchen im heißen Rohr zu schöner Farbe.

792. Kirschenkuchen

25 dag Kirschen
14 dag Zucker
14 dag Butter
14 dag Mehl (Vollmehl)
4 Eier
Zutaten

Butter und Zucker treibt man erst allein, dann mit den Dottern, dem Saft ½ Zitrone sehr flaumig ab. Hernach werden der steife Schnee, die gewiegten Zitronenschalen, 1 Messerspitze Natron und das Mehl daruntergezogen und die Masse in eine befettete und mit Mehl bestäubte Tortenform gefüllt, mit den Kirschen belegt und bei guter Hitze zu schöner Farbe gebacken.

793. Joghurtkuchen

30 dag Weizenvollmehl
10 dag Rohzucker
10 dag Öl
¼ Liter Joghurt
3 Eier
½ Päckchen Backpulver
3 Eßlöffel Wasser
Schale und Saft 1 Zitrone
Zutaten

Schnee schlagen, $1/3$ des Rohzuckers dazugeben und weiterschlagen. Aus Dottern und restlichem Zucker einen Abtrieb machen, zuerst das Öl, dann Joghurt und Wasser sowie Saft und Schale einer unbehandelten Zitrone beigeben. Backpulver mit Mehl vermischen und beides mit dem steifen Schnee unter die Masse ziehen. In einer befetteten Kastenform bei 200 Grad ca. 40 Minuten backen.

794. Brauner Kirschenkuchen

30 dag Kirschen
13 dag Butter
10 dag Zucker
10 dag Haselnüsse
6 dag Schokolade
5 dag Brösel
4 Eier
Zutaten

Butter und Zucker werden flaumig gerührt, dazu gibt man unter stetem Rühren 4 Dotter. Ist die ganze Masse sehr flaumig, gibt man die geriebenen Haselnüsse, die Brösel, die geriebene Schokolade und den sehr festen Eierschnee bei und mischt alles leicht durch. Die Masse wird auf ein befettetes Blech dünn aufgestrichen, mit Kirschen belegt und langsam gebacken.

795. Marillenkuchen

20 dag Mehl
 oder Vollmehl
10 dag Zucker
 oder Rohzucker
5 dag Butter
2 Eier
½ Päckchen Backpulver
Obst
Zutaten

Eier, Butter und Zucker rührt man sehr schaumig, fügt 4 Eßlöffel Milch, Mehl, Backpulver, Salz und Zitronengeschmack dazu und gibt die Masse 2 cm dick in eine mit Fett bestrichene Tortenform. Nach dem Backen wird der Kuchen mit weichen Marillen oder auch mit frischen Erdbeeren belegt, mit flüssigem Apfelgelee übergossen und kalt gestellt. Nimmt man Vollmehl, gibt man Wasser anstatt Milch.

796. Kapuzinerstrudel mit Früchtefüllung

40 dag Mehl (Vollmehl)
10 dag Butter
6 dag Staubzucker
2 Dotter
1 dl Milch
1 Päckchen Backpulver
Fülle:
30 dag gekochte, getrocknete Zwetschken
5 dag Rosinen
5 dag Haselnüsse
5 dag Schokolade
5 dag Zucker
Zutaten

Mehl, Butter, etwas Salz und feingehackte Zitronenschalen bröselt man ab, dazu gibt man den Staubzucker und das Backpulver, die Milch und die Dotter. Aus diesen Zutaten bereitet man rasch einen Teig, walkt ihn messerrückendick aus und füllt ihn mit folgender Fülle: Die gekochten Zwetschken werden fein gehackt, Haselnüsse und Schokolade fein gerieben, der Zucker, die Rosinen und feine Zitronenschalen daruntergemischt und die Masse gleichmäßig auf den Teig verteilt. Der Strudel wird dann zu einer Walze zusammengerollt und auf einem mit Fett bestrichenen Blech bei guter Hitze gebacken.

Nach dem Erkalten wird der Strudel mit Schokoladenglasur Nr. 647 überzogen. Mit Weizenvollmehl zubereitet, nimmt man halb Wasser und halb Milch.

797. Biskuitkuchen mit Öl

25 dag Mehl oder
 Weizenvollmehl
15 dag Zucker
 oder Rohzucker
10 dag Öl
4 Eier
½ Päckchen Backpulver
Zutaten

Zucker und Dotter sowie Vanillezucker rührt man sehr flaumig, gibt abwechselnd Öl und $^1/_{10}$ Liter Wasser unter fortwährendem Rühren dazu. Hernach gibt man das mit Backpulver vermengte Mehl und den steifen Schnee darunter. In einer befetteten Biskuitform wird die Masse ½ Stunde gebacken.

Statt Wasser kann man auch schwarzen Kaffee oder Obstsaft verwenden. Gibt man geschälte, stiftelig geschnittene Mandeln oder Rosinen bei, wird der Kuchen noch feiner. Eignet sich besonders gut für Vollmehl.

798. Rahmkuchen

30 dag Mehl (Vollmehl)
20 dag Zucker
3 Eier
¼ Liter Rahm
1 Päckchen Backpulver
Zutaten

Zucker und Eier schlägt man mit dem Schneebesen sehr gut ab, dann mischt man den Rahm, er kann süß oder sauer sein, hierauf das gesiebte Mehl mit dem Backpulver und Vanille- oder Zitronengeschmack bei. Die Masse wird in einer gut befetteten Tortenform eine ¾ bis 1 Stunde gebacken. Der Kuchen kann nicht oder auch gefüllt werden.

799. Mohnkuchen

15 dag Mohn
15 dag Zucker
    oder Rohzucker
15 dag Mehl
    oder Vollmehl
5 dag Butter
2 Eier
$2/10$ Liter Milch oder
    Wasser
½ Päckchen Backpulver
Zutaten

Zucker, Butter und Eier flaumig abrühren, mit dem geriebenen Mohn, $2/10$ Liter Milch, Mehl, Backpulver und Vanille mischen und in einer befetteten Form ½ Stunde backen. Nimmt man Vollmehl, dann Milch statt Wasser.

800. Rehrücken

10 dag Zucker
10 dag Mandeln
7 dag Schokolade
35 g Zitronat
3 dag Pignolien
2 dag Brösel
5 Eier
Schokoladenglasur
Zutaten

Den feinen Abtrieb von 2 Eiern, 3 Dottern und Zucker vermengt man mit der geriebenen Schokolade, den mit den Schalen geriebenen Mandeln, dem feingeschnittenen Zitronat und Orangeat, den Bröseln, etwas Zimt, zuletzt mit dem steifen Schnee, füllt die Masse in die sehr gut ausgefettete Rehrückenform und bäckt sie unge-

Oben: Mandeltorte
Unten: Honigschnitten

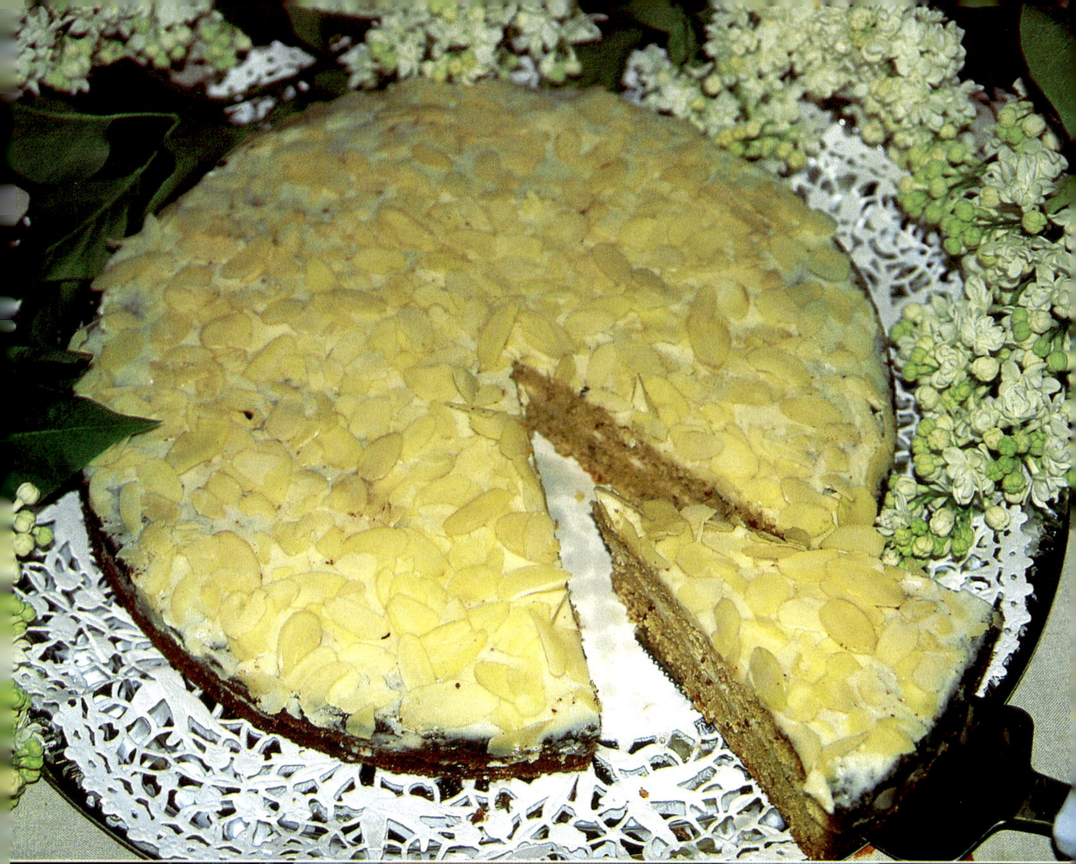

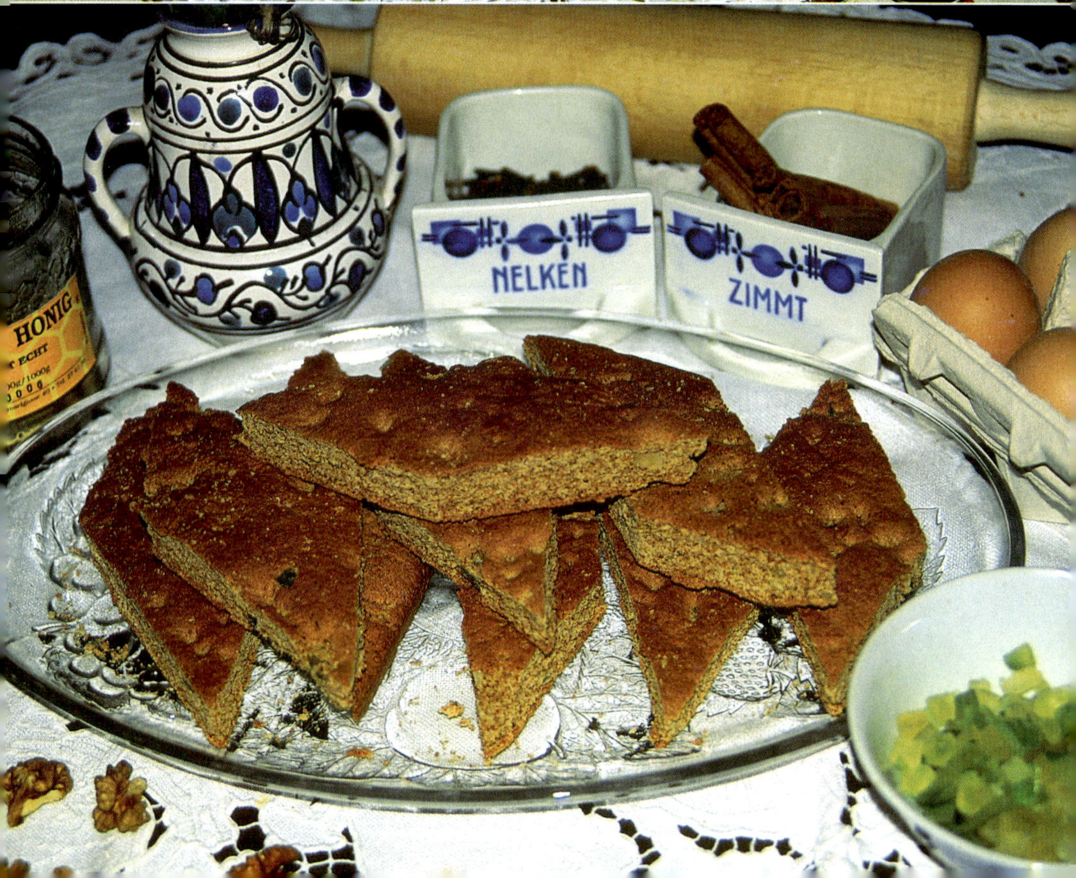
HONIG
NELKEN
ZIMMT

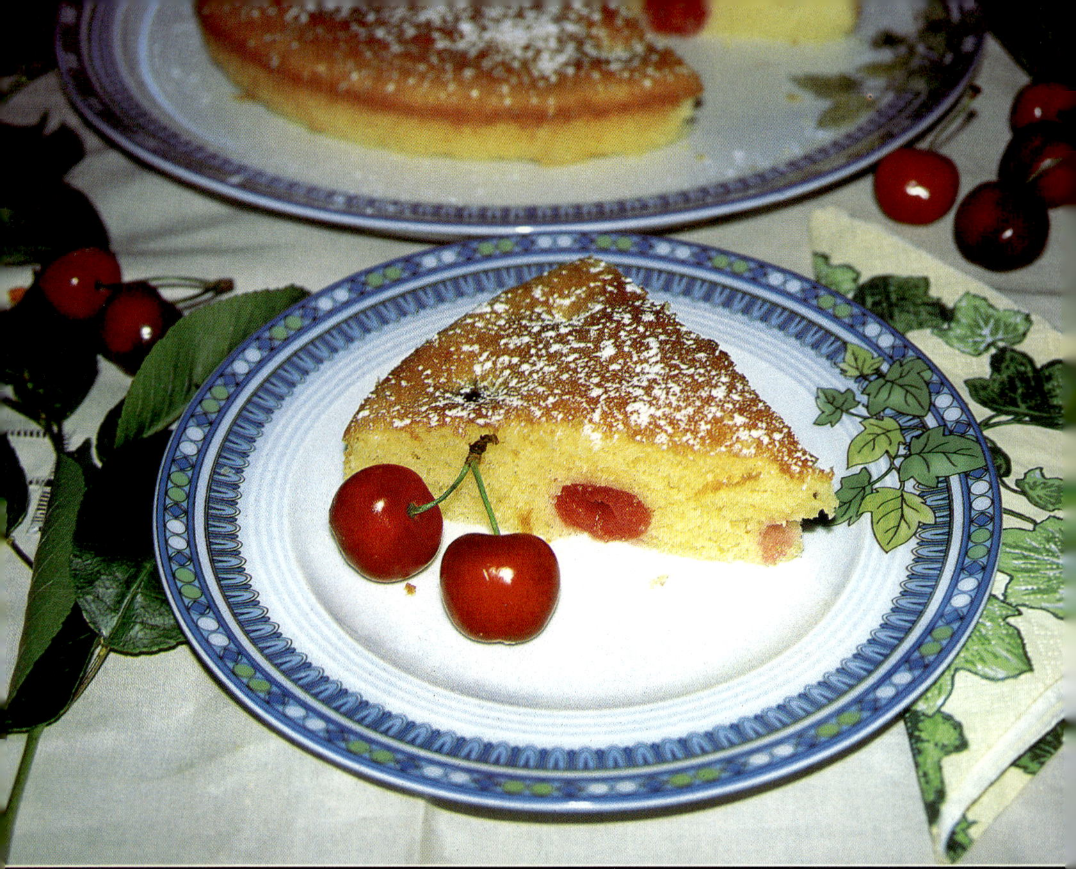

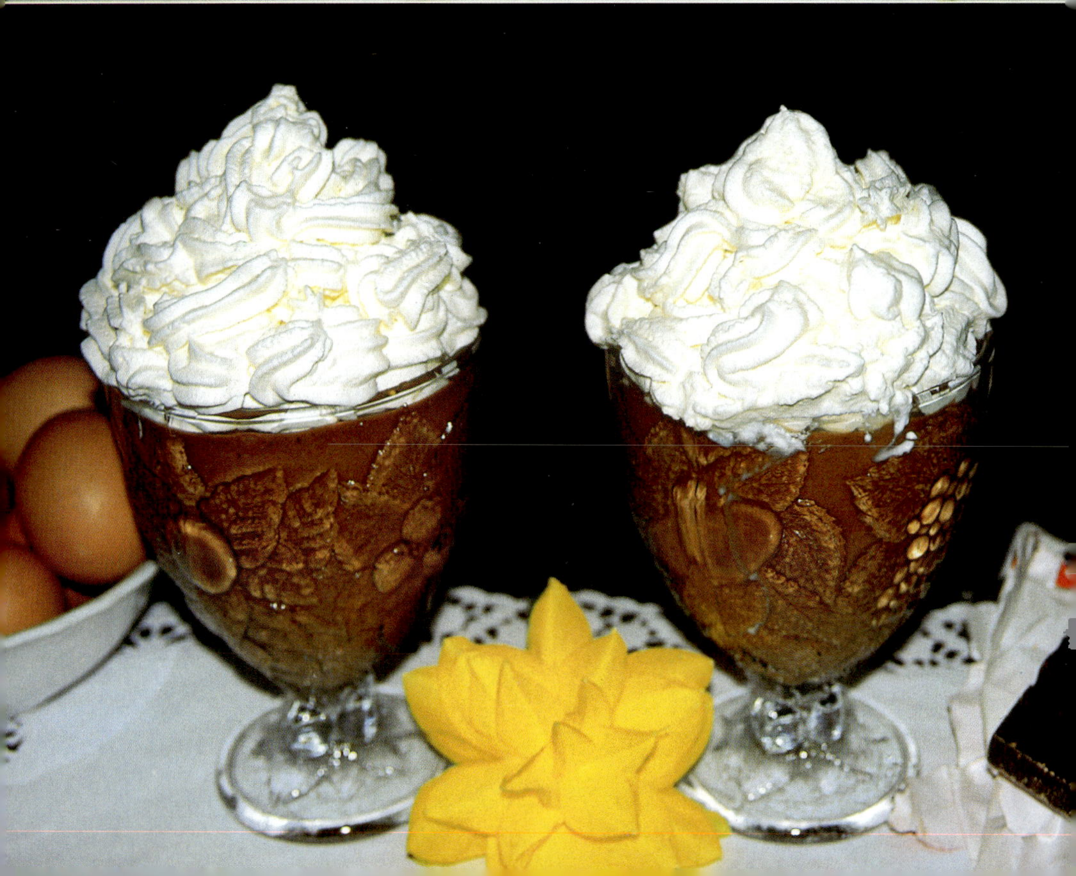

fähr eine ¾ Stunde. Nach dem Erkalten wird der Rehrücken mit Schokoladenglasur Nr. 647 überzogen und, wenn sie etwas getrocknet ist, mit Pignolien bespickt.

801. Königskuchen

22 dag Mehl (Vollmehl)
22 dag Butter
15 dag Zucker
5 dag Mandeln
5 dag Haselnüsse
5 dag Zitronat
5 dag Orangeat
5 dag Schokolade
5 dag Rosinen
4 Eier
Zutaten

Butter, Zucker und Dotter treibt man sehr flaumig ab. Mandeln, Haselnüsse, Zitronat, Orangeat und Schokolade schneidet man in feine Streifen, die Rosinen werden von den Stielen befreit, das Eiweiß schlägt man zu steifem Schnee und mischt ihn mit dem Mehl, den Früchten und dem feinen Abtrieb. Wer will, kann auch ½ Pck. Backpulver einmischen. Eine Biskuitform wird befettet, mit Mehl bestäubt, die Masse eingefüllt und eine ¾ Stunde bei guter Hitze zu schöner Farbe gebacken.

802. Baumstamm

Roulade:
12 dag Zucker
12 dag Haselnüsse
8 dag Brösel
6 Eier
1 Päckchen Vanillin

Creme:
20 dag Butter
14 dag Schokolade
10 dag Zucker

Helle Creme:
1 Dotter
3 dag Butter
6 dag Zucker
3 dag Pistazien
Zutaten

Dotter und Zucker rührt man schaumig ab und vermischt dies mit den feingeriebenen Haselnüssen, Bröseln, Vanillin und Schnee. Auf dem gut mit Butter befetteten Rouladenblech wird die Masse gebacken, gerollt und kalt gestellt. Für die Äste bereitet man aus der gleichen Masse eine ganz kleine Roulade und schneidet davon 3 bis 4 Äste. Unterdessen bereitet man die Creme und stellt sie kalt. Die helle Creme bereitet man aus Dotter, Butter und Zucker, verrührt die Zutaten gut und stellt sie ebenfalls kalt. Die erkaltete Roulade wird nun aufgerollt, mit etwas Schokoladencreme bestrichen und wieder zusammengerollt. Der größte Teil der Schokoladencreme wird außen über die Roulade gestrichen, und die Äste, die gleichfalls mit Schokoladen-

Oben: Kirschenkuchen
Unten: Schokoladensulze

creme bestrichen sein müssen, werden astartig an den Seiten eingesteckt. Mit einer Gabel ritzt man die Creme der Länge nach ein, so daß der Stamm rindenartig aussieht. Der Stammschnitt und Astschnitt werden mit der hellen Creme bestrichen und mit einer feinen Nadel die Holzstruktur nachgeahmt. Pistazien werden geschält, gehackt und der Baumstamm damit bestreut. Besonders schön wirkt er auf der Festtafel, wenn er auf Moos gebettet ist und mit Schwammfamilien verziert wird.

803. Butter- oder Blätterteig

Butterteig:
30 dag Butter
15 dag Mehl

Strudelteig:
15 dag Mehl
1 Eidotter
Saft ½ Zitrone
1/16 Liter Wein oder Süßmost
Zutaten

Für Butterteig wird die feste, sehr feinblättrig geschnittene Butter mit dem Mehl mittels eines Nudelwalkers leicht zu einem Teig vermischt, den man ziegelartig formt und kalt stellt. Hierauf bereitet man aus Mehl, Eidotter, Saft einer ½ Zitrone, dem Wein oder Süßmost und etwas Salz einen sehr, sehr feinen Strudelteig, welcher so lange bearbeitet wird, bis aus ihm Blasen sichtbar werden, und läßt ihn dann mit einer glattrandigen Schüssel zugedeckt ½ Stunde rasten. Der Teig muß glatt und elastisch und darf ja nicht fest sein. Hierauf wird der Strudelteig nach allen 4 Seiten gleichmäßig über den Butterziegel gelegt, so daß er vollkommen vom Teig umhüllt ist. Dieser Teig wird nun mit dem Nudelwalker leicht abgeklopft und wieder kalt gestellt. Nach einer Viertelstunde walkt man den Teig auf einem bemehlten, kalten Nudelbrett zu einem schönen Rechteck aus, dann wird er nach allen 4 Seiten eingeschlagen, so daß er einen schönen Ziegel bildet, den man, falls etwas Mehl daran ist, mit einem Teigpinsel abpinselt. Nach halbstündigem Rasten an einem sehr kalten Ort wiederholt man das Auswalken, Zusammenschlagen, Gut-Abklopfen und Abpinseln des Teiges noch fünf- bis sechsmal. Man spricht von Touren, die man fünf- bis sechsmal wiederholt.

An Stelle von Butter können auch beste Sorten von Margarine verwendet werden.

Beim Bereiten und Backen von Butterteig ist folgendes zu beachten:

Butterteig muß an einem kalten Ort bereitet werden. Man sollte ihn möglichst wenig mit der Hand berühren. Niemals die Teigreste kneten, sondern übereinandergelegt auswalken und zusammengeschlagen an einem kalten Ort rasten lassen. Die Backbleche müssen mit kaltem Wasser befeuchtet werden. Beim Bestreichen mit Ei muß man besonders bei Schaumrollen und Pasteten achtgeben, daß man nicht zu viel nimmt, sonst wird das Aufgehen im Rohr beeinträchtigt. Ferner ist eine sehr gute und gleichmäßige Backofenhitze wichtig. Richtig bearbeiteter Butterteig muß während des Backens um das Drei- bis Vierfache aufgehen, sehr leicht und schön blättrig werden, daher der Name Blätterteig.

Aus diesem Butterteig bereitet man Cremeschnitten, Schaumrollen, Butterkrapfen, Pasteten und ähnliches.

804. Cremeschnitten

Blätterteig (Nr. 803)

Creme:
10 dag Zucker
3 dag Mehl
1 Ei
2 Dotter
⅛ Liter Schlagrahm
Zutaten

Der Blätterteig wird ½ cm dick ausgewalkt, in 10 cm breite Steifen geradelt oder geschnitten, auf ein mit kaltem Wasser befeuchtetes Blech gelegt und bei sehr guter Hitze schön gebacken. Unterdessen bereitet man die Creme. Ei, Dotter, Mehl, Zucker und etwas Vanillin werden sehr gut geschlagen, hernach über Dunst so lange weitergeschlagen, bis die Masse fast zum Sieden kommt, um sie schließlich im kalten Wasserbad kalt zu rühren. Hierauf werden das steifgeschlagene Eiweiß und der gesüßte, dickgeschlagene Schlagrahm unter die Creme gezogen. Ein gebackener, erkalteter Teigstreifen wird mit der Creme bestrichen, der zweite daraufgelegt, mit einem scharfen Messer zu schönen Schnitten geschnitten und, mit Zucker bestreut, zu Tisch gebracht. Die Cremeschnitten können aber auch mit Zuckerglasur Nr. 643 glasiert werden.

805. Schaumrollen

Blätterteig (Nr. 803)

Fülle:
¼ Liter Schlagrahm
5 dag Zucker
Zutaten

Kalt gelagerter Blätterteig wird dünn ausgerollt, zu 2 cm breiten und so langen Streifen geradelt, daß das Schaumrolleneisen in seiner ganzen Länge damit umwickelt werden kann. Die Schaumrollenformen werden mit kaltem Wasser befeuchtet und die Teigstreifen so um das Eisen gelegt, daß die Rundungen halb übereinanderliegen. Mit zerklopftem Ei bestrichen, werden die Schaumrollen auf einem mit kaltem Wasser befeuchteten Blech bei sehr guter Hitze gebacken. Nach dem Erkalten werden sie von den Formen gezogen, mittels Dressiersackes mit dem festgeschlagenen, gesüßten Schlagrahm gefüllt und, mit Zucker bestreut, serviert.

806. Butterkrapfen

Blätterteig (Nr. 803)

Fülle:
Marmelade
Zutaten

Sehr kalter Butterteig wird ½ cm dick ausgewalkt, zu gleichmäßigen Rechtecken geradelt, in der Mitte mit Marillenmarmelade belegt, zusammengeschlagen, mit zerklopftem Ei bestrichen und bei sehr guter Hitze auf einem mit kaltem Wasser befeuchteten Blech gebacken und, mit Zucker bestreut, zu Tisch gebracht. Butterkrapfen werden gerne bei Bauernhochzeiten gegeben.

807. Brandteigkrapfen

12 dag Mehl
7 dag Butter
3 Eier
Vanillin

1. Creme:
14 dag Butter
7 dag Zucker

2. Creme:
4 dag Zucker
2 dag Mehl
2 Eier
⅛ Liter starker Kaffee
Zutaten

⅛ Liter Wasser wird mit der Butter, etwas Salz und Vanillin zum Sieden gebracht, dann das Mehl unter fleißigem Rühren beigegeben und die Masse so lange gekocht, bis sie sich von der Pfanne löst, und dann kalt gestellt. Nun werden nach und nach 3 Eier beigemischt und recht gut abgeschlagen, bis der Teig sehr fein ist, hernach ihn ½ Stunde rasten lassen. Wichtig ist, daß das hinzugegebene Ei vollkommen glatt verrührt sein muß, ehe das nächste Ei dazukommt.

Auf ein befettetes, bemehltes Blech werden die mit einem in Eiweiß getauchten Löffel ausgestochenen Krapferln gegeben. Die Masse ergibt 12 Stück.

Bei der ersten Creme werden Zucker und Butter flaumig gerührt, die Zutaten der zweiten Creme werden gemischt und über Dampf geschlagen, bis sie dick ist. Anschließend wird sie mit der ersten Creme gemischt. Die gebackenen Krapfen werden mittels Dressiersackes mit der Creme gefüllt, bezuckert und zu Tisch gegeben. Man kann sie auch mit gesüßtem Schlagrahm füllen. Will man die Krapfen mit Vanillecreme füllen, so nimmt man zu angegebener Creme statt Kaffee Süßrahm und würzt mit Vanillin. Will man sie mit Schokolade füllen, bereitet man aus 5 dag Schokolade eine Glasur und vermischt dieselbe nach dem Erkalten mit ¼ Liter fest geschlagenem Schlagrahm.

Obst

Alle jene Früchte, die wir als Obst bezeichnen, enthalten viel Wasser und nur wenig Nährstoffe; dennoch sind sie um der in ihnen enthaltenen Nährsalze, Vitamine und Säuren willen für unsere Ernährung von großer Bedeutung und sollten täglich auf den Tisch kommen.

Die im Obstsaft enthaltenen Nährstoffe werden leicht verdaut und schnell ins Blut übergeführt. Die Säuren im Obst fördern die Verdauung und sorgen dafür, daß Speisereste nicht zu lange im Darm bleiben, dort in Fäulnis übergehen und dadurch Krankheiten verursachen.

Die Obstschale enthält alle den Wohlgeschmack der verschiedenen Obstsorten bedingenden ätherischen Öle. Um diese auch beim gekochten und gedünsteten Obst zu erhalten, sollte dieses, wenn möglich, immer mit der Schale zubereitet werden. Für Kranke ist sie jedoch ihrer schweren Verdaulichkeit wegen zu entfernen, und aus gleichem Grund ist für Kranke gekochtes Obst dem rohen vorzuziehen.

Frisches Obst braucht, weil es sehr wasserreich ist, zum Dünsten und Weichkochen wenig Wasser. Gedörrte Früchte, wie Apfelspalten und Zwetschken, denen durch das Dörren Wasser entzogen wurde, müssen hingegen mit viel Wasser zubereitet werden. Dörrobst wird wohlschmeckend und ausgiebig, wenn man es, nachdem es gewaschen wurde, 8 bis 12 Stunden in lauwarmes Wasser legt und dann darin vorkocht.

Da auch im Winter täglich Obst genossen werden sollte, können im Sommer Früchte eingefroren, eingesotten oder getrocknet werden. Diese alte Gepflogenheit erfreut sich gerade in unseren Tagen immer größer werdenden Interesses.

Obst, zu Milch- und Vollkornspeisen gereicht, ist eine gesunde Nahrung, die insbesonders von der Jugend gerne gegessen wird und außerdem noch viel billiger kommt als selbst die einfachsten Fleischspeisen.

808. Gedörrte Zwetschken

50 dag Zwetschken
Zutaten

Die Zwetschken werden gewaschen, 8 bis 12 Stunden in 1½ Liter Wasser eingeweicht, dann mit dem Einweichwasser unter Beigabe von Zimtrinden und Zitronenschalen weich gekocht. Sind die Zwetschken nicht süß genug, so gibt man vor dem Anrichten etwas Zucker dazu. Der Saft kann mit einem Teelöffel Stärkemehl, das in kaltem Wasser aufzulösen ist, gebunden werden.

809. Gedörrte Apfelspalten

20 dag Apfelspalten
Zutaten

Die Apfelspalten werden wie in Nr. 808 eingeweicht und fertiggekocht. Kurz vor dem Anrichten gibt man ein wenig Zucker dazu. Sehr schmackhaft ist auch ein Gemisch aus Zwetschken und Apfelspalten zu gleichen Teilen.

810. Fruchtsalat mit getrockneten Früchten

10 dag getrocknete Zwetschken
10 dag Feigen
10 dag Datteln
10 dag Rosinen
10 dag Haselnüsse
Honig und Zitronensaft
Zutaten

Zwetschken und Feigen über Nacht einweichen. Am nächsten Tag werden sie fein geschnitten, ebenso die Haselnüsse, und mit den übrigen Zutaten vermengt. Honig und Zitronensaft nach Geschmack beigeben. Dieser Fruchtsalat fördert die Verdauung.

811. Gedünstete Äpfel

Zutaten
1,5 kg Äpfel
5 dag Zucker

½ Liter Wasser wird mit dem Zucker zu Sirup verkocht. In diesen legt man die geschälten, halbierten, vom Kerngehäuse befreiten Äpfel hinein. Gewürzt wird mit Nelken und Zitronenschalen. Die Äpfel werden zugedeckt gedünstet. Auch gedünstete Birnen werden ebenso zubereitet.

812. Gedünstete Heidel- oder Schwarzbeeren

Zutaten
1,25 kg Schwarzbeeren
8 dag Zucker

Die Beeren werden im eigenen Saft gedünstet, und, wenn sie erkaltet sind, mit Zucker gemischt.

813. Gedünstete unreife Stachelbeeren

Zutaten
1,25 kg Stachelbeeren
20 dag Zucker

Die harten Stachelbeeren befreit man von den Stielen und Blütenresten und läßt sie in dem aus ¼ Liter Wasser und dem Zucker bereiteten Sirup gut ½ Stunde ziehen, ohne sie zu kochen. Die Beeren müssen weich und glasig sein, dürfen aber nicht zerfallen.

814. Gedünstete Kirschen

Zutaten
1 kg Kirschen
5 dag Zucker

In dem aus ⅜ Liter Wasser und dem Zucker bereiteten Sirup dünstet man die Kirschen zugedeckt 10 Minuten.

815. Gedünstete Zwetschken

Zutaten
1,25 kg Zwetschken
6 dag Zucker

Man bereitet sie nach Nr. 814, kann sie aber auch entkernen und erst dann dünsten.

816. Rhabarber

1,25 kg Rhabarber
22 dag Zucker
Zutaten

Den in gleichmäßige Stücke geschnittenen Rhabarber stellt man mit ½ Liter Wasser und Zucker auf das Feuer. Da Rhabarber sehr schnell weich ist, darf er nur kurze Zeit sieden. Zu lange gesottener Rhabarber zerfällt und sieht nicht appetitlich aus.

817. Gedünsteter Kürbis

1,50 kg Kürbis
8 dag Zucker
Zutaten

Man schält den Kürbis, entfernt die Kerne, schneidet ihn in kleine, gleichmäßige Stücke und läßt diese über Nacht in leichtem Essigwasser liegen. Am nächsten Tag siedet man Zucker, Zitronensaft, Ingwer, Zitronenschalen und ⅜ Liter Wasser 10 Minuten, nimmt die Kürbisstücke aus dem Essigwasser und gibt sie nach und nach hinein. Sobald sie weich und glasig sind, werden sie herausgenommen und hübsch angerichtet. Den Saft kocht man ein, entfernt den Ingwer, schüttet den Saft über den Kürbis und gibt ihn kalt zu Tisch.

818. Apfelmus

1,50 kg Äpfel
5 dag Zucker
Zutaten

Die Äpfel werden wie in Nr. 811 vorbereitet und gedünstet. Kurz vor dem Anrichten treibt man sie durch ein Sieb, fügt einen Eßlöffel Zitronensaft bei und gibt das Mus warm oder kalt zu Tisch. Weniger fein, aber ausgiebiger bereitet man es, indem man die ungeschälten, gewaschenen Früchte, ganz oder geteilt, mit wenig Wasser, etwas Zitronenschale und Zimtrinde siedet, dann durch ein Sieb streicht und nach Belieben zuckert.

819. Apfelpüree, gebacken

1½ kg Äpfel
8 dag Butter
10 dag Honig
10 dag Nüsse
2 Eier
Zitrone (Saft und Schale)
Zutaten

Die Äpfel werden gekocht und passiert. In das fertige Püree gibt man die Dotter, Butter, Honig und die geriebenen Nüsse. Gewürzt wird mit Saft und Schale einer ungespritzten Zitrone. Zum Schluß zieht man das feste Eiweiß darunter und bäckt die Masse in einer gebutterten Auflaufform.

820. Orangen (Apfelsinen) mit Äpfeln

1 kg Äpfel
6 Orangen
6 dag Zucker
Zutaten

Die geschälten Äpfel werden feinblättrig geschnitten, die gleichfalls geschälten, von den Kernen und Häuten befreiten Orangenschnitzel in der Mitte geteilt und mit dem Zucker und den Äpfeln in eine Porzellanschüssel so eingeschichtet, daß der Saft gut durchziehen kann.

821. Erdbeeren mit Milch und Zucker

1 kg Erdbeeren
6 dag Zucker
½ Liter Vollmilch
Zutaten

Gute reife Erdbeeren bestreut man mit Zucker und reicht sie zu kalter Milch.

822. Himbeer-Buttermilch

1 Liter Buttermilch
  oder Sauermilch
¼ Liter Himbeersaft
Zutaten

Die Butter- oder Sauermilch mit Himbeersaft (man kann auch jede andere Beerenart nehmen) langsam unter stetem Schlagen mit der Schneerute oder dem Mixer vermischen und nach Geschmack, am besten mit Honig, süßen.

Cremen

An die Bereitung von Cremen wagt man sich in der einfachen Küche nur selten. Bei einiger Übung und vorsichtigem Vorgehen gelingen sie aber immer und sind dazu auch so rasch zubereitet, daß sie als Nachspeise auch im einfachen Haushalt häufigere Verwendung verdienen. Um das Gerinnen zu verhindern, muß man Dotter und Zucker mit dem Schneebesen schaumig rühren und die dazu bestimmte siedende Milch unter beständigem Weiterschlagen zuerst nur tropfenweise, dann, immer noch langsam, in kleinen Mengen dazugeben. (Gießt man zuviel heiße Milch zu den Dottern, so gerinnt das Ei, und die Speise ist verdorben.) Darauf läßt man sie unter beständigem Schlagen fast bis zum Aufkochen kommen und zieht sie schnell zurück, wenn der grobglasige Schaum fein wird und man beim Schlagen merkt, daß die Masse dick wird. Sie wird dann in eine Porzellanschüssel gegeben und hier noch so lange geschlagen, bis sich die größte Hitze verloren hat. Sollte sich nach dem Erkalten abermals grobblasiger Schaum zeigen und die Creme dünnflüssig sein, muß sie unter Hitze nochmals geschlagen werden. Durch s ü ß e n R a h m an Stelle von Milch lassen sich diese Speisen bedeutend verfeinern. Eine Beigabe von Kartoffel- oder Maizenamehl erspart Eier; es ist aber durchaus notwendig, das Mehl erst mit kalter Milch glatt zu verrühren und dann unter beständigem Rühren in der Milch aufzusieden, ehe es zur Bereitung von Cremen Verwendung findet. Cremen bilden als Beigabe zu Puddings oder kleinem Backwerk feine Nachspeisen.

Der billige Obstschaum kann in der gesunden Küche bei vielen Gerichten den Schlagrahm vertreten und zum Füllen von Gebäck dienen oder zu kleinem Backwerk gereicht werden. Zu Obstschaum kann man an Stelle der Äpfel und Preiselbeeren auch frische Erdbeeren, Obstsäfte und andere eingesottene Früchte verwenden. Er gelingt immer, wenn die Masse tüchtig und genügend lange geschlagen wird.

823. Vanillecreme

9 dag Zucker
2 Eigelb
2 Eier
¼ Liter Vollmilch
Vanille
Zutaten

Milch und Vanille werden aufgesotten. Zucker, Eidotter und 2 ganze Eier rührt man schaumig und gibt die siedende Milch unter beständigem Schlagen mit der Schneerute tropfenweise in die Masse. Sie wird nun nochmals erhitzt und so lange geschlagen, bis sie dick ist, darf jedoch nicht völlig aufkochen, da sie sonst gerinnen würde. Nun schüttet man die Masse in eine Schüssel und schlägt weiter, bis sie erkaltet ist.

824. Gebrannte Vanillecreme

10 dag Zucker
1 dag Maizena
2 Dotter
½ Liter Vollmilch
Vanille
Zutaten

Der Zucker wird in einer Pfanne braun geröstet, dann mit der kalten Milch vergossen, in der man zuvor das Maizena glatt angerührt und die Vanille beigegeben hat. Nun vermengt man die Flüssigkeit langsam mit den gut versprudelten Dottern und schlägt weiter, bis sie erkaltet ist.

825. Einfache Vanillecreme

5 dag Zucker
2 dag Stärkemehl
2 Eier
½ Liter Vollmilch
Vanille
Zutaten

Milch, Stärkemehl und Vanille läßt man aufsieden. Wenn die Mischung etwas abgekühlt ist, mengt man sie unter fortwährendem Schlagen langsam unter die mit Zucker schaumig gerührten Dotter. Sie wird nochmals unter fortwährendem Schlagen bis fast zum Aufkochen auf den Herd gestellt und kalt gerührt. Unterdessen schlägt man 2 Eiweiß zu festem Schnee, mischt ihn unter die erkaltete Creme und reicht sie in einer Glasschüssel zu Tisch.

826. Schokoladencreme

7 dag Schokolade
3 dag Zucker
3 Eier
⅜ Liter Vollmilch
Vanille
Zutaten

Schokolade, Milch und Vanille werden auf dem Feuer gut versprudelt und aufgesotten. Den Zucker, 1 ganzes Ei und 2 Dotter rührt man schaumig, gießt unter beständigem Schlagen nach und nach die aufgekochte Schokolade dazu und macht die Speise wie Vanillecreme fertig. Ist sie erkaltet, so zieht man den steifen Schnee der 2 Eiweiß unter die Masse.

827. Fruchtcreme

6 dag Zucker
1 dag Kartoffelmehl
2 Eier
2 Eidotter
⅜ Liter Vollmilch
½ Liter Erdbeeren
Zutaten

Die kalte Milch wird mit dem Kartoffelmehl versprudelt und aufgesotten. Den Zucker, 2 ganze Eier und 2 Eidotter rührt man schaumig und behandelt die Speise weiter wie Vanillecreme Nr. 823. Wenn sie erkaltet ist, werden die durch ein Sieb gedrückten Erdbeeren oder Himbeeren unter die Masse gezogen. Mit Schlagrahm gemischt und damit verziert, wird die Creme noch bedeutend wohlschmeckender.

828. Buttercreme

5 dag Zucker
6 dag Butter
1 dag Stärkemehl
6 Dotter
⅜ Liter Vollmilch
Vanille
Zutaten

Dem aus Dottern, Zucker und Butter hergestellten und flaumig gerührten Abtrieb wird die mit dem Stärkemehl und der Vanille aufgekochte Milch langsam beigegeben.

829. Chaudeau

8 dag Zucker
4 Eidotter
¼ Liter Wein
Zutaten

Wein oder Most, Dotter, Zucker und Vanillin schlägt man mit der Schneerute über Dampf, bis die Masse dickschaumig ist. Chaudeau wird als Überguß für warme Puddings oder mit Biskotten als Nachtisch gereicht.

830. Hexenschaum (Apfelschaum)

65 dag Äpfel
10 dag Zucker
2 Eiweiß
1 Zitrone
Zutaten

Die Äpfel werden mit der Schale im Rohr gebraten, dann weich passiert und mit dem Zucker, Zitronensaft und feingewiegter Zitronenschale vermischt und kalt gestellt. Das Eiweiß wird zu festem Schnee geschlagen. Nun gibt man unter fortwährendem Weiterschlagen löffelweise die Äpfel bei und schlägt so lange, bis der Schaum sehr dick und steif geworden ist. Man verwendet ihn zum Füllen von Schnürkrapfen Nr. 597 oder reicht ihn zu kleinem Gebäck.

831. Preiselbeerschaum

35 dag eingemachte
    Preiselbeeren
2 Eiweiß
Zutaten

Die Preiselbeeren werden löffelweise dem zu Schnee geschlagenen Eiweiß beigegeben und weiterbehandelt wie Schaum Nr. 830.

832. Erdbeerschaum

30 dag frische Erdbeeren
5 dag Zucker
2 Eiweiß
½ Zitrone
Zutaten

Das Eiweiß wird zu sehr festem Schnee geschlagen. Unter fortwährendem Schlagen mischt man nach und nach die Erdbeeren, den Zucker und den Zitronensaft dazu und schlägt so lange, bis der Schaum schön steif geworden ist.

833. Marillen-(Aprikosen-)Schaum

5 dag Zucker
1 dag Gelatine
6 Eiweiß
2 Eßlöffel Marillen-(Aprikosen-)marmelade
Zutaten

Die Marmelade wird erst mit dem Zucker allein, dann mit dem zu Schnee geschlagenen Eiweiß schaumig gerührt und zum Schluß mit der in ⅛ Liter Wasser aufgelösten, durch ein feines Sieb gegossenen Gelatine vermengt. Hierauf läßt man das Ganze in einer Glasschüssel im Kühlschrank erkalten und gibt den Schaum in der Schüssel zu Tisch.

834. Kalte Apfelcreme

4 große Äpfel
5 dag Zucker
12 Biskotten
⅛ Liter Apfelsaft
1 Päckchen Vanillezucker
Saft ½ Zitrone
⅛ Liter Schlagobers
2 Eier
Zutaten

Die Äpfel werden blättrig geschnitten und mit 2 dag Zucker, dem Saft ½ Zitrone, etwas Zimt zugedeckt weich gedämpft und durch ein Haarsieb gestrichen. Eidotter, 3 dag Zucker und den Apfelsaft schlägt man am heißen Herd, bis die Masse dicklich ist, gibt unter fleißigem Rühren dann die passierten Äpfel bei, bis die Creme zum Kochen kommt. Unter den sehr festen Schnee mischt man 1 Päckchen Vanillezucker, gibt ihn in die kochende Apfelcreme, rührt die ganze Masse durch und füllt sie in eine Schüssel. Die Biskotten steckt man in gleichen Abständen in die angerichtete Creme und stellt sie gut kalt. Vor dem Servieren garniert man die Apfelcreme mit gesüßtem, steifem Schlagobers.

835. Zitronenspeise

11 dag Staubzucker
1 Stück Würfelzucker
6 Blätter Gelatine
3 Eier
4 Orangen
2 Zitronen
⅛ Liter Schlagobers
Zutaten

Dem Würfelzucker, mit dem man die Orangen abgerieben hat, mengt man den ausgepreßten Saft der Orangen und Zitronen bei. Die Gelatine wird in 3 Eßlöffeln Wasser aufgelöst. Nun streicht man diese Zutaten durch ein Sieb, fügt sie den schaumig gerührten Eidottern und dem Zucker bei. Zuletzt werden der steife Eierschnee und ¼ Liter geschlagener Rahm unter die Masse gezogen. Diese gibt man in Eisportionsgläser und stellt sie in den Kühlschrank. Vor dem Servieren wird die Speise mit gesüßtem Schlagobers verziert. Die Schale von gespritzten Orangen nicht verwenden!

836. Rote Grütze

8 dag Grieß
2 g Reismehl
⅜ Liter Obstsaft
Zutaten

⅜ Liter Obstsaft (Johannisbeersaft oder Himbeersaft, auch Himbeer- und Johannisbeersaft gemischt) vermengt man mit ⅜ Liter Wasser, bringt die Flüssigkeit zum Sieden, streut den Grieß unter fortwährendem Rühren hinein und läßt ihn weich kochen. Das Stärke- oder Reismehl wird in einem Eßlöffel kalten Wassers aufgelöst und der Masse unter Rühren beigegeben. Dann läßt man die Speise an der Seite des Herdes ziehen, aber nicht mehr sieden, und gießt sie in eine mit Wasser ausgespülte Schüssel. Nach dem Erkalten wird die Grütze gestürzt und mit Vanillesoße als Nachtisch gereicht.

837. Götterspeise

10 dag Zucker
10 Blatt Gelatine
1 Zitrone
½ Liter Buttermilch
½ Liter Himbeersaft
Zutaten

Den Zucker löst man in Buttermilch und Himbeersaft auf, erhitzt 5 Eßlöffel Wasser, gibt den Saft der Zitrone und die mit kaltem Wasser abgespülte Gelatine hinein und läßt sie nun an der Seite des Herdes so lange stehen, bis sie sich gelöst hat. Etwas ausgekühlt, wird die Gelatine durch ein Sieb in die Buttermilch und den Himbeersaft gegeben. Die gut durchgerührte Masse gießt man in eine Glas- oder Porzellanschüssel und reicht die erkaltete Speise mit Vanillesoße als Nachtisch.

838. Diplomatenpudding

10 dag Zucker
3 dag Butter
1 dag Gelatine
6 Eier
1 Kaffeelöffel Mehl
¼ Liter Schlagobers
¼ Liter Milch
20 Biskotten
Marmelade
Zutaten

Zucker und Dotter werden gut verrührt und mit Milch, Butter, Mehl und Vanille über Dampf zur dicken Creme geschlagen. Nun gibt man die in lauwarmem Wasser abgespülte Gelatine dazu und rührt sie glatt.

Mittlerweile schlägt man die Eiweiß zu festem Schnee und gleichfalls den Rahm zu festem Schlagrahm und verrührt die Creme mit Schnee und Schlagobers ganz leicht. Eine gerade Auflaufform wird mit hellem, feinem Öl bestrichen. Biskotten bestreicht man mit Marillenmarmelade und stellt sie an die Seitenwand. Da die Biskotten, weil meist zu lang, abgeschnitten werden müssen, gibt man die Abschnitte in die Creme. Diese wird nun in die mit Biskotten ausgelegte Form geschüttet und kalt gestellt. Vor dem Servieren wird der Pudding auf einen Teller gestürzt.

839. Biskottensulze

9 dag Zucker
4 Dotter
¼ Liter Schlagobers
Vanille
12 Biskotten
Marmelade
Zutaten

Dotter, Zucker und Vanille werden sehr gut abgetrieben und das steifgeschlagene Schlagobers untergemischt. Die Biskotten werden mit Marmelade gefüllt, doppelt zusammengelegt, abwechselnd mit der Creme in eine Schüssel gegeben und kalt gestellt.

840. Schokoladensulze

Zutaten
14 dag Schokolade
8 dag Staubzucker
1 dag Gelatine
4 Eier
⅛ Liter Milch
¼ Liter Schlagobers

Dotter und Staubzucker rührt man mit etwas Vanille schaumig. Indessen läßt man 14 dag Schokolade in der Milch aufkochen, gibt die gewaschene, aufgelöste Gelatine dazu und rührt das Ganze erst auf dem Herd, bis sich die Gelatine gut aufgelöst hat, und dann an einem kalten Ort, bis die Flüssigkeit kalt ist. Ist dies der Fall, mischt man den Abtrieb, Schokolade und sehr steifen Eierschnee zusammen, gibt die Masse in Eisportionsgläser und stellt sie in den Kühlschrank. Vor dem Servieren wird die Sulze mit gesüßtem Schlagobers verziert.

841. Kaffeesulze

Zutaten
10 dag Zucker
4 dag Bohnenkaffee
½ Liter Schlagobers
6 Blatt Gelatine

Aus dem Bohnenkaffee mit etwas Kaffeeersatz bereitet man ¼ Liter schwarzen Kaffee, gibt den Zucker dazu und löst die Gelatine im Kaffee auf. Hat sie sich schön aufgelöst, und ist die Masse ausgekühlt, gibt man den geschlagenen Schlagobers bei und füllt die Sulze entweder in Eisportionsgläser oder in eine mit kaltem Wasser ausgespülte Schüssel.

842. Fruchtsulze

Zutaten
¾ Liter Obstsaft
1 Zitrone
6 Blatt Gelatine
¼ Liter Schlagobers

In ¾ Liter trinkgerechten Obstsaft gibt man den Saft einer Zitrone, läßt alles aufkochen, löst darin die Gelatine vollkommen auf und mischt das Ganze nach dem Abkühlen mit dem sehr festen Schlagobers.

Die weitere Behandlung siehe Kaffeesulze Nr. 841.

An Stelle von Obstsaft können auch Marmelade, kalt Eingerührtes, Obst, Gelee aus all den verschiedenen Früchten, alles entsprechend mit Wasser verdünnt, verwendet werden.

843. Rhabarbersulze Nr. 1

80 dag geputzte Rhabarber
20 dag Zucker
4 Eier
½ Zitrone
Zutaten

Rhabarber wird fein geschnitten und im Rohr weich gedünstet, zu einem Brei verrührt und kalt gestellt. Unterdessen treibt man 4 Dotter mit dem Zucker, Zitronensaft und -schale sehr flaumig ab, vermischt erst die kalten Rhabarber mit dem Abtrieb und rührt dann den steifen Eierschnee leicht darunter. Die Creme wird in Schüsseln angerichtet und kalt gestellt.

844. Rhabarbersulze Nr. 2

1 kg geputzte Rhabarber
25 dag Zucker
2 dag Lebkuchenbrösel
1 Päckchen Vanillin
⅜ Liter Schlagobers
Zutaten

Die feingeschnittenen Rhabarber werden mit 20 dag Zucker und ½ Päckchen Vanillin im Rohr weich gedünstet und dann kalt gestellt. Nach Erkalten richtet man sie in Glasschüsseln an. Der Schlagobers wird mit 5 dag Zucker und ½ Packung Vanillin gemischt, über die Rhabarber gegeben und mit Lebkuchenbröseln bestreut.

845. Kastanienpüree mit Schlagobers

1 kg große Edelkastanien
15 dag Kristallzucker
½ Liter Schlagobers
5 dag Zucker
Zutaten

Die Kastanien werden ringsherum mit der Spitze eines scharfen Messers eingeschnitten und so lange gekocht, bis sie sich leicht schälen lassen. Nachdem alle geschält sind, setzt man sie mit so viel Milch auf den Herd, daß die Milch gerade nicht bedeckt ist, deckt die Kastanien zu und läßt alles weich kochen. Mittlerweile richtet man sich den Zucker und $^6/_{10}$ Liter Wasser und kocht beides zum Faden. Die in Milch gekochten Kastanien werden passiert, mit etwas Vanillin und dem gekochten Sirup vermischt und mittels Dressiersakkes oder Butterspritze bergartig auf einen Glasteller dressiert und mit dem gesüßten Schlagobers verziert.

846. Süßmostpudding

15 dag Grieß
8 dag Zucker
1 Liter Süßmost
2 Blatt Gelatine
Zutaten

Süßmost wird zum Sieden gebracht, der Grieß unter fleißigem Rühren im Faden eingekocht und der Zucker dazugegeben. Nun läßt man das Ganze zirka 20 Minuten sieden, gibt dann die kalt abgewaschene Gelatine bei und läßt nochmals aufkochen. Nun wird die Masse in eine mit kaltem Wasser ausgespülte Form geschüttet und kalt gestellt. Vor dem Servieren wird der Pudding vorsichtig gestürzt und mit Zuckersoße, Vanillesoße oder dgl. zu Tisch gegeben.

847. Eiskaffee

¾ Liter starker Kaffee
¼ Liter Schlagobers
10 dag Zucker
2 Dotter
2 Eier
Zutaten

Man bereitet ¾ Liter starken schwarzen Kaffee und vermischt ihn nach Erkalten mit ⅛ Liter süßem Rahm. Eier, Dotter und Zucker treibt man sehr gut ab, gibt langsam unter fortwährendem Rühren den Kaffee dazu und stellt alles eiskalt. Der fertige Eiskaffee wird in durchkälteten Gläsern angerichtet und mit sehr festem, gesüßtem Schlagobers garniert.

848. Fruchtgefrorenes

¾ Liter Fruchtmark
30 dag Zucker
Zutaten

¾ Liter Wasser und 30 dag Zucker werden 10 Minuten gekocht und eiskalt gestellt. Beliebige Früchte, wie Erdbeeren, Marillen, Pfirsiche usw., werden passiert, ¾ Liter von diesem Fruchtmark mit dem Zuckersirup gemischt und in die Tiefkühlung gegeben.

849. Vanillegefrorenes

¾ Liter Vollmilch
10 dag Zucker
3 Dotter
3 Eier
Vanille
Zutaten

Milch, Zucker und Vanille läßt man aufkochen und stellt alles ganz kalt. Indessen werden Dotter und Eier gut geschlagen, mit der Vanillemilch gemischt und in die Tiefkühlung gegeben.

Getränke

Milch gilt als das wertvollste Nahrungsmittel und sollte womöglich täglich das Frühstücksgetränk für jung und alt sein. Sie enthält alle Nährstoffe in leicht verdaulicher Form. Milch sollte nicht übermäßig überhitzt werden, damit die Wirkstoffe nicht verlorengehen. Außerdem sollte sie nur schluckweise getrunken werden. Sie ist dann leicht verdaulich. Milch mit Haferbrei und Schwarzbrot, mit Maissterz oder Kartoffelschmarren bildet ein nahrhaftes, sehr bekömmliches Frühstück, das alle Nährstoffe im richtigen Verhältnis aufweist.

Bei Verabreichung eines ausgiebigen, reichlichen Frühstücks kann die Zwischenmahlzeit am Vormittag entfallen. Die Leute kommen mit besserem Appetit zum Mittagessen, als wenn sie am Vormittag etwas genossen hätten.

Die Bereitung einer vorzüglichen sauren Milch ist in Nr. 851 angegeben. Sauer- und Buttermilch, im Sommer bei anstrengender Arbeit getrunken, erhöhen die Leistungsfähigkeit und fördern die Gesundheit. Durch das Säuern hat sich der Milchzucker in Milchsäure verwandelt – eine Veränderung, die bei süßer Milch erst im Magen vor sich geht. Deshalb ist saure Milch oder Buttermilch so leicht verdaulich, und aus diesem Grunde sollte sie auch bei der Krankenkost reichlich Verwendung finden.

Bohnenkaffee ist kein Nahrungs-, sondern nur ein Genußmittel und kann sich, als solches im Übermaß genossen, durch das im Kaffee enthaltene Koffein, einen Giftstoff, sogar sehr schädlich auf die Gesundheit auswirken. Viel empfehlenswerter und auch von Kindern gern getrunken ist Kathreiners Kneipp Malzkaffee. Er enthält eine Reihe wertvoller Nährstoffe, wie Karamelstoffe, Pflanzeneiweißstoffe, Fettstoffe und Mineralstoffe.

Kathreiners Kneipp Malzkaffee hat eine schöne Farbe, einen ausgezeichneten Geschmack und dient im hohen Maße der Gesundheit.

Auch der russische Tee zählt zu den Genußmitteln und enthält, gleich dem Kaffee, einen auf die Nerven einwirkenden Giftstoff, das Tein, weshalb auch er nur mit Maß genossen werden sollte. Wo er täglich, noch dazu mit Rum oder Schnaps, auf den Tisch kommt, kann Tee zu gesundheitlichen Störungen führen. Die Teeblätter dürfen nicht gesotten, sondern nur mit siedendem

Wasser übergossen werden; denn beim Sieden löst sich die im Tee enthaltene Gerbsäure, und der Tee bekommt dann nicht nur einen unangenehmen, zusammenziehenden Geschmack, sondern wirkt auch störend auf die Verdauung. Aber auch durch zu langes Ziehen der nur abgebrühten Teeblätter erhalten wir ein schlecht bekömmliches, ungesundes Getränk. Tee sollte 3 bis 6 Minuten lang ziehen. Im unteren Bereich dieser Zeitspanne wirkt er eher anregend, im oberen beruhigend. Soll der Tee in einer Teekanne aufgebrüht werden, so muß diese, ehe die Blätter hineinkommen, erst mit heißem Wasser, das wieder abgegossen wird, erwärmt werden.

„Kindern sollten Bohnenkaffee und Schwarzer Tee nicht gereicht werden!"

Kalte Limonaden bereitet man aus Zitronen-, Himbeer-, Schwarzbeer-, Brombeer-, Rhabarber- und Kirschsaft durch Verdünnung dieser Säfte mit Wasser, Soda- oder Mineralwasser. Hausfrauen, die im Sommer Früchte einkochen und im Jänner und Februar auch für einen Vorrat an Zitronensaft sorgen, können ihrer Familie mit kalten Limonaden ein gesundes Getränk an Stelle der teuren und dabei der Gesundheit so schädlichen geistigen Getränke, wie Bier, Wein und Schnaps, verschaffen.

„Geistige Getränke stärken niemals!" Wenn Bier, Wein und Schnaps Kraft gäben, müßten alle Alkoholiker starke, gesunde Menschen sein. Wir sehen aber leider gerade das Gegenteil; wenig Ausdauer bei der Arbeit, weil die Kraft fehlt, und ein früher Tod sind die Folgen des „Kraftspenders" Alkohol. Er ist nur ein Genußmittel, das den Körper vergiftet, die Taschen leert, das Herz dafür beschwert und so vielen Menschen zum Unglück wird. Jeder Rausch ist eine Vergiftung durch Alkohol. Auch der mäßige Genuß von Alkohol ist schädlich; für das Geld, das Bier, Wein und Branntwein kosten, erhält man keine Nährwerte: Es ist deshalb weggeworfen.

Es brauchte weniger Armen-, Kranken- und Nervenheilanstalten zu geben, wenn der Alkohol aus der Welt geschafft werden könnte. Jeder ist aber für sein Leben selbst verantwortlich. Wer seine Gesundheit zugrunde richtet, begeht ebensogut Selbstmord wie der, der sich vergiftet, erhängt oder erträgt. **„Eltern, die ihren Kindern geistige Getränke verabreichen, begehen großes Unrecht und sollten bestraft werden!"**

850. Milch

Vollmilch

Wenn Milch frisch vom Bauernhof auf den Tisch kommen soll, muß sie vor allem rein gewonnen und rasch gekühlt werden. Die Abkühlung ist deshalb so wichtig, weil alle Keime, welche die Milch ungünstig verändern, bei Wärme ihre größte Lebensfähigkeit haben. Milch sollte in einem kühlen, gut gelüfteten, geruchlosen Raum aufbewahrt werden. Wird sie nicht roh, sondern gekocht genossen, so ist es sehr wesentlich, daß das Erhitzen erst kurz vor dem Verabreichen der Milch stattfindet, wenn sie einen reinen Geschmack haben, gut und zuträglich sein soll.

851. Saure Milch

2 Liter Milch
2 Löffel Sauerrahm
Zutaten

Die Magermilch oder auch Vollmilch wird mit einigen Löffeln saurer Milch oder Sauerrahm versprudelt, in Gläser, Tassen oder Schüsseln gefüllt und an einen staubfreien, warmen Ort gestellt, bis sie dick ist. Damit die Milch nicht zu sauer werde und recht kühl auf den Tisch komme, stelle man sie mit den Gefäßen bis zum Gebrauch in kaltes Wasser. Noch feiner und wohlschmeckender wird die Milch, wenn man sie erst kurz aufsiedet, dann auf 35° C abkühlt, mit etwas saurer Milch vermischt und hernach in Halbliterflaschen füllt. Diese müssen an einem gleichmäßig warmen Ort aufgestellt werden, bis die Milch vollkommen dick ist, was ungefähr 5 bis 8 Stunden dauert. Die Milch darf aber nicht grießig werden und keine Molke absetzen. Darauf werden die Flaschen gut geschüttelt und bis zum Gebrauch in den Kühlschrank gestellt. Auf solche Art zubereitete Milch hält sich einige Tage.

852. Kakao

8 dag Kakao
6 dag Zucker
2 Liter Milch
Zutaten

Der Kakao wird mit wenig kalter Milch glatt verrührt, in die unterdessen zum Sieden gebrachte restliche Milch eingekocht, 5 Minuten ziehen gelassen, gezuckert und angerichtet.

853. Schokolade

Zutaten
14 dag Schokolade
2 Liter Milch

Die zerriebene Schokolade wird mit der Milch angerührt und 5 Minuten ziehen gelassen.

854. Malzkaffee

Zutaten
10 dag Malz
6 dag Zucker
3 g Zusatz
1½ Liter Vollmilch

Malzkaffee und Zusatzkaffee setzt man gerieben in 1 Liter kaltem Wasser auf und läßt so lange sieden, bis der Schaum verkocht ist. Hierauf gibt man ¼ Liter kaltes Wasser auf den Kafee zum Klären. Die inzwischen ebenfalls aufgesottene Milch gibt man nebst Zucker zum abgeseihten Kaffee.

855. Bohnenkaffee

Zutaten
4 dag Bohnenkaffee
6 dag Zusatzkaffee
1½ Liter Vollmilch
8 dag Zucker

In 1 Liter frischem Wasser bringt man den Zusatz zum Sieden, läßt ihn, nachdem man mit ¼ Liter kaltem Wasser abgegossen hat, klären. Der abgeseihte Kaffee wird nochmals zum Sieden gebracht, und man gießt ihn in kleinen Mengen siedend auf den in der Kaffeemaschine befindlichen, geriebenen Bohnenkaffee. Dieser wird dann mit Milch gemischt und gesüßt.

856. Kaffee-Essenz

Zutaten
25 dag Kandiszucker
14 dag geriebener Bohnenkaffee

Der Zucker wird in einer Pfanne zu ganz dunklem Karamel gebräunt, bis er tüchtig zu rauchen beginnt, und dann mit 1½ Liter frischem Wasser vergossen. Mittlerweile reibt man den Kaffee sehr fein und gibt ihn in die Kaffeemaschine. Nun wird die Flüssigkeit siedend langsam aufgegossen. Die Maschine sollte sehr gut verschlossen bleiben, da sich die Duftstoffe des Bohnenkaffees sonst sehr stark verflüchtigen.

Die Kaffee-Essenz wird in saubere Flaschen gefüllt und, gut verschlossen, kalt aufbewahrt. Sie hält sich lange Zeit. Zum Gebrauch gießt man je nach Geschmack mehr oder weniger in die siedend heiße Kaffeemilch.

857. Basentee

In 2 Liter kaltem Wasser ½ kg kleingeschnittene Kartoffeln mit Schale, 20 dag Gemüse nach Jahreszeit (Karotte, Sellerie, Petersilie, Krautblatt, Löwenzahn, Brennessel, Liebstöckl, Schafgarbe, Zwiebel), Kümmel nach Geschmack 10 Minuten kochen. Das Gemüse muß ebenfalls klein geschnitten werden. Nicht salzen! Das Ganze abseihen und diesen Absud als Gemüsetee trinken. Das ausgelaugte, ausgekochte Gemüse nicht verwenden, da es nur die Säuren enthält. Am Morgen ¼ Liter trinken, bei stärkerer Übersäuerung auch zwischen den Mahlzeiten. Man kann den Tee am Vortag zubereiten, abseihen, in den Kühlschrank stellen und vor dem Trinken erwärmen. Der Basentee ist ein vorzügliches Mittel zur Entsäuerung des Körpers. Eine 2 bis 3wöchentliche Kur ist angezeigt.

858. Kaltschale mit Kirschen

1 kg Kirschen
15 dag Rohzucker
3 dag Butter
10 dag Weißbrot
Zutaten

Die Kirschen werden entkernt (mit Weichseln schmeckt die Kaltschale besonders gut) und mit einem Liter Wasser, Zucker, Zimtrinde und Zitronenschale (unbehandelt) 20 Minuten gekocht.

Nach dem Erkalten wird die Kaltschale passiert, in kleinen Schüsseln angerichtet und mit Weißbrotstückchen, die man in Butter leicht anröstet, serviert.

859. Haustee

Dazu verwendet man Brombeerblätter, Erdbeerblätter, Silbermantel, Pfefferminze, Schlüsselblumen, Gänseblümchen, Pfingstrosenblätter, Spitzwegerich, gedörrte Apfelschalen u.dgl.
Zutaten

Man kann sie nach Wunsch allein oder gemischt, gedörrt oder frisch verwenden. Man gibt den Tee in einen sauberen Topf, übergießt mit heißem Wasser und läßt ihn 10 Minuten ziehen. Der Tee wird abgeseiht, mit Honig gezuckert und zu Tisch gegeben. Diese Tees sind sehr gesund und durstlöschend.

860. Zitronenlimonade

Zutaten
18 dag Zucker
6 Zitronen

Der ausgepreßte Zitronensaft wird mit 2 Liter ganz frischem Wasser und dem Zucker gut vermischt. Himbeer-, Schwarzbeer- und Rhabarberlimonade bereitet man wie Zitronenlimonade mit der entsprechenden Menge des betreffenden Obstsaftes.

861. Holunderkracherl

Zutaten
35 g Zucker

2 Liter Wasser, 35 g Zucker, 2 Dolden blühenden Holunder, ½ kleines Trinkglas echten Weinessig und ½ in Scheiben geschnittene saftige Orange läßt man 24 Stunden in einem Topf, in dem noch niemals Fett war, stehen. Darauf drückt man die Orangenscheiben leicht aus, seiht die Flüssigkeit und füllt sie in Flaschen, die jedoch nicht ganz voll sein dürfen, Gut verkorkt, bleiben sie an einem mäßig warmen Ort 14 Tage stehen, dann bewahrt man die Flaschen noch etwa 6 Wochen stehend im Keller auf, bevor sie gelagert werden.

862. Alkoholfreier Punsch

Zutaten
1 Liter weißer Traubensaft
¼ Liter Ananassaft
Zitrone

In einer feuerfesten Glasschüssel läßt man den weißen Traubensaft kurz aufkochen, gibt den Ananassaft (aus der Dose) dazu, würzt mit Vanille, wenig Nelkenpulver und Zimt und serviert sehr heiß in vorgewärmten Gläsern. In jedes Glas legt man eine dünne Zitronenscheibe.

863. Alkoholfreier Glühwein

Zutaten
1 Liter roter Traubensaft
20 dag Zucker
Zitrone

Der rote Traubensaft wird mit ¼ Liter Wasser, Zucker, 1 Zimtrinde, 2 Nelken und Zitronenschale einige Minuten gekocht. Durchseihen und in erwärmte Gläser füllen. Heiß servieren und in jedes Glas eine dünne Zitronenscheibe legen.

Krankenkost (Diätspeisen)

Der Arzt trifft die Auswahl der Krankenkost, und die Hausfrau bereitet sie, was manchmal zu Schwierigkeiten führt. Immer ist wichtig, daß die Krankenkost nahrhaft, leicht verdaulich und schmackhaft sei. Ob es sich um eine akute oder chronische Erkrankung handelt – immer ist die zweckmäßige Ernährung des Patienten von größter Wichtigkeit und kann dessen Genesung in außerordentlichem Maße fördern. Die Hausfrau muß die Anordnung des Arztes ausführen können und dabei im Rahmen der erlaubten Speisen möglichst viel Abwechslung schaffen.

Die folgenden Rezepte sollen ihr nun die Auswahl erleichtern helfen. Stets achte man darauf, daß bei jedem Gericht nur beste Nahrungsmittel, als Fett z.B. nur Rahm, frische Butter, Pflanzenfett oder Öl, sehr wenig, oft auch gar kein Salz, keine scharfen Gewürze, wohl aber heimische Gewürzkräuter zur Bereitung der Krankenkost verwendet werden. An Stelle von Essig nehme man Zitronensaft oder Sauerrahm.

Die Rezepte sind für eine Person angegeben, da es sich doch meistens nur um einen Erkrankten handelt.

Suppen werden von Kranken meist sehr gerne genommen, deshalb wurden sie bei den nachstehenden Rezepten besonders berücksichtigt.

864. Weißbrotsuppe

2 dag altes Weißbrot
1 Eidotter
1 Eßlöffel Sauerrahm
Zutaten

Das geschnittene, gebähte Weißbrot gibt man mit etwas Salz und Kümmel in ¼ Liter siedendes Wasser, läßt alles 2 Minuten sieden und sprudelt zum Schluß Sauerrahm und Eidotter zusammen in die Suppe, gibt feingehackten Schnittlauch dazu und reicht die heiße Suppe sofort dem Kranken.

865. Geröstete Weißbrotsuppe

2 dag alte
    Weißbrotschnitten
2 dag Butter
1 Ei
Zutaten

1 kleine Petersilienwurzel, 1 kleine Möhre, 1 kleines Stück Sellerie, Kümmel und Salz siedet man in ⅜ Liter Wasser etwa ½ Stunde. Die dünnen, alten Weißbrotschnitten taucht man in das gut verklopfte Ei und bäckt sie in der Butter schön hell. Die Suppe wird geseiht, siedend auf die Weißbrotschnitten gegossen und, wenn gut angeweicht, mit feingeschnittenem Petersiliengrün dem Kranken gereicht.

866. Schottensuppe

2 dag Schotten
1 Eßlöffel Sauerrahm
2 dag Brot
Zutaten

Das dünnblättrig geschnittene Brot wird mit dem Schotten und Rahm in eine Schüssel gegeben und mit ¼ Liter siedendem, wenig gesalzenem Wasser, in dem etwas Kümmel mitgesotten wurde, dem Kranken versprudelt gereicht.

867. Schleimsuppe

3 dag Haferflocken
1 Eidotter
1 Eßlöffel Sauerrahm
Zutaten

Die Haferflocken werden mit ½ Liter Wasser und sehr wenig Salz zu Schleim gekocht. Vor dem Anrichten wird die Suppe passiert, mit dem Eidotter und Sauerrahm gut versprudelt und dem Kranken gereicht, bevor sich eine Haut gebildet hat. Anstatt Haferflocken nimmt man auch Hafergrütze, Reis, Grieß, Gerste und Sago. Bei Darmkrankheiten salzt man nicht und läßt auch Eidotter und Sauerrahm weg.

868. Milchsuppe

¼ Liter Milch
2 dag gebähtes
    Weißbrot
Zutaten

Die Milch wird aufgekocht, wenig gesalzen und über dem gebähten Weißbrot angerichtet.

869. Rahmsuppe

1 Eßlöffel Sauerrahm
2 dag gebähtes
  Weißbrot
Zutaten

¼ Liter Wasser, Kümmel und ein wenig Salz bringt man zum Sieden, schüttet alles auf das feinblättrig geschnittene, gebähte Weißbrot, fügt den Rahm bei, versprudelt gut und reicht dem Kranken die Suppe.

870. Haferflockensuppe

2 dag Haferflocken
1 dag Butter
1 Eidotter
1 Löffel Sauerrahm
Zutaten

Die Haferflocken werden in der Butter etwas angeröstet, mit ⅜ Liter siedendem Wasser vergossen, mit ein wenig Kümmel und wenig Salz gewürzt und am Rand des Herdes gekocht. Vor dem Anrichten versprudelt man Eidotter und Rahm und quirlt sie langsam in die Suppe ein, um sie sofort dem Kranken zu bringen.

871. Reis- oder Grießsuppe

2 dag Reis oder Grieß
1 dag Butter
1 dag Mehl
1 Eidotter
1 Eßlöffel Sauerrahm
Zutaten

Eine sehr fein gehackte Schalotte und der Reis oder Grieß werden in der Butter leicht angeröstet, mit dem Mehl bestäubt, gleichfalls etwas geröstet, mit ½ Liter kaltem Wasser vergossen, wenig gesalzen und ½ Stunde gekocht. Dotter und Rahm werden versprudelt, tropfenweise unter fortwährendem Rühren zur heißen Suppe gegeben und schließlich mit feingehacktem Schnittlauch serviert.

872. Einbrennsuppe

2 dag Mehl
1 dag Butter
1 dag Weißbrot
1 Eßlöffel Sauerrahm
Zutaten

Das Mehl wird mit der Butter hellbraun geröstet, mit ⅜ Liter kaltem Wasser glatt verrührt, mit Lorbeerblatt, Kümmel, Zitronenschale und wenig Salz gewürzt und 10 Minuten gekocht. Vor dem Anrichten versprudelt man die Suppe mit Sauerrahm und richtet sie über dem feingeschnittenen gerösteten Weißbrot an.

873. Wurzelsuppe mit Nudeln

2 dag Eiernudeln
Zutaten

Die Eiernudeln werden in siedendem Wasser weich gekocht, abgeseiht, mit ¼ Liter siedender Wurzelsuppe (hergestellt wie bei gerösteter Weißbrotsuppe) übergossen und mit feingeschnittenem Schnittlauch gewürzt. Statt Nudeln können als Einlage zur Wurzelsuppe auch gedünsteter Reis, feine Nockerln, auch feingeschnittene Frittaten verwendet werden. Klare Wurzelsuppen können von allen Patienten genossen werden.

874. Kraftsuppe

20 dag Lungenbraten
1 Eigelb
Zutaten

Der durch die Fleischhackmaschine gedrehte rohe Lungenbraten wird mit ¼ Liter frischer guter Rindsuppe versprudelt, auf 60 Grad erhitzt und ½ Stunde stehengelassen. Dann seiht man die Suppe durch ein feines Sieb, versprudelt sie mit dem Eigelb und gibt sie gut warm dem Kranken. Diese Suppe darf nur auf Verordnung des Arztes verabreicht werden.

875. Mais- oder Grießbrei

2 dag Mais- oder
   Weizengrieß
¼ Liter Milch
1 dag Zucker
Zutaten

¼ Liter Milch wird mit etwas Vanille oder feinem Zitronengelb, Zucker und wenig Salz zum Sieden gebracht, der Mais- oder Weizengrieß unter stetem Rühren eingekocht und 15 bis 20 Minuten sieden gelassen. Er muß des öfteren umgerührt werden, damit der Brei nicht knollig wird. Er wird dem Kranken mit gedünsteten Äpfeln, Kompott oder Obstsaft gereicht.

876. Milchreis

3 dag Reis
¼ Liter Milch
2 dag Zucker
Zutaten

Der gewaschene Reis wird in der Milch mit Zucker, etwas feingehackter Zitronenschale und ein wenig Salz weich gekocht. Milchreis mit geriebener Schokolade wird gerne gegessen, sonst gebe man irgendein Kompott dazu.

877. Milchbrei

3 dag Mehl
⅜ Liter Milch
1 Eidotter
2 dag Zucker
Zutaten

Mit ⅛ Liter Milch sprudelt man das Mehl allein und dann erst den Dotter gut ab. Die übrige Milch wird mit etwas Salz und dem Zucker zum Sieden gebracht, das abgesprudelte Mehl unter fortwährendem Rühren eingekocht und etwa 15 Minuten sieden gelassen. Nach Wunsch des Kranken kann man den Zucker auch als Staubzucker auf den angerichteten Brei streuen.

878. Milchnudeln

2 dag Eiernudeln
⅜ Liter Milch
Zutaten

Sehr feine, selbstbereitete Nudeln kocht man in siedende Milch ein, salzt ganz wenig und läßt sie 10 Minuten sieden. Sie können mit oder ohne Zucker gereicht werden.

879. Omelette

3 dag Mehl
2 Eßlöffel Milch
1 Ei
Zutaten

Aus Milch, Mehl, 1 Ei und etwas Salz bereitet man einen feinen Omelettenteig. Aus dieser Masse bäckt man in der befetteten Omelettenpfanne eine Omelette, welche fertig mit Marmelade gefüllt, gerollt gereicht wird. Gegebenenfalls zuckern!

880. Schaumomelette

2 dag Mehl
1 dag Staubzucker
1 dag Butter
1 Ei
Zutaten

Das Eiklar wird zu steifem Schnee geschlagen, mit dem Dotter, Mehl, Staubzucker sowie etwas Vanille und Salz rasch vermengt. Die Masse wird sofort in einer mit Butter ausgestrichenen Omelettenpfanne im heißen Rohr gebacken, nicht gewendet. Die Schaumomelette wird mit Marmelade gefüllt und dem Patienten zusammengeschlagen gereicht.

881. Spinatomelette

8 dag Spinat
2 dag Vollmehl
2 dag Butter
1 Ei
3 Eßlöffel Milch
Zutaten

Frischer, gewaschener Spinat wird mit Petersiliengrün sehr fein geschnitten. Milch, Mehl, Ei, Salz und etwas geriebenen Muskat versprudelt man glatt, gibt den rohen Spinat dazu und bäckt aus dieser Masse eine Omelette, die man heiß mit Salat dem Kranken reicht. Grüner Salat muß mit Zitronensaft und Öl bereitet werden. An dessen Stelle wird man im Winter Sauerkraut im rohen Zustand, als Salat angemacht, verwenden.

882. Zitronenauflauf

2 dag Mehl
2 dag Staubzucker
2 dag Butter
1 Ei
Zutaten

Das Eiweiß schlägt man zu festem Schnee, mengt rasch den Dotter, das Mehl, Staubzucker, etwas Salz und 1 Kaffeelöffel Zitronensaft dazu. Die Masse wird in einer mit Butter befetteten Kaffeetasse im heißen Rohr 10 Minuten gebacken und muß dem Kranken sofort mit Obstsaft gereicht werden.

883. Äpfelauflauf

25 dag Äpfel
5 dag Zucker
2 dag Mehl
1 Ei
Zutaten

Die Äpfel werden geschält, mit etwas Zucker und Zitronenschale (ohne Wasser) im Rohr gedünstet und in eine kleine Schüssel gelegt. Unterdessen schlägt man das Eiweiß zu festem Schnee, gibt Dotter, Mehl und den Rest des Zuckers dazu, häuft dies auf die Äpfel und bäckt den Auflauf zu schöner Farbe.

884. Kernweiche Eier

2 Eier
Zutaten

Frische Eier gibt man ins kalte Wasser, läßt es einmal aufsieden, nimmt die Eier heraus, spült sie rasch kalt ab, reicht sie dem Kranken in einem Eierbecher und gibt gebähtes Weißbrot dazu.

885. Rührei mit Schinken

1 Ei
5 dag Schinken
1 dag Butter
1 Eßlöffel Sauerrahm
Zutaten

Das Ei wird mit dem Rahm und etwas Salz gut gemischt und in der heißen Butter verrührt, bis sich eine lockere Masse bildet. Der feingehackte Schinken wird dann über das Rührei gestreut; zum Schluß wird noch ein wenig feingeschnittener Schnittlauch daraufgegeben und dem Kranken rasch aufgetragen.

886. Kalbshirn mit Ei

½ Kalbshirn
2 dag Butter
1 Ei
Zutaten

Das Kalbshirn wird mit siedendem Wasser abgebrüht, enthäutet, kalt abgespült und grob gehackt. In einer kleinen Pfanne läßt man die Butter heiß werden, gibt feingehackte grüne Petersilie, das Hirn und etwas Salz dazu. Ist das Hirn gut angeröstet, schlägt man das Ei darüber, läßt das Eiweiß gar werden und reicht es dem Kranken mit geröstetem Weißbrot und mit feingehacktem Petersiliengrün bestreut.

887. Gebackenes Kalbsbries

1 Kalbsbries
5 dag Butter
2 dag Brösel
1 Ei
Zutaten

Das Kalbsbries wird in 4 Teile geteilt, im Ei und den Bröseln gedreht und in heißer Butter auf beiden Seiten gebacken. Das gebackene Bries wird mit grünem Salat, welcher mit Öl, Zitronensaft und wenig Salz angemacht wird, dem Kranken gegeben.

888. Naturschnitzel

10 dag Kalbsschnitzel
2 dag Butter
1 dag Mehl
Zutaten

Das Kalbsschnitzel wird geklopft, in Mehl getaucht, in der Butter auf beiden Seiten gebraten und nur wenig gesalzen. Hernach gibt man etwas Wasser in die Pfanne, so daß ein Bratensaft entstehen kann, welchen man einmal aufsieden läßt. Das Schnitzel wird mit dem heißen Saft auf einem Teller angerichtet. Als Beilage gibt man weichgekochten Karfiol, Kartoffelbrei oder gedünsteten Reis.

889. Beefsteak

10 dag Lungenbraten
1 Ei
2 dag Butter
Zutaten

Der Lungenbraten wird sehr fein gehackt, mit Ei, etwas feingehackter Zitronenschale und Salz vermengt, zu einem Laibchen geformt, auf beiden Seiten in Butter gebraten und heiß dem Kranken gereicht. Dazu gibt man gedünstete Äpfel.

890. Rehschnitzel

10 dag Rehschnitzel
3 dag Butter
2 dag Mehl
1 Löffel Sauerrahm
Zutaten

Das Fleisch wird geklopft, mit Zitronensaft beträufelt und in Mehl getaucht (nur auf einer Seite). Das Schnitzel wird mit der bemehlten Seite in die heiße Butter gelegt, mit etwas Majoran, Thymian und feiner Zitronenschale bestreut, auf beiden Seiten schön überbraten und nur sehr mäßig gesalzen. Nun übergießt man mit 2 Eßlöffeln Wasser, läßt aufsieden, gibt Rahm bei, läßt nochmals aufsieden und richtet das Schnitzel mit dem Saft auf einem sehr heißen Teller an. Als Beilage reicht man weichgekochte Nudeln und Preiselbeeren.

891. Gedünstetes Huhn

10 dag Huhn
3 dag Butter
Zutaten

Ein Stück Hühnerbrust wird etwas gesalzen, in eine mit Butter belegte Kasserolle gegeben, mit Zusatz von ganz wenig Wasser unter öfterem Begießen gut zugedeckt weich gedämpft. Gedünsteter oder chinesischer Reis eignet sich als Beilage.

892. Blaugesottene Forelle

1 kleine Forelle
2 dag Butter
Zutaten

Die Forelle wird ausgenommen, innen gesalzen und mit Weinessig übergossen. Aus ½ Liter Wasser, Suppenwurzeln, 1 Lorbeerblatt, 3 Eßlöffeln Weinessig, etwas Zitronensaft und Salz bereitet man einen Fischsud, läßt diesen gut kochen und rückt ihn dann an den Herdrand. Dort soll nun die in den Sud eingelegte Forelle 15 Minuten ziehen, nicht wallen, sondern nur auf dem Siedepunkt erhalten bleiben. Die Forelle wird mit flüssiger Butter und Petersilienkartoffeln gereicht.

893. Gedünstete Äpfel

25 dag Äpfel
3 dag Zucker
Zutaten

⅛ Liter Wasser oder Süßmost wird mit dem Zucker, Zitronenschalen, 2 Gewürznelken und 1 Teelöffel Zitronensaft gekocht. In diesem Saft läßt man die geschälten, halbierten Äpfel zugedeckt weich dünsten. Gedünstete Birnen bereitet man auf die gleiche Weise, auch Zwetschken, Marillen, Kirschen und Beerenobst bereitet man nach obiger Angabe zu. Je nach Verordnung des Arztes wird das Obst geschält oder ungeschält verwendet.

894. Apfelmus

½ kg Äpfel
2 dag Zucker
Zutaten

Die Äpfel werden ungeschält, ohne Wasser, zugedeckt im Rohr weich gedünstet. Sind sie weich, so werden sie passiert und gezuckert und entweder warm oder kalt gereicht.

895. Erdbeeren mit Milch und Zucker

20 dag Erdbeeren
2 dag Zucker
⅛ Liter Milch
Zutaten

Reife Wald- oder Gartenerdbeeren bestreut man nach vorherigem Waschen und Einschichten in eine kleine Schüssel mit dem Zucker und schüttet die kalte Milch darüber. Falls es der Arzt gestattet, kann man die Erdbeeren auch mit ⅛ Liter Schlagobers mischen.

896. Obstsaftpudding

¼ Liter Obstsaft
3 dag Weizengrieß
Zutaten

In den siedenden Obstsaft wird der Grieß unter fortwährendem Rühren eingekocht, 15 Minuten sieden gelassen, dann in eine mit Wasser ausgespülte kleine Schüssel oder Kaffeetasse eingefüllt und kalt gestellt. Nach dem Erkalten wird die Speise gestürzt und dem Kranken mit Vanillecreme gereicht.

897. Milchpudding

¼ Liter Milch
3 dag Weizengrieß
2 dag Butter
2 dag Zucker
Zutaten

Milch, Butter, Zucker, etwas Vanille und ganz wenig Salz bringt man zum Sieden und kocht unter fortwährendem Rühren den Grieß ein. Die weitere Behandlung ist wie beim Obstsaftpudding. Zum Milchpudding reicht man einen beliebigen Obstsaft.

898. Kalter Schokoladenreis

5 dag Reis
2 dag Kakao
½ dag Zucker
¼ Liter Milch
Zutaten

Milch, Reis, Kakao und Zucker versprudelt man gut und läßt den Reis weich kochen. Die Masse kommt in eine mit kaltem Wasser ausgespülte Form, wird kalt gestellt, auf einen Teller gestürzt und so dem Kranken gereicht. Bewährt sich gut bei Durchfall.

899. Weincreme (Chaudeau)

⅛ Liter Wein
2 Dotter
3 dag Zucker
Zutaten

Wein oder Most, Dotter und Zucker werden auf jähem Feuer unausgesetzt mit der Schneerute geschlagen, bis die Masse zu sieden beginnt und dicklich wird. Nun zieht man den Topf vom Feuer und schlägt weiter, bis das Ganze dick und schaumig ist. Die Creme wird dem Patienten mit Zwieback oder Keks gereicht.

900. Zitronenlimonade

1 Zitrone
2 dag Zucker
Zutaten

In ¼ Liter Wasser gibt man den Saft einer Zitrone und löst den Zucker darin auf. Sie wird je nach Krankheit heiß oder kalt verabreicht.

901. Orangenlimonade

2 Orangen
1 dag Zucker
Zutaten

Die Bereitung ist gleich wie bei der Zitronenlimonade.

902. Saure Milch

1 Liter Milch
⅛ Liter saure oder Buttermilch
Zutaten

Die Milch wird unter stetem Rühren möglichst schnell zum Sieden gebracht, dann rasch im kalten Wasserbad auf 38 bis 40 Grad Celsius wieder unter stetem Umrühren zurückgekühlt, die Buttermilch oder dicke saure Milch langsam eingequirlt und in Gläser gefüllt. Diese werden zum Eindicken an einem warmen Ort aufgestellt und so lange stehengelassen, bis die Milch dick geworden ist. Dies dauert je nach der Temperatur des Raumes 3 bis 6 Stunden. Ist die Sauermilch dick, dann wird sie zum Auskühlen in den Kühlschrank gestellt. Solche saure Milch ist ein wahres Allheilmittel, welches den Durst löscht, nährt und den Darm desinfiziert.

Rohkostspeisen

Frischkost ist gleichbedeutend mit vitamin- und nährsalzreicher, somit äußerst gesunder Nahrung. Bereichert werden diese Frischkostspeisen noch vielfach durch Schalenobst (Mandeln, Nüsse), Sauerrahm, Topfen. Dies ergibt dann eine mit allen Nähr- und Wirkstoffen gesättigte Nahrung. Alles, was den Menschen unzuträglich sein kann, wie Fleisch, schwer verdauliche Fette, Salz, wie überhaupt scharfe Gewürze u.dgl., kommt bei Frischkost nicht in Betracht. Das durch die Sonne gereifte Obst, auch Gemüse, wird hier der Hauptsache nach verwendet.

Zur Bereitung dieser Frischkostspeisen verwendet man verschiedene Apparate. Mittels einer Saftzentrifuge bereitet man mühelos die sehr vitamin- und nährsalzreichen Obst- und Gemüsesäfte, mit dem Mixer die köstlichen Fruchtcremen. Frischkostsäfte, wie Obstsaft oder Obstgemüsesaft, werden nach ihrer Bereitung sofort getrunken, nur so bleiben alle Wirkstoffe erhalten. Die Cremen kann man beliebig mit Milchprodukten oder Obst garnieren, Beeren eignen sich dazu am besten. Man kann sie aber auch mit geriebenen Nüssen oder gerösteten Haferflocken bestreuen.

903. Müsli aus frischem Getreideschrot
(für eine Person)

3 Eßlöffel frisch geschroteter Weizen und Roggen werden eine Stunde in lauwarmem Wasser gut eingeweicht. Das Wasser sollte nicht darüberstehen. Dann gibt man 1 Eßlöffel Haferflocken, 1 Teelöffel Leinsamen und 1 Eßlöffel Topfen dazu. Zum Süßen nehmen wir nur Honig. Je nach Jahreszeit kommt frisches Obst dazu, wie Äpfel, Möhren oder Beeren, Weintrauben usw. Auch Nüsse, Trockenfrüchte, wie Rosinen, Datteln, Aprikosen usw., sind sehr gesund. Verdünnt wird das Müsli mit Milch, Buttermilch oder Fruchtsaft. Wir können auch Zitrusfrüchte hineingeben. Wenn wir täglich dieses Frischschrotmüsli essen, tun wir sehr viel für unsere Gesundheit. Wichtig ist, daß es abwechslungsreich gemacht wird.

904. Birchermüsli mit Joghurt
(für eine Person)

1 großer Apfel
1 Glas Joghurt
1 Eßlöffel Honig
Zutaten

Joghurt, Honig und den Saft einer halben Zitrone gut vermischen. Vor dem Servieren den gewaschenen, geriebenen Apfel sofort unter die Joghurtmasse ziehen, damit die Äpfel nicht braun werden. Mit Nüssen, Weizenkeimen oder Getreideflocken bestreuen.

905. Habermus
(für eine Person)

3 Eßlöffel Dinkel
1 dl Milch
1 Apfel
Zimt und Honig
Zutaten

Den geschroteten Dinkel über Nacht in Wasser einweichen und in den Kühlschrank stellen. Am Morgen die Milch aufkochen, den Dinkel hineingeben und kurz aufkochen lassen. Der Apfel wird hineingerieben, gewürzt wird mit Honig und serviert mit Zimt. Man kann auch einen Eßlöffel Haferflocken mitkochen lassen.

906. Topfencreme mit Früchten

20 dag Topfen
5 dag Zucker
3 dag Bananen
3 Orangen
1 Zitrone
¼ Liter Buttermilch
Zutaten

Topfen, Zucker, die geschälten und entkernten Orangen und die Zitrone mixt man erst allein fein und dann noch kurz mit Buttermilch. Die in Gläser gefüllte Creme kann man mit dünnen Bananenscheiben verzieren.

907. Topfen-Erdbeer-Speise
(für 6 Personen)

30 dag Topfen
30 dag Erdbeeren
⅛ Liter Milch
2 Eier
2 Eßlöffel Honig
Zutaten

Topfen, 20 dag Erdbeeren, Eier, Milch, Honig und Vanillezucker werden im Mixer vermischt, in eine Glasschüssel gegeben und kalt gestellt. Man garniert mit den restlichen Erdbeeren und nach Wunsch mit Schlagobers.

908. Honigcreme mit Beeren

10 dag Honig
25 dag Erdbeeren, Himbeeren oder Johannisbeeren
20 dag Topfen
¼ Liter Schlagobers
Zutaten

Topfen, Honig und Erdbeeren mixt man fein, gibt das Schlagobers dazu und mixt noch einmal kurz.

909. Joghurtfrüchtecreme

25 dag Früchte
10 dag Zucker oder Honig
¼ Liter Joghurt
¼ Liter Schlagobers
Zutaten

Beliebige Früchte werden mit dem Honig im Mixer fein püriert, dazu gibt man Joghurt und Schlagobers und mixt noch einmal kurz. Die sehr feine Creme wird mit beliebigem Teegebäck serviert.

910. Apfelcreme

50 dag Äpfel
6 dag Zucker
¼ Liter Schlagobers
½ Zitrone
Zutaten

Die geschälten, entkernten Äpfel, Zucker und der Zitronensaft werden fein gemixt. Hierauf gibt man das Schlagobers dazu und mixt noch ganz kurz.

911. Nußcreme

60 dag Äpfel
15 dag Nüsse
10 dag Honig
½ Zitrone
Zutaten

Erst werden die Nüsse im Mixer fein püriert, dazu gibt man die geschälten, entkernten Äpfel, den Zitronensaft und den Honig. Ist die Masse gleichmäßig fein, richtet man sie in Gläsern an.

912. Mandelcreme

20 dag Mandeln
20 dag Topfen
10 dag Honig
¼ Liter Milch
Zutaten

Mandeln, Honig und Milch werden fein gemixt, dazu gibt man den Topfen und 1 Eßlöffel Zitronensaft und mixt noch kurz, bis alles gut püriert ist.

913. Schokoladencreme

20 dag Topfen
10 dag Schokoladen-
  pulver
5 dag Zucker
5 dag Mandeln
2 Dotter
¼ Liter Milch
Zutaten

Schokolade, Mandeln, Zucker, Dotter und Milch werden fein gemixt, dazu gibt man den Topfen und mixt weiter, bis alle Zutaten fein vermischt sind.

914. Orangencreme

25 dag Topfen
10 dag Honig
4 Orangen
¼ Liter Milch
Zutaten

Die geschälten, entkernten Orangen mixt man erst mit Honig und Milch gut durch, gibt den Topfen bei und mixt die Creme fein.

915. Obstcreme

Zutaten
50 dag Beeren
20 dag Topfen
5 dag Honig
10 dag Haferflocken
⅛ Liter Schlagobers
½ Zitrone

Himbeeren oder Erdbeeren, Haferflocken, Honig und Zitronensaft mixt man fein, gibt Topfen und Schlagobers bei und mixt, bis alles gut vermischt ist.

916. Vanillecreme

Zutaten
25 dag Topfen
10 dag Zucker
3 Dotter
¼ Liter Schlagobers
2 Päckchen Vanillezucker

Eidotter, Zucker und Süßrahm werden erst allein und dann mit Vanillezucker und Topfen kurz gemixt.

917. Bananenschnee
(für 1 Person)

Zutaten
1 Banane
1 Eiklar
1 Teelöffel Honig

Banane mit der Gabel zerdrücken, Eiklar zu Schnee schlagen und locker unterziehen. Mit Honig süßen.

918. Erdbeercreme

Zutaten
50 dag Erdbeeren
10 dag Zucker
¾ Liter Milch
1 Päckchen Vanillezucker
½ Zitrone

Erdbeeren, Zucker, Milch und Vanillezucker mixt man erst allein und dann kurz mit Zitronensaft.

919. Obstsaft

Zutaten
30 dag Äpfel oder Birnen
1 Zitrone

Beliebige Obstarten gibt man durch die Saftzentrifuge. Dieser köstliche Saft wird mit Honig gesüßt.

920. Obst-Gemüse-Saft

½ Sellerie
2 Möhren
1 Rote Rübe
2 Äpfel
2 Orangen
1 Zitrone
Zutaten

Das gereinigte Gemüse, Äpfel, geschälte Orangen und die Zitrone gibt man durch die Saftzentrifuge, vermischt den Saft mit einem Eßlöffel Honig und trinkt ihn mittags anstelle von Suppe vor der Hauptmahlzeit.

921. Rohe Gemüsesäfte

Säfte aus frischen Gurken, Karotten, Tomaten, Rettichen, Roten Rüben, Spinat, Sellerie oder Sauerkraut sind hochwirksame Vitaminträger, wirken reinigend und entschlackend für den Körper. Sie werden mit den handelsüblichen Saftpressen oder -zentrifugen hergestellt und müssen sofort getrunken werden. Mit Milch verdünnt, sind sie besonders leicht verträglich. Noch wertvoller werden die frischen Gemüsesäfte durch Beigabe von Bierhefe.

922. Frische Obstsäfte

Säfte aus frischen Erd-, Him-, Brom-, Schwarzbeeren sowie Ribisel- (vor allem schwarzer) oder Apfel-, Ananas-, Grapefruit-, Orangen-, Zitronensaft, überhaupt alle frischen Obstsäfte gehören jeden Tag auf den Speisezettel. Sie müssen sofort nach der Bereitung getrunken werden, damit keine Vitaminverluste entstehen.

Alle Obst- und Gemüsesäfte werden durch Beigabe von Bierhefe bereichert. Ob man die frischen Säfte zum Frühstück oder statt Suppe zu Mittag nimmt bzw. sie tagsüber trinkt, bleibt jedem selbst überlassen.

923. Karottensaft mit Milch

Man nimmt pro Person eine große oder mehrere kleine Karotten und gibt sie in die Saftpresse, vermischt einen Teil Karottensaft mit zwei Teilen Milch und reicht das Getränk sofort. Wenn man pro Person noch einen Teelöffel Bierhefe dazugibt, erhält man ein besonders wertvolles, gesundes Getränk. Die Bierhefe erhält man in Reformhäusern. Sie ist reich an Vitamin B.

924. Tomatenmilch

Man mischt 3 Teile Milch oder Buttermilch mit 2 Teilen Tomatensaft im Mixer oder Schüttelbecher und serviert sofort.

925. Feine Rohkost

Zutaten
3 bis 4 Karotten
1 großer Apfel
1 Dillgurke
10 dag rohes Sauerkraut
1 Orange
1 Zwiebel
1 Zitrone

Das Sauerkraut wird fein geschnitten, Karotten, Apfel, Gurke, Zwiebel und ein wenig Kren werden gerieben, die Orange in kleine Stücke zerteilt. Alle diese Zutaten werden mit 2 Eßlöffeln Maiskeimöl und 3 Eßlöffeln Zitronensaft gut vermischt und mit grünem Salat oder Brunnenkresse garniert.

926. Rettich-Rohkost

Ein schwarzer Rettich wird geschält, fein gerieben und leicht gesalzen. 1 Möhre und ein Apfel werden ebenfalls gerieben und mit 1 Eßlöffel Zitronensaft und 1 Kaffeelöffel kalt gepreßtem Sonnenblumenöl gut vermischt.
Man würzt mit Basilikum und feingehacktem Petersiliengrün.

927. Waldorf-Salat

1 Orange, 1 Scheibe Ananas, 1 Apfel, 1 Stück gekochte Sellerie und 5 dag Nüsse werden gleichmäßig geschnitten und mit einer Marinade abgemacht.
Marinade: Joghurt mit Salz und Zitronensaft sowie etwas Zucker abschlagen.

928. Reissalat mit Obst

Zutaten
20 dag Reis
1 kg Früchte

Der Reis wird in reichlich Wasser weich gekocht. (20 Minuten. Vollreis muß länger gekocht werden.) Man läßt ihn gut abtropfen, salzt ihn, gibt Zitronensaft und Zucker nach Geschmack dazu und läßt ihn stehen. Äpfel, Birnen, Zwetschken, Kirschen, Pfirsiche, Marillen, Beerenobst und Bananen, natürlich auch Orangen, je nach Jahreszeit, werden in Streifen geschnitten bzw. entkernt. Das Beerenobst wird nur gewaschen. Die Früchte werden mit dem Reis vermischt, mit Zucker, notfalls auch etwas Fruchtsaft, abgeschmeckt. In Portionsschüsseln sehr kalt servieren. Wenn man statt Zukker Honig nimmt und mit geriebenen Nüssen bestreut, hat man eine wertvolle, erfrischende Speise.

929. Tomaten mit Topfenfülle

6 große Tomaten
30 dag Topfen
3 Eßlöffel Sauerrahm
Zutaten

Der Deckel wird von den festen Tomaten abgeschnitten, und diese werden vorsichtig ausgehöhlt. Der Topfen wird passiert und mit Rahm, Salz, feingeschnittener Zwiebel, Petersiliengrün, Kümmel, Paprika und dem Inneren der Tomaten vermischt. Damit füllt man die ausgehöhlten Tomaten hoch auf, bestreut mit feingeschnittenem Schnittlauch und setzt sie auf Salatblätter, die man mit Zitronensaft beträufelt.

930. Topfenaufstrich mit Kren

10 dag Topfen
1 Eßlöffel Sauerrahm
1 Eßlöffel geriebener Kren
1 Teelöffel Hefeflocken
Zutaten

Topfen nacheinander mit Rahm, ein wenig Zitronensaft, Hefeflocken und geriebenem Kren glatt verrühren. Schmeckt zu frisch gekochten Kartoffeln ausgezeichnet.

931. Bunter Gemüsesalat

6 Tomaten
3 grüne Paprika
1 Schlangengurke
3 kleine Karfiolröschen
3 Eier
1 Zwiebel
6 Eßlöffel Essig
4 Eßlöffel Öl
Zutaten

Die festen Tomaten in Scheiben, die grünen ausgehöhlten Paprika in Streifen schneiden, kleine Karfiolröschen und die in Scheiben geschnittene, ungeschälte Gurke auf einer Platte schön anrichten, mit hartgekochten Eischeiben und Petersiliengrün garnieren. Die Salatsoße wird in einer kleinen Schüssel fein abgeschmeckt und dazugestellt, so daß sich jeder nach Geschmack bedient.

S a l a t s o ß e : Weinessig, Öl, Salz, etwas Senf und feingehackte Zwiebel sowie Schnittlauch gut abschlagen.

Wildkräuter

Schon unsere Vorfahren wußten die Wildkräuter zu schätzen. Wir sollten sie nicht nur für Heiltees verwenden, auch unser Speisezettel sollte damit bereichert werden. Besonders nach den vitaminarmen Wintermonaten sind Wildkräuter ein wahres Gottesgeschenk.

Kräutersäfte, Kräutersalat, Kräutersuppen und -soßen sowie Brotaufstriche sind nicht nur für unsere Gesundheit äußerst wertvoll, sondern dienen auch der Entlastung unseres Haushaltsbudgets.

Wildkräutersäfte

Wildkräutersäfte werden mit einer handelsüblichen Saftzentrifuge oder Saftpresse hergestellt. Kleine Mengen kann man auch fein hacken und durch ein poröses Leinentüchlein pressen.

Wichtig ist, daß die Kräuter vollkommen frisch, sauber gewaschen sind und der Saft sofort getrunken wird.

Zur besseren Verdauung und zur Milderung des Geschmackes kommen auf einen Teil Saft vier Teile Milch.

Folgende Wildkräutersäfte sind für die Gesundheit von höchster Bedeutung:

Junge Brennesselblätter ergeben einen blutbildenden, reinigenden Saft.

Löwenzahnsaft (es werden nur die jungen Blätter vor der Blüte genommen) reinigt und stärkt die Galle, Bauchspeicheldrüse und Leber.

Die Blätter der Brunnenkresse müssen eine halbe Stunde in eine starke Salzlösung (1 Liter Wasser - 1 Teelöffel Salz) gelegt werden. Gründlich kalt nachspülen, damit eventuelle Schmarotzer beseitigt werden. Der Saft der Brunnenkresse regt die Verdauung an und reinigt Darm, Galle und Leber.

Die zarten Blätter der Schafgarbe ergeben einen Saft, der sehr blutreinigend wirkt.

Die Blätter der Birke reinigen als Saft die Nieren, fördern eine reine Haut und den Haarwuchs.

Der Saft der Blätter des Spitzwegerichs reinigt die Atmungsorgane.

Zinnkrautsaft wirkt reinigend für Blut und Nieren.

Es ist sehr gesundheitsfördernd, einen Wildkräutersaft mit Milch verdünnt vor dem Mittagessen anstelle einer Suppe zu sich zu nehmen.

Junge Brennesseln, Löwenzahn, Schafgarbe, Birkenblätter usw. kann man ruhig zu gleichen Teilen mischen. Geschmacksverbessernd sind wenige Blätter Liebstöckl.

Wildkräutersäfte müssen immer verdünnt, am besten mit Milch, genommen werden.

932. Frühlingssuppe

Je 3 dag Brennesseln, Kerbelkraut, Gundelrebe, Löwenzahn, Spitzwegerich Sauerampfer, Schafgarbe, Veilchenblätter, Schnittlauch
5 dag Mehl (Vollmehl)
3 dag Reis
5 dag Butter
3 Eßlöffel Sauerrahm
1 Ei
Zutaten

Die Frühlingskräuter werden fein gewiegt, die Hälfte mit etwas Zwiebel, Mehl und Reis in Butter gedämpft, mit ¼ Liter kaltem Wasser übergossen, gesalzen und mit 1¾ Liter siedender Wurzelsuppe gekocht. Diese Suppe wird mit Rahm und Ei legiert und mit dem Rest der sehr fein gewiegten Kräuter gemischt. Sofort servieren.

933. Haferflocken-Wildkräuter-Suppe

14 dag Haferflocken
3 dag Butter
3 Eßlöffel gehackte Wildkräuter
2 Eßlöffel Sauerrahm
Zutaten

Die Haferflocken werden in der Butter kurz angeröstet, mit 2 Liter siedendem Wasser vergossen, wenig gesalzen und gekocht. Vor dem Anrichten zieht man den Sauerrahm darunter und bestreut die Suppe mit den gehackten Wildkräutern, wie junge Brennesseln, Löwenzahn, Gänseblümchen, Kerbelkraut, Taubnessel, Sauerampfer, Schafgarbe, Schlüsselblumen, Spitzwegerich, Veilchen und Petersilie.

934. Kartoffel-Wildkräuter-Suppe

Zutaten
1 kg Kartoffeln
4 dag Speck
3 dag Mehl oder Vollmehl
3 Eßlöffel gehackte Wildkräuter
2 Eßlöffel Sauerrahm

Die Kartoffeln werden gewaschen, geschält, in kleine Stücke geschnitten und in 1¾ Liter Wasser zum Sieden gebracht. Aus dem würfelig geschnittenen Speck, Zwiebel und Mehl wird eine lichte Einbrenn gemacht, mit ¼ Liter kaltem Wasser vergossen, gesalzen, glatt verrührt zur Suppe gegeben und das Ganze weich gekocht. Vor dem Anrichten wird die Suppe mit dem Sauerrahm und den Wildkräutern siehe Nr. 933 bestreut zu Tisch gebracht.

935. Kräutersalat

Schlüsselblumenblättchen, junge Brennesseln, Kresse, Löwenzahn mit Kopfsalat mischen. Aus Sonnenblumenöl, Zitronensaft, Zwiebel, etwas Knoblauch und Salz eine Salatsoße machen. Zum Abschluß geriebene Karotten und Schnittlauch daruntermischen.

936. Brunnenkressesalat

Die Blätter der Brunnenkresse sind ½ Stunde in eine starke Kochsalzlösung (auf 1 Liter Wasser 1 Teelöffel Salz) einzulegen, dann in klarem Wasser nachzuspülen, damit eventuelle Schmarotzer beseitigt werden. Den gut abgetropften Salat in eine einfache Salatsoße aus Zitronensaft, Sonnenblumenöl und Salz geben. Zur Milderung der Schärfe können Sauerrahm oder Buttermilch und 1 bis 2 gekochte, geschnittene Kartoffeln dazugegeben werden.

937. Spinatsalat mit Löwenzahn

Zutaten
30 dag Spinat
10 dag Löwenzahnblätter

Spinat, zarte Löwenzahnblätter (vor der Blüte) und etwas Sauerampfer werden sehr gut gewaschen, gut abtropfen gelassen und feinnudelig geschnitten. Weinessig oder Zitronensaft, Sonnenblumenöl und Salz mischt man mit feingehacktem Petersiliengrün, feingeschnittener Zwiebel und ein paar zarten Sellerieblättern zu einer pikanten Salatsoße, die man über den Spinat und Löwenzahn gibt. Nimmt man statt Öl Sauerrahm, erhält man einen sehr nahrhaften Salat.

938. Löwenzahnsalat mit Eiern

Man kocht pro Kopf ein Ei, halbiert es und zerdrückt den Dotter mit Öl, Zitrone oder echtem Weinessig zu einer dicken Soße, die mit Sauermilch gestreckt wird. In diese Soße gibt man die geschnittenen Löwenzahnblätter (vor der Blüte) und das gehackte Eiweiß, bestreut mit Schnittlauch und reicht den Salat zu frischen Kartoffeln.

939. Halbrohes Spinat-Brennessel-Gemüse

40 dag Spinat
20 dag junge
 Brennesseln
1 große Zwiebel
4 dag Sonnen-
 blumenöl
Zutaten

Spinat und Brennesseln werden gründlich gewaschen und gehackt. Inzwischen hat man die zerkleinerte Zwiebel in ein wenig Wasser angedünstet. Nun gibt man die Hälfte des vorbereiteten Gemüses mit etwas Wurzelsuppe oder Wasser und ein wenig Hefewürze dazu. Wenn das Gemüse weich ist, fügt man das restliche rohe Gemüse und das Öl bei, gibt den in Salz zerdrückten Knoblauch dazu und bestreut den Spinat vor dem Anrichten mit Petersiliengrün.

940. Speckspinat mit Brennesseln

80 dag geputzter
 Spinat
20 dag junge
 Brennesseln
5 dag Fett
15 dag Speck
Zutaten

Die Hälfte des gut geputzten Spinats und die Brennesseln werden roh gehackt in Fett mit einer feingeschnittenen Zwiebel gedünstet, mit Salz abgeschmeckt, mit einer Messerspitze Mehl gestäubt und mit etwas Suppe vergossen, kurz aufgekocht und mit gerösteten Speckwürfeln bestreut. Die andere Hälfte kommt gehackt roh ins fertige Gemüse.

941. Kräuter-Kartoffelpüree

1 kg geschälte, rohe Kartoffeln
20 dag junge Brennesseln
¼ Liter Milch
2 Eßlöffel Öl
Zutaten

Die gewaschenen Brennesseln in wenig Wasser weich kochen und hacken. Eine Zwiebel klein schneiden, in Öl anlaufen lassen und die gehackten Brennesseln beigeben. Die Kartoffeln in Salzwasser weich kochen, abseihen und mit heißer Milch glatt abschlagen. Das Brennesselgemüse dazugeben, mit Muskat den Salat abschmecken. Mit Eischeiben und Radieschen garnieren.

942. Kräuteromelette

14 dag Mehl oder Vollmehl
¼ Liter Milch/Wasser
3 Eier
4 Eßlöffel feingehackte Kräuter
4 dag Öl
Zutaten

Aus Mehl, Milch, Eiern und Salz rührt man einen glatten Teig. Schnittlauch, Kresse, Brennessel, Löwenzahn, Petersiliengrün und etwas Zwiebel hackt man fein und rührt sie unter den Teig. In einer Omelettenpfanne bäckt man dünne Omeletten und reicht sie, mit Petersiliengrün bestreut, zu Salat. Mit geriebenem Käse bestreut, schmeckt die Omelette ausgezeichnet.

943. Kräuter- oder Spinatschnitten

6 Scheiben Weiß- oder Schwarzbrot
⅛ Liter Milch
⅛ Liter Sauerrahm
5 dag Mehl
1 Ei
3 Eßlöffel feingehackte Kräuter
Öl zum Backen
Zutaten

Milch und Mehl unter ständigem Rühren zu einem dicken Brei kochen. Ist dieser ausgekühlt, gibt man Ei, Sauerrahm, Kräuter, Salz und Hefewürze dazu. Bei Spinat würzt man kräftig mit Knoblauch. Die 1 cm dicken Weiß- oder Schwarzbrotschnitten werden mit der Kräutermasse auf einer Seite ½ cm dick bestrichen. Es empfiehlt sich, die Oberfläche mit Eiweiß zu bepinseln. Die Schnitten werden in Öl halbschwimmend herausgebacken.

Verschiedene Speisezettel

Weil nicht nur von der richtigen Zubereitung, sondern auch von der zweckmäßigen Zusammenstellung der einzelnen Speisen zu einer Mahlzeit die Gesundheit der Familie abhängt, so muß der Speisezettel mit Verständnis gemacht werden.

Leider wird den Frauen bisweilen zuwenig Gelegenheit geboten, sich mit dem Nährstoffverhältnis der einzelnen Nahrungsmittel vertraut zu machen, und dies ist auch die Ursache der einseitigen Ernährung, die unfehlbar zur Krankheit führen muß. In einem einfachen Haushalt, wo mit den Nahrungsmitteln gespart werden muß, rächt sich diese Unkenntnis doppelt. Man trinkt z.B. dort täglich Bier, spart aber mit der Milch. Man glaubt, das teure Fleisch nicht entbehren zu können, und übersieht, daß man die Eiweißstoffe in Hülsenfrüchten, Hafergerichten, Eiern, Magerkäse, Topfen usw. in so reicher Menge und so billig erhält, daß der Körper auch ohne Fleischnahrung gesund und leistungsfähig sein kann.

Wir müssen vorerst nach gesunden Nahrungsmitteln trachten. Die Mahlzeiten müssen ferner alle Nährstoffe, die zum Aufbau und zur Erhaltung des menschlichen Körpers gebraucht werden, in genügender Menge enthalten.

Sollen die Speisen vom Magen gut verdaut und ausgenützt werden, so müssen sie nicht nur gut zubereitet sein, sondern auch in reicher Abwechslung angeboten werden, denn in der richtigen Abwechslung liegt das Geheimnis, Appetit zu erregen. „Der Mensch lebt nicht von dem, was er ißt, sondern von dem, was er verdaut!" Auch dem Auftragen der Speisen ist große Sorgfalt zu widmen. Der Tisch ist sauber zu decken, die Gerichte sind schön angerichtet und, wo es passend ist, mit etwas Grünem bestreut auf den Tisch zu bringen. „Der Mensch ißt nicht nur mit dem Munde, sondern auch mit den Augen!" Jede Mahlzeit sollte ein Fest sein, das die Teilnehmer durch freundliche Worte, saubere Kleidung und schickliches Essen würzen sollten. Man vermeide bei einer Mahlzeit Gerichte von ähnlichem Geschmack und reiche z.B. nicht gleichzeitig Kartoffelsuppe und Kartoffelbrei, Erbsensuppe und Linsen.

Drei ausgiebige Mahlzeiten genügen und machen die Zwischenmahlzeiten entbehrlich.

Vor der Mahlzeit frisches Obst oder Gemüse zu nehmen, bereichert sie mit Vitaminen und fördert nach den neuesten Ernährungsgrundsätzen die Verdauung ganz besonders.

Die Zusammenstellung der nachfolgenden Speisezettel hat den Zweck, zu zeigen, wie eine abwechslungsreiche, gesunde Kost geboten werden kann. Die Empfehlungen sind für sechs Personen zusammengestellt.

Ein Speisezettel stellt die Mahlzeit dar, und die darin angegebenen Gerichte sind im Ausmaß so berechnet, daß sie, wenn der Speisezettel im ganzen richtig eingehalten wird, vollkommen ausreichen.

Zeitgemäße Speisenfolge nach neuen Ernährungsgrundsätzen

Etwa ein Drittel unserer täglichen Nahrung sollte in rohem, naturbelassenem Zustand gegessen werden.

Wichtig ist, daß die Rohkost immer als Einleitung der Mahlzeit genommen wird. Die Speisen werden dadurch besser verdaut.

Kren (Meerrettich) sollte besonders in der vitaminarmen Zeit täglich auf den Tisch kommen. Jeder Salat sowie jedes Gemüse werden damit noch aufgewertet. Besonders Fleischspeisen werden durch Kren leichter verdaulich. Er ist die Polizei im Körper.

Speisezettel für eine Woche im Frühjahr

Montag
Früh: Obst (Bananen, Orangen, Apfel), Milch, Vollkornbrot mit Butter und Honig.
Mittag: Brunnenkressesalat, Kartoffelsuppe mit Hefeflocken, Topfenpudding mit Apfelkompott.
Abend: Kräutertee sowie mit Radieschen und Schnittlauch belegte Brote.

Dienstag
Früh: Müsli aus frischem Getreideschrot, Knäckebrot mit Butter und Honig.
Mittag: Brennesselsaft mit Milch, Wurzelfleisch mit Bratkartoffeln, Endiviensalat mit Kren, Preiselbeerschaum.
Abend: Topfenaufstrich mit Kräutern und Schnittlauch, Vollkornbrot, Sauermilch.

Mittwoch
- Früh: Obst, Malzkaffee, Schwarzbrot, Butter, Honig, Konfitüre.
- Mittag: Feine Rohkost, Haferflocken-Wildkräutersuppe, Topfenknödel mit Zwetschkenpfeffer.
- Abend: Löwenzahnsalat mit Eiern, Milch und Schwarzbrot.

Donnerstag
- Früh: Obst, Pfefferminztee, Vollkornbrot, Butter, Topfen, Honig und Nüsse.
- Mittag: Karottenmilch, Russisches Krautfleisch, Reissalat mit Obst.
- Abend: Kräuter-Kartoffelpüree mit Eischeiben und Radieschen garniert, Sauermilch.

Freitag
- Früh: Müsli, Schwarzbrot.
- Mittag: Vogerlsalat mit Kren, Frühlingssuppe, Reisauflauf mit Obstsaft.
- Abend: Feinschmeckeromelette mit grünem Salat.

Samstag
- Früh: Habermus mit Honig und geriebenen Äpfeln.
- Mittag: Brennessel-Löwenzahn-Saft mit Milch, Reisfleisch mit gemischtem Salat, Rhabarbersulze.
- Abend: Ochsenmaulsalat mit grünem Salat und Kren, Brot und Süßmost.

Sonntag
- Früh: Obstteller, Kaffee mit Kranzkuchen.
- Mittag: Rohkost aus Gemüse und Kräutern, Wurzelsuppe mit Milzschnitten, Paprikahuhn mit Reis, gemischtem Salat mit Kren, Schokoladensulze mit Schlag.
- Abend: Französischer Salat zu belegten Broten, Apfelsaft.

Speisezettel für eine Woche im Sommer

Montag
- Früh: Ribisel und Nüsse, Haferflocken mit Milch.
- Mittag: Frischer Gemüsesaft, Pasta asciutta, grüner Salat, Topfenerdbeerspeise.
- Abend: Erbsenreis, Gurkensalat mit Rahm.

Dienstag
- Früh: Obst, Malzkaffee, Schwarzbrot, Butter und Honig.
- Mittag: Spinatsalat, Gefüllte Kräutertomaten in Dillsoße, Obstsalat.
- Abend: Frische Kartoffeln mit Kräutertopfen und Sauermilch.

Mittwoch
- Früh: Fruchtdiätspeise (Bircher-

	müsli) und Schwarzbrot und Milch.
Mittag:	Tomatenmilch, Gefüllte Kalbsbrust, Diätkartoffeln, grüner Salat, Erdbeerschaum.
Abend:	Käsebrote mit Tomaten und grünem Paprika, Sauermilch.

Donnerstag
- Früh: Tee aus frischer Pfefferminze, Knäckebrot, Butter, Honig, Beerenteller.
- Mittag: Karottensaft mit Milch, Karfiol in Milchsoße und grüner Salat, Schwarzbeerstrudel.
- Abend: Geröstete Leber mit Petersilienkartoffeln, gemischter Salat.

Freitag
- Früh: Beeren-Rohkost, Getreideflocken und Milch.
- Mittag: Gurkensalat mit Petersiliengrün, Fischfilet mit Tomaten überbacken, Joghurtfruchtcreme.
- Abend: Gestürzter Reis mit Rhabarberkompott.

Samstag
- Früh: Habermus, Brot mit Butter.
- Mittag: Karottenmilch, Reisfleisch mit Gemüsen, grüner Salat, Rote Grütze mit Vanillecreme.
- Abend: Bunter Gemüsesalat zu belegten Broten.

Sonntag
- Früh: Bunte Obstschüssel, Kaffee mit Kärntner Reindling.
- Mittag: Feine Rohkost, Lungenbraten mit Kartoffelbögen, Gurken und Tomatensalat mit Rahm, Obstcreme mit Schokoladeschnitten.
- Abend: Gesundheitsspieß zu grünem Salat.

Speisezettel für eine Woche im Herbst

Montag
- Früh: Obst, Maissterz mit Sauermilch.
- Mittag: Roter Rübensaft mit Milch, Fleischpudding, grüner Salat, Gedünstete Birne mit Nüssen.
- Abend: Flammeri aus Grieß, mit Früchten unterlegt.

Dienstag
- Früh: Obst, Tee aus frischen Hagebutten, belegte Käsebrote mit Schnittlauch.
- Mittag: Geriebene Möhren, Sellerie, Äpfel mit Zitronensaft und Honig, Leber mit Apfelscheiben und Zwiebelringen, Kartoffelpüree, Bohnensalat, Vanillecreme.
- Abend: Schinkenomelette mit Endiviensalat.

Mittwoch
- Früh: Obst, Malzkaffee, Habermus,

	Schwarzbrot, Butter und Honig.
Mittag:	Frischer Traubensaft, Frankfurter Kohl, Zwetschkenkuchen aus mürbem Teig.
Abend:	Joghurt, Topfenaufstrich mit Kren, Kartoffeln in der Schale.

Donnerstag
Früh: Birchermüsli mit Milch und Schwarzbrot.
Mittag: Rettichrohkost, Wildgulasch mit Kartoffelknödeln und Preiselbeeren, Topfencreme mit Obst.
Abend: Endiviensalat mit Tomaten und Eischeiben garniert, Vollkornbrot mit Butter und Sauermilch.

Freitag
Früh: Apfelmus mit Nüssen, Milch, Butter, Knäckebrot.
Mittag: Karottensaft mit Milch, Faschierter Fischbraten, Rohnensalat mit Kren, Pfirsiche mit Topfen und Honig und Zitrone gemixt.
Abend: Haferflockenauflauf mit frischem Kompott.

Samstag
Früh: Weintrauben, Kräutertee, Butter, Honig, Vollkornbrot.
Mittag: Rohkost, Suppe mit Grießnockerln, Gekochtes Rindfleisch, geröstete Kartoffeln, Apfelkren, Hexenschaum.
Abend: Jägerbrot mit Gurken und Tomatenscheiben, Süßmost.

Sonntag
Früh: Weintrauben, Birnen, Äpfel, Kaffee, Streuselkuchen.
Mittag: Frischer Traubensaft, Gegrilltes Huhn, Erbsenreis, gemischter Salat, Diplomatenpudding.
Abend: Gäste-Toast zu grünem Salat.

Speisezettel für eine Woche im Winter

Montag
Früh: Hagebuttentee mit Zitrone und Honig, Vollkornbrot, Butter und Marmelade, Äpfel.
Mittag: Rohkost, Sauerkraut, Möhrensuppe mit Reis, Schinkenpastete mit rotem Rübensalat, Topfencreme.
Abend: Saure Milch mit Kartoffelmischteigsterz.

Dienstag
Früh: Birchermüsli, warme Milch, Vollkornbrot.
Mittag: Roher Gemüsesaft, Hirnpofesen mit Krautsalat, Topfencreme mit Früchten und Nüssen.
Abend: Apfelknödel mit Milch.

Mittwoch
Früh: Äpfel oder Orangen, Habermus, Kakao, Knäckebrot, Butter, Marmelade, Honig.
Mittag: Rettichrohkost, Kalbsoßenfleisch im Reisring, Endiviensalat mit Kren, Apfelcreme.

Abend: Heidensterz mit Sauermilch.

Donnerstag
Früh: Äpfel und Orangen, Malzkaffee, Topfen, Butter, Kornbrot, Honig.
Mittag: Geriebener Apfel, Schottensuppe, Käseschnitzel, gemischter Gemüsesalat mit Kren, Preiselbeerschaum.
Abend: Kräutertee, Fischsalat mit Kartoffeln.

Freitag
Früh: Orangensaft, Haferbrei mit Rosinen und Nüssen, Schwarzbrot.
Mittag: Rettichsaft mit Milch, Gedünstetes Blaukraut mit Äpfeln und Salzkartoffeln, Topfenstrudel.
Abend: Sauerkrautsalat mit Kartoffelpuffer.

Samstag
Früh: Obst, Kräutertee mit Honig, Schwarzbrot mit Butter und Käse.
Mittag: Geriebene Möhren mit Äpfeln, Zitrone und Honig. Szegedinergulasch mit Kartoffeln, Reisspeise mit Rahm und Himbeersaft.
Abend: Aufschnitt, mit Gemüse garniert, Vollkornbrot mit Butter, alkoholfreier Glühwein.

Sonntag
Früh: Obstteller, Kaffee mit Nußpotitze.
Mittag: Weintrauben oder Traubensaft, Suppe mit Leberreis, Nierenbraten mit Bratkartoffeln, gemischter Salat mit Kren, Preiselbeeren, Kastanienpüree mit Schlagrahm.
Abend: Italienischer Salat mit Brot und Kräutertee mit Honig.

Konservieren des Obstes

Die große Bedeutung der mannigfachen Obstarten wird mit Recht immer mehr anerkannt. Ist es doch nachgewiesen, daß die Früchte Bestandteile enthalten, die zur Ernährung des menschlichen Körpers notwendig sind, und daß viele von ihnen medizinische Eigenschaften besitzen, die sich oft wirksamer äußern als Arzneien. Der Genuß von Obst ist Gesunden und Kranken bestens zu empfehlen. Es ist eine angenehme, wohlschmeckende Zugabe zu den verschiedenen Speisen, fördert die Verdauung, reinigt das Blut und führt dem Körper wichtige Nährstoffe, Nährsalze und Vitamine zu. Damit wir jederzeit Obst auf den Tisch bringen können, ist es notwendig, im Sommer und Herbst Vorräte für den Winter zu sammeln bzw. auf das jeweilige Tiefkühlangebot zurückzugreifen. Konservieren sollte man in erster Linie Obst aus dem eigenen Garten.

Äpfel und Birnen bewahrt man in einem luftigen, kühlen Raum auf. Bei der Lagerung entstehen bedeutende Gewichtsverluste durch Verdunstung, Atmung und Fäulnis. Diese werden tunlichst vermieden, wenn die Früchte reif, unverletzt und in einem entsprechenden Raum gelagert werden. Als Lagerraum kommen Keller oder auch ungeheizte, nicht bewohnte Zimmer in Betracht. Der Raum muß eine Temperatur von 3 bis 5 Grad Celsius haben. Seine Lüftung sollte möglich sein, damit die verbrauchte Luft abgeleitet und durch frische ersetzt werden kann. Fremdartige Gerüche sind fernzuhalten, da die Obstarten durch ihre Wachshaut Gerüche annehmen und festhalten und dadurch entwertet werden. Der Lagerraum muß eine entsprechende Einrichtung besitzen. Eine Holzstellage mit verschiebbaren Horden und verschließbarem Drahtgatter eignet sich hierzu am besten. Im Lagerraum sind statt Fenster Gitter und Balken zu verwenden, die bei Tag geschlossen sein müssen, um den Raum dunkel zu halten. Die Früchte müssen gut ausgereift gepflückt werden.

Konservieren durch Dörren

Fast jedes Obst kann durch Dörren haltbar gemacht werden. Ein schmackhaftes Dörrobst kann man freilich nur aus frischen, im Geschmack einwandfreien Früchten herstellen. Die zu dörrenden Früchte werden je nach ihrer Art folgendermaßen vorbereitet:

Gut ausgereifte Heidelbeeren werden gelesen, auf Backbleche oder engmaschige Horden ausgebreitet, auf dem Herd, Dachboden oder an der Sonne getrocknet. Gedörrte Schwarzbeeren kann man an Stelle von Weinbeeren verwenden. Rohe, getrocknete Schwarzbeeren wirken stopfend. Im Wasser eingeweicht und darin gekocht, können sie zu Kompott und Soßen verwendet werden.

Die reifen Zwetschken werden erst einige Tage an der Sonne getrocknet, damit möglichst viel Wasser verdunstet. Die welken Zwetschken werden, mit der Stielöffnung nach oben gerichtet, auf Obsthorden ausgebreitet und langsam getrocknet, bis sie zwar fest, aber nicht hart geworden sind.

Frühäpfel werden geschält oder ungeschält zu Schnitzeln oder Scheiben geschnitten. Die vorbereiteten Apfelstücke werden auf Schnüre gezogen und an der Sonne oder auf Dörrhorden im Rohr oder dergleichen bei nicht zu großer Wärme getrocknet. Das Kerngehäuse kann nach dem Schälen beseitigt werden, wodurch man ein sehr feines Dörrobst gewinnt. Kerngehäuse und Schalen werden zur Herstellung von Obstsulze verwendet.

Wirtschaftsbirnen sind zum Dörren besonders geeignet; sie dürfen jedoch nicht ganz reif sein. Die Birnen werden je nach Größe halbiert oder geviertelt; will man eine besonders feine Dörrware erzielen, so schält man sie. Damit ihre Schnittflächen nicht braun werden, gibt man sie sofort nach dem Schälen oder Schneiden in einen Topf mit frischem Wasser. Die vorbereiteten Birnen werden im Kartoffeldämpfer acht Minuten gedämpft, auf Dörrhorden, die man mit Papier ausgelegt hat, gegeben und unter öfterem Wenden gedörrt. An einer sonnigwarmen Hausmauer trocknen die Birnen, auf Schnüre gezogen, sehr gut. In diesem Fall werden die Früchte im warmen Rohr oder im Backofen fertiggetrocknet, bis sie sich trocken anfühlen, jedoch nicht hart sind. Das getrocknete Obst läßt man an der Sonne oder an einem trockenen Ort gut nachtrocknen und bewahrt es dann in Säckchen in einem luftigen, trockenen Raum auf. Kleine, weiche Birnen dörrt man ungeteilt und ohne sie zuvor zu kochen.

Das Trocknen von Gartenkräutern ist sehr vorteilhaft, besonders Petersiliengrün, Bohnenkraut, Majoran, Thymian, Liebstöckl, Dill, Rosmarin usf. sollte man in einem luftigen Raum (Dachboden) trocknen und in Gläsern aufbewahren. Sie sind im Winter eine herrliche Würze.

Im Handel gibt es sehr gute Dörrgeräte.

Konservieren durch sehr langes Sieden ohne Zucker
(Powidl, Apfelmus)

Powidl

Sehr reife Zwetschken werden entkernt und unter fortwährendem Rühren gekocht. Je nach Menge muß der Powidl 8 bis 14 Stunden unter fortwährendem Rühren sieden. Der fertige Powidl ist blauschwarz und fällt in großen Flocken vom Kochlöffel.

Apfelmus

Zur Bereitung von Apfelmus verwendet man Frühäpfel. Sie werden gereinigt, zerteilt und mit ganz wenig Wasser in der Kochkiste weich gekocht. Hernach werden sie passiert und wie Powidl dick eingekocht. Zur Bereitung von Powidl und Apfelmus verwendet man je nach Menge Töpfe, Kupferkessel und „Rührkrücken". Durch gleichmäßiges Heizen und Rühren werden ein Spritzen und Anbrennen vermieden. Ersteres bedeutet einen großen Obstverlust, letzteres ein Verderben des feinen Geschmacks. Powidl und Apfelmus werden in Steinguttöpfen oder sauberen Holzkübeln, bei kleineren Mengen in Gläsern, mit Pergamentpapier, welches in hochprozentigen Schnaps getaucht wurde, abgeschlossen und festverbunden an einem trockenen, kühlen Ort aufbewahrt.

Birnenmus (ohne Zucker)

Auf 1 kg ausgepreßten Birnensaft gibt man ½ kg geschälte Birnen. Erst wird er mit den Birnen ohne Rühren so lange gekocht, bis die Birnen breiartig geworden sind, dann unter fortwährendem Rühren, bis die Masse in dicken Klumpen vom Rührer fällt. Das fertige Produkt wird mit Zimt und gestoßenen Nelken gewürzt und in Steinguttöpfen aufbewahrt. Als Brotaufstrich und zum Füllen vorzüglich.

Konservieren durch Einfüllen in Flaschen

Schwarzbeeren in Flaschen

Die sauberen Früchte werden in einer Pfanne mit ganz wenig Wasser einmal aufgesotten und siedend in keimfreie, vorgewärmte Flaschen bis zum Halsrand eingefüllt. Unterdessen läßt man gut schließende Korken 10 Minuten sieden, verkorkt mit ihnen mittels Korkmaschine die Flaschen sofort nach dem Füllen, verpecht oder verwachst sie und stellt die außen gereinigten Flaschen sofort an einen kalten Ort. An Stelle der Korken kann man abgebrühte Leinwand, Pergamentpapier, Cellophan oder Gummikappen als Verschluß verwenden.

Rhabarber in Flaschen

Saubere, von den Fäden befreite Rhabarberstengel schneidet man in kleine Stücke, füllt sie in Flaschen, schüttet frisches Wasser darüber, und zwar so, daß dasselbe über dem Rhabarber steht, und verschließt die Flaschen. Der Rhabarber hält sich auf diese Art aufgrund seiner Fruchtsäure tadellos.

Zwetschkenröster in Flaschen

Die gereinigten Zwetschken werden von den Kernen befreit, durch die Fleischhackmaschine getrieben und auf dem Herd eine Stunde eingekocht. Hernach wird der Brei siedend in keimfreie, vorgewärmte Flaschen gefüllt, verkorkt, zugebunden und kalt gestellt.

Paradeisbrei in Flaschen

5 kg durch die Fleischhackmaschine getriebene oder aufgekocht passierte Tomaten werden einmal aufgesotten, vom Feuer gezogen und, mit 2 Eßlöffeln Schnaps oder Weingeist vermischt, sofort in keimfreie, vorgewärmte Flaschen gefüllt und verschlossen.

Konservieren durch Sieden in Flaschen im Dunst

Diese Einmachart eignet sich speziell für Beerenarten und Obströster (Zwetschken, Apfelbrei, Rückstand von Himbeeren und dergleichen).

Beeren in Flaschen im Dunst

Gereinigte Johannis-, Heidel-, Stachel-, Brom- oder Himbeeren werden in saubere Flaschen ganz voll gefüllt, verkorkt, mit einem Leinenläppchen zugebunden und 30 Minuten im Dunst gekocht. Will man die Beeren als Kompott haben, so füllt man bis zur Hälfte der Flaschen gekochtes Zuckerwasser auf die Beeren oder streut Zucker auf sie.

Obströster in Flaschen

Rückstände von Ribiselsulze, Apfelbrei oder durch die Fleischhackmaschine getriebene Zwetschken werden in saubere Flaschen nicht ganz voll gefüllt, verkorkt, mit einem Leinenläppchen zugebunden und ½ Stunde im Dunst gekocht.

Paradeismus in Flaschen im Dunst

Gereinigte Tomaten werden in Stücke geschnitten und in einem irdenen Topf unter häufigem Rühren im eigenen Saft weich gekocht. Hierauf treibt man den Brei durch ein Haarsieb, kocht ihn unter beständigem Rühren dick ein und füllt ihn siedend in saubere Flaschen, welche sofort verkorkt und mit einem Leinenläppchen zugebunden werden. Das Paradeismus wird eine halbe Stunde im Dunst gekocht.

Siedet man Flaschen im Dunst, so stellt man sie auf ein Holzbrettchen in einen Topf, gibt zur halben Flaschenhöhe kaltes Wasser, bringt es langsam zum Sieden, deckt den Topf zu und berechnet von diesem Moment an die Kochdauer.

Paradeisketchup

3 kg Tomaten
3 kg rote, süße Paprika
6 Pfefferoni
4 große Zwiebeln
½ Liter Weinessig
2 Eßlöffel Zucker
2 Kaffeelöffel Salz
1 Gewürzsäckchen

Alle Früchte zerkleinern, mit Weinessig, Salz und dem Gewürzsäckchen (bestehend aus 2 Teelöffel Senfkörnern, 2 Teelöffel Pfefferkörnern, einigen Nelken, Muskatnuß und etwas Ingwer, in ein Leinentüchlein eingebunden) ganz weich kochen, passieren, die 2 Eßlöffel Zucker dazugeben, ebenso wieder das Gewürzsäckchen und so lange kochen, bis die Masse eingedickt ist. In Gläser und Flaschen füllen.

Konservieren durch Einkochen zu Marmelade

Einweggläser (z.B. Gurkengläser) eignen sich sehr gut zur Marmeladebereitung. Sie müssen vollkommen luftdicht sein, und die Marmelade oder Gelees müssen kochend bis zum Rande des Glases eingefüllt werden. Die Haltbarkeit ist dadurch gewährleistet, auch wenn man wenig Zucker verwendet. Der Schraubdeckel muß ausgekocht werden.

Marillenmarmelade

Die Früchte werden entkernt, mit ganz wenig Wasser weich gekocht und passiert. Auf 1 kg Brei gibt man 300 bis 500 g Zucker und kocht die Masse unter fleißigem Rühren bis zum Breitlauf ein. Werden die Marillen nicht passiert, so kocht man sie mit Zucker dick ein.

Beim Breitlauf wird der Kochlöffel in die kochende Marmelade getaucht und anschließend hoch gehalten; die abfließende Marmelade oder das Gelee müssen breit vom Löffel fallen.

Zwetschkenmarmelade

Sehr reife Früchte werden entkernt und ohne Flüssigkeit so lange unter fortwährendem Rühren gekocht, bis man sie passieren kann. Auf 3 kg Zwetschkenbrei nimmt man 1 kg Zucker und 3 Eßlöffel Zitronensaft und läßt die Marmelade bis zum Breitlauf sieden.

Billige Zwetschkenmarmelade

Auf 1 kg entkernte Zwetschken verwendet man 80 g Zucker. Man kocht sie am besten in größeren Mengen, etwa 50 kg, in einem Kupferkessel und siedet sie unter fortwährendem Rühren bis zum Breitlauf. Die Marmelade wird heiß in vorgewärmte sterile Gläser oder Töpfe gefüllt und sofort zugebunden. Der Zucker kann bei süßen Zwetschken weggelassen werden.

Himbeermarmelade

5 kg Himbeeren läßt man mit etwas Wasser gut weich kochen, gibt auf diese Menge 2½ kg Zucker und kocht die Marmelade bis zum Breitlauf ein. Will man sie sehr fein haben, so passiert man sie vor der Zuckerbeigabe.

Johannisbeermarmelade

1 kg Johannisbeeren benötigt ¾ kg Zucker. Dieser wird auf dem Herd trocken gerührt, bis er heiß ist. Dann gibt man 1 kg passierte Johannisbeeren dazu, läßt alles 12 Minuten sieden und füllt es sehr heiß ein.

Kriecherlmarmelade (Pflaumen)

Die Früchte werden samt den Kernen mit wenig Wasser gut weich gekocht und gleich heiß durchpassiert, wobei nur die Kerne übrigbleiben. Auf 1 kg Brei gibt man 400 g Zucker und kocht die Marmelade bis zum Breitlauf.

Stachelbeermarmelade

Sehr reife, gereinigte Stachelbeeren werden mit ganz wenig Wasser weich gekocht und passiert. Auf 1 kg Brei rechnet man 400 g Zucker und kocht die Marmelade bis zum Breitlauf. Nach Belieben kann man das Passieren auch weglassen.

Apfelmarmelade

Frühäpfel werden in der Kochkiste mit ganz wenig Wasser vollkommen weich gekocht und passiert. Auf 1 kg Brei rechnet man 200 g Zucker, gibt als Gewürz Zitronat, feingestoßene Nelken und Zimt und kocht das Ganze bis zum Breitlauf.

Quittenmarmelade

Wird zubereitet wie Apfelmarmelade, nur verwendet man auf 1 kg Quittenbrei 750 g Zucker und kein Gewürz.

Erdbeermarmelade, kalt eingerührt

Zu 1 kg passierten Erdbeeren nimmt man 750 g Zucker und rührt das Mark in einer Porzellanschüssel 2 Stunden. Himbeeren und Johannisbeeren kann man auf die gleiche Art konservieren.

Rhabarbermarmelade

1 kg geputzte Rhabarberstengel schneidet man in kleine Stücke, mischt 700 g Zucker darunter und läßt dies bei mäßiger Wärme auf dem Herd stehen, bis sich Saft gebildet hat. Hierauf wird das Ganze unter oftmaligem Rühren bis zum Breitlauf eingekocht.

Zwetschkenmarmelade mit Holunder

2 Liter Holundersirup werden mit 6 kg entkernten, gewogenen Zwetschken, 5 g Zimt und etwas feingewiegten Zitronenschalen unter fortwährendem Rühren bis zum Breitlauf eingekocht und heiß eingefüllt.

Paradeismarmelade

Reife Tomaten werden zerschnitten, weich gekocht, durch ein Sieb getrieben und mit Zucker bis zum Breitlauf eingekocht. Auf 1 kg Paradeisbrei rechnet man 500 g Zucker. Als Gewürz kann man etwas Zimt, Nelken und Zitronenschalen verwenden.

Wirtschaftsmarmelade

4 kg Ribiseln, 4 kg Apfelbrei, 2 kg weich gekochte passierte Möhren und 2 kg Stachelbeeren werden zusammen ½ Stunde gekocht und passiert. Auf diese Menge gibt man 2 kg Zucker und kocht das Ganze bis zum Breitlauf. Die Marmelade wird siedend in keimfreie Gläser gefüllt.

Gemischte Marmelade

1 kg entkernte Zwetschken, 1 kg Birnen, 1 kg Äpfel werden mit ¼ Liter Wasser am besten in der Kochkiste vorgekocht und passiert. Zu diesem Brei gibt man 300 g Zucker, kocht ihn bis zum Breitlauf und füllt die Marmelade heiß in Gläser.

Vierfrüchtemarmelade

Dazu benötigt man 1 kg Preiselbeeren, 1 kg entkernte Zwetschken, 1 kg Birnen, 1 kg Äpfel, 1 kg Zucker. Äpfel und Birnen werden in Spalten geschnitten, mit Zwetschken und Preiselbeeren weich gekocht und passiert. Diesem Brei mischt man den Zucker bei und kocht das Ganze bis zum Breitlauf. Ist es soweit, so fügt man den Saft und die feingeschnittene Schale einer Zitrone bei, läßt das Ganze noch einmal sieden und füllt die Marmelade heiß in vorgewärmte, keimfreie Gläser, die man sofort verschließt.

Marmelade aus unreifen, grünen Stachelbeeren

Die Stachelbeeren werden, wenn sie ihre Normalgröße erreicht haben, aber noch grün sind, gepflückt, von Stiel und Blume befreit und gewaschen. Nun gibt man sie in einer sauberen Pfanne mit ganz wenig Wasser ins Rohr, bis sie platzen und weich sind. Nun werden sie passiert, und zwar so, daß kein Rückstand bleibt. Auf 1 kg Mark gibt man ½ kg Zucker, läßt dies unter fleißigem Umrühren bis zum Breitlauf kochen, füllt die Marmelade heiß in vorgewärmte, keimfreie Gläser und verschließt sofort.

Billige Marmelade

2 kg süße Birnen, 2 kg Frühäpfel, 2 kg reife Tomaten werden durch die Fleischhackmaschine gedreht und etwa 1½ Stunden unter fortwährendem Rühren gekocht. Die Marmelade wird nach dieser Zeit in saubere, vorgewärmte Gläser gefüllt, mit sauberem Leinen zugebunden und ins heiße Rohr gestellt, wo man sie während des Mittag- und Abendessenkochens beläßt. Mittlerweile hat sich an der Oberfläche eine Kruste gebildet. Die Gläser werden nach dem Herausnehmen aus dem Rohr, ohne das Leinen zu entfernen, mit Pergamentpapier zugebunden. Die Marmelade hält sich sehr gut, schmeckt süß und eignet sich zum Füllen von Buchteln, Omeletten, Germstrudeln und als Brotaufstrich optimal.

Alle Marmeladen werden siedend heiß in vorgewärmte oder mit einem nassen Tuch umwickelte, keimfreie Gläser gefüllt, der Glasrand wird, wenn nötig, gereinigt und sofort mit in siedendes Wasser getauchtem Pergamentpapier oder Cellophan verschlossen.

Konservieren durch Einkochen zu Konfitüren

Rhabarberkonfitüre

Auf 1 kg gewaschene, von den Fäden befreite, geschnittene Rhabarberstengel gibt man 750 g Zucker und läßt sie über Nacht stehen. Am folgenden Tag wird erst der Saft allein bis zum Breitlauf gekocht, der Rhabarber hineingegeben, wieder bis zum Breitlauf gekocht und heiß eingefüllt.

Erdbeerkonfitüre

Man gibt 400 g schöne Erdbeeren in eine saubere Porzellanschüssel, darauf 200 g Zucker. Nachdem sich dieser vollkommen gelöst hat, gibt man den Saft in einem Einmachkessel auf das Feuer, läßt ihn einmal aufsieden, gibt die Erdbeeren dazu und kocht alles unter fortwährendem Schütteln 7 Minuten. Die Konfitüre wird siedend in vorgewärmte Gläschen gefüllt.

Johannis-, Himbeer- und Brombeerkonfitüre

bereitet man auf die gleiche Art.

Zwetschkenkonfitüre

Die Zwetschken werden geschält (dies geschieht am besten, indem man sie einzeln ins siedende Wasser taucht, sofort herausnimmt und die Haut abzieht), entkernt, klein geschnitten, in eine Porzellanschüssel gegeben und mit Zucker bestreut. Auf 1 kg Zwetschken verwendet man ½ kg Zucker. Hat sich dieser aufgelöst, so wird das Ganze bis zum Breitlauf eingekocht und sofort eingefüllt.

Kirschenkonfitüre

½ kg Zucker wird mit wenig Wasser aufgelöst, bis zum Breitlauf gekocht, mit 1 kg entkernten Kirschen gemischt und abermals bis zum Breitlauf gekocht. Die Kirschenkonfitüre wird siedend in keimfreie, vorgewärmte Gläschen gefüllt, verschlossen und kalt aufbewahrt.

Orangenkonfitüre

6 Orangen und 2 Zitronen werden halbiert, entkernt und samt den Schalen durch die Fleischmaschine getrieben. Man gibt sie mit 1 Liter Wasser und 1½ kg Zucker in eine Porzellanschüssel oder in einen irdenen Topf und läßt sie 24 Stunden stehen, rührt jedoch die Menge öfters um, damit sich der Zucker vollkommen löst. Nach dieser Zeit wird das Ganze bis zum Breitlauf gekocht und sofort in kleine, vorgewärmte Gläser gefüllt und mit Cellophan verschlossen. Die Schale darf nur verwendet werden, wenn die Orangen und Zitronen nicht gespritzt sind.

Konfitüre aus grünen Tomaten

5 kg grüne Tomaten werden feinnudelig geschnitten, mit schwachem Essig begossen, über Nacht stehengelassen, und am andern Tag läßt man sie gut abtropfen. In ⅜ Liter Weinessig löst man 1½ kg Zucker auf, gibt Nelken, Zimtrinde, Muskatblüte und Ingwer, in ein Mullsäckchen gebunden, dazu und siedet das Ganze gut auf, schüttet dies über die sich in einer Porzellan-

schüssel befindlichen geschnittenen grünen Tomaten und läßt es 1 Stunde stehen. Hierauf siedet man alles noch einmal 1 Stunde und füllt die Konfitüre heiß in vorgewärmte, kleine Gläser, die man sofort verschließt.

Alle Konfitüren werden siedend in kleine Gläser eingefüllt, mit Cellophan verschlossen und kalt aufbewahrt.

Opekta-Konserven

Opekta ist ein natürliches Geliermittel, das aus Früchten gewonnen wird.

Mit Opekta bereitet man Marmeladen, Konfitüren (Jams), Gelees (Sulzen). Diese neuzeitliche Konservenbereitung ist vorteilhaft, da Opekta Marmeladen und dergleichen schon nach ganz kurzer Siedezeit, also 10 Minuten, zum Gelieren bringt. Dieses rasche Festwerden der Konserven bedingt, daß kein Saft verdunstet und man infolgedessen fast genausoviel an fertiger Konserve erhält, als man Frucht und Zucker verwendet hat.

Opektamarmelade hat noch den großen Vorteil, daß die Obstfarbe und der Geschmack völlig erhalten bleiben. Stellt man Konfitüren (Jams) mit Opekta her, so hat man keine Mühe, die Früchte ganz zu erhalten. Auch Gelees können mit Opekta auf schnelle Art bereitet werden, wie auch Quitten- und Apfelkäse. Der kristallklare Überguß auf Obstkuchen, in 10 Minuten genußfertig, ist gleichfalls sehr empfehlenswert. Opekta wird als Pulver in Packungen und flüssig in Flaschen in den Handel gebracht. Mit jeder Packung bekommt man die genaue Gebrauchsanweisung sowie alle Rezepte.

Konservieren durch Bereiten von Kompott

Preiselbeeren mit Äpfeln und Birnen

Man siedet 6 kg Preiselbeeren mit 2½ kg Zucker gut auf, nimmt die Beeren mit dem Schaumlöffel heraus und kocht in dem Saft 5 kg geschälte, in Viertel geschnittene, gute Birnen oder Herbstäpfel weich, mischt dann die Preiselbeeren dazu und füllt die Früchte in Gläser.

Preiselbeeren, roh aufbewahrt

Tadellos saubere Preiselbeeren werden in saubere Einkochgläser gefüllt. Hernach gibt man so viel frisches Wasser darauf, daß sie davon bedeckt sind. Nachdem die Gläser in üblicher Art verschlossen wurden, werden sie versorgt. Man kann die Preiselbeeren auch in Flaschen füllen, die man verkorkt und versiegelt. Auf diese einfache Art bleiben sie frisch in Farbe und Geschmack. Vor dem Gebrauch werden sie etwas gesüßt. Auf diese Weise nehmen wir die Preiselbeeren auch im Winter mit vollem Vitamingehalt zu uns.

Glasierte Preiselbeeren

Auf 1 kg saubere Preiselbeeren gibt man 400 g Zucker, siedet sie ¼ Stunde und füllt sie möglichst heiß in vorgewärmte Gläser, die man sofort verschließt.

Vierfrüchtekompott

Dazu benötigt man 1 kg Preiselbeeren, 1 kg entkernte Zwetschken, 1 kg vom Kernhaus befreite Äpfel und Birnen sowie 1 kg Zucker. Letzteren läßt man mit ¼ Liter Wasser bis zum Breitlauf kochen und gibt dann die Äpfel- und Birnenschnitzel hinein. Sind diese nicht mehr hart, mischt man die Zwetschken und die Preiselbeeren bei, siedet das Ganze noch 10 Minuten, füllt das Kompott siedend in vorgewärmte, keimfreie Gläser und verschließt sie sofort.

Preiselbeeren mit Äpfeln und Möhren

Dazu benötigt man 6 kg Preiselbeeren, 3 kg Zucker, 2 kg geschälte Äpfel und 1 kg Möhren. Der Zucker wird ins Wasser gegeben und auf dem Herd in einer Pfanne flüssig gemacht. Hierauf gibt man die in ganz kleine Würfel geschnittenen Äpfel dazu und läßt sie weich kochen, fügt die ebenso feingeschnittenen, zuvor in wenig Wasser weichgekochten Möhren und die Preiselbeeren bei, kocht alles miteinander 10 Minuten und füllt die Früchte heiß in Gläser. Mischt man unter die gekochten Preiselbeeren frische Zwetschken, so kann man letztere im Winter wie frische Zwetschken für Knödel, Kuchen usw. verwenden.

Preiselbeeren mit Kürbis

Auf 3 kg Preiselbeeren verwende man 1 kg Zucker und 1,5 kg geschälten, feinnudelig geschnittenen Kürbis. Der Zucker wird mit ganz wenig Wasser befeuchtet und aufgekocht. Hierauf gibt man den geschnittenen Kürbis bei und siedet dies abermals auf. Nun mischt man die Preiselbeeren dazu und siedet das Ganze 10 Minuten, füllt es möglichst heiß in heiße Gläser und verschließt sofort.

Kürbiskompott

Dazu benötigt man 5 kg Kürbisse, 1½ kg Zucker, 1 Liter Weinessig, Zimt, Nelken und Ingwer. Die Kürbisse werden geschält, in schöne Streifen geschnitten und in schwachem Essigwasser über Nacht stehengelassen. Am nächsten Tag kocht man Zucker, Essig, Zimt, Nelken und Ingwer (Gewürze in ein Leinenläppchen gebunden) ½ Stunde, gibt die gut abgetropften Kürbisse portionenweise hinein, läßt sie so lange sieden, bis sie glasig sind, und füllt sie unter Zugabe des vorhandenen Sirups heiß in Gläser.

Birnenkompott

Die Bereitung ist die gleiche wie beim Kürbiskompott.

Berberitzenkompott

1 kg Zucker wird in ¼ Liter Wasser zum Faden gekocht. Wenn es soweit ist, gibt man ½ kg sehr reife Berberitzen dazu und kocht sie in Sirup unter öfterem Rühren ½ Stunde. Die heißen Früchte werden in keimfreie Gläser gefüllt.

Essigzwetschken

¾ Liter Weinessig, ¼ Liter Wasser, 1 kg Zucker, Zitronenschalen, Nelken und Zimt werden gut aufgekocht. Unterdessen werden 3 kg schöne Zwetschken mit einer Nadel angestochen, in einen irdenen Topf gelegt, mit siedendem Sirup übergossen und 10 Tage stehengelassen. Nach dieser Zeit siedet man den Sirup einmal auf, gibt die Zwetschken hinein, läßt sie darin einmal aufsieden, füllt alles in Gläser und verschließt sie möglichst luftdicht.

Essigzwetschken auf andere Weise

1 Liter Weinessig, ¾ Liter Wasser, 1½ kg Zucker, Gewürznelken, Zimt und Zitronenschalen werden ¼ Stunde gekocht. Unterdessen werden 5 kg saubere Zwetschken mit einer Nadel angestochen, in einen irdenen Topf gelegt, mit dem siedenden Essigsirup übergossen und zugedeckt. Am folgenden Tag werden sie in Gläser gegeben, mit dem nochmals stark erhitzten Sirup übergossen und zugebunden.

Schwarzbeeren mit Essig

½ Liter Weinessig, 1 kg Zucker, Zimt und Nelken werden erst allein und dann mit 5 kg Schwarzbeeren 5 Minuten gekocht und abgefüllt. Man kann einen Teil des Saftes in Flaschen auch als Schwarzbeersaft abfüllen.

Zuckerkürbisse

Dazu benötigt man 3 kg Kürbisse, 1 Liter Wasser, 3 kg Zucker, 3 Zitronen und 10 g Ingwer. Die Kürbisse werden in Streifen geschnitten und 12 Stunden ins kalte Wasser gelegt. Nachdem man sie auf ein Sieb hat abtropfen lassen, werden sie in eine Porzellanschüssel gegeben, mit Zucker bestreut und wieder 12 Stunden stehengelassen. Nach dieser Zeit kocht man das abgeseihte Zuckerwasser auf, schneidet die Zitronen in Viertel, den Ingwer in Stücke und bindet sie in Leinen ein. Die Kürbisschnitten werden in Zuckerwasser mit dem Leinenläppchen gesotten, bis sie glasig aussehen, in Gläser gefüllt und mit dem heißen Sirup übergossen.

Grüne Tomaten als Kompott

Kleine grüne Tomaten läßt man über Nacht in Essigwasser stehen. 1 Liter Weinessig, 1 kg Zucker, in ein Stückchen Leinentuch gebundene Gewürze, wie Zitronenschalen, Zimt, Nelken und Ingwer, läßt man ¼ Stunde sieden, kocht die Tomaten in der siedenden Flüssigkeit weich, füllt die Gläser und gießt den heißen Zuckersirup darüber.

Konservieren durch Einkochen im Rohr

Beeren, Kirschen, Zwetschken und dergleichen schichtet man am Rand des heißen Herdes in kleine Dunst- oder Marmeladegläser. Unterdessen kocht man Zuckerwasser (auf ½ Liter Wasser 200 g Zucker) 15 Minuten und gießt es bis zur halben Glashöhe auf das eingeschichtete Obst. Die Gläser werden erst mit einem in siedendem Wasser abgebrühten Leinentuch und dann mit Pergamentpapier zugebunden. Nun stellt man sie auf ein Blech ins heiße Rohr und läßt den Inhalt einmal aufsieden. Dann nimmt man die Gläser vorsichtig heraus, stellt sie wieder auf den heißen Rand des Herdes und läßt sie langsam abkühlen. Erkaltet, bindet man sie dann, ohne den ersten Verschluß zu entfernen, mit weißem Papier zu und stellt die Gläser an einen kühlen Ort.

Konservieren durch Bereiten von Obstsulzen (Gelees)

Apfelsulze

Dazu verwendet man unreife Äpfel, am besten Fallobst. Sie werden gewaschen, vom Faulen und Wurmstichigen befreit, in Spalten geschnitten und mit wenig Wasser vollkommen weich gekocht. Ein sauberes Tuch wird befeuchtet, an den Füßen eines gestürzten Küchenstockerls festgebunden und eine Porzellanschüssel daruntergestellt. Nun gibt man die weichgekochten Äpfel auf das Tuch und läßt den Saft, ohne zu rühren, ablaufen. Auf 1 kg Saft verwendet man 300 bis 700 g Zucker, löst ihn im Saft vollkommen auf, stellt ihn auf das Feuer und läßt den Saft bis zum Breitlauf sieden. Das Gelee wird in kleine Gläser gefüllt, diese werden sofort zugebunden.

Quittensulze

Die Quitten werden gewaschen, in Spalten geschnitten und mit wenig Wasser weich gekocht. Jetzt läßt man den Saft durch ein ausgespanntes Tuch abfließen, verwendet auf 1 kg Saft 500 g Zucker, kocht ihn, nachdem er sich aufgelöst hat, bis zum Breitlauf und füllt das Gelee in kleine Gläser, die man sofort zubindet.

Johannisbeerensulze

Die Beeren werden gewaschen, geputzt und in einer Einkochpfanne erhitzt, bis sie platzen. Dann schüttet man sie sorgfältig auf ein aufgespanntes Tuch und läßt den Saft ablaufen, ohne umzurühren. In 1 kg Saft löst man ¾ kg Zucker auf, kocht das Ganze ohne Umrühren bis zum Breitlauf und füllt sofort in kleine Gläser ab.

Johannisbeerensulze mit Himbeeren

Die Bereitung ist die gleiche wie bei Johannisbeerensulze, nur nimmt man zur Hälfte Johannisbeeren, zur Hälfte Himbeeren.

Stachel-, Heidel-, Holunder- und Brombeerensulze

Die Beeren werden geputzt und in einer Einkochpfanne erhitzt, bis sie platzen. Hernach schüttet man sie auf ein ausgespanntes Tuch und läßt den Saft ablaufen. Auf 1 kg Saft gibt man ½ bis ¾ kg Zucker, löst ihn vollkommen auf, kocht das Ganze ohne Umrühren bis zum Breitlauf und füllt sofort in Gläser ab.

Berberitzensulze

Die reifen Berberitzen werden mit wenig Wasser weich gekocht und zum Durchlassen auf ein Tuch geschüttet. Auf 1 kg Saft gibt man ¾ kg Zucker und kocht das Ganze, nachdem sich der Zucker vollständig aufgelöst hat, bis zum Breitlauf.

Alle Gelees sollten flott kochen, jedoch ist darauf zu achten, daß sie nicht übergehen. Hat man die Sulze bis zum Breitlauf gekocht, so wird sie in vorgewärmte oder mit einem nassen Tuch umhüllte Gläser gefüllt und sofort zugebunden. Man erkennt den Breitlauf, wenn man den Kochlöffel in das Gelee steckt und hernach hochhält. Das abfließende Gelee muß dann breit vom Löffel fallen.

Gelees können in Wein-, Wasser- oder Kaffeegläser gefüllt werden; dieselben müssen in diesem Fall mit Seidenpapier oder Cellophan verschlossen werden, da man bei ihnen des glatten Randes wegen nicht zubinden kann.

Verschließt man mit Cellophan, so wird ein Blättchen ins siedende Wasser getaucht und sofort über das Glas gedrückt, nachdem das heiße Gelee, Kompott und dergleichen eingefüllt wurden. Cellophan zieht sich beim Trocknen von selbst stramm, schließt hermetisch ab und verhindert den Zutritt von Schimmelpilzen.

Konservieren durch Bereiten von Obstsäften

Erdbeersaft

2 kg geputzte, gewaschene Erdbeeren werden mit 800 g Zucker gemischt und über Nacht stehengelassen. Am folgenden Tag nimmt man einen hohen Topf mit gut schließendem Deckel, legt auf den Boden des Gefäßes eine zirka 10 cm hohe Einlage (Holzstück, Ziegel und dergleichen), gibt soviel Wasser hinein, daß es bis zur Höhe der Einlage reicht, und stellt zur Aufnahme des Saftes eine Porzellanschüssel oder ein irdenes Gefäß auf die Einlage. Nun bindet man über den Topf ein nasses, weiches Filtriertuch, schüttet die am Vortag zerdrückten Beeren darauf, deckt den Topf zu und setzt die Früchte 1 bis 1½ Stunden lang dem sich entwickelnden Dampf aus. Damit dieser den Deckel nicht in die Höhe treibt, empfiehlt es sich, ihn mit Ge-

wichten zu beschweren. Der Dampf zerreißt die Zellen der Früchte, und der Saft fließt vollkommen klar in das zur Aufnahme bestimmte Gefäß. Ist die Kochzeit vorüber, so wird der Saft sofort heiß in keimfreie, mit einem nassen Tuch umhüllte Flaschen eingefüllt, verkorkt und verwachst. Der Rückstand wird entweder gleich zum Kochen verwendet oder als Marmelade eingekocht. Aus allen frischen Beerenarten kann auf diese Weise Saft gewonnen werden.

Die im Handel erhältlichen Dampfentsafter ersparen viel Arbeit.

Himbeersaft ohne Zucker

Man zerquetscht reife Himbeeren, läßt sie in Ton- oder Glasgeschirren, mit Papier lose zugedeckt, 8 Tage stehen und rührt sie ab und zu mit einem hölzernen Kochlöffel um. Ein kleiner Zusatz von Zucker und Weinsteinsäure fördert die Gärung und hebt den Geschmack. Wenn die Früchte vergoren sind, wird der Saft durch ein Tuch geseiht, der Rückstand mittels Obstpresse ausgepreßt und der Saft an einem kühlen Ort der Nachgärung überlassen. Hierauf füllt man den nochmals filtrierten Saft in dunkle 1- bis 1½-Liter-Flaschen und bringt diese im Wasserbad langsam zum Sieden, bis der Saft in den Flaschen kocht und überschäumt. Hat er in den Flaschen 5 Minuten gesotten, so nimmt man sie mit einem Tuch vorsichtig heraus und verkorkt sie sofort. Nach dem Erkalten werden die Flaschen verwachst und liegend an einem kühlen Ort aufbewahrt. Der so gewonnene Saft hält jahrelang, ist von schöner Farbe und von ausgezeichnetem Geschmack. Will man ihn verwenden, so wird die Flasche vorsichtig geöffnet und die Flüssigkeit, ohne den Saft aufzurühren, abgegossen. In 1 kg Saft löst man 200 bis 700 g Zucker vollkommen auf, kocht ihn 5 Minuten, füllt ihn in keimfreie, mit einem nassen Tuch umhüllte oder vorgewärmte Flaschen, verkorkt und verwachst sie.

Diese Art von Saftbereitung empfiehlt sich besonders bei einem beerenreichen Jahr. Auf diese Weise läßt sich aus allen Beerenarten Saft bereiten.

Himbeersaft mit Wasser

Frische Himbeeren gibt man in einen irdenen Topf, schüttet reines, siedendes Wasser darauf, und zwar so, daß das Ganze nur ganz wenig über den Beeren steht. Nachdem es 24 Stunden am Rand des Herdes gestanden hat, preßt man die Masse aus und filtriert den Saft. Auf 1 Liter Saft rechnet man 200 bis 700 g Zucker. Den Saft kocht man erst ½ Stunde allein, löst dann den Zucker in ihm auf und kocht ihn 10 Minuten auf flottem Feuer. Hierauf wird der Saft in keimfreie, vorgewärmte Flaschen bis zum Rand gefüllt und mit sauberen ausgekochten Gummikappen verschlossen.

Himbeersaft mit Weinsteinsäure

In 3 Liter rohem Himbeersaft und 3 Liter Wasser löst man 40 g Weinsteinsäure und 4 dag Zucker vollkommen auf. Ist dies der Fall, so wird der Saft in keimfreie Flaschen gefüllt, verkorkt und verwachst.

Fruchtsaft, roh

Den Saft bereitet man aus Heidelbeeren, Himbeeren, Brombeeren, Johannisbeeren und auch Kirschen. 3 Liter Beeren werden gut zerdrückt und mit 2 Liter Wasser und 40 g Weinsteinsäure oder Zitronensäure vermischt. Dies läßt man 24 Stunden stehen, hierauf filtriert man den Saft, gibt zu 1 Liter ¾ kg Zucker und löst letzteren im Saft gut auf. Dann füllt man den Saft in keimfreie Flaschen, die man mit Tüll verschließt. Die Bereitung auf diese Art ist einfach und hat den Vorteil, daß die Vitamine erhalten bleiben. Der Rückstand wird zur Marmeladebereitung verwendet, wenn er nicht zur Bereitung von Speisen sogleich gebraucht wird.

Holundersaft

Auf 1 kg Holunder gibt man 1 Liter Wasser und siedet die Masse, bis die Beeren platzen. Ist dies der Fall, so gibt man das Ganze auf ein ausgespanntes Tuch und läßt den Saft ablaufen. In 1 Liter Saft löst man 300 g Zucker auf und kocht ihn 10 Minuten, füllt den Saft kochend bis zum Rand in keimfreie, vorgewärmte Flaschen und verschließt mit ausgekochten Gummikappen.

Fruchtsaft als Hausgetränk

50 kg gereinigte Beeren (Heidelbeeren, Himbeeren, Johannisbeeren oder gemischt) gibt man in einen Kupferkessel und schüttet so viel Wasser darüber, daß zirka 1 cm Wasser über die Beeren steht. Nun erhitzt man alles auf 75° C. Hernach wird das Ganze durch ein Tuch filtriert, dann gibt man den filtrierten Saft abermals in den sauberen Kessel, mischt 8 kg Zucker und 100 g pulverisierte Zitronensäure bei, erhitzt den Saft nochmals auf 75° C, füllt ihn sofort in saubere, keimfreie Flaschen und verwachst sie. Wer Gummiverschlußkappen besitzt, wird damit verschließen. Dieser Fruchtsaft eignet sich als Getränk, mit Wasser verdünnt, ausgezeichnet, kann aber auch als Überguß und als Beigabe zu Reisauflauf und dergleichen verwendet werden. Aus dem Rückstand bereitet man Marmelade.

Zitronensaft

Nachdem man die Zitronen gewaschen, getrocknet und geschält oder abgerieben hat, schneidet man sie in der Mitte durch, entfernt die Kerne, preßt den Saft mittels Zitronenpresse aus und läßt ihn 24 Stunden in einem Porzellantopf stehen. Dann wird der klare Saft in saubere, kleine Flaschen gefüllt. Er hält sich verkorkt und verwachst sehr lange.

Die abgeriebenen Zitronenschalen stampft man mit Zucker oder Salz gemischt in ein Glas ein. Die mit Zucker bereiteten Zitronenschalen verwendet man zu süßen, die in Salz konservierten zu gesalzenen Speisen. Schält und trocknet man die Zitronenschalen, so bewahrt man sie trocken auf und verwendet sie zur Bereitung von Kompott und Tee (Heiltee). Niemals gespritzte Zitronen verwenden.

Orangensirup

Dazu benötigt man 4 Orangen, 2 Zitronen, 1½ kg Zucker, 35 g Zitronensäure und 2 Liter Wasser. Das Gelb von den Orangen und Zitronen wird mit dem Würfelzucker abgerieben, der Saft ausgepreßt und filtriert. Orangen-, Zitronensaft, Zitronensäure und Zucker gibt man in einen irdenen Topf, übergießt alles mit siedendem Wasser und läßt dies unter öfterem Umrühren 6 Tage stehen. Nach dieser Zeit füllt man den Sirup filtriert in saubere Flaschen, die man verkorkt und versiegelt. Niemals gespritzte Zitrusfrüchte verwenden.

Zitronensirup

Die dünnen, gelben Schalen von zwei Zitronen gibt man in ein Fläschchen mit ⅛ Liter Weingeist, läßt das Gemenge gut verkorkt 6 Wochen lang in der Sonne stehen und schüttelt den Inhalt täglich durch. Nach dieser Zeit filtriert man den Weingeist, mischt ihn mit 32 g pulverisierter Zitronensäure, 1½ kg Zucker und 2 Liter siedendem Wasser. Nachdem der Zucker vollkommen aufgelöst ist, wird der Saft filtriert, in saubere Flaschen gefüllt, verkorkt und verwachst. Nur biologisch geerntete Zitronen verwenden.

Alkoholfreier Most

Der durch eine Mostpresse gewonnene süße Apfelsaft wird filtriert, ½ Stunde auf 65° C erhitzt, sofort in saubere Flaschen gefüllt, rasch verkorkt und verwachst. Es empfiehlt sich, die Flaschen mit Gummiverschlußkappen abzuschließen. Im alkoholfreien Most bleibt der ganze Fruchtzucker erhalten, während er bei vergorenem Most in Alkohol umgewandelt wurde. Alkoholfreier Most ist somit ein gesundes und nahrhaftes Getränk.

Die Korken sollten vor dem Gebrauch 10 Minuten gekocht werden. Das Verkorken mit Korkmaschinen ist sehr zu empfehlen, da man in diesem Fall verhältnismäßig große Korken in einen kleinen Flaschenhals bringt und somit der Verschluß viel gesicherter ist. Anschließend verwachsen.

Das Verschließen von Flaschen mit Gummiverschlußkappen

Sowohl heiß eingefüllte Schwarzbeeren als auch alle Fruchtsäfte, Süßmost und dergleichen können mittels Gummikappen verschlossen werden. Vor dem Gebrauch beläßt man die Gummikappen ½ Stunde in siedendem Wasser oder stülpt sie um und legt sie in 70prozentigen Alkohol. Beim Gebrauch ist folgendes zu beachten:

1. Die vorgewärmte, keimfreie Flasche muß mit heißem Fruchtsaft bis obenhin gestrichen voll gefüllt werden.

2. Die umgestülpte, in Alkohol liegende Kappe wird auf den Flaschenkopf aufgesetzt und in ihren ursprünglichen Zustand zurückgeschlagen.

3. Auf diese Art sitzt die Kappe richtig oben genau in der Mitte und der Gummi fest anschließend am Flaschenhals. Der heiße Saft zieht sich durch das Abkühlen zusammen, es entsteht im Flaschenhals ein luftleerer Raum, die Gummikappe wird fest angezogen, schließt die Flasche hermetisch ab und verhindert den Zutritt von Keimen und Luft.

4. Wird die Flasche geleert, reinigt man die Gummikappe tadellos und bewahrt sie in einer Schachtel, in Federweiß liegend, auf. Die Kappen bleiben jahrelang gebrauchsfähig.

Die Süßmostbereitung mittels Sterilisierglocke

Wie man mit bescheidenen Mitteln den Most in einem größeren Gefäß mit Wasserbad auf rund 80 Grad Celsius erhitzt, um ihn haltbar zu machen, so beruht das Verfahren der Süßmosterzeugung mit der Sterilisierglocke auf dem gleichen Prinzip. Die Glocke kommt in verschiedenen Größen in den Handel. Die Vorteile, die dieses Verfahren gegenüber anderen hat, sind kurz folgende:

Da der Most auf eine breite und ganz dünne Fläche auseinandergezogen wird, erfolgt eine augenblickliche Sterilisation. Da er ferner ständig die Glocke durchläuft, so erfolgt die Sterilisation vollkommen gleichmäßig. Beide Tatsachen schließen die unangenehme Erscheinung eines Kochgeschmackes aus und gewährleisten andererseits die Erhaltung wertvoller Vitamine des Saftes.

Man hat nun die Aufgabe, die Durchfließgeschwindigkeit mit dem Hahn so zu regulieren, daß das Thermometer 75 bis 85 Grad Celsius zeigt. Den Most läßt man gleich in die bereitstehenden Gefäße fließen. Als solche eignen sich Flaschen jeder Größe, doch ist es am angenehmsten, mit solchen von 25 Liter Inhalt zu arbeiten. Kleine Flaschen verlangen zeitraubende Verkorkarbeiten usw., zu große haben den Nachteil großen Gewichtes und der damit verbundenen Bruchgefahr. An Fässern wären nur kleine, absolut dichtende heranzuziehen, da bei der Füllung größerer der Most zu sehr abkühlen und dadurch die Haltbarkeit in Frage gestellt würde.

Die vorgewärmten Flaschen werden zur Gänze gefüllt und sofort verkorkt.

Für kleine Flaschen eignen sich Gummikappen. Größere Flaschen, die keine fest angebrachte Abziehvorrichtung haben, verschließt man am besten mit gewöhnlichen Korken. Diese werden vor dem Gebrauch eine Viertelstunde in mindestens 70prozentigen Alkohol gelegt. Nach dem Verkorken verschließt man zum luftdichten Abschluß noch mit Wachs. Falls man nicht in der Lage ist, den Inhalt der Flaschen in kurzer Zeit zu verbrauchen, bedient man sich zur Entnahme des Mostes bei derartig verkorkten Flaschen eines Anstichapparates.

Nach diesem Verfahren bereitet, wird der Süßmost am schmackhaftesten und besten. Die Erwärmung scheint dem Saft eine vorteilhafte Reifung zu geben; sie läßt jeden Gerbsäuregeschmack sauren Obstes verschwinden und die aromatischen Stoffe erst recht zur Geltung gelangen.

Süßer Most muß der Haustrunk werden. Er eignet sich auch ausgezeichnet zur Bereitung von Überguß (Heidenauflauf) und zur Bereitung von Speisen, wie Chaudeau und dergleichen. Je nachdem, ob kalt oder mit Zucker oder Gewürzen gekocht, wirkt er kühlend oder erwärmend. Auch eignet sich dieser Most, heiß oder beliebig gewürzt, recht gut als Festtrunk am Heiligen Abend, Silvesterabend und anderen Anlässen. Sein besonderer Vorteil liegt darin, daß auch Kinder jeglichen Alters sich an diesem herrlichen Getränk gemeinsam mit ihren Eltern und erwachsenen Hausgenossen erquicken können.

Konservieren durch Bereiten von Obstkäse

Apfelkäse

Reife Äpfel schneidet man in Stücke, kocht sie mit wenig Wasser in der Kochkiste weich und passiert sie. Auf 1 kg Brei gibt man ½ kg Zucker, etwas Zitronensaft und -schale und siedet das Ganze, sobald sich der Zucker aufgelöst hat, sehr dick ein. Ein langes Kuchenblech wird mit nassem Pergamentpapier ausgelegt, die Masse 1 bis 2 cm dick daraufgestrichen und an einem warmen Ort getrocknet. Öfteres Wenden beschleunigt das Trocknen wesentlich. Ist der Apfelkäse trocken, wird er in kleine Stücke geschnitten oder ausgestochen und in Zucker gedreht.

Feiner Apfelkäse

Hiezu verwendet man Reinetten. Diese werden in Stücke geschnitten und mit wenig Wasser vollkommen weich gekocht. Nachdem die weichen Äpfel passiert wurden, mischt man mit 1 kg Apfelbrei 1 kg Zucker und läßt den Brei unter fortwährendem Rühren so lange sieden, bis die Masse in breiten Flocken vom Löffel fällt. Auf 1 kg Apfelmus gibt man 16 dag feingeschnittenes Zitronat, 16 dag geschälte, feingeschnittene Mandeln und mischt geschnittene Nüsse dazu. Die weitere Behandlung ist die gleiche wie beim einfachen Apfelkäse. Die ausgestochenen Formen kann man erst in Seidenpapier und dann in Stanniolpapier einwickeln und auf den Christbaum hängen.

Quittenkäse

Die mit wenig Wasser in der Kochkiste weichgekochten Quitten werden durch ein Sieb getrieben. Auf 1 kg Quittenbrei nimmt man ¾ kg Zucker und kocht ihn dick ein. Die weitere Behandlung ist wie beim Apfelkäse. Nach Belieben kann man vor dem Trocknen geschnittene Nüsse, Zitronengelb und Pignolien daruntermischen. Getrocknet, wird der Quittenkäse mit hübschen Formen ausgestochen.

Quittenwurst

Die dazu verwendete Masse wird wie Quittenkäse bereitet. Man befeuchtet ein Stück Pergamentpapier, rollt die Masse ein, bindet die Würste zu und hängt sie zum Trocknen auf.

Konservieren durch Sterilisieren

Jede Obstart kann man sterilisieren, jedoch sollte hierzu nur frisches, tadelloses Obst verwendet werden. Dieses kann nach Belieben ganz oder zerteilt, geschält oder ungeschält in die Gläser kommen. Beim Einlegen halbierter Früchte hat man darauf zu achten, daß die inneren Flächen der Früchte nach innen, die Außenseiten nach außen kommen. Zwetschken, Pfirsiche und

Aprikosen werden zuweilen auch geschält eingelegt. In diesem Fall legt man die einzelnen Früchte einen Augenblick in siedendes Wasser, nimmt sie sofort wieder heraus und zieht mittels eines Messers die Schale ab. Die geschälten Früchte legt man hierauf gleich in die zu verwendende Flüssigkeit, Zuckersirup oder Wasser, da sie an der Luft die Farbe verändern und dadurch ihr schönes Aussehen einbüßen. Die Gläser werden dicht bis an den Rand mit Obst angefüllt. Das Einfüllen hat so zu geschehen, daß nur wenig Hohlräume entstehen, also so fest als möglich, damit das Obst seine Form nicht verändern kann und das Glas möglichst voll bleibt. Zur Verbesserung des Aromas der Früchte fügt man bei entkernten Früchten geschälte Fruchtkerne bei, bringt sie aber versteckt im Glas unter, so daß sie von außen nicht sichtbar sind. Um den Geschmack der Früchte zu erhöhen, kann Zucker beigegeben werden. Die Zuckerbeigabe richtet sich natürlich nach dem Zuckergehalt der Früchte und nach dem persönlichen Geschmack. Der Zucker dient lediglich zur Verbesserung des Geschmackes, keineswegs jedoch zur Haltbarmachung der Früchte. Jedes Obst kann ohne jeglichen Zuckerzusatz sterilisiert werden. Sterilisiert man Obst, um es als Kompott auf den Tisch zu bringen, so füllt man frisches Wasser, Zuckerwasser oder Zuckersirup bis zur Glashöhe auf das Obst. Die Zuckerlösung kann kalt oder heiß verwendet werden. Sterilisiert man Zwetschken, die zum Belegen von Kuchen verwendet werden, so entkernt man sie und füllt sie, mit der Haut nach oben, so dicht wie möglich ohne jegliche Beigabe in das Glas. Sollten die Zwetschken sehr sauer sein, so streut man etwas Kristallzucker auf die einzelnen Lagen. Wer mit Hilfe des Thermometers sterilisiert, läßt bei allen Obstarten und Obstsäften die Quecksilbersäule auf 75 Grad Celsius steigen, zieht den Topf dann zur Seite und hält diesen Hitzegrad ¾ Stunden lang. Hierauf stellt man den Topf vom Feuer und nimmt die Gläser sofort heraus. Durch dieses gemäßigte Verfahren bleiben die Früchte schöner im Aussehen und natürlicher im Geschmack. Hat man kein Thermometer, so muß man die Früchte sieden lassen, und zwar beträgt die Kochzeit, vom Siedepunkt an berechnet, bei allen Beerenarten 10 Minuten, bei Äpfeln, Birnen und Quitten 20 bis 30 Minuten.

Beachtenswerte Vorsichtsmaßregeln, um mit Erfolg Obst, Gemüse und Fleisch zu sterilisieren

a) Alle zu sterilisierenden Nahrungsmittel müssen frisch und einwandfrei sein.

b) Gläser, Glasrand, Glasdeckel, Gummiringe müssen absolut sauber und unbeschädigt sein und gut aufeinanderpassen. Falls ein Bügel vorhanden, muß er sehr fest spannen.

c) Der Kochtopf, in welchem die Gläser eingesetzt werden, muß mit einem gut nach innen schließenden Deckel versehen sein. Ein Einsatz leistet die besten Dienste, da die Gläser mit ihm herausgehoben werden können. An seiner Statt kann man auch ein Holzbrettchen, einen Drahtrost oder zusammengelegte Tücher verwenden.

d) Zum Sterilisieren stellt man die Gläser auf den Einsatz. Man kann ihn durch angebrachte Füße hochstellen; bis zu seiner Höhe gibt man Wasser und sterilisiert in diesem Fall mit Dampf. Wird nun eine Einlage verwendet, so stellt man die Gläser darauf und füllt den Topf bis zur Glashöhe mit kaltem Wasser. Der zugedeckte Topf wird auf den heißen Herd gestellt und langsam auf die gewünschte Temperatur erhitzt.

e) Ein Thermometer sollte unbedingt verwendet werden. In diesem Fall braucht der Deckel während des Sterilisierens nie geöffnet zu werden, und man kann jederzeit die Temperatur ablesen. Man bewahre das Thermometer hängend auf, schütze es vor Stößen und Erschütterungen. Ein Thermometer ist ein empfindliches Instrument, das gleich einer Uhr nicht mehr funktioniert, wenn es rauh behandelt wird.

f) Ist man mit dem Sterilisieren fertig, so stellt man den Topf vom Herd, nimmt die heißen Gläser heraus, stellt sie auf eine hölzerne Bank oder dergleichen, läßt sie, anfangs vor Zugluft geschützt, auskühlen und stellt sie hernach an einen kalten Ort.

g) Nach dem vollständigen Erkalten hebt man den Verschluß (Bügel) vorsichtig ab und stellt das außen gewaschene, abgetrocknete Glas an seinen Aufbewahrungsort.

Beim Sterilisieren erfolgt die Konservierung dadurch, daß durch das Kochen die fäulniserregenden Pilze und der in den Nahrungsmitteln vorhandene Sauerstoff der Luft unschädlich gemacht und die Gläser luftdicht verschlossen werden. Sollte bei einem oder mehreren Gläsern der Deckel nicht festsitzen, so ist das ein Zeichen, daß nach dem Kochen Luft in das Glas eindringen konnte; in diesem Fall würde der Inhalt unbedingt verderben. Ist man der Ursache auf die Spur gekommen, so wird sie behoben und das Glas nochmals, je nach Art der Nahrungsmittel, 5 bis 30 Minuten sterilisiert. Alle zum Sterilisieren gebrauchten Gläser werden durch Glasrand, Gummiring und Glasdeckel luftdicht verschlossen. Durch das Erhitzen dehnt sich der Inhalt des Glases aus, und ein Teil der Luft entweicht. Beim Erkalten entsteht durch das Verdichten des Dampfes zu Wasser im Glas ein luftverdünnter Raum, weshalb durch den äußeren Luftdruck der Deckel fest angedrückt wird. Während des Sterilisierens und bis zum gänzlichen Erkalten müssen die Deckel durch Klammern oder Bügel festgehalten werden. Das Öffnen der Sterilisiergläser geschieht mühelos und ohne die Gummiringe zu verletzen auf folgende Art: Man gibt in ein Gefäß eine Einlage (Holzstückchen und dergleichen), stürzt auf diese das Glas mit dem Deckel nach unten, gibt kaltes Wasser hinein und bringt es langsam zum Sieden. Ist dies der Fall, so wird das Glas rasch herausgenommen und der Deckel abgehoben.

Die Frischerhaltung durch Sterilisieren hat anderen Konservierungsmethoden gegenüber den Vorteil, daß die Ausführung billig und einfach ist, daß Nahrungsmittel an Nährwert und Geschmack nichts einbüßen, diese Methode für alle Nahrungsmittel angewendet werden kann und man vom Aufbewahrungsraum in bezug auf Temperatur unabhängig ist.

Konservieren von Gemüse

Das Konservieren von Gemüse gewährt uns die Vorteile, daß durch Anwendung verschiedenster Methoden die Kost während des ganzen Jahres gesund, nahrhaft, abwechslungsreich und billig gestaltet werden kann und die richtige Haltbarmachung der im Sommer in großen Mengen vorhandenen, aber leicht verderbenden Gemüsearten eine weitaus bessere Ausnützung des Gartenlandes ermöglicht. – Freilich gibt es heutzutage zu jeder Jahreszeit auch tiefgekühltes Gemüse.

Gemüse konserviert man:

a) **Durch Sterilisieren**: Diese Methode ist hauptsächlich für Bohnschoten (Fisolen) anzuwenden. Von frischen Schoten zieht man die Fäden ab, wäscht sie, läßt sie lang oder schneidet sie nach Belieben. Nachdem sie im siedenden Salzwasser 3 Minuten gesotten haben, füllt man sie so dicht wie möglich in saubere Sterilisiergläser, gibt etwas Salz (auf ein Literglas 1 Teelöffel voll) und frisches Wasser darauf. Die Schoten werden 100 Minuten bei 100 Grad Celsius sterilisiert. Alle Gemüse und Pilze werden gleich vorbereitet und sterilisiert. Gemischtes Gemüse zu sterilisieren ist sehr vorteilhaft. Blumenkohl und Erbsen werden nur 1 Minute im siedenden Salzwasser gesotten, die weitere Behandlung ist dieselbe wie zuvor.

b) **Durch Dörren**: Wird dem Gemüse der größte Teil des Wassers entzogen und für weitere trockene Aufbewahrung gesorgt, so können sich die ein Verderben herbeiführenden Schimmelpilze und Fäulnisbakterien nicht entwickeln. Dörren kann man an der Luft und Sonne, im Backofen, im Dörrofen, im Dörrhäuschen, im Rohr, auf der Herdplatte und auf elektrischen Öfen, in kleinen Herddörren und in Trockenschränken. Zum Trocknen sollte man nur zartes, frisches Gemüse verwenden. Altes, überständiges Gemüse ergibt eine schlechte Dörrware.

Beim Dörren beachte man folgende Regeln: Das Gemüse muß gleichmäßig geschnitten und je nach Sorte 1 bis 3 Minuten gedämpft werden. Im Dörraum ist Zugluft unerläßlich. Das gedörrte Gemüse muß, in porösen

Leinensäckchen hängend, an einem luftigen, trockenen Ort aufbewahrt werden. Vor dem Zubereiten wird das Dörrgemüse mit reinem Wasser abgespült, in weichem Wasser eingeweicht und weich gekocht. Für eine Person rechnet man 2 dag Trockengemüse.

Grüne Petersilienblätter werden, um grün zu bleiben, rasch im Schatten gedörrt, klein verrieben, gesiebt und in einem sauberen Glas gut abgeschlossen aufbewahrt. Schnittlauch und Dillkraut werden fein geschnitten, rasch gedörrt und aufbewahrt. Zur Aufbewahrung können schadhafte Gläser verwendet werden. Aus solchem gedörrtem Dill und Schnittlauch bereitet man die üblichen Soßen, während Petersiliengrün zum Bestreuen von Salzkartoffeln, gedünstetem Reis und dergleichen wie auch als Suppenwürze verwendet wird.

Die bei der Ernte sich ergebenden Abfälle, zum Beispiel Lauch und Selleriewurzeln, Lauchblätter, sehr schadhafte Möhren und Petersilienwurzeln, nicht ausgereifte Zwiebeln, werden geschnitten und gedörrt, desgleichen Rückstände von passierten Tomaten. Dieses Dörrgemüse gibt man in einen irdenen Topf (kann auch schadhaft sein); dadurch hat man ausgezeichnetes Suppengewürz und nützt jeden Abfall aufs beste aus.

c) Durch Einfüllen in Flaschen: Grüne Erbsen werden in saubere, dunkle Flaschen so dicht wie möglich gefüllt (nach Belieben mit einem Kaffeelöffel Zucker gewürzt), verkorkt, mit einem Leinenläppchen zugebunden und 100 Minuten im Dunst gekocht. Die Flaschen müssen vor dem Einfüllen vollkommen sauber und trocken sein. Nach dem Kochen läßt man sie etwas auskühlen, gibt das Leinenläppchen weg und verwachst die Flaschen.

Grüne Bohnschoten. Die feingeschnittenen Bohnschoten gibt man in saubere, dunkle enghalsige Flaschen und frisches Wasser darauf. Hierauf werden die Flaschen verkorkt und verwachst. - Sehr junge, noch nicht brechbare Bohnschoten werden fein geschnitten, in tadellos saubere Flaschen dicht gefüllt, mit Sauerbrunnen abgeschlossen, und zwar so, daß die Flüssigkeit über die Bohnen zu stehen kommt, mit der Korkmaschine verkorkt und verwachst. Die Flaschen werden liegend im Keller aufbewahrt.

d) Durch Einlegen in Salz: Sauerkraut. Weißkraut wird nach genügender Lagerung gehobelt, mit ½ bis 1% Salz in geeignete, gut gereinigte Gefäße eingestoßen und einer Milchsäuregärung überlassen.

Sauerkraut kann aber auch mit Zucker an Stelle von Salz bereitet werden.

Saure Rüben und Kürbiskraut werden auf gleiche Weise wie Sauerkraut mit ½ % Salz bereitet, nur dürfen sie nur leicht beschwert werden.

e) Durch Einlegen in Essig: Bohnen im Dunst. Grüne Bohnen werden abgezogen, klein geschnitten, in siedendem Salzwasser 2 Minuten gesotten und ohne Abspülen zum Erkalten auf ein Sieb gelegt. Unterdessen kocht man Essigwasser (1 Teil Weinessig und 3 Teile Wasser) mit Salz und Bohnenkraut ½ Stunde, füllt die ausgekühlten Bohnen in saubere Dunstgläser und schüttet das Essigwasser darüber. Die Gläser bindet man zuerst mit einem leinernen Tuch, dann mit Pergamentpapier zu und kocht sie ½ Stunde im Dunst.

Senfgurken. Große Gurken werden gewaschen, geschält, halbiert, und das Kernhaus wird mit einem Löffel herausgenommen. Dann schneidet man sie in Spalten, salzt sie ein und läßt sie in einem irdenen Topf 24 Stunden stehen. Nachdem sie gut abgetropft sind, gibt man sie wieder in einen irdenen Topf und schüttet siedenden Weinessig darüber. Nach gänzlichem Erkalten gießt man den Essig ab, siedet ihn neuerdings auf und gießt ihn siedend darüber. Dies wiederholt man nocheinmal. Am folgenden Tag gießt man den Essig nochmals ab, legt die Gurken in grüne Gurkengläser oder irdene Töpfe mit Senfkörnern, blättrig geschnittenen Kren und viel geschälten Schalotten recht hübsch ein und begießt sie mit siedendem Weinessig. Ist der Inhalt kalt und steht der Essig über den Gurken, wird das Glas zugebunden.

Essiggurken. Hiezu verwendet man kleine, grüne Gurken, wäscht sie, ohne sie an den Enden abzuschneiden, überbrüht sie und läßt sie dann bis zum Erkalten stehen. Unterdessen kocht man Weinessig, Zwiebeln, Salz und Pfefferkörner ½ Stunde. Die Gurken werden dann abgeseiht, abgetrocknet, mit Wein- oder Kirschenblättern, Dillkraut und einer roten Paprikaschote in Gläser gefüllt, mit dem Essig warm übergossen und wie Senfgurken verschlossen. Reife, frische kleine Tomaten werden gleich bereitet.

Salatgurken. Ausgewachsene, aber noch grüne, mittelgroße Gurken werden geschält, in einem irdenen Topf gesalzen und über Nacht stehengelassen. Am nächsten Tag gibt man die Gurken auf ein Sieb und legt sie, nachdem das Wasser, das sich gebildet hat, beseitigt wurde, wieder in den Topf zurück. Dann schüttet man siedenden Weinessig darüber und wiederholt dies zwei- bis dreimal. Nach dem Auskühlen legt man die Gurken mit Schalotten, Knoblauch, Bertram und Pfefferkörnern in Gläser, gibt Senfkörner darauf, schüttet frischen, kalten Weinessig darüber und bindet die Gläser zu. Die Gurken können, aufgeschnitten, als Salat oder, wie sie dem Glas entnommen werden, als Beilage zu Fleisch oder zur Bereitung von Gurkensoße Verwendung finden.

Salzgurken für Salat. Die Gurken werden geschält, gehobelt und in Gurkengläser abwechselnd mit Salz eingelegt: etwa 3 cm hoch Gurken, 1 cm hoch Salz. Die Gläser werden zugebunden versorgt. Vor dem Gebrauch werden die Gurken gewässert und als Salat mit Essig und Öl oder Sauerrahm mit Petersiliengrün angerichtet.

Delikateßgurken. Große schlanke Gurken und kleine Gurken werden gewaschen, abgetrocknet und mit der Schale in strohhalmdicke Scheiben geschnitten. Schalotten werden geschält, mit den Gurkenscheibchen, welche man salzt, in einen irdenen Topf gelegt und über Nacht stehengelassen. Am nächsten Tag seiht man das Wasser ab, gibt die gut abgetropften Gurken wieder in den Topf und schüttet den siedenden Weinessig darüber. Am folgenden Tag gießt man den Weinessig ab und gießt ihn nochmals siedend über die Gurken. Am vierten Tag wird der Essig ganz entfernt, die auf einem Sieb gut abgetropften Gurken werden in einem großen Gurkenglas oder Steintopf mit geschälten Schalotten, Lorbeerblättern, Dill und in Streifen geschnittenem Meerrettich (Kren) eingeschichtet und mit siedendem Essigsirup übergossen. Diesen bereitet man aus 1 Liter Weinessig und ½ kg Zucker, der 10 Minuten gekocht wird. Die Gläser werden sofort nach dem Einfüllen noch heiß zugebunden und im kalten Vorratsraum versorgt.

Russensalat. 1 kg grüne Tomaten, ½ kg Zwiebeln werden feinnudelig geschnitten, mit einer Salzlösung von 1 Liter Wasser und 10 dag Salz übergossen und über Nacht stehengelassen. Am nächsten Tag werden in 1 Liter verdünntem Weinessig etwas Zimtrinde, 5 Gewürznelken, 5 Wacholderbeeren und 5 Lorbeerblätter 5 Minuten gekocht. Die ausgedrückten Tomaten und Zwiebeln werden gut gemischt, im Sud einmal aufgekocht, heiß in Gläser gefüllt und diese zugebunden. Der Russensalat eignet sich vorzüglich als Beilage zu Aufschnitt und Braten.

Russenkraut. 3 kg sehr fein geschnittenes Kraut, 1 kg feinblättrig geschnittene Zwiebeln, 1 kg Gurken, 8 bis 10 grüne Tomaten und 10 Stück Paprika werden in feine Streifen geschnitten, gut gemischt, eingesalzen und über Nacht stehengelassen. Am folgenden Tag wird das Gemenge gut ausgedrückt, in Gläser oder irdene Töpfe gefüllt und mit verdünntem, siedendem Weinessig übergossen. Man kann das Russenkraut mit Kernfett oder Öl abschließen oder auch nur mit Pergamentpapier zubinden. Russenkraut wird im Winter als Beigabe zu verschiedenen Fleischspeisen oder Kartoffelgerichten gegeben.

Für alle Essiggemüse muß Weinessig genommen werden, der über dem Gemüse stehen muß.

Das Tiefkühlen ist eine sehr gute Konservierungsart: Beachten Sie die einschlägige Literatur.

Die Milchsäuregärung

Folgendes muß beachtet werden:
1. Gemüse, wie Weißkraut, Blaukraut, Gurken, Bohnen, Karotten, Sellerie usw., müssen vollkommen gesund sein und ohne Treibdünger und Pflanzenschutzmittel gezogen werden.
2. Der Gärtopf oder die Gläser müssen sauber sein. Die Gläser müssen luftdicht sein. Besonders praktisch sind Einweggläser mit Schraubverschlüssen (wie Essiggurkengläser).
3. Die Gärungstemperaturen sind einzuhalten.
Der Gärtopf gibt uns die größte Sicherheit. Es sind dies Spezialtöpfe aus Steingut. Der Topf hat am oberen Rand eine Rinne, in die ein Deckel genau hineinpaßt. Die Rinne wird mit Wasser gefüllt, und durch den Wasserrand und den Deckel wird die durch die Gärung freiwerdende Kohlensäure im Topf zurückgehalten.

Grundrezept für die Milchsäuregärung im Gärtopf

Beim Einsäuern ist größte Sauberkeit notwendig. Den Topf zuerst mit heißem Wasser auswaschen und 1-3 Tage in öfters erneuertem kalten Wasser wässern. Innen und außen putzen, abspritzen und möglichst in der Sonne trocknen lassen. Das in den Topf passende Brettchen und den Stein auskochen. Das geputzte, fein gehobelte Kraut kommt lagenweise in den Topf mit Salz, Kümmel und Wacholderbeeren.

Auf 10 kg Kraut nimmt man 4 dag Salz. Es muß bei jeder Lage so fest gestampft werden, daß ein eigener Saft entsteht. Der Gärtopf darf nur soweit gefüllt sein, daß noch reichlich Platz für das Brettchen und einen nicht zu kleinen Granitstein zum Beschweren ist. Auch wird das Kraut vor dem Beschweren mit Krautblättern abgedeckt. Nun wird der Deckel aufgelegt und die Rinne mit Wasser gefüllt. Acht bis 10 Tage bleibt der Topf in einem Raum bei Zimmertemperatur (20 Grad). Ein Geräusch zeigt die Gärung an. Nach zehn Tagen gibt man ihn an einen kühlen Ort, am besten in den Keller. Nach etwa 6 Wochen ist das Kraut fertig. Es wird von Woche zu Woche besser.

Grundrezept für die Milchsäuregärung in Gläsern

Karotten, Sellerie, Rote Rüben, Blaukraut usw. werden feingerieben oder geschnitten mit Gewürzen vermengt (nach Geschmack) und dicht in die vorbereiteten Gläser gefüllt. Es darf kein Freiraum sein und es sollte ein eigener Saft entstehen. Molke oder etwas Sauerkrautsaft werden darübergegeben. Hat man beides nicht, kann man abgekochtes Salzwasser nehmen (auf 1 Liter Wasser 15 Gramm Salz). Es ist sehr wichtig, daß 4 cm bis zum Deckel des Glases frei sind, damit es mit Hilfe des so entstandenen Luftraumes zur Gärung kommen kann. Die Gläser werden 6 Tage an einen warmen Ort gestellt (20 Grad) und noch 6 Wochen kühl und dunkel gelagert.

Das milchsäuregärte Gemüse ist besonders im Winter eine Schutznahrung und kann mit Salaten und Rohkostspeisen vermischt werden. Im Gärtopf kann man außer Kraut auch anderes Gemüse konservieren, wie Gurken, grüne Bohnen, Karotten, Rote Rüben usw. Für kleinere Haushalte ist die Gärung in Gläsern günstiger.

Konservieren der Pilze

Es dürfen nur solche Pilze gesammelt und gekauft werden, die man als „eßbar" genau kennt. Stein- oder Herrenpilze, Eierschwämme oder Pfifferlinge, Reizker, Bärentatzen und Habichtschwämme sind die am häufigsten hier vorkommenden Pilze. Unbekannte Pilze genieße man nie! Beim Einkauf und beim Sammeln ist weiter darauf zu achten, daß nur junge, gesunde Pilze Verwendung finden dürfen, während alte, sehr wässerige oder in Zersetzung befindliche wegzuwerfen sind. Die Pilze sollten möglichst nach dem Sammeln geputzt, gewaschen und gekocht oder konserviert werden.

Pilze in Essig. Die jungen Pilze werden geputzt, gewaschen, im siedenden Salzwasser 10 bis 15 Minuten gesotten und zum Abtropfen auf ein Sieb gelegt. Unterdessen kocht man Weinessig mit Salz und beliebigen Gewürzen, gibt die Pilze dazu, läßt sie 5 Minuten mitkochen und schüttet sie dann in eine Schüssel. Tags darauf werden die Pilze herausgenommen, in ein Glas geschichtet und mit aufgekochtem Weinessig übergossen. Die Pilze sollen mit einem Holztellerchen und einem Stein beschwert werden.

Pilze in Salz. Auf 60 dag frische, geputzte Pilze rechnet man 20 dag Salz. Pilze und Salz werden gut vermischt, in saubere Gläser gegeben und zugebunden. Will man die Pilze später dünsten, so müssen sie vorher gut ausgewässert werden.

Pilzextrakt. Nachdem man die sauberen Pilze sehr weich gekocht hat, werden sie passiert, abermals 1 Stunde gesotten, in keimfreie Flaschen gefüllt, sofort verkorkt und verwachst. Pilzextrakt verwendet man als Würze für Suppen, Soßen und dergleichen.

Das Trocknen der Pilze. Die sauberen, geschnittenen Pilze werden an der Sonne, auf dem Herd oder im Rohr getrocknet und, gleich dem Dörrgemüse, in leinernen Säckchen an einem trockenen Ort aufbewahrt.

Pilzpulver. Verschiedene Sorten getrockneter Pilze breitet man auf dem warmen Herd aus und läßt sie trocknen, bis sie hart und brüchig sind. Dann stößt man sie im Mörser oder reibt sie durch eine Kaffeemühle. Das trocken aufbewahrte Pilzmehl verwendet man als Würze.

Alphabetisches Schlagwortverzeichnis

Rezept	Seite	Rezept	Seite
A		**B**	
Abgetriebene Grießnockerln	194	Bananenschnee	392
Alkoholfreier Glühwein	376	Basentee	375
Alkoholfreier Punsch	376	Bauernknödel	136, 199
Almbuttertorte	314	Bauernkraut	150
Anisbäckerei	319	Bauern-Mischgericht	137
Anisbögen	319	Baumstamm	353
Anisstangerln	317	Beefsteak	384
Aniszwieback	346	Beefsteak mit Spiegelei, gegrillt	68
Äpfelauflauf	383	Beefsteak mit Tomaten, gegrillt	68
Apfelcreme	390	Beefsteaks	76
Apfelknödel	197	Beize	74, 102
Apfelkolatschen	285	Bessere Krapfen	276
Apfelkrapferln	282	Birchermüsli mit Joghurt	389
Apfelkren (Meerrettich)	141	Bischofsbrot	345
Apfelkuchen	289, 349	Biskotten	330
Apfelkuchen aus Germteig	291	Biskottensulze	367
Apfelmus	360, 385	Biskuitbrot	347
Apfelpüree, gebacken	360	Biskuitkuchen mit Öl	351
Apfelschlangel	290	Biskuitpudding	253
Apfelsoße	145	Biskuitroulade	344
Apfelstrudel	203	Biskuitschüsserln	337
Apfel-Topfen-Auflauf	245	Biskuittorte	303
Apfeltorte	312	Biskuittorte, über Dunst geschlagen	304
Apfel-Zwiebel-Salat	174	Biskuitwürfel	317
Apfel-Zwiebelsoße	143	Blaugesottene Forelle	385
Arme Ritter	283	Blaugesottene Forellen	109
Aspik	181	Blumenkohlsuppe	56
Ausgestochene Natronküchlein	280	Blutstrudel	138
		Bluttommerl	138
		Böhmischer Karpfen	110
		Bohnen mit Bröseln	161
		Bohnen mit Sauerkraut	161

443

Rezept	Seite	Rezept	Seite
Bohnenbrei	160	Chaudeau	364
Bohnenkaffee	374	Chinesischer und Indischer Reis	196
Bohnen-Püree-Salat	176	Christbaumgebäck	338
Bohnentorte	313	Christbaumringerln	328
Brandteigkrapfen	356	Cremeschnitten	355
Brandteigkugeln	278	Cremesuppe	63
Brathuhn, gegrillt	70	Cremesuppe mit Haferflocken	211
Bratkartoffeln	164	Cremetorte mit Biskotten	315
Bratwürstel, gegrillt	69	Cumberlandsoße	145
Brauner Kirschenkuchen	350		
Brennsterz (Sterz, Mus, Koch)	234		
Bröselauflauf	248		
Brot im Römertopf oder in		**D**	
feuerfester Glasform (Jenaer)	257	Dalken	284
Brot mit Topfen	257	Dalken mit Germ	284
Brotauflauf	245	Dalken mit Haferflocken	212
Brotpudding	252	Dessertkugeln	329
Brottorte	302	Diät-Kartoffeln	172
Brotwürfelsuppe	51	Dillsoße	142
Brunnenkressesalat	398	Dinkelauflauf mit Äpfeln	249
Buchteln (Wuchteln)	268	Diplomatenpudding	367
Buchteln mit Backpulver	268	Dobostorte	314
Buchweizenauflauf	242	Domino	322
Buchweizen-Auflauf, pikant	243	Dukatennudeln mit	
Buchweizensuppe mit Mandeln	59	gebrannter Zuckersoße	271
Buchweizensuppe mit Tomaten	57	Durchgetriebene Gemüsesuppe	56
Bunter Gemüsesalat	395		
Butter- oder Blätterteig	354		
Butterbrezeln	336		
Butterbrote	321	**E**	
Buttercreme	364		
Buttercreme mit Schokolade	299	Echte Salzburger Nockerln	247
Buttercreme zum Füllen von Torten	299	Eierauflauf	247
Butterkrapfen	356	Eiersoße	140
Butterkrapferln mit		Einbrennsuppe	53, 379
spanischer Windhaube	322	Einfache gemischte Torte	308
Buttermilchomeletten	233	Einfache Kartoffelkrapferln	170
		Einfache Krapfen	275
		Einfache Vanillecreme	363
C		Einfacher Kirschenkuchen	349
		Einfacher Schmarren	235
Čevapčići	70	Eingebrannte Bohnen	160
Chapatti nach Hunza-Art	281	Eingebrannte Kartoffeln	164

Rezept	Seite	Rezept	Seite
Eingebrannte Kohlrabi	152	Feine Kipferln	261
Eingebrannte Linsen	161	Feine Linzer Torte	305
Eingebrannter Kohl	152	Feine Rohkost	394
Eingemachtes Huhn	118	Feine Vanillekipferln	334
Eingemachtes Kalbfleisch	86	Feiner Erdbeerkuchen	289
Eingemachtes Kalbsbries	92	Feiner Gugelhupf	264
Eintropfsuppe	36	Feiner Linzerteig	
Eiskaffee	370	für gemischte Bäckereien	320
Eiweißglasur	298	Feineres Biskuitbrot	347
Eiweißkuchen	348	Feines Kartoffelbrot	266
Engländer	332	Feines Käsegebäck	222
Englischer Zwieback	346	Feinschmecker-Omelette	123
Ennstaler Krapfen	281	Fisch in Sauerkraut	113
Erbsbrei	160	Fischauflauf	113
Erbsen mit Reis	157	Fischfilet mit Tomaten überbacken	114
Erbsenmehlsuppe	50	Fischfilet, gegrillt	70
Erbsensuppe mit Selchfleisch	49	Fischgulasch mit Kartoffeln	114
Erdbeercreme	392	Fischsalat	113
Erdbeeren mit Milch und Zucker	361, 386	Fischschnitzel	114
Erdbeerkuchen	289	Fischsud	111
Erdbeerschaum	365	Flammeri aus Grieß	227
Essigkren (Meerrettich)	141	Flammeri aus Hafergrütze	210
Euter	80	Flammeri aus Mehl	226
		Fleischkrapferln	127
		Fleischkuchen	123
F		Fleischkuchen mit Kartoffelteig	124
		Fleischmus	121
Falsche Leberwurst	339	Fleischomeletten	122
Falsche Linzer Torte	304	Fleischpudding	122
Falsche Salami	338	Fleischsalat	122
Falsche Spiegeleier	225	Forelle, gegrillt	70
Falsches Aspik	181	Forellen oder Hechte	
Falsches Hirn mit Ei	90	auf französische Art	109
Faschierter Braten mit Sojagranulat	78	Frankfurter Kohl	136
Faschierter Fischbraten	112	Französische Eierspeise	231
Faschingskrapfen	276	Französische Omeletten	233
Faschingstorte	315	Französischer Salat	179
Fastensuppe	59	Frische Obstsäfte	393
Faverlsuppe	60	Fruchtcreme	363
Feine Biskuitroulade	344	Fruchtgefrorenes	370
Feine Grießknödel	196	Fruchtsalat mit getrockneten Früchten	358
Feine Kartoffelkrapfen	171	Fruchtsulze	368
Feine Kartoffellaibchen	169	Frühlingssuppe	397

445

Rezept	Seite	Rezept	Seite
		Geflügelreis	118
		Geflügelsuppe	60
		Gefüllte Germkipferln	262
G		Gefüllte Germschnitten	269
		Gefüllte Kalbsbrust	82
Gäste-Toast	71	Gefüllte Karotten	154
Gebackene Kalbsleber	88	Gefüllte Kartoffelknödel	166
Gebackene Schnitzel, Wiener Schnitzel	84	Gefüllte Kartoffeln, Kohlrabi oder weiße Rüben	128
Gebackene Schweinsrippchen (Schweinskoteletts)	96	Gefüllte Krapferln	320
Gebackener Grießschmarren	237	Gefüllte Krapferln mit Mandeln	333
Gebackener Kalbskopf	89	Gefüllte Kräutertomaten	130
Gebackener Karpfen	110	Gefüllte Lamm- oder Kitzbrust	103
Gebackenes Huhn	117	Gefüllte Paprika	129
Gebackenes Kalbfleisch	83	Gefüllte spanische Winde	327
Gebackenes Kalbsbries	384	Gefüllte Tomaten	130
Gebackenes Kalbshirn	90	Gefüllter Kohlkopf	125
Gebackenes Lamm- oder Kitzfleisch	102	Gefüllter Lebkuchen	343
Gebrannte Vanillecreme	362	Gefülltes Huhn	117
Gebranntes Milchkoch	226	Gekochte Eier	230
Gebratene Heringe	111	Gekochter Schinken	98
Gebratene Kräuterkartoffeln	168	Gekochter Schweinskopf mit Kren	97
Gebratener Hecht	109	Geleescheiben	324
Gebratenes Huhn	116	Gemischte Torte	300
Gebratenes Lamm- oder Kitzfleisch	103	Gemischtes Gemüse	156
Gedämpfte Bohnensuppe	49	Gemsfleisch	107
Gedämpfte Reissuppe	50	Gemüse-Fisch-Salat	179
Gedörrte Apfelspalten	358	Gemüsefülle	83
Gedörrte Zwetschken	358	Gemüseknödel	200
Gedünstete Äpfel	359, 385	Gemüsenudeln	191
Gedünstete grüne Bohnen	158	Gemüseschnitzel	126
Gedünstete Heidel- oder Schwarzbeeren	359	Gemüsesuppe	55
Gedünstete Kirschen	359	Gemüsesuppe mit Reis	56
Gedünstete Kohlrabi	151	Germknödel	269
Gedünstete unreife Stachelbeeren	359	Germstrauben	275
Gedünstete Zwetschken	359	Germstrudel	273
Gedünsteter Kürbis	360	Geröstete Grießsuppe	50
Gedünsteter Reis	195	Geröstete Kartoffeln	163
Gedünstetes Blaukraut	151	Geröstete Rindsnieren	80
Gedünstetes Huhn	385	Geröstete Weißbrotsuppe	378
Gedünstetes Lamm- oder Kitzfleisch	103	Gerstensalat, pikant	178
Gedünstetes Weißkraut	150	Geschnittener Kranzkuchen	271
Geflochtener Kranzkuchen	270	Gesottenes Rindfleisch	72

Rezept	Seite	Rezept	Seite
Gesottenes Schweinefleisch	93	Haferflockenaniskrapferln	214
Gespickte Kalbsleber	88	Haferflockenbusserln	214
Gestreifte Schnitten	323	Haferflockenkekse	213
Gestürzter Grieß	225	Haferflockenkipferln	213
Gestürzter Grieß mit Schokolade	225	Haferflockenkrapferln	214
Gestürzter Reis	224	Haferflockenpudding mit Schokolade	213
Gesundheitsspieß	71	Haferflockenschnitten	215
Gewürzeln	337	Haferflockenschnitzel	
Goldschnitten	283	mit Champignons	212
Göppelkraut	150	Haferflockenstangerln	214
Götterspeise	366	Haferflockenstrudel	212
Grabnerhoftorte	313	Haferflockensuppe	211, 379
Grammelknödel	199	Haferflocken-Wildkräuter-Suppe	397
Grammelkrapferln mit Germ	285	Hafergrützauflauf	209
Grammelkrapferln mit Natron	285	Hafergrützbrei	208
Grammeltorte	309	Hafergrützpudding	210
Grießbrei	225	Hafergrützschmarren	209
Grießknödel	196	Hafergrützschnitten	210
Grießkrapferln	282	Hafergrützsterz	209
Grießkuchen	287	Hafergrützstrudel	209
Grießnudeln (Maisgrießkartoffeln)	191	Hafergrützsuppe	208
Grießplätzchen mit Käse	195	Hafergrütztorte	211
Grießpudding	251	Hafermehlkekse	215
Grießschmarren	236	Hafermehlkuchen	216
Grießschnitten	283	Hafermehlsuppe	215
Grießstrudel	205	Hafermehltorte	216
Grießtorte	301	Halbrohes Spinat-Brennessel-Gemüse	399
Grundrezept Getreidesuppe	34	Haselnußbögen	330
Grüne Erbsen	157	Haselnußschnitten	319
Grüner Salat	173	Haselnußstangerln	317
Gugelhupf	263	Haselnußstangerln, gelb	331
Gugelhupf mit Backpulver	263	Haselnußtorte	315
Gurkensalat	174	Haselnußzwieback	347
Gurkensoße	142	Hasenbraten	107
		Hasenöhrl	280
		Hasenöhrl aus Kartoffelteig	280
		Hasenpfeffer (Hasenjunges)	107

H

		Haustee	375
Habermus	389	Haustorte mit Schokolade	311
Hackbeefsteaks	77	Hecht mit Sardellen	110
Hackbraten (Faschierter Braten)	95	Hefesuppe (Germsuppe)	51
Hackbraten mit rohen Kartoffeln	77	Heidelbeer- oder Schwarzbeerstrudel	202
Hackfleisch	121		

Rezept	Seite
Heidelbeer-, Schwarzbeer- oder Blaubeersoße	146
Heiden- oder Buchweizentorte	301
Heidenauflauf	247
Heidenmehlblättertorte	302
Heringsalat	178
Herrenzwieback	346
Herz als Sauerbraten	74
Herz, gespickt und gedünstet	96
Herzhafter Spieß	71
Hexenschaum (Apfelschaum)	364
Himbeer-Buttermilch	361
Hirnomelettenauflauf	91
Hirnpofesen	91
Hirnsuppe	40
Hirsch- oder Rehrippen	106
Hirschhornkrapferln	333
Hirschrostbraten	106
Hirschrücken mit Soße	105
Hirseauflauf	243
Hirsebrei	224
Hirseknödel	198
Hirsekrapferln mit Mandeln	331
Hirselaibchen mit Käse	220
Hirsemischgericht mit Blut	138
Hirse-Topfenlaibchen	240
Holunderkracherl	376
Holundersoße	146
Holunderstrauben	279
Honigcreme mit Beeren	390
Honig-Lebkuchen	339
Honigschnitten	343
Hülsenfrüchte-Mischgericht	137
Husarenkrapferln	333

I

Rezept	Seite
Indianerkrapfen	318

J

Rezept	Seite
Jägerbrot	182
Joghurtfrüchtecreme	390
Joghurtkuchen	350
Joghurttorte	316
Jungfernbraten (Schweinelungenbraten), gegrillt	69

K

Rezept	Seite
Kaffeebrot	260
Kaffeecreme zum Füllen von Torten	299
Kaffee-Essenz	374
Kaffeesulze	368
Kaffeetorte	309
Kaiserschmarren	236
Kakao	373
Kakaoglasur	298
Kalbfleisch mit Käse	87
Kalbfleisch mit Sellerie	89
Kalbsbraten	82
Kalbseinmachsuppe	61
Kalbsgulasch	86
Kalbshirn mit Ei	90, 383
Kalbskotelett, gegrillt	68
Kalbsleber mit Soße	89
Kalbssoßenfleisch	85
Kalbssoßenfleisch im Reisring	85
Kalte Apfelcreme	365
Kalte Schnittlauchsoße	140
Kalte Vitaminsuppe	52
Kalter Schokoladenreis	386
Kaltschale mit Kirschen	375
Kapuzinerstrudel mit Früchtefüllung	351
Kapuzinerstrudel mit Nußfülle	274
Karamelglasur	297
Karlsbader Ringerln	320
Kärntner Reindling	272
Karottensaft mit Milch	393

Rezept	Seite	Rezept	Seite
Kartoffelauflauf	246	Käsespiegeleier	221
Kartoffelbogen	171	Käsesuppe	60
Kartoffelbrei (Püree)	164	Käsesuppe mit Würfel-Schmelzkäse	60
Kartoffelbrot	266	Kastanienpüree mit Schlagobers	369
Kartoffelgulasch	169	Kastanientorte	313
Kartoffelknödel	165	Kekse	324
Kartoffelknödel mit rohen Kartoffeln	166	Kernweiche Eier	383
Kartoffelkolatschen	286	Kipferln	262
Kartoffelkrapfen	170	Kirschenkuchen	350
Kartoffelmischteigsterz	234	Kleine Lebkuchen	339
Kartoffeln in der Form	169	Kletzenbrot Nr. 1	259
Kartoffeln in der Schale	163	Kletzenbrot Nr. 2	260
Kartoffeln mit Milchsoße	165	Knacktorte	301
Kartoffelnockerln, gesotten	193	Kneipptorte	309
Kartoffelnudeln	167	Knoblauch-Soße	180
Kartoffelpastete	129	Knoblauchsuppe	53
Kartoffelpuffer	170	Knödelbrot	258
Kartoffelsalat	177	Knöpfli	193
Kartoffelschmarren mit Grieß	168	Kochsalat mit grünen Erbsen	157
Kartoffelschmarren mit rohen Kartoffeln	168	Kohlkopf mit Milchsoße	153
		Kohlpudding mit Fleisch	126
Kartoffelsoße	165	Kohlreis	157
Kartoffelsterz mit Grieß	235	Kohlrüben	152
Kartoffelsterz mit Maisgrieß	234	Kohlsalat (Wirsingsalat)	176
Kartoffelsterz mit rohen Kartoffeln	235	Kohlsuppe	56
Kartoffelstrudel mit Bröseln	205	Kohlwürstchen	125
Kartoffelstrudel mit Kirschen	206	Kokosbusserln	326
Kartoffelsuppe mit Porree	52	Kokosscheiben	327
Kartoffel-Wildkräuter-Suppe	398	Königskuchen	353
Käseauflauf	246	Kraftsuppe	380
Käsebrezen	222	Kräuter- oder Spinatschnitten	400
Käsegemüse	221	Kräuter-Kartoffelpüree	400
Käsekrapferln	220	Kräuternockerln	193
Käsekuchen nach Schweizer Art	221	Kräuteromelette	400
Käsemaisschnitten	219	Kräutersalat	398
Käse-Makkaroniauflauf	219	Krautfleckerln	192
Käsenockerln	195	Krautsalat	176
Käseomeletten	218	Krautstrudel	207
Käsepudding	249	Krenfleisch	97
Käse-Reisauflauf	218	Kuchen von Zuckerrübensirup	348
Käsesalat	222, 223	Kürbiskraut	151
Käseschnitten	222	Kutteln (Löser, Flecke)	80
Käseschnitzel	219		

449

Rezept	Seite	Rezept	Seite
		Mandelschnitten	318
L		Mandelstollen	268
		Mandeltorte	307
Lamm- oder Kitzgulasch	104	Marillen-(Aprikosen-)Schaum	365
Lautere Kartoffelsuppe	53	Marillenknödel mit Brandteig	197
Leber mit Apfelscheiben und Zwiebelringen	89	Marillenkuchen	351
		Marmorkuchen	349
Leberauflauf	134	Mayonnaise	178
Leberkäse, gegrillt	70	Mayonnaise-Kartoffeln	179
Leberschnitzel	127	Milch	373
Lebersuppe	41	Milchbrei	381
Lebkuchen Nr. 1	341	Milchbrot	258
Lebkuchen Nr. 2	341	Milchfaverl	223
Lebkuchen Nr. 3	341	Milchkoch	226
Lebkuchen Nr. 4	342	Milchnudeln	223, 381
Linsen- oder Bohnensalat	177	Milchpudding	386
Linzer Kipferln	336	Milchreis	381
Linzer Torte	304	Milchstrudel	204
Löwenzahnsalat mit Eiern	399	Milchsuppe	378
Lungenbraten	75	Milzsuppe	43
Lungenbraten mit Preiselbeeren	75	Minestra	52
Lungenbraten mit Wildsoße	75	Mischgericht aus Schweinefleisch und Gemüse	135
Lüngerl oder Beuschel	81	Mischgericht mit Schweinefleisch und Sauerkraut	135
		Mischgericht mit Selchfleisch und Gemüse	137
M		Mohnkuchen	352
		Mohnstreuselkuchen	291
Mailänderli	321	Mohnstrudel	273
Mais- oder Grießbrei	380	Mohntorte	300
Maisauflauf	243	Möhren mit grünen Bohnen	155
Maisbrei	224	Möhren mit Kartoffeln	155
Maisgrießnockerln	194	Möhren mit Milchsoße	155
Maisschmarren	238	Möhren mit Selchfleisch	155
Maissterz oder Polenta	238	Möhrensuppe mit Reis	54
Maistommerl	239	Möhrentorte	311
Makkaroni	190	Mürbe Kipferln	334
Makronen	325	Mürber Teig nach Schweizer Art	287
Malzkaffee	374	Müsli aus frischem Getreideschrot	388
Mandelbäckerei	330		
Mandelcreme	391		
Mandelkren (Meerrettich)	141		
Mandelpudding	252		

Rezept	Seite

N

Rezept	Seite
Natronküchlein	279
Naturschnitzel	84, 384
Naturschnitzel, gegrillt	68
Netzbraten	95
Nürnberger Lebkuchen	342
Nußcreme	391
Nußfülle für die Potitze	275
Nußkipferln	335
Nußkrapferln	325, 332
Nußnudeln	191
Nußplätzchen	331
Nußschifferln	338
Nußsternchen	332
Nußwürfel	324

O

Rezept	Seite
Obstcreme	392
Obst-Gemüse-Saft	393
Obstsaft	392
Obstsaftpudding	386
Ochsenmaulsalat	81
Ochsenschleppsuppe	61
Ofenkrapfen aus Brandteig	281
Omelette	381
Omeletten	232
Omelettenauflauf	246
Omelettenauflauf mit Schinken	133
Orangen (Apfelsinen) mit Äpfeln	361
Orangencreme	391
Orangenlimonade	387
Orangentorte	312

P

Rezept	Seite
Panamatorte	314
Paprikahuhn	117
Paprika-Lämmernes	104
Paprika-Tomaten-Reisfleisch	88
Paradeis- oder Tomatensuppe	57
Paradeis- oder Tomatensuppe mit Selchfleisch	57
Pariser Schnitzel	85
Pasta asciutta	131
Patzerlgugelhupf (Alt-Wiener Gugelhupf)	264
Petersilienkartoffeln	170
Pickelsteiner	136
Pikanter Brotaufstrich	181
Pilz-(Schwammerl-)Soße	144
Pilzauflauf	243
Pinzgauer Nudeln	167
Pischingertorte	303
Pizza	134
Plattenring oder Dunstspeise	124
Plätzchen	323
Polenta als Auflauf	238
Polenta auf rumänische Art	237
Polentanockerln	194
Pommes frites	163
Porree (Lauch)	154
Potitze	274
Powidlsoße	146
Preiselbeerschaum	364
Preiselbeersoße	145
Prinzeßkartoffeln	171
Pumpernickel	340

R

Rezept	Seite
Rahmkuchen	352
Rahmsoße mit Kren	145
Rahmstrudel	204
Rahmsuppe	62, 379
Randensalat auf Vorrat	176
Rehrücken	352
Rehschlegel	106
Rehschnitzel	384
Reis- oder Grießsuppe	379

Rezept	Seite	Rezept	Seite
Reisauflauf	242		
Reisbrei	223		
Reisfleisch	87	**S**	
Reisfleisch mit Gemüsen	87		
Reisknödel	197	Sachertorte	306
Reiskuchen	287	Sachertorte mit Vollmehl	306
Reispudding	251	Salzkartoffeln	163
Reisring	86	Sandtorte	305
Reissalat mit Obst	394	Sardellenhuhn	118
Reissalat, pikant	175	Sauce tatare	180
Reisschmarren	237	Sauerbraten	73
Reisspeise mit Rahm	224	Sauerkraut	149
Reisstrudel	203	Sauerkrautauflauf	133
Reiswürste mit Fleisch	127	Saure Milch	373, 387
Rettich-Rohkost	394	Saure Milchsuppe	62
Rettichsalat	175	Saure Rüben	149
Rhabarber	360	Schaffleisch mit brauner Soße	101
Rhabarberkuchen	288	Schaffleisch mit Kartoffeln	100
Rhabarberstrudel	203	Schaffleisch mit Kümmelsoße	100
Rhabarbersulze Nr. 1	369	Schafschlegel	101
Rhabarbersulze Nr. 2	369	Schafsrippchen (Schafskoteletts)	102
Rhabarbertorte	300	Schaumomelette	382
Rindfleisch im Saft	73	Schaumrollen	355
Rindfleisch mit brauner Soße	72	Scheiterhaufen	245
Rindsbraten	74	Schellfisch oder Kabeljau	111
Rindsgulasch	79	Schinken mit Eiern	98
Rindsrollen	79	Schinkenauflauf	131
Rindszunge	79	Schinkenfleckerln	131
Risotto mit Spinat oder Lauch	153	Schinkenmakkaroni	132
Ritschert	99	Schinkenomelette	132
Rohe Gemüsesäfte	393	Schinkenpastete	132
Rollheringe	112	Schinkenrolle mit Topfenkren	98
Rosenkrapfen	277	Schinkenschnitzel	98
Rosinenstollen	267	Schleimsuppe	378
Rostbraten	77	Schlosserbuben	282
Rostbraten mit Kartoffeln	78	Schmorbraten	73
Rote Grütze	366	Schneeballen	278
Rührei mit Schinken	383	Schnittlauchsuppe	58
Rühreier (Eierspeise)	230	Schnürkrapfen	277
Rühreier mit Schinken	231	Schober	262
Rumpsteak, gegrillt	68	Schokolade	374
Russisches Krautfleisch	134	Schokoladekipferln	335
		Schokoladenauflauf	248
		Schokoladenbrot	348

Rezept	Seite	Rezept	Seite
Schokoladencreme	363, 391	Speckspinat mit Brennesseln	399
Schokoladencremetorte	306	Spiegeleier	231
Schokoladenglasur	298	Spinat	156
Schokoladenglasur mit Butter	298	Spinatomelette	382
Schokoladenpudding	252	Spinatpudding	250
Schokoladensterne	327	Spinatsalat mit Löwenzahn	398
Schokoladensulze	368	Spinatstrudel	206
Schokoladeschnitten	323	Spinatsuppe mit Kartoffeln	55
Schokoladezuckerln (Christbaumschmuck)	329	Spinatsuppe mit Reis	55
		Sprossenkohl	153
Schottensuppe	378	Sprossenkohlsalat	177
Schwäbische Brotsuppe	51	Sprossenkohlsuppe	58
Schwammerln aus Marzipan	328	Stefanientorte	307
Schwammerlsoße	144	Steirische Schottensuppe	62
Schwammerlsuppe	59	Steirische Stosuppe	63
Schwarzbrot	256	Stollen	266
Schwarzwurzeln	154	Stollen (fein)	267
Schwarzwurzelsuppe	58	Streusel	291
Schweinebraten	94	Streuselkuchen	290
Schweinskotelett (Rippenstück), gegrillt	69	Strudelteig	202
		Sulze	180
Schweizer Küchli	278	Suppe mit abgetriebenen Grießnockerln	37
Selchfleisch	93		
Selleriesalat	175	Suppe mit Biskuitschöberln	45
Selleriesuppe	54	Suppe mit Butternockerln	36
Semmelfülle	83	Suppe mit feinen Biskuitschöberln	45
Semmelknödel	198	Suppe mit feinen Grießknödeln	37
Semmelkren (Meerrettich)	141	Suppe mit feinen Leberschöberln	46
Semmelpudding	250	Suppe mit Frittaten	47
Semmelschmarren	236	Suppe mit Frittatenwurst	47
Senfsoße	140	Suppe mit gebackenen Leberknödeln	42
Servietten-Grießknödel	200	Suppe mit Goldwürfeln	40
Serviettenknödel	200	Suppe mit Grießfaverl	43
Sesambusserln	326	Suppe mit Grießknödeln	36
Sojaaufstrich	182	Suppe mit Grießnockerln	37
Soja-Reis mit Champignons	158	Suppe mit Heidenknödeln	39
Spanische Brust	84	Suppe mit Heidensterz	49
Spanische Kipferln	336	Suppe mit Käsereis	40
Spar-Biskuittorte	303	Suppe mit Leber- oder Milznockerln	42
Spargel- oder Wachsbohnen mit Bröseln	158	Suppe mit Leberdunstschöberln	46
		Suppe mit Leberfaverl	42
Spatzen (kleine Nockerln)	192	Suppe mit Leberknödeln	41
Speckkartoffeln (Blitzkartoffeln)	164	Suppe mit Leberreis	41

Rezept	Seite
Suppe mit Leberschöberln	46
Suppe mit Markknödeln (Bröselknödeln)	39
Suppe mit Mehlnockerln	36
Suppe mit Milzrollen	44
Suppe mit Milzschnitten	43
Suppe mit Milzwurst	44
Suppe mit Nudeln	35
Suppe mit Reibgersteln	35
Suppe mit Reis	34
Suppe mit Reisknödeln	38
Suppe mit Rollgerste (Graupensuppe)	34
Suppe mit Schlickkrapferln	48
Suppe mit Schwarzbrotknödeln	38
Suppe mit Semmelknödeln	38
Suppe mit Semmelschöberln	45
Suppe mit Strudel	48
Suppe mit Teigwaren	35
Suppe mit Tiroler Knödeln	39
Suppe mit Windbeutel	40
Süßmostpudding	370
Szegediner Gulasch	96

T

Teekuchen	343
Tiroler Gröstl	97
Tiroler Knödel	199
Tiroler Soße	180
Tiroler Strudel	205
Tomaten mit Topfenfülle	395
Tomaten-Soße	143
Tomatenmilch	394
Tomatensalat	174
Topfenauflauf	244
Topfenaufstrich mit Kren	395
Topfencreme mit Früchten	389
Topfen-Erdbeer-Speise	390
Topfenfleckerln mit Zwetschken	288
Topfenfülle	286
Topfenkipferln	336
Topfenknödel mit Weißbrot	201

Rezept	Seite
Topfenkolatschen	286
Topfenkrapferln	337
Topfenkuchen aus Germteig	292
Topfenlaibchen	241
Topfennockerln	240
Topfennudeln mit Kartoffeln	240
Topfenomeletten	233
Topfenpudding	251
Topfenschmarren	242
Topfenstrudel	204
Topfentascherln	241
Topfentommerl	239
Topfentorte	310
Topfentorte mit Vollmehlboden	310
Trichterstrauben	279

Ü

Überguß Nr. 1	293
Überguß Nr. 2	293
Überguß Nr. 3	293
Überguß Nr. 4	294

V

Vanillecreme	362, 392
Vanillegefrorenes	370
Vanillekipferln	334
Vanillekipferln mit Vanillepuddingpulver	335
Verlorene Eier	232
Vollmehl-Weckerln	260
Von Stufe zu Stufe	321

W

Walder Lebkuchen	340
Waldorf-Salat	394
Warme Schnittlauchsoße	142

Rezept	Seite	Rezept	Seite
Wasserfaverl	192		
Wassernudeln	190	**Z**	
Weincreme (Chaudeau)	387		
Weißbrot (mit Weizenvollmehl)	258	Zehntelknödel	166
Weißbrotsuppe	377	Zimtsterne	322
Weiße Grießsuppe	50	Zitronatkrapferln	328
Weiße Kartoffelsuppe	52	Zitronenauflauf	382
Weiße Zwiebelsoße	143	Zitronenguß zum Heidenauflauf	248
Weizentommerl	239	Zitronenlimonade	376, 387
Wespennester	272, 330	Zitronenspeise	366
Wildgulasch	108	Zuckerbrot	347
Wildrolle, gegrillt	69	Zuckerglasur	297
Wildschnitzel	105	Zuckernüsse	318
Wildschnitzel und		Zweifarbiges Kleingebäck	325
Schafschnitzel, gegrillt	69	Zwetschkenknödel	201
Windkipferln (Pignolienkipferln)	328	Zwetschkenkuchen	288
Windkrapferln	326	Zwetschkenpfeffer	147
Wirtschaftstorte	308	Zwetschkenschnitten	284
Wurzelfleisch	94	Zwetschkenstrudel (Kirschenstrudel)	202
Wurzelrostbraten	78	Zwieback	345
Wurzelsuppe mit Hirsefrittaten	47	Zwiebelfleisch	121
Wurzelsuppe mit Nudeln	380	Zwiebelringe in Rahm	144
Würziger Maisauflauf	244	Zwiebelsoße auf andere Art	143
		Zwiebelsuppe	54